WANDER GARCIA E ANA PAULA **DOMPIERI**
COORDENADORES

2025

SEGUNDA EDIÇÃO

CONCURSOS BANCÁRIOS
TÉCNICO E ESCRITURÁRIO

630
QUESTÕES COMENTADAS

DISCIPLINAS IMPRESSAS

• Língua **Portuguesa**

• Língua **Inglesa**

• Informática

• Matemática e **Raciocínio Lógico**

• Atendimento:
**Direito do Consumidor;
Marketing e Telemarketing;
Vendas, Satisfação e
Retenção de Clientes**

Conhecimentos **Bancários**

Vendas e **Negociação**

COMO PASSAR

• GABARITO AO FINAL DE CADA QUESTÃO, FACILITANDO O MANUSEIO DO LIVRO

• QUESTÕES COMENTADAS E ALTAMENTE CLASSIFICADAS POR AUTORES ESPECIALISTAS EM APROVAÇÃO

EDITORA FOCO

Dados Internacionais de Catalogação na Publicação (CIP) de acordo com ISBD

C735
Como passar em concursos bancários: técnico e escriturário / André Fioravanti ... [et al.] ; coordenado por Wander Garcia, Ana Paula Garcia. - 2. ed. - Indaiatuba, SP : Editora Foco, 2025.
184 p. ; 17cm x 24cm.

Inclui bibliografia e índice.
ISBN: 978-65-6120-246-6

1. Concursos públicos. 2. Concursos bancários. 3. Técnico. 4. Escriturário. I. Fioravanti, André. II. Dantas, Cecília. III. Benetti, Flávio. IV. Satin, Helder. V. Subi, Henrique. VI. Abacherli, Murilo. VII. Densa, Roberta. VIII. Silva, Samantha Alice de Freitas. IX. Garcia, Wander. X. Garcia, Ana Paula. XI. Título.

2024-4576　　　　　　　　　　　　　　CDD 354.81003　　　CDU 35.08(079.1)

Elaborado por Vagner Rodolfo da Silva - CRB-8/9410
Índices para Catálogo Sistemático:
1. Concursos públicos 354.81003
2. Concursos públicos 35.08(079.1)

2025

WANDER **GARCIA** E ANA PAULA **DOMPIERI**
COORDENADORES

SEGUNDA EDIÇÃO

CONCURSOS BANCÁRIOS
TÉCNICO E ESCRITURÁRIO

630
QUESTÕES COMENTADAS

DISCIPLINAS IMPRESSAS

- Língua **Portuguesa**
- Língua **Inglesa**
- Informática
- Matemática e **Raciocínio Lógico**
- Atendimento: **Direito do Consumidor; Marketing e Telemarketing; Vendas, Satisfação e Retenção de Clientes**
- Conhecimentos **Bancários**
- Vendas e **Negociação**

COMO PASSAR

- GABARITO AO FINAL DE CADA QUESTÃO, FACILITANDO O MANUSEIO DO LIVRO
- QUESTÕES COMENTADAS E ALTAMENTE CLASSIFICADAS POR AUTORES ESPECIALISTAS EM APROVAÇÃO

2025 © Editora Foco
Coordenadores: Wander Garcia e Ana Paula Dompieri
Autores: André Fioravanti, Cecília Dantas, Flávio Benetti, Helder Satin, Henrique Subi, Murilo Abacherli, Roberta Densa e Samantha Alice de Freitas Silva
Diretor Acadêmico: Leonardo Pereira
Editor: Roberta Densa
Coordeandora Editorial: Paula Morishita
Revisora Sênior: Georgia Renata Dias
Capa Criação: Leonardo Hermano
Diagramação: Ladislau Lima e Aparecida Lima
Impressão miolo e capa: FORMA CERTA

DIREITOS AUTORAIS: É proibida a reprodução parcial ou total desta publicação, por qualquer forma ou meio, sem a prévia autorização da Editora FOCO, com exceção do teor das questões de concursos públicos que, por serem atos oficiais, não são protegidas como Direitos Autorais, na forma do Artigo 8º, IV, da Lei 9.610/1998. Referida vedação se estende às características gráficas da obra e sua editoração. A punição para a violação dos Direitos Autorais é crime previsto no Artigo 184 do Código Penal e as sanções civis às violações dos Direitos Autorais estão previstas nos Artigos 101 a 110 da Lei 9.610/1998. Os comentários das questões são de responsabilidade dos autores.

NOTAS DA EDITORA:
Atualizações e erratas: A presente obra é vendida como está, atualizada até a data do seu fechamento, informação que consta na página II do livro. Havendo a publicação de legislação de suma relevância, a editora, de forma discricionária, se empenhará em disponibilizar atualização futura.
Bônus ou Capítulo *On-line*: Excepcionalmente, algumas obras da editora trazem conteúdo no *on-line*, que é parte integrante do livro, cujo acesso será disponibilizado durante a vigência da edição da obra.
Erratas: A Editora se compromete a disponibilizar no site www.editorafoco.com.br, na seção Atualizações, eventuais erratas por razões de erros técnicos ou de conteúdo. Solicitamos, outrossim, que o leitor faça a gentileza de colaborar com a perfeição da obra, comunicando eventual erro encontrado por meio de mensagem para contato@editorafoco.com.br. O acesso será disponibilizado durante a vigência da edição da obra.

Impresso no Brasil 1.2025

Data de Fechamento 12.2024

2025
Todos os direitos reservados à
Editora Foco Jurídico Ltda.
Rua Antonio Brunetti, 593 – Jd. Morada do Sol
CEP 13348-533 – Indaiatuba – SP

E-mail: contato@editorafoco.com.br
www.editorafoco.com.br

Coordenadores e Autores

SOBRE OS COORDENADORES

Wander Garcia – @wander_garcia
É Doutor, Mestre e Graduado em Direito pela PUC/SP. É professor universitário e de cursos preparatórios para Concursos e Exame de Ordem, tendo atuado nos cursos LFG e DAMASIO. Neste foi Diretor Geral de todos os cursos preparatórios e da Faculdade de Direito. Foi diretor da Escola Superior de Direito Público Municipal de São Paulo. É um dos fundadores da Editora Foco, especializada em livros jurídicos e para concursos e exames. É autor best seller com mais de 50 livros publicados na qualidade de autor, coautor ou organizador, nas áreas jurídica e de preparação para concursos e exame de ordem. Já vendeu mais de 1,5 milhão de livros, dentre os quais se destacam "Como Passar na OAB", "Como Passar em Concursos Jurídicos", "Exame de Ordem Mapamentalizado" e "Concursos: O Guia Definitivo". É também advogado desde o ano de 2000 e foi procurador do município de São Paulo por mais de 15 anos. É Coach Certificado, com sólida formação em Coaching pelo IBC e pela International Association of Coaching.

Ana Paula Dompieri
Procuradora do Estado de São Paulo, Pós-graduada em Direito, Professora do IEDI, Escrevente do Tribunal de Justiça por mais de 10 anos e Assistente Jurídico do Tribunal de Justiça. Autora de diversos livros para OAB e concursos.

SOBRE OS AUTORES

André Fioravanti
Bacharel em Engenharia Elétrica pela Universidade Estadual de Campinas. Mestre em Controle e Automação pela Universidade Estadual de Campinas. Doutor em Física pela Université Paris Sud XI. Atualmente Professor Associado à Faculdade de Engenharia Mecânica da UNICAMP. Autor de vários artigos em revistas internacionais. Coautor de diversos livros publicados pela Editora Foco.

Cecília Dantas
Advogada em São Paulo. Pós-graduada em Direito Administrativo pelo IDP. Mestranda em Direito Civil pela Universidade Panthéon-Assas em Paris.

Flávio Benetti
Um cara apaixonado pela vida, curioso por natureza e fã da tecnologia. Graduado e Pós-Graduado em Comunicação Social. Estrategista em comunicação pessoal, profissional e empresarial. Professor de graduação e pós-graduação. Palestrante. Mais de 15 anos de estrada, construindo estratégias para marcas como Bosch, Schincariol, Brasil Kirin, GPA, Grupo NC, CPFL, Canal Rural, SBT, entre outras. Sócio Fundador da BoasNovas, uma iniciativa voltada para entregar uma comunicação que informe, inspire e contribua para a transformação da realidade e a evolução das pessoas.

Helder Satin
Graduado em Ciências da Computação, com MBA em Gestão de TI. Professor do IEDI. Professor de Cursos de Pós-graduação. Desenvolvedor de sistemas Web e gerente de projetos.

Henrique Subi – @henriquesubi
Especialista em Direito Empresarial pela FGV e em Direito Tributário pela UNISUL. Mestrando em Direito pela Universidade Mackenzie. Professor de Negociação do IBDEC. Professor do IEDI e de outros cursos preparatórios para a OAB e concursos públicos.

Murilo Abacherli
Relações Públicas, atuo em projetos de Comunicação há mais de 20 anos. Atualmente, faço parte do time de Marketing da Editora Foco. Bacharel em Relações Públicas pela Pontifícia

Universidade Católica de Campinas. Especialista em Comunicação Digital. MBA em Comunicação Corporativa e Marketing.

Roberta Densa

Doutora em Direitos Difusos e Coletivos. Professora universitária e em cursos preparatórios para concursos Públicos e OAB. Autora da obra "Direito do Consumidor", 9ª edição publicada pela Editora Atlas.

Samantha Alice de Freitas Silva

Officer no segmento Ultra Companies - Corporate. É instrutora da Universidade Corporativa Caixa desde 2009 e professora convidada pelo IDE/FGV das disciplinas: Finanças Corporativas / Negociação e Administração de Conflitos / Liderança em Ambientes Competitivos / Administração do Tempo no MBA da FGV, com início das atividades em 2013. Funcionária de banco há mais 21 anos, com atuação no "Private Banking" por 8 anos. Tem experiência na área de Administração, com ênfase em Administração Financeira. Foi Superintendente Nacional de Relações com Investidores durante 2 anos, criando a área e gerindo atividades no Brasil e nos EUA. Atuou como professora no Curso Preparatório para concursos Meritus entre 2007 a 2013. Possui graduação em Nutrição pelo Centro Universitário de Belo Horizonte (2006). Possui MBA Executivo em Gestão Empresarial na FGV e Ohio University. Mestre em Administração com ênfase em Gestão das Organizações na Faculdade de Pedro Leopoldo. Doutoranda em Administração pela FUMEC.

Sumário

COORDENADORES E AUTORES — V

COMO USAR O LIVRO? — XI

1. LÍNGUA PORTUGUESA — 1

1. INTERPRETAÇÃO DE TEXTOS 1
2. REDAÇÃO 9
3. SEMÂNTICA / ORTOGRAFIA / ACENTUAÇÃO GRÁFICA 12
4. MORFOLOGIA 15
5. PRONOME E COLOCAÇÃO PRONOMINAL 17
6. VERBO 22
7. REGÊNCIA 23
8. OCORRÊNCIA DA CRASE 23
9. CONJUNÇÃO 25
10. ORAÇÃO SUBORDINADA 29
11. CONCORDÂNCIA VERBAL E CONCORDÂNCIA NOMINAL 30
12. ANÁLISE SINTÁTICA 32
13. PONTUAÇÃO 33
14. QUESTÕES COMBINADAS 35

2. LÍNGUA INGLESA — 37

3. INFORMÁTICA — 45

1. CRIAÇÃO E EXCLUSÃO DE PASTAS (DIRETÓRIOS), ARQUIVOS E ATALHOS, ÁREA DE TRABALHO, ÁREA DE TRANSFERÊNCIA, MANIPULAÇÃO DE ARQUIVOS E PASTAS 45
2. CONCEITOS DE INFORMÁTICA, HARDWARE E SOFTWARE 46
3. SISTEMAS OPERACIONAIS WINDOWS E LINUX 49
4. PROCESSADOR DE TEXTO (WORD E BROFFICE.ORG WRITS) 50
5. PLANILHAS ELETRÔNICAS (EXCEL E BROFFICE.ORG CALC) 51
6. EDITOR DE APRESENTAÇÕES (POWERPOINT E BROFFICE.ORG EMPRESA) 56
7. CONCEITOS DE TECNOLOGIAS RELACIONADAS À INTERNET E INTRANET, PROTOCOLOS WEB, WORLD WIDE WEB, NAVEGADOR INTERNET (INTERNET EXPLORER E MOZILLA FIREFOX), BUSCA E PESQUISA NA WEB 57

8. CONCEITOS DE TECNOLOGIAS E FERRAMENTAS DE COLABORAÇÃO, CORREIO ELETRÔNICO, GRUPOS DE DISCUSSÃO, FÓRUNS E WIKIS 60

9. CONCEITOS DE PROTEÇÃO E SEGURANÇA, REALIZAÇÃO DE CÓPIAS DE SEGURANÇA (BACKUP), VÍRUS E ATAQUES A COMPUTADORES 63

10. CONCEITOS DE EDUCAÇÃO A DISTÂNCIA 68

11. CONCEITOS DE ACESSO A DISTÂNCIA A COMPUTADORES 69

12. CONCEITOS DE TECNOLOGIAS E FERRAMENTAS MULTIMÍDIA, DE REPRODUÇÃO DE ÁUDIO E VÍDEO 69

13. CONHECIMENTOS GERAIS SOBRE REDES SOCIAIS (TWITTER, FACEBOOK, LINKEDIN) 70

4. MATEMÁTICA E RACIOCÍNIO LÓGICO — 73

1. NÚMEROS INTEIROS, RACIONAIS E REAIS; PROBLEMAS DE CONTAGEM 73

2. SISTEMA LEGAL DE MEDIDAS 78

3. RAZÕES E PROPORÇÕES; DIVISÃO PROPORCIONAL; REGRAS DE TRÊS SIMPLES E COMPOSTAS; PORCENTAGENS 79

4. EQUAÇÕES E INEQUAÇÕES DE 1.º E 2.º GRAUS; SISTEMAS LINEARES 83

5. FUNÇÕES; GRÁFICOS 86

6. SEQUÊNCIAS NUMÉRICAS 91

7. NOÇÕES DE PROBABILIDADE E ESTATÍSTICA 92

8. JUROS SIMPLES E COMPOSTOS: CAPITALIZAÇÃO E DESCONTOS 102

9. TAXAS DE JUROS: NOMINAL, EFETIVA, EQUIVALENTES, PROPORCIONAIS, REAL E APARENTE ... 107

10. PLANOS DE AMORTIZAÇÃO DE EMPRÉSTIMOS E FINANCIAMENTOS 110

11. AVALIAÇÃO DE ALTERNATIVAS DE INVESTIMENTO. 116

12. TAXAS DE RETORNO 117

RACIOCÍNIO LÓGICO 118

1. LÓGICA SENTENCIAL E DE PRIMEIRA ORDEM 118

2. ENUMERAÇÃO POR RECURSO 120

3. CONTAGEM: PRINCÍPIO ADITIVO E MULTIPLICATIVO 122

5. ATENDIMENTO — 125

1. DIREITO DO CONSUMIDOR 125

2. MARKETING E TELEMARKETING 126

3. VENDAS, SATISFAÇÃO E RETENÇÃO DE CLIENTES 131

4. QUESTÕES COMBINADAS E OUTROS TEMAS 138

6. CONHECIMENTOS BANCÁRIOS — 141

1. GARANTIAS BANCÁRIAS 141
2. FUNDO GRANTIDOR 142
3. SISTEMA FINANCEIRO NACIONAL 143
4. AUTORREGULAÇÃO BANCÁRIA 145
5. PIX, FINTECHS E "OPEN FINANCE" 145
6. COMISSÃO DE VALORES MOBILIÁRIOS (CVM) 146
7. CAIXA ECONÔMICA FEDERAL 148
8. RESERVAS BANCÁRIAS 148
9. POLÍTICA FISCAL 149
10. CÂMBIO 149
11. BITCOIN 154
12. FUNDO DE GARANTIA DO TEMPO DE SERVIÇO (FGTS) 154
13. SEGUROS E PREVIÊNCIA 154
14. CRIMES DE LAVAGEM OU OCULTAÇÃO DE BENS, DIREITOS E VALORES 155
15. COMPLIANCE 156
16. TEMAS DIVERSOS 157

7. VENDAS E NEGOCIAÇÃO — 165

Como usar o livro?

Para que você consiga um ótimo aproveitamento deste livro, atente para as seguintes orientações:

1º Tenha em mãos um *vademecum* ou **um computador** no qual você possa acessar os textos de lei citados.

2º Se você estiver estudando a teoria (fazendo um curso preparatório ou lendo resumos, livros ou apostilas), faça as questões correspondentes deste livro na medida em que for avançando no estudo da parte teórica.

3º Se você já avançou bem no estudo da teoria, leia cada capítulo deste livro até o final, e só passe para o novo capítulo quando acabar o anterior; vai mais uma dica: alterne capítulos de acordo com suas preferências; leia um capítulo de uma disciplina que você gosta e, depois, de uma que você não gosta ou não sabe muito, e assim sucessivamente.

4º Iniciada a resolução das questões, tome o cuidado de ler cada uma delas **sem olhar para o gabarito e para os comentários**; se a curiosidade for muito grande e você não conseguir controlar os olhos, tampe os comentários e os gabaritos com uma régua ou um papel; na primeira tentativa, é fundamental que resolva a questão sozinho; só assim você vai identificar suas deficiências e "pegar o jeito" de resolver as questões; marque com um lápis a resposta que entender correta, e só depois olhe o gabarito e os comentários.

5º **Leia com muita atenção o enunciado das questões**. Ele deve ser lido, no mínimo, duas vezes. Da segunda leitura em diante, começam a aparecer os detalhes, os pontos que não percebemos na primeira leitura.

6º <u>Grife</u> **as palavras-chave, as afirmações e a pergunta formulada.** Ao grifar as palavras importantes e as afirmações você fixará mais os pontos-chave e não se perderá no enunciado como um todo. Tenha atenção especial com as palavras "correto", "incorreto", "certo", "errado", "prescindível" e "imprescindível".

7º Leia os comentários e **leia também cada dispositivo legal** neles mencionados; não tenha preguiça; abra o *vademecum* e leia os textos de leis citados, tanto os que explicam as alternativas corretas, como os que explicam o porquê de ser incorreta dada alternativa; você tem que conhecer bem a letra da lei, já que mais de 90% das respostas estão nela; mesmo que você já tenha entendido determinada questão, reforce sua memória e leia o texto legal indicado nos comentários.

8º Leia também os **textos legais que estão em volta** do dispositivo.

9º Depois de resolver sozinho a questão e de ler cada comentário, você deve fazer uma **anotação ao lado da questão**, deixando claro o motivo de eventual erro que você tenha cometido; conheça os motivos mais comuns de erros na resolução das questões:

DL – "desconhecimento da lei"; quando a questão puder ser resolvida apenas com o conhecimento do texto de lei;

DD – "desconhecimento da doutrina"; quando a questão só puder ser resolvida com o conhecimento da doutrina;

DJ – "desconhecimento da jurisprudência"; quando a questão só puder ser resolvida com o conhecimento da jurisprudência;

FA – "falta de atenção"; quando você tiver errado a questão por não ter lido com cuidado o enunciado e as alternativas;

NUT - "não uso das técnicas"; quando você tiver se esquecido de usar as técnicas de resolução de questões objetivas, tais como as da **repetição de elementos** ("quanto mais elementos repetidos existirem, maior a chance de a alternativa ser correta"), das **afirmações generalizantes** ("afirmações generalizantes tendem a ser incorretas" - reconhece-se afirmações generalizantes pelas palavras *sempre, nunca, qualquer, absolutamente, apenas, só, somente exclusivamente* etc.), dos **conceitos compridos** ("os conceitos de maior extensão tendem a ser corretos"), entre outras.

10º Confie no **bom-senso**. Normalmente, a resposta correta é a que tem mais a ver com o bom-senso e com a ética. Não ache que todas as perguntas contêm uma pegadinha. Se aparecer um instituto que você não conhece, repare bem no seu nome e tente imaginar o seu significado.

11º Faça um levantamento do **percentual de acertos de cada disciplina** e dos **principais motivos que levaram aos erros cometidos**; de posse da primeira informação, verifique quais disciplinas merecem um reforço no estudo; e de posse da segunda informação, fique atento aos erros que você mais comete, para que eles não se repitam.

12º Uma semana antes da prova, faça uma **leitura dinâmica** de todas as anotações que você fez e leia de novo os dispositivos legais (e seu entorno) das questões em que você marcar "DL", ou seja, desconhecimento da lei.

13º Para que você consiga ler o livro inteiro, faça um bom **planejamento**. Por exemplo, se você tiver 30 dias para ler a obra, divida o número de páginas do livro pelo número de dias que você tem, e cumpra, diariamente, o número de páginas necessárias para chegar até o fim. Se tiver sono ou preguiça, levante um pouco, beba água, masque chiclete ou leia em voz alta por algum tempo.

14º Desejo a você, também, muita **energia**, **disposição**, **foco**, **organização**, **disciplina**, **perseverança**, **amor** e **ética**!

Wander Garcia e Ana Paula Dompieri
Coordenadores

1. Língua Portuguesa

Henrique Subi

1. INTERPRETAÇÃO DE TEXTOS

Transporte movido a energia limpa tem a necessidade de investimento para o combate às mudanças climáticas

1   A mobilidade urbana se tornou a maior tendência mundial da indústria automotiva. Você já se imaginou morando em uma cidade onde os setores público e privado promovem projetos com veículos elétricos para transporte público, redução de custos, de ruí- dos, de poluentes causadores do aquecimento global e de mudanças climáticas para que o transporte público funcione de verdade? Imagine as pessoas se deslocando, com facilidade, para vários bairros de metrô ou transporte a energia limpa interligados. Para aqueles que optam por pedalar, estão à disposição mais de 700 quilômetros de ciclovias espalhadas por todos os cantos. Tudo isso parece utopia, mas não é.

2   Essa cidade existe e se chama Estocolmo, capital da Suécia, que ganhou o prêmio de Cidade Verde Europeia em 2010. Ela apresenta a maior percentagem de veículos não poluentes na Europa, e 75% da rede de transportes públicos recorrem a energias renováveis. Até 2050, o governo planeja ficar completamente livre de combustíveis fósseis, o que significa que todas as emissões relacionadas ao aquecimento público e privado, aos veículos e ao uso da eletricidade serão reduzidas a zero. Isso significa uma enorme contribuição à redução do aquecimento global.

3   O uso de energia limpa é muito mais vantajoso para os consumidores. A energia limpa é mais econômica, eficiente e competitiva que os combustíveis fósseis. Para exemplificar, a eficiência de um veículo movido a energia elétrica supera os 80%, enquanto os movidos a combustão não ultrapassam os 20%. Isso sem levar em consideração que os veículos elétricos possuem menos peças e têm menor custo de manutenção, se comparados aos de combustão.

4   Como esperado, a China lidera essa agenda do uso de energia limpa para a mobilidade urbana. Para acompanhar as tendências de desenvolvimento sus- tentável, Paris liderou na COP21 as assinaturas de medidas para promover energia limpa e mobilidade urbana elétrica em conjunto com mil cidades do mundo. Paris, Londres, Milão e Oslo foram exemplos, ao criar as zonas de baixa emissão de poluentes produzidos pelos combustíveis fósseis.

5   O cenário de avanço pelo mundo é muito promissor. O Brasil, de forma ainda tímida, começa a se inserir nesse cenário global. Algumas cidades e estados brasileiros estão tomando a frente para acelerar o processo de desenvolvimento de veículos elétricos e sustentáveis.

6   São Paulo, a maior cidade brasileira, foi a primeira a ter parte de sua frota transformada em veículos elétricos em novembro de 2019. A cidade apresentou lotes de 15 ônibus 100% elétricos distribuídos pela cidade. De acordo com a montadora, os ônibus elétricos proporcionam custos operacionais 70% menores em relação ao ônibus convencional a diesel. Os veículos entregues são de piso baixo e trazem ar-condicionado, conexão wi-fi, tomadas USB, monitoramento por câmeras e dispositivo de acesso a cadeirantes, conforme especificações técnicas da SPTrans.

GONÇALVES, D. Revista Fórum Brasil de Gestão Ambiental. Disponível em: https://revistafbga.com.br/transporte-movido-a--energia-limpa/. Acesso em: 2 mar. 2024. Adaptado.

(Técnico Bancário – CEF – CESGRANRIO – 2024) Um trecho do texto que enumera benefícios da redução do uso de combustíveis fósseis é:

(A) "Você já se imaginou morando em uma cidade onde os setores público e privado promovem projetos com veículos elétricos para transporte público, redução de custos, de ruídos, de poluentes causadores do aquecimento global e de mudanças climáticas para que o transporte público funcione de verdade?" (parágrafo 1)

(B) "Essa cidade existe e se chama Estocolmo, capital da Suécia, que ganhou o prêmio de Cidade Verde Europeia em 2010. Ela apresenta a maior percentagem de veículos não poluentes na Europa" (parágrafo 2)

(C) "Paris liderou na COP21 as assinaturas de medidas para promover energia limpa e mobilidade urbana elétrica em conjunto com mil cidades do mundo." (parágrafo 4)

(D) "Paris, Londres, Milão e Oslo foram exemplos, ao criar as zonas de baixa emissão de poluentes produzidos pelos combustíveis fósseis." (parágrafo 4)

(E) "O cenário de avanço pelo mundo é muito promissor. O Brasil, de forma ainda tímida, começa a se inserir nesse cenário global." (parágrafo 5)

Enumeração é um recurso estilístico da redação usado para chamar a atenção do leitor em relação à importância do assunto ou argumento explorado no texto. Encontramos enumerações nas alternativas "A" ("uma cidade onde os setores público e privado promovem projetos com veículos elétricos para transporte público, redução de custos, de ruídos, de poluentes causadores do aquecimento global e de mudanças climáticas") e na alternativa "D" ("Paris, Londres, Milão e Oslo"), mas o candidato deve estar atento ao enunciado, que pede a enumeração relativa aos benefícios da redução do uso de combustíveis fósseis. Essas estão na letra "A".

Gabarito: A

(Técnico Bancário – CEF – CESGRANRIO – 2024) Em sua progressão temática, depois de informar que algumas cidades e estados brasileiros estão acelerando o processo de desenvolvimento de veículos elétricos e sustentáveis, o texto desenvolve a ideia de que

(A) a energia limpa é mais econômica, eficiente e competitiva que os combustíveis fósseis.
(B) a maior cidade brasileira transformou parte de sua frota em veículos elétricos em novembro de 2019, com redução de custos operacionais em relação ao uso do diesel.
(C) a mobilidade urbana se tornou a maior tendência mundial da indústria automotiva, com projetos de construção de veículos elétricos.
(D) uma cidade europeia, que já tem 75% da rede de transportes públicos movida a energias renováveis, ganhou um prêmio ambiental em 2010.
(E) várias cidades europeias estão tomando medidas para promover energia limpa e baixa emissão de poluentes produzidos pelos combustíveis fósseis.

Mais uma questão difícil, que demanda muita atenção do candidato para encontrar a resposta certa. Isso porque todas as afirmações são ideias ou informações transmitidas pelo texto, mas o enunciado pede especificamente aquela desenvolvida após a informação de que "algumas cidades e estados brasileiros estão acelerando o processo de desenvolvimento de veículos elétricos e sustentáveis". Correta, portanto, a alternativa "B", que retrata a ideia central do último parágrafo do texto.
Gabarito: B.

(Técnico Bancário – CEF – CESGRANRIO – 2024) O segundo parágrafo do texto desempenha, em relação ao primeiro parágrafo, a função de expressar uma
(A) adição
(B) condição
(C) consequência
(D) contraposição
(E) exemplificação

O primeiro parágrafo faz a enumeração das vantagens da redução do uso de combustíveis fósseis para a mobilidade urbana, enquanto o segundo afirma que Estocolmo é um dos casos de sucesso nessa empreitada. Logo, Estocolmo é um **exemplo** do argumento defendido.
Gabarito: E.

(Técnico Bancário – BANESTES – FGV – 2023) De todas as notícias de jornais abaixo transcritas, assinale aquela que mostra uma inferência adequada.
(A) Houve um pequeno tremor de terra no Chile / os vinhos chilenos vão ter o preço reduzido.
(B) Haverá eleição no próximo domingo / o candidato eleito vai ter o apoio do Congresso.
(C) O combustível vai subir de preço / o preço dos veículos vai despencar.
(D) O passageiro transportava seu computador / o passageiro estava com seu trabalho atrasado.
(E) O motorista comprou novos óculos / óculos velhos trazem problemas de vários tipos.

Inferência é uma dedução válida a partir da informação que foi dada anteriormente. Vejamos em cada uma das alternativas se existe uma inferência adequada. **A:** incorreta. Se houve um tremor no país, a tendência é que produtos que dependem da terra subam de preço, pois uma parte da matéria-prima é destruída e a que resta se torna mais cara; **B:** incorreta. O simples fato de haver eleições não significa, necessariamente, que o candidato eleito tenha apoio do Congresso; **C:** incorreta. Se o combustível sobe de preço, realmente se espera um recuo no preço dos carros – pois menos pessoas vão comprar automóveis dado o alto preço da gasolina – mas o verbo "despencar" torna inválida a dedução; **D:** incorreta. O fato de transportar o computador não permite deduzir nada sobre os prazos do trabalho da pessoa; **E:** correta. Com efeito, usar óculos velhos traz problemas relacionados à visão, por isso a pessoa comprou óculos novos.
Gabarito: E.

(Técnico Bancário – BANESTES – FGV – 2023) As frases abaixo foram retiradas de para-choques de caminhões. Assinale a frase que é acompanhada da causa adequada dessa frase, que dá coerência a ela.
(A) Sou filho do dono do mundo / é filho de alguém muito rico.
(B) Graças a Deus que só um dos candidatos pode ganhar! / caso contrário, após as eleições, continuariam brigando.
(C) Os direitos do homem são três: ver, ouvir e calar / o homem tem autoridade fora de sua casa.
(D) Seja realista, exija o impossível / declaração de apoio à monarquia.
(E) Quem sabe sobe / o estudo e a cultura são fontes de progresso.

A: incorreta. O "dono do mundo", nesse caso, é Deus, pois os humanos cristãos se consideram, todos, filhos de Deus; **B:** incorreta. A expectativa é que tenhamos o menor número de políticos em atuação, isto é, o autor da frase não confia na classe política; **C:** incorreta. A frase não aborda a questão dos direitos serem exercidos dentro ou fora de casa; **D:** incorreta. Não há qualquer indício na frase que ela trata de questões políticas ou sobre sistemas de governo; **E:** correta. "Quem sabe" representa uma pessoa culta, estudada; enquanto "sobe" está em sentido figurado, significando "subir na vida", "progredir".
Gabarito: E.

A história do método braile

1   Ler no escuro. Quem já tentou sabe que é impossível. Mas foi exatamente a isso que um francês chamado Louis Braille dedicou a vida. Nascido em Coupvray, uma pequena aldeia nos arredores de Paris, em 1809, desde cedo ele mostrou muito interesse pelo trabalho do pai. Seus olhos azuis brilhavam da admiração de vê-lo cortar, com extrema perícia, selas e arreios. Pouco depois de completar 3 anos, o menino começou a brincar na selaria do pai, cortando pequenas tiras de couro. Uma tarde, uma sovela, instrumento usado para perfurar o couro, escapou-lhe da mão e atingiu o seu olho esquerdo. O resultado foi uma infecção que, seis meses depois, afetaria também o olho direito. Aos 5 anos, o garoto estava completamente cego.

2   A tragédia não o impediu, porém, de frequentar a escola por dois anos e de se tornar ainda um aluno brilhante. Por essa razão, ele ganhou uma bolsa de estudos no Instituto Nacional para Jovens Cegos, em Paris, um colégio interno fundado por Valentin Haüy (1745-1822). Além do currículo normal, Haüy introduzira um sistema especial de alfabetização, no qual letras de forma impressas em relevo, em papelão, eram reconhecidas pelos contornos. Desde o início do curso, Braille destacou-se como o melhor aluno da turma e logo começou a ajudar os colegas. Em 1821, aos 12 anos, conheceu um método inventado pouco antes por Charles Barbier de La Serre, oficial do Exército francês.

3   O método Barbier, também chamado escrita noturna, era um código de pontos e traços em relevo

impressos também em papelão. Destinava-se a enviar ordens cifradas a sentinelas em postos avançados. Estes decodificariam a mensagem até no escuro. Mas, como a ideia não pegou na tropa, Barbier adaptou o método para a leitura de cegos, com o nome de grafia sonora. O sistema permitia a comunicação entre os cegos, pois com ele era possível escrever, algo que o método de Haüy não possibilitava. O de Barbier era fonético: registrava sons e não letras. Dessa forma, as palavras não podiam ser soletradas. Além disso, o fato de um grande número de sinais ser usado para uma única palavra tornava o sistema muito complicado. Apesar dos inconvenientes, foi adotado como método auxiliar por Haüy.

4 Pesquisando a fundo a grafia sonora, Braille percebeu suas limitações e pôs-se a aperfeiçoá-la. Em 1824, seu método estava pronto. Primeiro, eliminou os traços, para evitar erros de leitura: em seguida, criou uma célula de seis pontos, divididos em duas colunas de três pontos cada, que podem ser combinados de 63 maneiras diferentes. A posição dos pontos na célula está ao lado.

5 Em 1826, aos 17 anos, ainda estudante, Braille começou a dar aulas. Embora seu método fizesse sucesso entre os alunos, não podia ensiná-lo na sala de aula, pois ainda não era reconhecido oficialmente. Por isso, Braille dava aulas do revolucionário sistema escondido no quarto, que logo se transformou numa segunda sala de aula.

6 O braile é lido passando-se a ponta dos dedos sobre os sinais de relevo. Normalmente se usa a mão direita com um ou mais dedos, conforme a habilidade do leitor, enquanto a mão esquerda procura o início da outra linha. Aplica-se a qualquer língua, sem exceção, e também à estenografia, à música – Braille, por sinal, era ainda exímio pianista – e às notações científicas em geral. A escrita é feita mediante o uso da reglete, também idealizada por Braille: trata-se de uma régua especial, de duas linhas, com uma série de janelas de seis furos cada, correspondentes às células braile.

7 Louis Braille morreu de tuberculose em 1852, com apenas 43 anos. Temia que seu método desaparecesse com ele, mas, finalmente, em 1854 foi oficializado pelo governo francês. No ano seguinte, foi apresentado ao mundo, na Exposição Internacional de Paris, por ordem do imperador Napoleão III (1808-1873), que programou ainda uma série de concertos de piano com ex-alunos de Braille. O sucesso foi imediato, e o sistema se espalhou pelo mundo. Em 1952, o governo francês transferiu os restos mortais de Braille para o Panthéon, em Paris, onde estão sepultados os heróis nacionais.

ATANES, Silvio. Super Interessante. Disponível em: https://super.abril.com.br/historia/. Acesso em: 23 out. 2022. Adaptado.

(Escriturário – BB – CESGRANRIO – 2023) A partir da leitura do texto, constata-se que Braille

(A) queria seguir o ofício do pai.
(B) estudou com bolsa de estudos.
(C) trabalhava em selarias quando criança.
(D) foi adotado por Valentin Haüy depois da tragédia.
(E) começou a dar aulas quando atingiu a maioridade.

A questão merece críticas pelas múltiplas possibilidades de respostas corretas a depender da interpretação. No caso, aplicamos a regra da "resposta mais correta", ou aquela que está mais diretamente ligada ao texto, com menor necessidade de análise do contexto. Está expresso que Braille ganhou uma bolsa de estudos, o que torna a letra "B" indubitavelmente correta. A letra "A" e a letra "C", a nosso ver, podem ser inferidas do texto, mas não estão expressas como a outra.

Gabarito 'B'.

(Escriturário – BB – CESGRANRIO – 2023) Diferentemente do método de Barbier, o método de Haüy

(A) possibilitava a escrita.
(B) usava letras em relevo.
(C) apresentava pontos e traços.
(D) impossibilitava soletrar palavras.
(E) era conhecido como grafia sonora.

A principal diferenças entre os dois métodos que é Haüy usava as próprias letras em relevo, enquanto Barbier criou um código próprio de pontos e traços.

Gabarito 'B'.

Implantação do código de ética nas empresas

1 Desde a infância, estamos sujeitos à influência de nosso meio social, por intermédio da família, da escola, dos amigos, dos meios de comunicação de massa. Ao nascer, o homem já se defronta com um conjunto de regras, normas e valores aceitos em seu grupo social. As palavras "ética" e "moral" indicam costumes acumulados — conjunto de normas e valores dos grupos sociais em um contexto.

2 A ética é um conjunto de princípios e disposições cujo objetivo é balizar as ações humanas. A ética existe como uma referência para os seres humanos em sociedade, de modo tal que a sociedade possa se tornar cada vez mais humana. Ela pode e deve ser incorporada pelos indivíduos, sob a forma de uma atitude diante da vida cotidiana. Mas ela não é um conjunto de verdades fixas, imutáveis. A ética se move historicamente, se amplia e se adensa. Para entendermos que isso acontece na história da humanidade, basta lembrarmos que, um dia, a escravidão foi considerada "natural".

3 Ética é o que diz respeito à ação quando ela é refletida, pensada. A ética preocupa-se com o certo e com o errado, mas não é um conjunto simples de normas de conduta como a moral. Ela promove um estilo de ação que procura refletir sobre o melhor modo de agir que não abale a vida em sociedade e não desrespeite a individualidade dos outros.

4 As empresas precisam desenvolver-se de tal forma que a conduta ética de seus integrantes, bem como os valores e convicções primários da organização, se tornem parte de sua cultura. Assim, a ética vem sendo vista como uma espécie de requisito para a sobrevivência das empresas no mundo moderno e pode ser definida como a transparência nas relações e a preocupação com o impacto das suas atividades na sociedade.

5 Muitos exemplos poderiam ser citados de empresas que estão começando a valorizar e a alertar seus funcionários sobre a ética. Algumas empresas já implantaram, inclusive, um comitê de ética, o qual se destina à proteção da imagem da companhia. É preciso, portanto, que haja uma conscientização da importância de uma conduta

ética ou mesmo a implantação de um código de ética nas organizações, pois a cada dia que passa a ética tem mostrado ser um dos caminhos para o sucesso e para o bem comum, agregando valor moral ao patrimônio da organização.

6   O Código de Ética é um instrumento de realização dos princípios, da visão e da missão da empresa. Serve para orientar as ações de seus colaboradores e explicitar a postura social da empresa em face dos diferentes públicos com os quais interage. É da máxima importância que seu conteúdo seja refletido nas atitudes das pessoas a que se dirige e encontre respaldo na alta administração da empresa, que, tanto quanto o último empregado contratado, tem a responsabilidade de vivenciá-lo.

7   As relações com os funcionários, desde o processo de contratação, desenvolvimento profissional, lealdade mútua, respeito entre chefes e subordinados, saúde e segurança, propriedade da informação, assédio profissional e sexual, alcoolismo, uso de drogas, entre outros, são aspectos que costumam ser abordados em um Código de Ética. Cumprir horários, entregar o trabalho no prazo, dar o seu melhor ao executar uma tarefa e manter a palavra dada são exemplos de atitudes que mostram aos superiores e aos colegas que o funcionário valoriza os princípios éticos da empresa ou da instituição.

8   O Código também pode envolver situações de relacionamento com clientes, fornecedores, acionistas, investidores, comunidade vizinha, concorrentes e mídia. O Código de Ética pode estabelecer ações de responsabilidade social dirigidas ao desenvolvimento social de comunidades vizinhas, bem como apoio a projetos de educação voltados ao crescimento pessoal e profissional de jovens carentes. Também pode fazer referência à participação da empresa na comunidade, dando diretrizes sobre as relações com os sindicatos, outros órgãos da esfera pública, relações com o governo, entre outras.

9   Portanto, conclui-se que o Código de Ética se fundamenta em deveres para com os colegas, clientes, profissão, sociedade e para consigo próprio.

MARTINS, Rosemir. UFPR, 2003. Disponível em: https://acervo-digital.ufpr.br. Acesso em: 16 nov. 2022. Adaptado.

(Escriturário – BANRISUL – CESGRANRIO – 2023) O texto pode ser dividido em duas grandes partes. Na primeira parte, apresenta-se a definição do conceito de "ética" e, na segunda parte, apresentam-se

(A) consequências econômicas da implantação dos códigos de ética no dia a dia das empresas.
(B) exemplos de ações que devem ser implementadas para atender aos códigos de ética das empresas.
(C) explicações sobre diferentes concepções de ética em função dos objetivos das empresas.
(D) penalizações a serem infringidas aos funcionários que desrespeitarem o código de ética da empresa.
(E) situações concretas em que os conceitos de "ética" e "moral" se aplicam no processo de seleção de pessoal.

Na segunda parte do texto, o autor se vale de técnica de trazer exemplos de condutas éticas para explicar o conteúdo de um Código de Ética.
Gabarito: B.

(Escriturário – BANRISUL – CESGRANRIO – 2023) Um trecho do texto que apresenta uma definição de ética é

(A) "Ao nascer, o homem já se defronta com um conjunto de regras, normas e valores aceitos em seu grupo social." (parágrafo 1)
(B) "A ética é um conjunto de princípios e disposições cujo objetivo é balizar as ações humanas." (parágrafo 2)
(C) "As empresas precisam desenvolver-se de tal forma que a conduta ética de seus integrantes, bem como os valores e convicções primários da organização, se tornem parte de sua cultura." (parágrafo 4)
(D) "Muitos exemplos poderiam ser citados de empresas que estão começando a valorizar e a alertar seus funcionários sobre a ética." (parágrafo 5)
(E) "É da máxima importância que seu conteúdo seja refletido nas atitudes das pessoas a que se dirige e encontre respaldo na alta administração da empresa." (parágrafo 6)

A definição de ética que o autor acolhe está literalmente descrita na alternativa "B". As demais representam aspectos éticos ou a importância de sua aplicação no cotidiano.
Gabarito: B.

(Escriturário – BANRISUL – CESGRANRIO – 2023) De acordo com o texto, apoiar projetos de educação voltados ao desenvolvimento pessoal e profissional de jovens carentes de comunidades vizinhas pode fazer parte do Código de Ética de uma empresa por ser um exemplo de ação de

(A) interação com sindicatos
(B) prevenção de assédio
(C) proteção do meio ambiente
(D) relacionamento com clientes
(E) responsabilidade social

O exemplo é de responsabilidade social, a noção de que uma empresa pode e deve colaborar com a redução das desigualdades sociais do país ou de sua região.
Gabarito: E.

(Escriturário – BANRISUL – CESGRANRIO – 2023) Antes de afirmar que a ética vem sendo vista como uma espécie de requisito para a sobrevivência das empresas no mundo moderno (parágrafo 4), o texto desenvolve a ideia de que

(A) a criação de um comitê de ética destina-se a valorizar e a alertar os funcionários sobre a necessidade de proteção da imagem da empresa.
(B) a interação com clientes, fornecedores, acionistas, investidores, comunidade vizinha, concorrentes e mídia deve se pautar por princípios éticos.
(C) a ética não é um conjunto de verdades fixas, imutáveis, mas se move historicamente, se amplia e se adensa.
(D) o Código de Ética deve explicitar a postura social da empresa em face dos diferentes públicos com os quais interage.
(E) os funcionários revelam atendimento ao Código de Ética da empresa ao cumprir horários, entregar o trabalho no prazo, dar o seu melhor ao executar uma tarefa.

O "antes" do enunciado é literalmente antes no texto. A ideia trazida nos parágrafos anteriores é conceituar a ética, o que inclui a passagem sobre sua mutabilidade ao longo do tempo.

Gabarito: C

"Maior fronteira agrícola do mundo está no bioma amazônico", diz pesquisador da Embrapa

1   O Brasil é um dos poucos países no mundo com a possibilidade de ampliar áreas com a agropecuária. De fato, um estudo da ONU mostra que o país será o grande responsável por produzir os alimentos necessários para atender os mais de 9 bilhões de pessoas que habitarão o planeta em 2050. De acordo com pesquisadores da Embrapa, a região possui potencial e áreas para ampliação sustentável da agricultura. Portanto, a responsabilidade do agricultor brasileiro é muito grande.

2   A região amazônica se mostra promissora para a agricultura, pois ela é rica em um insumo fundamental, a água. Estados como Rondônia e Acre têm municípios que recebem até 2.800 milímetros de chuvas por ano. E isso proporciona a qualidade e a possibilidade de semear mais de uma cultura por ano.

3   Entretanto, as críticas internacionais, quanto ao uso e à ampliação da agricultura na região amazônica, são um limitante para a exploração dessas áreas. Para cada nova área aberta para a agricultura, parte deveria ser obrigatoriamente destinada à preservação ambiental, segundo as exigências dos países que compram nossos produtos agrícolas.

POPOV, Daniel. Canal Rural. Disponível em: https://www.canal-rural.com.br/projeto-soja-brasil/noticia/maior-fronteira-agricola--mundo-amazonia-embrapa/. 19 set. 2019. Acesso em: 30 nov.2021. Adaptado.

(Técnico Bancário – BASA – CESGRANRIO – 2022) De acordo com o texto, para atender às exigências internacionais, o país deve

(A) conscientizar os agricultores da necessidade de ampliar seus negócios.
(B) diversificar os tipos de culturas que exigem a utilização de muita água.
(C) garantir a destinação de terras a atividades de preservação ambiental.
(D) liberar as áreas de cultivo de produtos agrícolas na região amazônica.
(E) restringir as terras amazônicas ao desenvolvimento da pecuária.

Extrai-se do último parágrafo do texto que os países que compram nossos insumos agrícolas exigem que sejam destinadas áreas de preservação ambiental em igual tamanho às áreas que se destinem à agricultura na região amazônica.

Gabarito: C

Relacionamento com o dinheiro

1   Desde cedo, começamos a lidar com uma série de situações ligadas ao dinheiro. Para tirar melhor proveito do seu dinheiro, é muito importante saber como utilizá-lo da forma mais favorável a você. O aprendizado e a aplicação de conhecimentos práticos de educação financeira podem contribuir para melhorar a gestão de nossas finanças pessoais, tornando nossas vidas mais tranquilas e equilibradas sob o ponto de vista financeiro.

2   Se pararmos para pensar, estamos sujeitos a um mundo financeiro muito mais complexo que o das gerações anteriores. No entanto, o nível de educação financeira da população não acompanhou esse aumento de complexidade. A ausência de educação financeira, aliada à facilidade de acesso ao crédito, tem levado muitas pessoas ao endividamento excessivo, privando-as de parte de sua renda em função do pagamento de prestações mensais que reduzem suas capacidades de consumir produtos que lhes trariam satisfação.

3   Infelizmente, não faz parte do cotidiano da maioria das pessoas buscar informações que as auxiliem na gestão de suas finanças. Para agravar essa situação, não há uma cultura coletiva, ou seja, uma preocupação da sociedade organizada em torno do tema. Nas escolas, pouco ou nada é falado sobre o assunto. As empresas, não compreendendo a importância de ter seus funcionários alfabetizados financeiramente, também não investem nessa área. Similar problema é encontrado nas famílias, nas quais não há o hábito de reunir os membros para discutir e elaborar um orçamento familiar. Igualmente entre os amigos, assuntos ligados à gestão financeira pessoal muitas vezes são considerados invasão de privacidade e pouco se conversa em torno do tema. Enfim, embora todos lidem diariamente com dinheiro, poucos se dedicam a gerir melhor seus recursos.

4   A educação financeira pode trazer diversos benefícios, entre os quais, possibilitar o equilíbrio das finanças pessoais, preparar para o enfrentamento de imprevistos financeiros e para a aposentadoria, qualificar para o bom uso do sistema financeiro, reduzir a possibilidade de o indivíduo cair em fraudes, preparar o caminho para a realização de sonhos, enfim, tornar a vida melhor.

BANCO CENTRAL DO BRASIL. Caderno de Educação Financeira – Gestão de Finanças Pessoais. Brasília: BCB, 2013. p. 12. Adaptado.

(Técnico Bancário – CEF – CESGRANRIO – 2021) O texto tem o objetivo primordial de

(A) ensinar a gerir as finanças pessoais de maneira eficaz.
(B) sensibilizar sobre a importância da educação financeira.
(C) prevenir quanto aos perigos do acesso facilitado ao crédito.
(D) alertar para a complexidade maior do mundo financeiro atual.
(E) sugerir a incorporação do hábito de elaborar orçamento familiar.

A ideia central do texto é destacar a importância da educação financeira na vida das pessoas, principalmente nas novas gerações.

Gabarito: B

Privacidade digital: quais são os limites

1   Atualmente, somos mais de 126,4 milhões de brasileiros usuários de internet, representando cerca de 69,8% da população com 10 anos ou mais. Ao redor do mundo, cerca de 4 bilhões de pessoas usam a rede mundial, sendo que 2,9 bilhões delas fazem isso pelo *smartphone*.

2   Nesse cenário, pensar em privacidade digital é (quase) utópico. Uma vez na rede, a informação está registrada para sempre: deixamos rastros que podem ser descobertos a qualquer momento.

3   Ainda assim, mesmo diante de tamanha exposição, essa é uma discussão que precisa ser feita. Ela é importante, inclusive, para trazer mais clareza e consciência para os usuários. Vale lembrar, por exemplo, que não são apenas as redes sociais que expõem as pessoas. Infelizmente, basta ter um endereço de *e-mail* para ser rastreado por diferentes empresas e provedores.

4   A questão central não se resume somente à política de privacidade das plataformas X ou Y, mas, sim, ao modo como cada sociedade vem paulatinamente estruturando a sua política de proteção de dados.

5   A segurança da informação já se transformou em uma área estratégica para qualquer tipo de empresa. Independentemente da demanda de armazenamento de dados de clientes, as organizações têm um universo de dados institucionais que precisam ser salvaguardados.

6   Estamos diante de uma realidade já configurada: a coleta de informações da internet não para, e esse é um caminho sem volta. Agora, a questão é: nós, clientes, estamos prontos e dispostos a definir o limite da privacidade digital? O interesse maior é nosso! Esse limite poderia ser dado pelo próprio consumidor, se ele assim quiser? O conteúdo é realmente do usuário?

7   Se considerarmos a atmosfera das redes sociais, muito possivelmente não. Isso porque, embora muitas pessoas não saibam, a maioria das redes sociais prevê que, a partir do momento em que um conteúdo é postado, ele faz parte da rede e não é mais do usuário.

8   Daí a importância da conscientização. É preciso que tanto clientes como empresas busquem mais informação e conteúdo técnico sobre o tema. Às organizações, cabe o desafio de orientar seus clientes, já que, na maioria das vezes, eles não sabem quais são os limites da privacidade digital.

9   Vivemos em uma época em que todo mundo pode falar permanentemente o que quer. Nesse contexto, a informação deixou de ser algo confiável e cabe a cada um de nós aprender a ler isso e se proteger. Precisamos de consciência, senso crítico, responsabilidade e cuidado para levar a internet a um outro nível. É fato que ela não é segura, a questão, então, é como usá-la de maneira mais inteligente e contribuir para fortalecer a privacidade digital? Essa é uma causa comum a todos os usuários da rede.

Disponível em: <https://digitalks.com.br/artigos/privacidade-digital-quais-sao-os-limites>. 7/04/2019. Acesso em: 3 fev. 2021. Adaptado.

(Escriturário – BB – CESGRANRIO – 2021) Um argumento que justifica a tese de que "pensar em privacidade digital é (quase) utópico" (parágrafo 2) aparece em

(A) "A questão central não se resume somente à política de privacidade das plataformas X ou Y" (parágrafo 4)
(B) "A segurança da informação já se transformou em uma área estratégica para qualquer tipo de empresa" (parágrafo 5)
(C) "a partir do momento em que um conteúdo é postado, ele faz parte da rede e não é mais do usuário" (parágrafo 7)
(D) "É preciso que tanto clientes como empresas busquem mais informação e conteúdo técnico sobre o tema" (parágrafo 8)
(E) "Precisamos de consciência, senso crítico, responsabilidade e cuidado para levar a internet a um outro nível." (parágrafo 9)

Ao dizer que privacidade na Internet é algo utópico, devemos procurar um argumento que demonstre justamente a dificuldade de se manter incógnito na rede. Isso ocorre na letra "C", ao demonstrar que toda e qualquer postagem passa a pertencer à plataforma.
Gabarito: C.

(Escriturário – BB – CESGRANRIO – 2021) O trecho em que a palavra destacada expressa uma opinião do autor é

(A) "**Atualmente**, somos mais de 126,4 milhões de brasileiros" (parágrafo 1)
(B) "**Infelizmente**, basta ter um endereço de e-mail para ser rastreado" (parágrafo 3)
(C) "modo como cada sociedade vem **paulatinamente** estruturando a sua política" (parágrafo 4)
(D) "**Independentemente** da demanda de armazenamento de dados de clientes" (parágrafo 5)
(E) "época em que todo mundo pode falar **permanentemente** o que quer." (parágrafo 9)

De todos os advérbios destacados, "infelizmente" demonstra que o autor não se baseará em fatos, mas em um julgamento particular sobre o assunto.
Gabarito: B.

Moeda digital deve revolucionar a sociedade

Nas sociedades primitivas, a produção de bens era limitada e feita por famílias que trocavam seus produtos de subsistência através do escambo, organizado em locais públicos, decorrendo daí a origem do termo "pregão" da Bolsa. Com o passar do tempo, especialmente na antiguidade, época em que os povos já dominavam a navegação, o comércio internacional se modernizou e engendrou a criação de moedas, com o intuito de facilitar a circulação de mercadorias, que tinham como lastro elas mesmas, geralmente alcunhadas em ouro, prata ou bronze, metais preciosos desde sempre.

A Revolução Industrial ocorrida inicialmente na Inglaterra e na Holanda, por volta de 1750, viria a criar uma quantidade de riqueza acumulada tão grande que transformaria o próprio dinheiro em mercadoria. Nascia o mercado financeiro em Amsterdã, que depois se espalharia por toda a Europa e pelo mundo. A grande inovação na época foi o mecanismo de compensação nos pagamentos, mais seguro e prático, no qual um banco emitia uma ordem de pagamento para outro em favor de determinada pessoa e esta poderia sacá-la sem que uma quantidade enorme de dinheiro ou ouro tivesse de ser transportada entre continentes.

Essa ordem de pagamento, hoje reconhecida no mundo financeiro como "título cambial", tem como instrumento mais conhecido o cheque, "neto" da letra de câmbio, amplamente usada pela burguesia em transações financeiras na alta idade média. A teoria nos ensina que são três as suas principais características: a cartularidade, a autonomia e a abstração. Ora, o que isso tem a ver com *bitcoins*? Foi necessária essa pequena exegese para refletirmos que não importa a forma como a sociedade queira se organizar, ela é sempre motivada por um fenômeno humano. Como nos ensina Platão, a necessidade é a mãe das invenções. Considerando o dinamismo da evolução da sociedade da informação, inicialmente revolucionada pela invenção do códex e da imprensa nos idos de 1450, que possibilitou na Idade Média o armazenamento e a circulação de grandes volumes de informação, e, recentemente, o fenômeno da internet, que eliminou distâncias e barreiras culturais, transformando o mundo em uma aldeia global, seria impossível que o próprio mundo virtual não desenvolvesse sua moeda, não somente por questão financeira, mas sobretudo para afirmação de sua identidade cultural.

Criada por um "personagem virtual", cuja identidade no mundo real é motivo de grande especulação, a bitcoin, resumidamente, é uma moeda virtual que pode ser utilizada na aquisição de produtos e serviços dos mais diversos no mundo virtual. Trata-se de um título cambial digital, sem emissor, sem cártula, e, portanto, sem lastro, uma aberração no mundo financeiro, que, não obstante isso, tem valor.

No entanto, ao que tudo indica, essa questão do lastro está prestes a ser resolvida. Explico. Grandes corporações começam a acenar com a possibilidade de aceitar bitcoins na compra de serviços. Se a indústria pesada da tecnologia realmente adotar políticas reconhecendo e incluindo bitcoins como moeda válida, estará dado o primeiro passo para a criação de um mercado financeiro global de bitcoins. Esse assunto é de alta relevância para a sociedade como um todo e poderá abrir as portas para novos serviços nas estruturas que se formarão não somente no mercado financeiro, em todas as suas facetas — refiro-me à Bolsa de Valores, inclusive, bem como em novos campos do direito e na atividade estatal de regulação dessa nova moeda.

Certamente a consolidação dos *bitcoins* não revogará as outras modalidades de circulação de riqueza criadas ao longo da história, posto que ainda é possível trocar mercadorias, emitir letras de câmbio, transacionar com moedas e outros títulos. Ao longo do tempo aprendemos também que os instrumentos se renovaram e se tornaram mais sofisticados, fato que constitui um desafio para o mundo do direito.

AVANZI, Dane. **UOL TV Todo Dia**. Disponível em: <http://portal.tododia.uol.com.br/_conteudo/2015/03/opiniao/65848--moeda-digital-deve-revolucionar-a-sociedade.php>. Acesso em: 09 ago. 2015. Adaptado.

(**Escriturário – BB – 2015 – CESGRANRIO**) No texto, afirma-se que "a necessidade é a mãe das invenções" (l. 36-37) para justificar a ideia de que

(A) as moedas virtuais podem tornar obsoleta a emissão de letras de câmbio, de cheques e demais títulos monetários.
(B) a criação de uma moeda virtual atende às exigências da sociedade atual, marcada pela globalização da informação.
(C) a manutenção do sistema financeiro global depende da criação de mecanismos virtuais de circulação de dinheiro.
(D) a exigência de lastro para que as moedas virtuais sejam aceitas impossibilita o uso de *bitcoins* para transações na internet.
(E) as transações financeiras devem ser realizadas virtualmente para que seja garantida maior segurança ao sistema bancário.

A ideia central desse parágrafo é destacar que as necessidades econômicas específicas de cada época foram superadas por meio da criação de mecanismos próprios de circulação de riquezas. No mundo virtual, globalizado e totalmente informatizado, a criação de uma moeda virtual era, portanto, uma exigência – não só para facilitação de transações financeiras, como também para demarcar as características desta era.

Gabarito: B.

(**Escriturário – BB – 2015 – CESGRANRIO**) Para que a leitura de um texto seja bem sucedida, é preciso reconhecer a sequência em que os conteúdos foram apresentados.

Esse texto, antes de explicar como eram realizadas as transações financeiras na época medieval, refere-se

(A) à importância da criação de novos serviços na área financeira, o que é de grande relevância para a sociedade.
(B) à possibilidade de criação de lastro para as moedas virtuais devido à adesão de grandes empresas mundiais.
(C) à invenção de um documento financeiro para evitar o transporte de valores entre grandes distâncias.
(D) à criação de instrumento a ser utilizado na aquisição de produtos e serviços por meio eletrônico.
(E) ao surgimento do fenômeno da internet, responsável pela transformação do mundo em uma aldeia global.

A questão tem um problema flagrante no enunciado e merecia ter sido anulada. Ela não tem resposta certa, porque o texto não fala como eram realizadas as transações financeiras na época medieval. A única referência a tal período (sendo muito generoso, porque em 1450 a Idade Média já havia acabado há tempos) é a criação da imprensa, que nada tem a ver com a transferência de valores. A questão, provavelmente, queria se referir à **Revolução Industrial,** não "época medieval", porque aí sim temos a alternativa "C" como correta (l. 13-24).

Gabarito: C.

Cartilha orienta consumidor

Lançada pelo SindilojasRio e pelo CDL-Rio, em parceria com o Procon-RJ, guia destaca os principais pontos do Código de Defesa do Consumidor (CDC), *selecionados a partir das dúvidas e reclamações mais comuns recebidas pelas duas entidades*

O Sindicato de Lojistas do Comércio do Rio de Janeiro (SindilojasRio) e o Clube de Diretores Lojistas do Rio de Janeiro (CDL-Rio) lançaram ontem uma cartilha para orientar lojistas e consumidores sobre
5 seus direitos e deveres. Com o objetivo de dar mais transparência e melhorar as relações de consumo, a cartilha tem apoio também da Secretaria Estadual de Proteção e Defesa do Consumidor (Seprocon)/Procon-RJ.
10 Batizada de Boas Vendas, Boas Compras! – Guia prático de direitos e deveres para lojistas e consumidores, a publicação destaca os principais pontos do Código de Defesa do Consumidor (CDC), selecionados a partir das dúvidas e reclamações mais comuns
15 recebidas, tanto pelo SindilojasRio e CDL-Rio, como pelo Procon-RJ.

"A partir da conscientização de consumidores e lojistas sobre seus direitos e deveres, queremos contribuir para o crescimento sustentável das empresas,
20 tendo como base a ética, a qualidade dos produtos e a boa prestação de serviços ao consumidor", explicou o presidente do SindilojasRio e do CDL-Rio, Aldo Gonçalves.

Gonçalves destacou que as duas entidades estão
25 comprometidas em promover mudanças que propiciem o avanço das relações de consumo, além do desenvolvimento do varejo carioca.

"O consumidor é o nosso foco. É importante informá-lo dos seus direitos", disse o empresário,
30 ressaltando que conhecer bem o CDC é vital não só para os lojistas, mas também para seus fornecedores.

Jornal do Commercio. Rio de Janeiro. 08 abr. 2014, A-9. Adaptado.

(Escriturário – BB – 2014 – CESGRANRIO) A comparação do título da reportagem com o texto integral permite afirmar que o
(A) texto pode provocar dúvidas nos leitores porque contém muitas siglas desconhecidas.
(B) texto contradiz o título, pois desqualifica a orientação aos consumidores.
(C) título é inteiramente fiel ao conteúdo do texto, cujo foco é especificamente a defesa dos consumidores.
(D) texto e o título focalizam os consumidores como o público-alvo da cartilha.
(E) título destaca apenas parcialmente o conteúdo da cartilha de orientação.

Após lermos ativamente o texto, percebemos que a manchete é parcial, pois ela apenas destaca que a cartilha orienta o consumidor sobre seus direitos, ao passo que o texto integral é bastante claro no sentido de que a publicação abrange também os direitos dos lojistas.
Gabarito: "E".

(Escriturário – BB – 2014 – CESGRANRIO) A matéria informa que as orientações contidas na cartilha levaram em consideração alguns dados objetivos. Que dados são esses?
(A) As queixas dos consumidores diante da má qualidade de atendimento dos lojistas
(B) As desculpas dos lojistas diante da grande quantidade de reclamações dos consumidores
(C) As queixas e as dificuldades declaradas tanto por compradores como por vendedores
(D) O índice elevado de prejuízos dos varejistas diante da falta de pagamento dos consumidores
(E) As pesquisas feitas por especialistas em técnicas de consumo e vendas

O texto diz expressamente que a cartilha é baseada nas dúvidas mais comuns questionadas junto aos órgãos elaboradores – onde se incluem representantes dos lojistas e o Procon. Notadamente, cada um deles atende um público alvo – o sindicato atua junto aos fornecedores e o Procon os fiscaliza em prol dos consumidores. Logo, são dúvidas oriundas tanto de compradores como de vendedores.
Gabarito: "C".

100 Coisas

É febre. Livros listando as cem coisas que você deve fazer antes de morrer, os cem lugares que você deve conhecer antes de morrer, os cem pratos que você deve provar antes de morrer. Primeiramente,
5 me espanta o fato de todos terem a certeza absoluta de que você vai morrer. Eu prefiro encarar a morte como uma hipótese. Mas, no caso, de acontecer, serei obrigada mesmo a cumprir todas essas metas antes? Não dá pra fechar por cinquenta em vez de
10 cem?

Outro dia estava assistindo a um DVD promocional que também mostra, como imaginei, as cem coisas que a gente precisa porque precisa fazer antes de morrer. Me deu uma angústia, pois, das cem,
15 eu fiz onze até agora. Falta muito ainda. Falta dirigir uma Ferrari, fazer um safári, frequentar uma praia de nudismo, comer algo exótico (um baiacu venenoso, por exemplo), visitar um vulcão ativo, correr uma maratona [...].
20 Se dependesse apenas da minha vontade, eu já teria um plano de ação esquematizado, mas quem fica com as crianças? Conseguirei cinco férias por ano? E quem patrocina essa brincadeira?

Hoje é dia de mais um sorteio da Mega-Sena.
25 O prêmio está acumulado em cinquenta milhões de reais. A maioria das pessoas, quando perguntadas sobre o que fariam com a bolada, responde: pagar dívidas, comprar um apartamento, um carro, uma casa na serra, outra na praia, garantir a segurança
30 dos filhos e guardar o resto para a velhice. Normal. São desejos universais. Mas fica aqui um convite para sonhar com mais criatividade. Arranje uma dessas listas de cem coisas pra fazer e procure divertir-se com as opções [...]. Não pense tanto em
35 comprar mas em viver.

Eu, que não apostei na Mega-Sena, por enquanto sigo com a minha lista de cem coisas a evitar antes de morrer. É divertido também, e bem mais fácil de realizar, nem precisa de dinheiro.

MEDEIROS, Martha. **Doidas e santas**. Porto Alegre: L&PM, 2008, p. 122-123. Adaptado.

(Escriturário – BB – 2014.1 – CESGRANRIO) A afirmativa "É febre" (l. 1), com que é iniciado o texto, indica que há, no momento, na sociedade um(a)

(A) comportamento que afeta todas as pessoas.
(B) doença para a qual não existe remédio.
(C) desejo que se espalha entre pessoas.
(D) infecção que se dissemina.
(E) praga a ser evitada.

O termo "febre" foi usado de forma metafórica: não se refere ao sintoma de doenças em si, mas à rápida propagação do desejo de listar as coisas que há na sociedade atualmente.
Gabarito: C.

(Escriturário – BB – 2014.1 – CESGRANRIO) O trecho que indica a crítica da autora sobre as listas das "100 coisas" é:

(A) "Eu, que não apostei na Mega-Sena, por enquanto sigo com a minha lista de cem coisas a evitar antes de morrer." (l. 36-38)
(B) "O prêmio está acumulado em cinquenta milhões de reais." (l. 25-26)
(C) "Livros listando as cem coisas que você deve fazer antes de morrer" (l. 1-2)
(D) "Primeiramente, me espanta o fato de todos terem a certeza absoluta de que você vai morrer." (l. 4-6)
(E) "Hoje é dia de mais um sorteio da Mega-Sena." (l. 24)

O texto usa a ironia de uma forma bastante divertida para expor uma crítica à moda atual de "listas". A única afirmativa que resume essa posição crítica da autora é a letra "A" – que, de forma irônica, diz também ter uma lista, mas de coisas a evitar em vez de fazer.
Gabarito: A.

(Escriturário – BB – 2014.1 – CESGRANRIO) A expressão "a gente precisa porque precisa fazer" (l. 13) quer dizer que é preciso fazer algo, pois

(A) temos a obrigação, mas podemos não a aceitar.
(B) temos de realizar algo a qualquer preço.
(C) devemos fazer mas podemos optar por não fazer.
(D) podemos não querer cumprir a ordem.
(E) queremos realizar a tarefa, pois a desejamos.

"Precisa porque precisa" é expressão coloquial que indica a necessidade de fazer algo independentemente dos custos ou resultados. É uma obrigação que não se discute.
Gabarito: B.

2. REDAÇÃO

(Técnico Bancário – BANESTES – FGV – 2023) Os livros didáticos ensinam que os textos dissertativos discutem um tema, defendem uma opinião, contrariam uma ideia oposta, fornecem informações etc.

Assinale a frase que se estrutura pela oposição a um outro pensamento ou opinião.

(A) Gastos públicos podem também significar investimentos e não desperdício.
(B) Como diz a sabedoria popular, mais vale a quem Deus ajuda do que quem cedo madruga.
(C) Economize para o futuro!
(D) Uma única vela pode acender outras mil sem perder a sua força.
(E) Amar profundamente em uma direção nos torna mais amorosos em todas as outras.

A única frase que atende aos pressupostos do enunciado é a alternativa "A", que deve ser assinalada. Ela pressupõe a opinião de que gastos públicos significam desperdício e se opõe a isso afirmando que podem também representar investimentos.
Gabarito: A.

(Técnico Bancário – BANESTES – FGV – 2023) Observe a frase seguinte: "É natural que os franceses considerem suas trufas as melhores, com uma teimosia própria dos compatriotas de Charles de Gaulle. Todo aquele versado na matéria sabe que o tartufo branco italiano, natural do país, é muito superior àquelas".

Nessa frase, dois termos que mantêm relações de coesão, são

(A) teimosia / matéria.
(B) àquelas / compatriotas.
(C) franceses / compatriotas de Charles de Gaulle.
(D) país / franceses.
(E) natural / aquele.

Elementos ou termos de coesão são aqueles que resgatam outros termos ou ideias do texto para manter a sua unidade, a sua linha de raciocínio, sem repetir palavras. Assim, termos que mantêm relação de coesão, como quer o enunciado, são aqueles que estão vinculados dentro do texto, um se referindo ao outro. É o caso de "franceses" e, para evitar a repetição do adjetivo gentílico, o autor do texto usou na sequência "compatriotas de Charles de Gaulle".
Gabarito: C.

A história do método braile

1   Ler no escuro. Quem já tentou sabe que é impossível. Mas foi exatamente a isso que um francês chamado Louis Braille dedicou a vida. Nascido em Coupvray, uma pequena aldeia nos arredores de Paris, em 1809, desde cedo ele mostrou muito interesse pelo trabalho do pai. Seus olhos azuis brilhavam da admiração de vê-lo cortar, com extrema perícia, selas e arreios. Pouco depois de completar 3 anos, o menino começou a brincar na selaria do pai, cortando pequenas tiras de couro. Uma tarde, uma sovela, instrumento usado para perfurar o couro, escapou-lhe da mão e atingiu o seu olho esquerdo. O resultado foi uma infecção que, seis meses depois, afetaria também o olho direito. Aos 5 anos, o garoto estava completamente cego.

2   A tragédia não o impediu, porém, de frequentar a escola por dois anos e de se tornar ainda um aluno brilhante. Por essa razão, ele ganhou uma bolsa de estudos no Instituto Nacional para Jovens Cegos, em Paris, um colégio interno fundado por Valentin Haüy (1745-1822). Além do currículo normal, Haüy introduzira um sistema especial de alfabetização, no qual letras de forma impressas em relevo, em papelão, eram reconhecidas pelos contornos. Desde o início do curso, Braille destacou-se como o melhor aluno da turma e logo começou a ajudar os colegas. Em 1821, aos 12 anos, conheceu um método inventado pouco antes por Charles Barbier de La Serre, oficial do Exército francês.

3 O método Barbier, também chamado escrita noturna, era um código de pontos e traços em relevo impressos também em papelão. Destinava-se a enviar ordens cifradas a sentinelas em postos avançados. Estes decodificariam a mensagem até no escuro. Mas, como a ideia não pegou na tropa, Barbier adaptou o método para a leitura de cegos, com o nome de grafia sonora. O sistema permitia a comunicação entre os cegos, pois com ele era possível escrever, algo que o método de Haüy não possibilitava. O de Barbier era fonético: registrava sons e não letras. Dessa forma, as palavras não podiam ser soletradas. Além disso, o fato de um grande número de sinais ser usado para uma única palavra tornava o sistema muito complicado. Apesar dos inconvenientes, foi adotado como método auxiliar por Haüy.

4 Pesquisando a fundo a grafia sonora, Braille percebeu suas limitações e pôs-se a aperfeiçoá-la. Em 1824, seu método estava pronto. Primeiro, eliminou os traços, para evitar erros de leitura: em seguida, criou uma célula de seis pontos, divididos em duas colunas de três pontos cada, que podem ser combinados de 63 maneiras diferentes. A posição dos pontos na célula está ao lado.

5 Em 1826, aos 17 anos, ainda estudante, Braille começou a dar aulas. Embora seu método fizesse sucesso entre os alunos, não podia ensiná-lo na sala de aula, pois ainda não era reconhecido oficialmente. Por isso, Braille dava aulas do revolucionário sistema escondido no quarto, que logo se transformou numa segunda sala de aula.

6 O braile é lido passando-se a ponta dos dedos sobre os sinais de relevo. Normalmente se usa a mão direita com um ou mais dedos, conforme a habilidade do leitor, enquanto a mão esquerda procura o início da outra linha. Aplica-se a qualquer língua, sem exceção, e também à estenografia, à música – Braille, por sinal, era ainda exímio pianista – e às notações científicas em geral. A escrita é feita mediante o uso da reglete, também idealizada por Braille: trata-se de uma régua especial, de duas linhas, com uma série de janelas de seis furos cada, correspondentes às células braile.

7 Louis Braille morreu de tuberculose em 1852, com apenas 43 anos. Temia que seu método desaparecesse com ele, mas, finalmente, em 1854 foi oficializado pelo governo francês. No ano seguinte, foi apresentado ao mundo, na Exposição Internacional de Paris, por ordem do imperador Napoleão III (1808-1873), que programou ainda uma série de concertos de piano com ex-alunos de Braille. O sucesso foi imediato, e o sistema se espalhou pelo mundo. Em 1952, o governo francês transferiu os restos mortais de Braille para o Panthéon, em Paris, onde estão sepultados os heróis nacionais.

ATANES, Silvio. Super Interessante. Disponível em: https://super.abril.com.br/historia/. Acesso em: 23 out. 2022. Adaptado.

(Escriturário – BB – CESGRANRIO – 2023) Considere a expressão em destaque da seguinte passagem do parágrafo 3:

O método Barbier, também chamado escrita noturna, era um código de pontos e traços em relevo impressos também em papelão. Destinava-se a enviar ordens cifradas a sentinelas em postos avançados. Estes decodificariam a mensagem até no escuro. Mas como a ideia não pegou na tropa, Barbier adaptou o método para a leitura de cegos, com o nome de grafia sonora. **O sistema** permitia a comunicação entre os cegos.

No trecho, por meio do processo de coesão textual, a expressão destacada retoma

(A) "um código de pontos e traços em relevo impressos também em papelão"
(B) "ordens cifradas"
(C) "a mensagem"
(D) "a ideia"
(E) "grafia sonora"

O "sistema" se refere a "grafia sonora", que era justamente o nome do sistema de escrita desenvolvido por Barbier.
Gabarito: E.

(Escriturário – BB – CESGRANRIO – 2023) O trecho do parágrafo 4 "Pesquisando a fundo a grafia sonora, Braille percebeu suas limitações e pôs-se a aperfeiçoá-la" pode ser reescrito, sem alterar o sentido que apresenta no texto, como:

(A) Para pesquisar a fundo a grafia sonora, Braille percebeu suas limitações e pôs-se a aperfeiçoá-la.
(B) Embora pesquisasse a fundo a grafia sonora, Braille percebeu suas limitações e pôs-se a aperfeiçoá-la.
(C) Quando pesquisava a fundo a grafia sonora, Braille percebeu suas limitações e pôs-se a aperfeiçoá-la.
(D) Apesar de pesquisar a fundo a grafia sonora, Braille percebia suas limitações e punha-se a aperfeiçoá-la.
(E) Se pesquisasse a fundo a grafia sonora, Braille perceberia suas limitações e pôr-se-ia a aperfeiçoá-la.

A oração reduzida de gerúndio "Pesquisando a fundo a grafia sonora" traduz a ideia de tempo, portanto deve ser substituída por uma oração que se inicie com a conjunção "enquanto" ou "quando".
Gabarito: C.

Relacionamento com o dinheiro

1 Desde cedo, começamos a lidar com uma série de situações ligadas ao dinheiro. Para tirar melhor proveito do seu dinheiro, é muito importante saber como utilizá-lo da forma mais favorável a você. O aprendizado e a aplicação de conhecimentos práticos de educação financeira podem contribuir para melhorar a gestão de nossas finanças pessoais, tornando nossas vidas mais tranquilas e equilibradas sob o ponto de vista financeiro.

2 Se pararmos para pensar, estamos sujeitos a um mundo financeiro muito mais complexo que o das gerações anteriores. No entanto, o nível de educação financeira da população não acompanhou esse aumento de complexidade. A ausência de educação financeira, aliada à facilidade de acesso ao crédito, tem levado muitas pessoas ao endividamento excessivo, privando-as de parte de sua renda em função do pagamento de prestações mensais que reduzem suas capacidades de consumir produtos que lhes trariam satisfação.

3 Infelizmente, não faz parte do cotidiano da maioria das pessoas buscar informações que as auxiliem na gestão de suas finanças. Para agravar essa situação, não há uma cultura coletiva, ou seja, uma preocupação da sociedade organizada em torno do tema. Nas escolas,

pouco ou nada é falado sobre o assunto. As empresas, não compreendendo a importância de ter seus funcionários alfabetizados financeiramente, também não investem nessa área. Similar problema é encontrado nas famílias, nas quais não há o hábito de reunir os membros para discutir e elaborar um orçamento familiar. Igualmente entre os amigos, assuntos ligados à gestão financeira pessoal muitas vezes são considerados invasão de privacidade e pouco se conversa em torno do tema. Enfim, embora todos lidem diariamente com dinheiro, poucos se dedicam a gerir melhor seus recursos.

4   A educação financeira pode trazer diversos benefícios, entre os quais, possibilitar o equilíbrio das finanças pessoais, preparar para o enfrentamento de imprevistos financeiros e para a aposentadoria, qualificar para o bom uso do sistema financeiro, reduzir a possibilidade de o indivíduo cair em fraudes, preparar o caminho para a realização de sonhos, enfim, tornar a vida melhor.

BANCO CENTRAL DO BRASIL. Caderno de Educação Financeira – Gestão de Finanças Pessoais. Brasília: BCB, 2013. p. 12. Adaptado.

(Técnico Bancário – CEF – CESGRANRIO – 2021) Considerando-se a organização composicional do texto lido, compreende-se que ele se classifica como

(A) argumentativo, pois defende a ideia de que é importante saber lidar com o dinheiro.
(B) narrativo, pois relata o episódio de uma conversa sobre gestão financeira entre amigos.
(C) descritivo, pois reproduz uma cena de elaboração de orçamento no cotidiano de uma família.
(D) expositivo, pois apresenta informações objetivas sobre conceitos da área de educação financeira.
(E) injuntivo, pois instrui acerca da elaboração de orçamentos para uma vida financeira mais saudável.

O texto é essencialmente argumentativo, que se caracteriza pela defesa de uma ideia e pelo objetivo de convencer o leitor a concordar com ela.
Gabarito: A.

(Técnico Bancário – CEF – CESGRANRIO – 2021) Sendo a clareza um requisito básico da escrita, a seguinte frase NÃO apresenta ambiguidade, estando apta a figurar em um texto oficial:

(A) A empresa que investe em seus funcionários cuida de seu equilíbrio financeiro.
(B) O economista discutiu com o presidente da empresa, em sua sala, a melhor forma de gerir os negócios.
(C) O nível de educação financeira da população, que cresceu muito nos últimos anos, é o tema da próxima palestra.
(D) O diretor da escola comunicou ao professor que ele ofereceria um curso de educação financeira para a comunidade escolar.
(E) Depois de ler o edital e seu anexo, o gestor solicitou a alteração deste.

A: incorreta. Não é possível afirmar de quem é o equilíbrio financeiro; **B:** incorreta. Não temos como afirmar de quem era a sala onde houve a discussão; **C:** incorreta. Não sabemos se quem cresceu foi a população ou o nível de educação financeira; **D:** incorreta. Não sabemos que oferecerá o curso de educação financeira, se o diretor ou o professor; **E:** correta. O período não apresenta qualquer ambiguidade.
Gabarito: E.

100 Coisas

É febre. Livros listando as cem coisas que você deve fazer antes de morrer, os cem lugares que você deve conhecer antes de morrer, os cem pratos que você deve provar antes de morrer. Primeiramente,
5 me espanta o fato de todos terem a certeza absoluta de que você vai morrer. Eu prefiro encarar a morte como uma hipótese. Mas, no caso, de acontecer, serei obrigada mesmo a cumprir todas essas metas antes? Não dá pra fechar por cinquenta em vez de
10 cem?
Outro dia estava assistindo a um DVD promocional que também mostra, como imaginei, as cem coisas que a gente precisa porque precisa fazer antes de morrer. Me deu uma angústia, pois, das cem,
15 eu fiz onze até agora. Falta muito ainda. Falta dirigir uma Ferrari, fazer um safári, frequentar uma praia de nudismo, comer algo exótico (um baiacu venenoso, por exemplo), visitar um vulcão ativo, correr uma maratona [...].
20 Se dependesse apenas da minha vontade, eu já teria um plano de ação esquematizado, mas quem fica com as crianças? Conseguirei cinco férias por ano? E quem patrocina essa brincadeira?
Hoje é dia de mais um sorteio da Mega-Sena.
25 O prêmio está acumulado em cinquenta milhões de reais. A maioria das pessoas, quando perguntadas sobre o que fariam com a bolada, responde: pagar dívidas, comprar um apartamento, um carro, uma casa na serra, outra na praia, garantir a segurança
30 dos filhos e guardar o resto para a velhice. Normal. São desejos universais. Mas fica aqui um convite para sonhar com mais criatividade. Arranje uma dessas listas de cem coisas pra fazer e procure divertir-se com as opções [...]. Não pense tanto em
35 comprar mas em viver.
Eu, que não apostei na Mega-Sena, por enquanto sigo com a minha lista de cem coisas a evitar antes de morrer. É divertido também, e bem mais fácil de realizar, nem precisa de dinheiro.

MEDEIROS, Martha. **Doidas e santas**. Porto Alegre: L&PM, 2008, p. 122-123. Adaptado.

(Escriturário – BB – 2014.1 – CESGRANRIO) Os períodos "Hoje é dia de mais um sorteio da Mega-Sena. O prêmio está acumulado em cinquenta milhões de reais." foram reescritos, com adaptações, para transformá-los em um único período.

Aquele que mantém o sentido original e está adequado à norma-padrão é:

(A) Embora o prêmio esteja acumulado em cinquenta milhões de reais, hoje é dia de mais um sorteio da Mega-Sena.
(B) Hoje é dia de mais um sorteio da Mega-Sena porque o prêmio está acumulado em cinquenta milhões de reais.
(C) Desde que o prêmio da Mega-Sena está acumulado em cinquenta milhões de reais, hoje é dia do sorteio.
(D) Hoje é dia em que o prêmio da Mega-Sena, acumulado em cinquenta milhões de reais, vai ser sorteado.
(E) Hoje é dia de mais um sorteio da Mega-Sena já que o prêmio está acumulado em cinquenta milhões de reais.

As alternativas A, B, C e E, na forma em que foram redigidas, vinculam a existência do sorteio ao valor do prêmio. Isso não é verdade, porque a Mega-Sena é sorteada em dias fixos da semana independentemente do prêmio que será pago. Além disso, o próprio texto original não permite conclusão diferente. Desta forma, a única correta é a letra D, que deve ser assinalada, por não alterar o sentido do texto.

Gabarito: D.

(Escriturário – BB – 2014.1 – CESGRANRIO) Nos trechos abaixo, a expressão destacada pode ser substituída pela que vem ao lado, sem alteração do sentido e de acordo com a norma-padrão em

(A) "Hoje é dia **de mais** um sorteio da Mega-Sena." (l. 24) – **demais**
(B) "pois, das cem, eu fiz onze até agora. Falta **muito** ainda." (l. 14-15) – **muitas**
(C) "livros **listando** as cem coisas" (l. 1) – **listados**
(D) "serei **obrigada** mesmo a cumprir todas essas metas antes?" (l. 8-9) – **obrigado**
(E) "assistindo a um DVD promocional **que** também mostra" (l. 11-12) – **o qual**

A: incorreta. "De mais" é expressão de quantidade; "demais" é advérbio de intensidade, sinônimo de "muito"; **B:** incorreta. Seria necessário alterar a redação original para preservar a correção gramatical – "faltam muitas ainda"; **C:** incorreta. Gerúndio e particípio têm funções diferentes na oração, não podendo ser substituídos um pelo outro; **D:** incorreta. O termo concorda com o gênero da autora do texto, que é uma mulher. Assim, a substituição pelo gênero masculino causaria problemas de concordância; **E:** correta. O pronome relativo "que" pode ser substituído por "o qual" sem qualquer alteração de sentido.

Gabarito: E.

3. SEMÂNTICA / ORTOGRAFIA / ACENTUAÇÃO GRÁFICA

A história do método braile

1   Ler no escuro. Quem já tentou sabe que é impossível. Mas foi exatamente a isso que um francês chamado Louis Braille dedicou a vida. Nascido em Coupvray, uma pequena aldeia nos arredores de Paris, em 1809, desde cedo ele mostrou muito interesse pelo trabalho do pai. Seus olhos azuis brilhavam da admiração de vê-lo cortar, com extrema perícia, selas e arreios. Pouco depois de completar 3 anos, o menino começou a brincar na selaria do pai, cortando pequenas tiras de couro. Uma tarde, uma sovela, instrumento usado para perfurar o couro, escapou-lhe da mão e atingiu o seu olho esquerdo. O resultado foi uma infecção que, seis meses depois, afetaria também o olho direito. Aos 5 anos, o garoto estava completamente cego.

2   A tragédia não o impediu, porém, de frequentar a escola por dois anos e de se tornar ainda um aluno brilhante. Por essa razão, ele ganhou uma bolsa de estudos no Instituto Nacional para Jovens Cegos, em Paris, um colégio interno fundado por Valentin Haüy (1745-1822). Além do currículo normal, Haüy introduzira um sistema especial de alfabetização, no qual letras de forma impressas em relevo, em papelão, eram reconhecidas pelos contornos. Desde o início do curso, Braille destacou-se como o melhor aluno da turma e logo começou a ajudar os colegas. Em 1821, aos 12 anos, conheceu um método inventado pouco antes por Charles Barbier de La Serre, oficial do Exército francês.

3   O método Barbier, também chamado escrita noturna, era um código de pontos e traços em relevo impressos também em papelão. Destinava-se a enviar ordens cifradas a sentinelas em postos avançados. Estes decodificariam a mensagem até no escuro. Mas, como a ideia não pegou na tropa, Barbier adaptou o método para a leitura de cegos, com o nome de grafia sonora. O sistema permitia a comunicação entre os cegos, pois com ele era possível escrever, algo que o método de Haüy não possibilitava. O de Barbier era fonético: registrava sons e não letras. Dessa forma, as palavras não podiam ser soletradas. Além disso, o fato de um grande número de sinais ser usado para uma única palavra tornava o sistema muito complicado. Apesar dos inconvenientes, foi adotado como método auxiliar por Haüy.

4   Pesquisando a fundo a grafia sonora, Braille percebeu suas limitações e pôs-se a aperfeiçoá-la. Em 1824, seu método estava pronto. Primeiro, eliminou os traços, para evitar erros de leitura; em seguida, criou uma célula de seis pontos, divididos em duas colunas de três pontos cada, que podem ser combinados de 63 maneiras diferentes. A posição dos pontos na célula está ao lado.

5   Em 1826, aos 17 anos, ainda estudante, Braille começou a dar aulas. Embora seu método fizesse sucesso entre os alunos, não podia ensiná-lo na sala de aula, pois ainda não era reconhecido oficialmente. Por isso, Braille dava aulas do revolucionário sistema escondido no quarto, que logo se transformou numa segunda sala de aula.

6   O braile é lido passando-se a ponta dos dedos sobre os sinais de relevo. Normalmente se usa a mão direita com um ou mais dedos, conforme a habilidade do leitor, enquanto a mão esquerda procura o início da outra linha. Aplica-se a qualquer língua, sem exceção, e também à estenografia, à música – Braille, por sinal, era ainda exímio pianista – e às notações científicas em geral. A escrita é feita mediante o uso da reglete, também idealizada por Braille: trata-se de uma régua especial, de duas linhas, com uma série de janelas de seis furos cada, correspondentes às células braile.

7   Louis Braille morreu de tuberculose em 1852, com apenas 43 anos. Temia que seu método desaparecesse com ele, mas, finalmente, em 1854 foi oficializado pelo governo francês. No ano seguinte, foi apresentado ao

mundo, na Exposição Internacional de Paris, por ordem do imperador Napoleão III (1808-1873), que programou ainda uma série de concertos de piano com ex-alunos de Braille. O sucesso foi imediato, e o sistema se espalhou pelo mundo. Em 1952, o governo francês transferiu os restos mortais de Braille para o Panthéon, em Paris, onde estão sepultados os heróis nacionais.

ATANES, Silvio. Super Interessante. Disponível em: https://super.abril.com.br/historia/. Acesso em: 23 out. 2022. Adaptado.

(Escriturário – BB – CESGRANRIO – 2023) Em "No ano seguinte, foi apresentado ao mundo, na Exposição Internacional de Paris, por ordem do imperador Napoleão III (1808-1873), que programou **ainda** uma série de concertos de piano com ex-alunos de Braille" (parágrafo 7), a palavra em destaque apresenta o mesmo sentido que em:

(A) Louis Braille criou um método revolucionário e **ainda** era excelente pianista.
(B) Vencer barreiras relacionadas à acessibilidade **ainda** é um desafio.
(C) O método Braille **ainda** era desconhecido por muitas pessoas.
(D) Os restos mortais de Braille **ainda** estão no Panthéon.
(E) A reglete **ainda** é usada por deficientes visuais.

No trecho destacado do enunciado, "ainda" é sinônimo de "também". Tal sinonímia ocorre somente na letra "A". Em todas as demais ela é sinônimo de "até agora".
Gabarito: A.

(Escriturário – BB – CESGRANRIO – 2023) Em "Mas, **como a ideia não pegou na tropa**, Barbier adaptou o método para a leitura de cegos" (parágrafo 3), a oração destacada apresenta o valor semântico de

(A) fim
(B) causa
(C) tempo
(D) proporção
(E) consequência

O fato do método "não pegar" na tropa foi a causa de Barbier tê-lo adaptado para a leitura de cegos.
Gabarito: B.

(Técnico Bancário – BANESTES – FGV – 2023) Um aluno do ensino fundamental decidiu dar voz aos animais que estavam presentes em sua redação. Assinale a opção em que o verbo utilizado está adequado ao nome do animal.

(A) a galinha balia.
(B) o peru bramia.
(C) o lobo uivava.
(D) a vaca rosnava.
(E) o cavalo silvava.

A: incorreta. Balido é o som da ovelha. A galinha cacareja; B: incorreta. Bramido é o rugido de uma fera. O peru gorgoleja; C: correta. O lobo uiva; D: incorreta. Rosnado é o som de um cachorro ameaçando um oponente. A vaca muge; E: incorreta. Silvo é o assobio das cobras. O cavalo relincha.
Gabarito: C.

(Técnico Bancário – BANESTES – FGV – 2023) Veja a seguinte descrição: "Fábio é um rapaz bonito: cabelo louro esvoaçante, esteticamente desgrenhado, olhos claros sobre um nariz afilado, lábios finos, tórax largo, cintura estreita e pernas alongadas, numa figura que em nada faz adivinhar sua bondade interior".

Sobre a estratégia descritiva desse texto, assinale a afirmativa correta.

(A) As características fornecidas são todas do aspecto físico.
(B) A descrição segue o plano do todo para as partes.
(C) A estrutura descritiva vai de longe para perto.
(D) A descrição mostra traços positivos e negativos de Fábio.
(E) O personagem é descrito no tempo passado.

A: incorreta. A bondade, última característica, não está ligada ao aspecto físico; B: correta. Inicia no todo – "é um rapaz bonito" – e depois segue para as partes, cada característica que faz dele um rapaz bonito; C: incorreta. Não há essa característica no texto, uma vez que os aspectos físicos e anímicos do rapaz são descritos sem qualquer indicação de distância; D: incorreta. A descrição traz apenas traços positivos; E: incorreta. Todos os verbos estão no presente do indicativo.
Gabarito: B.

(Técnico Bancário – BANESTES – FGV – 2023) Analise o texto a seguir:

"A rua estava cheia de gente, pois havia um festival de cinema na pequena cidade. Via-se logo que se tratava de pessoas que não conheciam o local. Entre esses visitantes, um estacionou o seu carro diante da porta da minha garagem. Tentei chamá-lo, mas o perdi no meio da aglomeração. Telefonei para a polícia local, mas não havia viatura disponível. Perdoei o transgressor mentalmente e fui dormir".

O segmento que serve de marco inicial da narrativa é:

(A) A rua estava cheia de gente.
(B) havia um festival de cinema na pequena cidade.
(C) se tratava de pessoas que não conheciam o local.
(D) um estacionou o seu carro diante da porta da minha garagem.
(E) Tentei chamá-lo.

A pergunta é bem difícil, pois exige que o candidato se atente a qual fato deu o início à narrativa. Tudo aconteceu porque alguém estacionou o carro na frente da garagem do narrador. É por isso que ele explica sobre o festival de cinema que fez a rua estar cheia.
Gabarito: D.

Implantação do código de ética nas empresas

1   Desde a infância, estamos sujeitos à influência de nosso meio social, por intermédio da família, da escola, dos amigos, dos meios de comunicação de massa. Ao nascer, o homem já se defronta com um conjunto de regras, normas e valores aceitos em seu grupo social. As palavras "ética" e "moral" indicam costumes acumulados — conjunto de normas e valores dos grupos sociais em um contexto.

2   A ética é um conjunto de princípios e disposições cujo objetivo é balizar as ações humanas. A ética existe como uma referência para os seres humanos em sociedade, de modo tal que a sociedade possa se tornar cada

vez mais humana. Ela pode e deve ser incorporada pelos indivíduos, sob a forma de uma atitude diante da vida cotidiana. Mas ela não é um conjunto de verdades fixas, imutáveis. A ética se move historicamente, se amplia e se adensa. Para entendermos como isso acontece na história da humanidade, basta lembrarmos que, um dia, a escravidão foi considerada "natural".

3   Ética é o que diz respeito à ação quando ela é refletida, pensada. A ética preocupa-se com o certo e com o errado, mas não é um conjunto simples de normas de conduta como a moral. Ela promove um estilo de ação que procura refletir sobre o melhor modo de agir que não abale a vida em sociedade e não desrespeite a individualidade dos outros.

4   As empresas precisam desenvolver-se de tal forma que a conduta ética de seus integrantes, bem como os valores e convicções primários da organização, se tornem parte de sua cultura. Assim, a ética vem sendo vista como uma espécie de requisito para a sobrevivência das empresas no mundo moderno e pode ser definida como a transparência nas relações e a preocupação com o impacto das suas atividades na sociedade.

5   Muitos exemplos poderiam ser citados de empresas que estão começando a valorizar e a alertar seus funcionários sobre a ética. Algumas empresas já implantaram, inclusive, um comitê de ética, o qual se destina à proteção da imagem da companhia. É preciso, portanto, que haja uma conscientização da importância de uma conduta ética ou mesmo a implantação de um código de ética nas organizações, pois a cada dia que passa a ética tem mostrado ser um dos caminhos para o sucesso e para o bem comum, agregando valor moral ao patrimônio da organização.

6   O Código de Ética é um instrumento de realização dos princípios, da visão e da missão da empresa. Serve para orientar as ações de seus colaboradores e explicitar a postura social da empresa em face dos diferentes públicos com os quais interage. É da máxima importância que seu conteúdo seja refletido nas atitudes das pessoas a que se dirige e encontre respaldo na alta administração da empresa, que, tanto quanto o último empregado contratado, tem a responsabilidade de vivenciá-lo.

7   As relações com os funcionários, desde o processo de contratação, desenvolvimento profissional, lealdade mútua, respeito entre chefes e subordinados, saúde e segurança, propriedade da informação, assédio profissional e sexual, alcoolismo, uso de drogas, entre outros, são aspectos que costumam ser abordados em um Código de Ética. Cumprir horários, entregar o trabalho no prazo, dar o seu melhor ao executar uma tarefa e manter a palavra dada são exemplos de atitudes que mostram aos superiores e aos colegas que o funcionário valoriza os princípios éticos da empresa ou da instituição.

8   O Código também pode envolver situações de relacionamento com clientes, fornecedores, acionistas, investidores, comunidade vizinha, concorrentes e mídia. O Código de Ética pode estabelecer ações de responsabilidade social dirigidas ao desenvolvimento social de comunidades vizinhas, bem como apoio a projetos de educação voltados ao crescimento pessoal e profissional de jovens carentes. Também pode fazer referência à participação da empresa na comunidade, dando diretrizes sobre as relações com os sindicatos, outros órgãos da esfera pública, relações com o governo, entre outras.

9   Portanto, conclui-se que o Código de Ética se fundamenta em deveres para com os colegas, clientes, profissão, sociedade e para consigo próprio.

MARTINS, Rosemir. UFPR, 2003. Disponível em: https://acervo--digital.ufpr.br. Acesso em: 16 nov. 2022. Adaptado.

(Escriturário – BANRISUL – CESGRANRIO – 2023) O texto afirma, no parágrafo 2, que os princípios e disposições éticos têm como objetivo "**balizar** as ações humanas".

O verbo destacado tem o sentido de

(A) criar particularidades.
(B) definir uma sinalização.
(C) estabelecer parâmetros.
(D) facilitar a percepção.
(E) indicar diferenças.

"Balizar" vem de "colocar balizas", "colocar fronteiras", o que, em sentido figurado, passou a significar "estabelecer parâmetros" ou "limites". Gabarito: C.

(Escriturário – BANRISUL – CESGRANRIO – 2023) O trecho "A ética se move historicamente, se amplia e se adensa" (parágrafo 2) exerce, em relação ao período anterior, a função discursiva de

(A) contradição
(B) explicação
(C) gradação
(D) negação
(E) recapitulação

O trecho explica porque a ética não é um conjunto de verdades fixas, imutáveis, ou dizer que ela se move historicamente. Gabarito: B.

Relacionamento com o dinheiro

1   Desde cedo, começamos a lidar com uma série de situações ligadas ao dinheiro. Para tirar melhor proveito do seu dinheiro, é muito importante saber como utilizá--lo da forma mais favorável a você. O aprendizado e a aplicação de conhecimentos práticos de educação financeira podem contribuir para melhorar a gestão de nossas finanças pessoais, tornando nossas vidas mais tranquilas e equilibradas sob o ponto de vista financeiro.

2   Se pararmos para pensar, estamos sujeitos a um mundo financeiro muito mais complexo que o das gerações anteriores. No entanto, o nível de educação financeira da população não acompanhou esse aumento de complexidade. A ausência de educação financeira, aliada à facilidade de acesso ao crédito, tem levado muitas pessoas ao endividamento excessivo, privando--as de parte de sua renda em função do pagamento de prestações mensais que reduzem suas capacidades de consumir produtos que lhes trariam satisfação.

3   Infelizmente, não faz parte do cotidiano da maioria das pessoas buscar informações que as auxiliem na gestão de suas finanças. Para agravar essa situação,

não há uma cultura coletiva, ou seja, uma preocupação da sociedade organizada em torno do tema. Nas escolas, pouco ou nada é falado sobre o assunto. As empresas, não compreendendo a importância de ter seus funcionários alfabetizados financeiramente, também não investem nessa área. Similar problema é encontrado nas famílias, nas quais não há o hábito de reunir os membros para discutir e elaborar um orçamento familiar. Igualmente entre os amigos, assuntos ligados à gestão financeira pessoal muitas vezes são considerados invasão de privacidade e pouco se conversa em torno do tema. Enfim, embora todos lidem diariamente com dinheiro, poucos se dedicam a gerir melhor seus recursos.

4   A educação financeira pode trazer diversos benefícios, entre os quais, possibilitar o equilíbrio das finanças pessoais, preparar para o enfrentamento de imprevistos financeiros e para a aposentadoria, qualificar para o bom uso do sistema financeiro, reduzir a possibilidade de o indivíduo cair em fraudes, preparar o caminho para a realização de sonhos, enfim, tornar a vida melhor.

BANCO CENTRAL DO BRASIL. Caderno de Educação Financeira – Gestão de Finanças Pessoais. Brasília: BCB, 2013. p. 12. Adaptado.

(Técnico Bancário – CEF – CESGRANRIO – 2021) Considere a palavra destacada no seguinte trecho do parágrafo 2: "A ausência de educação financeira, aliada à facilidade de acesso ao crédito, tem levado muitas pessoas ao endividamento **excessivo**".

Essa palavra pode, sem prejuízo do sentido desse trecho, ser substituída por

(A) básico
(B) essencial
(C) inevitável
(D) desmedido
(E) imprescindível

"Excessivo" é sinônimo de "desmedido", "exacerbado", "exagerado".
Gabarito: D

(Escriturário – BB – 2014 – CESGRANRIO) No seguinte período, a palavra em destaque está grafada de acordo com a ortografia oficial:

(A) O sindicato se preocupa com o **aspécto** educativo da cartilha.
(B) Várias entidades **mantêm** convênio conosco.
(C) O consumidor tem de ser **consciênte** de seu papel de cidadão.
(D) O **substántivo** que traduz essa cartilha é "seriedade".
(E) No **rítmo** em que a sociedade caminha, em breve exerceremos plena cidadania.

A: incorreta. "Aspecto" não leva acento, porque é paroxítona terminada em "o"; **B**: correta. A grafia está conforme a regra oficial; **C**: incorreta. "Consciente" não tem acento, porque é paroxítona terminada em "e"; **D**: incorreta. "Substantivo" é paroxítona, não proparoxítona, e, ainda assim, não leva qualquer acento; **E**: incorreta. "Ritmo" não tem acento, porque é paroxítona terminada em "o".
Gabarito: B

4. MORFOLOGIA

(Técnico Bancário – BANESTES – FGV – 2023) Assinale a frase abaixo em que o vocábulo menos mostra uma classe gramatical diferente das demais.

(A) O candidato estava com menos disposição para o estudo.
(B) Os operários trabalham menos a cada ano.
(C) Os atletas treinaram menos para essa prova.
(D) Meus filhos sempre leram menos que os primos.
(E) Os estrangeiros sempre se mostraram menos animados.

Em todas as alternativas, "menos" é advérbio, exceto na letra "A", que deve ser assinalada, onde exerce função de pronome indefinido.
Gabarito: A

(Escriturário – BANRISUL – CESGRANRIO – 2023) No texto, a circunstância apresentada pela palavra ou expressão em destaque está corretamente explicitada, entre colchetes, em:

(A) **Em breve** os estudantes de tecnologia terão a oportunidade de adquirir informações sobre moral e ética em suas aulas. [dúvida]
(B) **Jamais** saberemos o resultado do concurso se não forem divulgados os gabaritos. [intensidade]
(C) O bom relacionamento entre os participantes da instituição era esperado pelo gerente por ser **tão** satisfatório o ambiente de trabalho. [causa]
(D) O comportamento dos funcionários da empresa encarregados de orientar os candidatos à vaga de escriturário **provavelmente** é muito eficaz. [negação]
(E) O modo de agir dos empresários é responsável pela importância de sua instituição, uma vez que eles é que gerenciam **efetivamente** os meios econômicos. [afirmação]

A: incorreta. "Em breve" é adjunto adverbial de tempo; **B**: incorreta. Novamente, "jamais" é adjunto adverbial de tempo; **C**: incorreta. "Tão" é adjunto adverbial de intensidade; **D**: incorreta. "Provavelmente" designa incerteza, dúvida; **E**: correta. "Efetivamente" é mesmo advérbio de afirmação.
Gabarito: E

Cartilha orienta consumidor

Lançada pelo SindilojasRio e pelo CDL-Rio, em parceria com o Procon-RJ, guia destaca os principais pontos do Código de Defesa do Consumidor (CDC), *selecionados a partir das dúvidas e reclamações mais comuns recebidas pelas duas entidades*

O Sindicato de Lojistas do Comércio do Rio de Janeiro (SindilojasRio) e o Clube de Diretores Lojistas do Rio de Janeiro (CDL-Rio) lançaram ontem uma cartilha para orientar lojistas e consumidores sobre
5   seus direitos e deveres. Com o objetivo de dar mais transparência e melhorar as relações de consumo, a cartilha tem apoio também da Secretaria Estadual de Proteção e Defesa do Consumidor (Seprocon)/Procon-RJ.

10 Batizada de Boas Vendas, Boas Compras! – Guia prático de direitos e deveres para lojistas e consumidores, a publicação destaca os principais pontos do Código de Defesa do Consumidor (CDC), selecionados a partir das dúvidas e reclamações mais comuns
15 recebidas, tanto pelo SindilojasRio e CDL-Rio, como pelo Procon-RJ.

"A partir da conscientização de consumidores e lojistas sobre seus direitos e deveres, queremos contribuir para o crescimento sustentável das empresas,
20 tendo como base a ética, a qualidade dos produtos e a boa prestação de serviços ao consumidor", explicou o presidente do SindilojasRio e do CDL-Rio, Aldo Gonçalves.

Gonçalves destacou que as duas entidades estão
25 comprometidas em promover mudanças que propiciem o avanço das relações de consumo, além do desenvolvimento do varejo carioca.

"O consumidor é o nosso foco. É importante informá-lo dos seus direitos", disse o empresário,
30 ressaltando que conhecer bem o CDC é vital não só para os lojistas, mas também para seus fornecedores.

Jornal do Commercio. Rio de Janeiro. 08 abr. 2014, A-9. Adaptado.

(Escriturário – BB – 2014 – CESGRANRIO) No trecho "*Batizada de Boas Vendas, Boas Compras! – Guia prático de direitos e deveres para lojistas e consumidores*, a publicação destaca os principais pontos do Código de Defesa do Consumidor (CDC)" (l. 10-13), são palavras de classes gramaticais diferentes

(A) vendas e compras
(B) prático e principais
(C) publicação e pontos
(D) direitos e lojistas
(E) deveres e destaca

A, C e D: incorretas. Ambas são substantivos; B: incorreta. Ambas são adjetivos; E: correta. "Deveres" é substantivo e "destaca" é verbo.
Gabarito: E.

---

100 Coisas

É febre. Livros listando as cem coisas que você deve fazer antes de morrer, os cem lugares que você deve conhecer antes de morrer, os cem pratos que você deve provar antes de morrer. Primeiramente,
5 me espanta o fato de todos terem a certeza absoluta de que você vai morrer. Eu prefiro encarar a morte como uma hipótese. Mas, no caso, de acontecer, serei obrigada mesmo a cumprir todas essas metas antes? Não dá pra fechar por cinquenta em vez de
10 cem?

Outro dia estava assistindo a um DVD promocional que também mostra, como imaginei, as cem coisas que a gente precisa porque precisa fazer antes de morrer. Me deu uma angústia, pois, das cem,
15 eu fiz onze até agora. Falta muito ainda. Falta dirigir uma Ferrari, fazer um safári, frequentar uma praia de nudismo, comer algo exótico (um baiacu venenoso, por exemplo), visitar um vulcão ativo, correr uma maratona [...].
20 Se dependesse apenas da minha vontade, eu já teria um plano de ação esquematizado, mas quem fica com as crianças? Conseguirei cinco férias por ano? E quem patrocina essa brincadeira?

Hoje é dia de mais um sorteio da Mega-Sena.
25 O prêmio está acumulado em cinquenta milhões de reais. A maioria das pessoas, quando perguntadas sobre o que fariam com a bolada, responde: pagar dívidas, comprar um apartamento, um carro, uma casa na serra, outra na praia, garantir a segurança
30 dos filhos e guardar o resto para a velhice. Normal. São desejos universais. Mas fica aqui um convite para sonhar com mais criatividade. Arranje uma dessas listas de cem coisas pra fazer e procure divertir-se com as opções [...]. Não pense tanto em
35 comprar mas em viver.

Eu, que não apostei na Mega-Sena, por enquanto sigo com a minha lista de cem coisas a evitar antes de morrer. É divertido também, e bem mais fácil de realizar, nem precisa de dinheiro.

MEDEIROS, Martha. **Doidas e santas**. Porto Alegre: L&PM, 2008, p. 122-123. Adaptado.

(Escriturário – BB – 2014.1 – CESGRANRIO) No fragmento "fazer um safári, frequentar uma praia de nudismo, comer algo exótico (um baiacu venenoso, por exemplo), visitar um vulcão ativo" (l. 16-18), são palavras de classes gramaticais diferentes

(A) "praia" e "ativo"
(B) "venenoso" e "exótico"
(C) "baiacu" e "nudismo"
(D) "ativo" e "exótico"
(E) "safári" e "vulcão"

A: correta. "Praia" é substantivo e "ativo" é adjetivo; B: incorreta. Ambas são adjetivos; C: incorreta. Ambas são substantivos; D: incorreta. Ambas são adjetivos; E: incorreta. Ambas são substantivos.
Gabarito: A.

(Escriturário – BB – 2014.1 – CESGRANRIO) O conector **que** classifica-se diferentemente do que se destaca em "coisas **que** você deve fazer" (l. 1-2) em:

(A) "Eu, **que** não apostei na Mega-Sena" (l. 36)
(B) "coisas **que** a gente precisa porque precisa fazer" (l. 13)
(C) "lugares **que** você deve conhecer" (l. 2-3)

(D) "os cem pratos **que** você deve provar" (l. 3-4)
(E) "terem a certeza absoluta de **que** você vai morrer" (l. 5-6)

Em todas as hipóteses a palavra "que" exerce função de pronome relativo, exceto na letra "E", que deve ser assinalada. Ali, a palavra "que" é conjunção integrante.

Gabarito: E.

5. PRONOME E COLOCAÇÃO PRONOMINAL

(Escriturário – BANRISUL – CESGRANRIO – 2023) O pronome oblíquo átono em destaque está colocado de acordo com a norma-padrão em:

(A) A conduta ética deve ser desenvolvida nas empresas por seus funcionários, para que conservem-**se** solidários com seus colegas de trabalho, o que é vantajoso para a organização.
(B) No último congresso de profissionais de educação, consideramos a discussão sobre ética tão motivadora que decidimos que, no próximo ano, incluiremo-**la** nos currículos escolares.
(C) Desde que implantou-**se** o código de ética em sua organização, aquela empresa obteve resultados surpreendentes no mercado, uma vez que foi atingida a valorização de todos os envolvidos.
(D) Na sessão de abertura do simpósio destinado a discutir a importância das tecnologias de informação, o responsável pelo evento apresentou a programação, mas isso não deixou-**nos** interessados.
(E) Para promover o uso de novas tecnologias pelos funcionários que se dedicam à informática, precisamos incentivá-**los** constantemente com aumentos salariais.

A: incorreta. O pronome relativo "que" determina a próclise; **B:** incorreta. Pelo padrão culto, ocorre mesóclise com verbos conjugados no futuro do presente e no futuro do pretérito do indicativo; **C:** incorreta, conforme comentário à alternativa "A"; **D:** incorreta. Advérbios de negação determinam a próclise; **E:** correta. Não havendo causa de próclise obrigatória, a ênclise é recomendada pelo padrão culto da linguagem.

Gabarito: E.

1 Desde a infância, estamos sujeitos à influência de nosso meio social, por intermédio da família, da escola, dos amigos, dos meios de comunicação de massa. Ao nascer, o homem já se defronta com um conjunto de regras, normas e valores aceitos em seu grupo social. As palavras "ética" e "moral" indicam costumes acumulados — conjunto de normas e valores dos grupos sociais em um contexto.

2 A ética é um conjunto de princípios e disposições cujo objetivo é balizar as ações humanas. A ética existe como uma referência para os seres humanos em sociedade, de modo tal que a sociedade possa se tornar cada vez mais humana. Ela pode e deve ser incorporada pelos indivíduos, sob a forma de uma atitude diante da vida cotidiana. Mas ela não é um conjunto de verdades fixas, imutáveis. A ética se move historicamente, se amplia e se adensa. Para entendermos como isso acontece na história da humanidade, basta lembrarmos que, um dia, a escravidão foi considerada "natural".

3 Ética é o que diz respeito à ação quando ela é refletida, pensada. A ética preocupa-se com o certo e com o errado, mas não é um conjunto simples de normas de conduta como a moral. Ela promove um estilo de ação que procura refletir sobre o melhor modo de agir que não abale a vida em sociedade e não desrespeite a individualidade dos outros.

4 As empresas precisam desenvolver-se de tal forma que a conduta ética de seus integrantes, bem como os valores e convicções primários da organização, se tornem parte de sua cultura. Assim, a ética vem sendo vista como uma espécie de requisito para a sobrevivência das empresas no mundo moderno e pode ser definida como a transparência nas relações e a preocupação com o impacto das suas atividades na sociedade.

5 Muitos exemplos poderiam ser citados de empresas que estão começando a valorizar e a alertar seus funcionários sobre a ética. Algumas empresas já implantaram, inclusive, um comitê de ética, o qual se destina à proteção da imagem da companhia. É preciso, portanto, que haja uma conscientização da importância de uma conduta ética ou mesmo a implantação de um código de ética nas organizações, pois a cada dia que passa a ética tem mostrado ser um dos caminhos para o sucesso e para o bem comum, agregando valor moral ao patrimônio da organização.

6 O Código de Ética é um instrumento de realização dos princípios, da visão e da missão da empresa. Serve para orientar as ações de seus colaboradores e explicitar a postura social da empresa em face dos diferentes públicos com os quais interage. É da máxima importância que seu conteúdo seja refletido nas atitudes das pessoas a que se dirige e encontre respaldo na alta administração da empresa, que, tanto quanto o último empregado contratado, tem a responsabilidade de vivenciá-lo.

7 As relações com os funcionários, desde o processo de contratação, desenvolvimento profissional, lealdade mútua, respeito entre chefes e subordinados, saúde e segurança, propriedade da informação, assédio profissional e sexual, alcoolismo, uso de drogas, entre outros, são aspectos que costumam ser abordados em um Código de Ética. Cumprir horários, entregar o trabalho no prazo, dar o seu melhor ao executar uma tarefa e manter a palavra dada são exemplos de atitudes que mostram aos superiores e aos colegas que o funcionário valoriza os princípios éticos da empresa ou da instituição.

8 O Código também pode envolver situações de relacionamento com clientes, fornecedores, acionistas, investidores, comunidade vizinha, concorrentes e mídia. O Código de Ética pode estabelecer ações de responsabilidade social dirigidas ao desenvolvimento social de comunidades vizinhas, bem como apoio a projetos de educação voltados ao crescimento pessoal e profissional de jovens carentes. Também pode fazer referência à participação da empresa na comunidade, dando diretrizes sobre as relações com os sindicatos, outros órgãos da esfera pública, relações com o governo, entre outras.

9 Portanto, conclui-se que o Código de Ética se fundamenta em deveres para com os colegas, clientes, profissão, sociedade e para consigo próprio.

MARTINS, Rosemir. UFPR, 2003. Disponível em: https://acervo--digital.ufpr.br. Acesso em: 16 nov. 2022. Adaptado.

(Escriturário – BANRISUL – CESGRANRIO – 2023) No texto, o referente do termo ou expressão em destaque está corretamente explicitado, entre colchetes, no trecho do

(A) parágrafo 1 — "Ao nascer, o homem já se defronta com um conjunto de regras, normas e valores aceitos em **seu** grupo social." [conjunto de regras]

(B) parágrafo 2 — "**Ela** pode e deve ser incorporada pelos indivíduos, sob a forma de uma atitude diante da vida cotidiana." [sociedade]

(C) parágrafo 2 — "Para entendermos como **isso** acontece na história da humanidade" [conjunto de verdades fixas]

(D) parágrafo 5 — "Algumas empresas já implantaram, inclusive, um comitê de ética, **o qual** se destina à proteção da imagem da companhia." [comitê de ética]

(E) parágrafo 6 — "Serve para orientar as ações de seus colaboradores e explicitar a postura social da empresa em face dos diferentes públicos com **os quais** interage." [colaboradores]

A: incorreta. "Seu" se refere a "homem"; **B:** incorreta. "Ela", no caso, é a ética; **C:** incorreta. "Isso" resgata a mutabilidade da ética ao longo da história; **D:** correta. A locução pronominal "o qual" se refere a "comitê de ética"; **E:** incorreta. "Os quais" se refere a "públicos".
Gabarito: D.

(Escriturário – BB – CESGRANRIO – 2023) O pronome oblíquo átono está colocado de acordo com a norma-padrão da língua portuguesa em:

(A) **Me** surpreende a história de vida de Braille.
(B) Seu método não trouxe-**lhe** reconhecimento em vida.
(C) O menino cego aos cinco anos tornar-**se**-ia um herói nacional na França.
(D) Quantos impressionaram-**nos** como Braille?
(E) Braille recebia os alunos e sempre auxiliava-**os** com o método criado.

A: incorreta. Não ocorre próclise no início da oração; **B:** incorreta. Advérbios de negação determinam a próclise; **C:** correta. A norma culta impõe a mesóclise nos verbos conjugados no futuro do presente e no futuro do pretérito do indicativo; **D:** incorreta. Pronomes interrogativos determinam a próclise; **E:** incorreta. O advérbio "sempre" determina a próclise.
Gabarito: C.

(Técnico Bancário – CEF – CESGRANRIO – 2021) A colocação do pronome oblíquo átono está em acordo com a norma-padrão da língua portuguesa em:

(A) Poder-se-á levar a educação financeira para as salas de aula, o que será muito proveitoso.
(B) Nos perguntam sempre sobre como gerir melhor a vida financeira.
(C) As famílias nunca preocuparam-se com a educação financeira como parte da formação de seus filhos.
(D) Aqueles que relacionam-se bem com o dinheiro têm uma vida mais organizada.
(E) Compreenderia-se melhor o desempenho da empresa, se o mercado fosse estudado.

A: correta. A norma culta impõe mesóclise com os verbos no futuro do presente e no futuro do pretérito do indicativo; **B:** incorreta. Não se inicia a oração com pronome oblíquo átono; **C:** incorreta. Advérbios de negação determinam a próclise; **D:** incorreta. O pronome relativo "que" impõe a próclise; **E:** incorreta, conforme comentário à alternativa "A".
Gabarito: A.

Privacidade digital: quais são os limites

1 Atualmente, somos mais de 126,4 milhões de brasileiros usuários de internet, representando cerca de 69,8% da população com 10 anos ou mais. Ao redor do mundo, cerca de 4 bilhões de pessoas usam a rede mundial, sendo que 2,9 bilhões delas fazem isso pelo *smartphone*.

2 Nesse cenário, pensar em privacidade digital é (quase) utópico. Uma vez na rede, a informação está registrada para sempre: deixamos rastros que podem ser descobertos a qualquer momento.

3 Ainda assim, mesmo diante de tamanha exposição, essa é uma discussão que precisa ser feita. Ela é importante, inclusive, para trazer mais clareza e consciência para os usuários. Vale lembrar, por exemplo, que não são apenas as redes sociais que expõem as pessoas. Infelizmente, basta ter um endereço de *e-mail* para ser rastreado por diferentes empresas e provedores.

4 A questão central não se resume somente à política de privacidade das plataformas X ou Y, mas, sim, ao modo como cada sociedade vem paulatinamente estruturando a sua política de proteção de dados.

5 A segurança da informação já se transformou em uma área estratégica para qualquer tipo de empresa. Independentemente da demanda de armazenamento de dados de clientes, as organizações têm um universo de dados institucionais que precisam ser salvaguardados.

6 Estamos diante de uma realidade já configurada: a coleta de informações da internet não para, e esse é um caminho sem volta. Agora, a questão é: nós, clientes, estamos prontos e dispostos a definir o limite da privacidade digital? O interesse maior é nosso! Esse limite poderia ser dado pelo próprio consumidor, se ele assim quiser? O conteúdo é realmente do usuário?

7 Se considerarmos a atmosfera das redes sociais, muito possivelmente não. Isso porque, embora muitas pessoas não saibam, a maioria das redes sociais prevê que, a partir do momento em que um conteúdo é postado, ele faz parte da rede e não é mais do usuário.

8 Daí a importância da conscientização. É preciso que tanto clientes como empresas busquem mais informação e conteúdo técnico sobre o tema. Às organizações, cabe o desafio de orientar seus clientes, já que, na maioria das vezes, eles não sabem quais são os limites da privacidade digital.

9 Vivemos em uma época em que todo mundo pode falar permanentemente o que quer. Nesse contexto, a informação deixou de ser algo confiável e cabe a cada um de nós aprender a ler isso e se proteger. Precisamos de consciência, senso crítico, responsabilidade e cuidado para levar a internet a um outro nível. É fato que ela não é segura, a questão, então, é como usá-la de maneira mais inteligente e contribuir para fortalecer a privacidade digital? Essa é uma causa comum a todos os usuários da rede.

Disponível em: <https://digitalks.com.br/artigos/privacidade-digital-quais-sao-os-limites>. 7/04/2019. Acesso em: 3 fev. 2021. Adaptado.

(Escriturário – BB – CESGRANRIO – 2021) A palavra ou a expressão a que se refere o termo em destaque está corretamente explicitada entre colchetes em:

(A) "sendo que 2,9 bilhões delas fazem **isso** pelo *smartphone*" (parágrafo 1) - [rede mundial]
(B) "**Ela** é importante, inclusive, para trazer mais clareza e consciência para os usuários." (parágrafo 3) - [exposição]
(C) "**Isso** porque, embora muitas pessoas não saibam, a maioria das redes sociais prevê que, a partir do momento" (parágrafo 7) - [redes sociais]
(D) "a partir do momento em que um conteúdo é postado, **ele** faz parte da rede e não mais do usuário" (parágrafo 7) - [momento]
(E) "É fato que **ela** não é segura, a questão, então, é como usá-la de maneira mais inteligente" (parágrafo 9) - [internet]

A: incorreta. "Isso" se refere a "usam"; **B:** incorreta. "Ela" se refere a "discussão"; **C:** incorreta. "Isso", nesse caso, se refere ao período imediatamente anterior; **D:** incorreta. "Ele" resgata o termo "conteúdo"; **E:** correta. A referência está correta.

(Escriturário – BB – CESGRANRIO – 2021) O pronome destacado foi utilizado na posição correta, segundo as exigências da norma-padrão da língua portuguesa, em:

(A) A associação brasileira de mercados financeiros publicou uma diretriz de segurança, na qual mostra-**se** a necessidade de adequação de proteção de dados.
(B) A segurança da informação já transformou-**se** em uma área estratégica para qualquer tipo de empresa.
(C) Naquele evento, ninguém tinha-**se** incomodado com o palestrante no início do debate a respeito de privacidade digital.
(D) Apesar das dificuldades encontradas, sempre referimo--**nos** com cuidado aos nossos dados pessoais, como CPF, RG, e-mail, para proteção da vida privada.
(E) Quando a privacidade dos dados bancários é mantida, como **nos** garantem as instituições, ficamos tranquilos.

A: incorreta. "Na qual" é conjunção integrante como "que", portanto determina a próclise; **B:** incorreta. O advérbio "já" determina a próclise; **C:** incorreta. Termos de cunho negativo, como "ninguém", determinam a próclise; **D:** incorreta. O advérbio "sempre" determina a próclise; **E:** correta. A próclise, nesse caso, é facultativa, portanto atende à norma culta.

Moeda digital deve revolucionar a sociedade

Nas sociedades primitivas, a produção de bens era limitada e feita por famílias que trocavam seus produtos de subsistência através do escambo, organizado em locais públicos, decorrendo daí a origem
5 do termo "pregão" da Bolsa. Com o passar do tempo, especialmente na antiguidade, época em que os povos já dominavam a navegação, o comércio internacional se modernizou e engendrou a criação de moedas, com o intuito de facilitar a circulação de
10 mercadorias, que tinham como lastro elas mesmas, geralmente alcunhadas em ouro, prata ou bronze, metais preciosos desde sempre.

A Revolução Industrial ocorrida inicialmente na Inglaterra e na Holanda, por volta de 1750, viria a criar
15 uma quantidade de riqueza acumulada tão grande que transformaria o próprio dinheiro em mercadoria. Nascia o mercado financeiro em Amsterdã, que depois se espalharia por toda a Europa e pelo mundo. A grande inovação na época foi o mecanismo de com-
20 pensação nos pagamentos, mais seguro e prático, no qual um banco emitia uma ordem de pagamento para outro em favor de determinada pessoa e esta poderia sacá-la sem que uma quantidade enorme de dinheiro ou ouro tivesse de ser transportada entre continentes.
25 Essa ordem de pagamento, hoje reconhecida no mundo financeiro como "título cambial", tem como instrumento mais conhecido o cheque, "neto" da letra de câmbio, amplamente usada pela burguesia em transações financeiras na alta idade média. A teoria
30 nos ensina que são três as suas principais características: a cartularidade, a autonomia e a abstração.

Ora, o que isso tem a ver com *bitcoins*? Foi necessária essa pequena exegese para refletirmos que não importa a forma como a sociedade queira se
35 organizar, ela é sempre motivada por um fenômeno humano. Como nos ensina Platão, a necessidade é a mãe das invenções. Considerando o dinamismo da evolução da sociedade da informação, inicialmente revolucionada pela invenção do códex e da imprensa
40 nos idos de 1450, que possibilitou na Idade Média o armazenamento e a circulação de grandes volumes de informação, e, recentemente, o fenômeno da internet, que eliminou distâncias e barreiras culturais, transformando o mundo em uma aldeia global, seria
45 impossível que o próprio mundo virtual não desenvolvesse sua moeda, não somente por questão financeira, mas sobretudo para afirmação de sua identidade cultural.

Criada por um "personagem virtual", cuja identi-
50 dade no mundo real é motivo de grande especulação, a bitcoin, resumidamente, é uma moeda virtual que pode ser utilizada na aquisição de produtos e serviços dos mais diversos no mundo virtual. Trata-se de um título cambial digital, sem emissor, sem cártula, e,
55 portanto, sem lastro, uma aberração no mundo financeiro, que, não obstante isso, tem valor.

No entanto, ao que tudo indica, essa questão do lastro está prestes a ser resolvida. Explico. Grandes corporações começam a acenar com a possibilidade
60 de aceitar bitcoins na compra de serviços. Se a in-

dústria pesada da tecnologia realmente adotar políticas reconhecendo e incluindo bitcoins como moeda válida, estará dado o primeiro passo para a criação de um mercado financeiro global de bitcoins. Esse assunto é de alta relevância para a sociedade como um todo e poderá abrir as portas para novos serviços nas estruturas que se formarão não somente no mercado financeiro, em todas as suas facetas — refiro-me à Bolsa de Valores, inclusive, bem como em novos campos do direito e na atividade estatal de regulação dessa nova moeda.

Certamente a consolidação dos *bitcoins* não revogará as outras modalidades de circulação de riqueza criadas ao longo da história, posto que ainda é possível trocar mercadorias, emitir letras de câmbio, transacionar com moedas e outros títulos. Ao longo do tempo aprendemos também que os instrumentos se renovaram e se tornaram mais sofisticados, fato que constitui um desafio para o mundo do direito.

AVANZI, Dane. **UOL TV Todo Dia**. Disponível em: <http://portal.tododia.uol.com.br/_conteudo/2015/03/ opiniao/65848--moeda-digital-deve-revolucionar-a-sociedade.php>. Acesso em: 09 ago. 2015. Adaptado.

(Escriturário – BB – 2015 – CESGRANRIO) No texto, a palavra ou expressão a que o termo destacado se refere está corretamente explicitada entre colchetes em:

(A) "A teoria nos ensina que são três as **suas** principais características" (l. 29-31) [ordem de pagamento]
(B) "Criada por um 'personagem virtual', **cuja** identidade no mundo real é motivo de grande especulação" (l. 49-50) [moeda virtual]
(C) "trocavam seus produtos de subsistência através do escambo, organizado em locais públicos, decorrendo **daí** a origem do termo 'pregão' da Bolsa" (l. 2-5) [produção de bens]
(D) "**ela** é sempre motivada por um fenômeno humano" (l. 35-36) [essa pequena exegese]
(E) "o que **isso** tem a ver com *bitcoins*?" (l. 32) [transação financeira virtual]

A: correta. O pronome "suas" foi usado como elemento de coesão para resgatar "ordem de pagamento"; **B**: incorreta. O pronome relativo "cuja" refere-se a "personagem virtual"; **C**: incorreta. "Daí" refere-se a "escambo"; **D**: incorreta. O pronome "ela" é elemento de coesão que resgata "sociedade"; **E**: incorreta. O pronome "isso" refere-se a todo o texto anterior.

Gabarito: A.

(Escriturário – BB – 2015 – CESGRANRIO) No texto, a palavra ou expressão a que se refere o termo destacado está expressa adequadamente entre colchetes em

(A) "a produção de bens era limitada e feita por famílias **que** trocavam seus produtos" (l. 1-3) [sociedades primitivas]
(B) "poderá abrir as portas para novos serviços nas estruturas **que** se formarão não somente no mercado financeiro, em todas as suas facetas" (l. 66-68) [as portas]
(C) "com o intuito de facilitar a circulação de mercadorias, **que** tinham como lastro elas mesmas." (l. 9-10) [moedas]
(D) "Nascia o mercado financeiro em Amsterdã, **que** depois se espalharia por toda a Europa e pelo mundo." (l. 17-18) [Amsterdã]
(E) "uma aberração no mundo financeiro, **que**, não obstante isso, tem valor." (l. 55-56) [mundo financeiro]

A: incorreta. O pronome relativo "que" se refere a "famílias"; **B**: incorreta. "Que", aqui, refere-se a "estruturas"; **C**: correta. O pronome está resgatando "moedas", tanto que a oração segue se referindo a "elas mesmas"; **D**: incorreta. "Que" refere-se a "mercado financeiro"; **E**: incorreta. O pronome resgata "aberração".

Gabarito: C.

(Escriturário – BB – 2015 – CESGRANRIO) A colocação do pronome destacado atende às exigências da norma-padrão da Língua Portuguesa em:

(A) Os clientes mais exigentes sempre comportaram-**se** bem diante das medidas favoráveis oferecidas pelos bancos.
(B) Efetivando-**se** os pagamentos com moedas virtuais, os clientes terão confiança para utilizar esse recurso financeiro.
(C) Os usuários constantes da internet não enganam-**se** a respeito das vantagens do comércio *on-line*.
(D) É preciso observar que a população interessa-**se** pelas formas de aprendizagem condizentes com a sua cultura.
(E) Os turistas tinham organizado-**se** para viajar quando as condições econômicas melhorassem.

A: incorreta. A presença de advérbio ("sempre") torna a próclise obrigatória ("se comportaram"); **B**: correta. A próclise é obrigatória no início da oração; **C**: incorreta. Palavras negativas ("não", "nunca", "nada", "jamais") determinam a próclise ("se enganam"); **D**: incorreta. Ainda que exista o elemento "população", a conjunção "que" continua a determinar a próclise ("se interessa); **E**: incorreta. Não ocorre ênclise em locuções verbais com o verbo principal no particípio. O pronome deve vir enclítico ao verbo auxiliar: "os turistas tinham-se organizado".

Gabarito: B.

Cartilha orienta consumidor

Lançada pelo SindilojasRio e pelo CDL-Rio, em parceria com o Procon-RJ, guia destaca os principais pontos do Código de Defesa do Consumidor (CDC), *selecionados a partir das dúvidas e reclamações mais comuns recebidas pelas duas entidades*

O Sindicato de Lojistas do Comércio do Rio de Janeiro (SindilojasRio) e o Clube de Diretores Lojistas do Rio de Janeiro (CDL-Rio) lançaram ontem uma cartilha para orientar lojistas e consumidores sobre seus direitos e deveres. Com o objetivo de dar mais transparência e melhorar as relações de consumo, a cartilha tem apoio também da Secretaria Estadual de Proteção e Defesa do Consumidor (Seprocon)/ Procon-RJ.

10 Batizada de Boas Vendas, Boas Compras! – Guia prático de direitos e deveres para lojistas e consumidores, a publicação destaca os principais pontos do Código de Defesa do Consumidor (CDC), selecionados a partir das dúvidas e reclamações mais comuns
15 recebidas, tanto pelo SindilojasRio e CDL-Rio, como pelo Procon-RJ.

"A partir da conscientização de consumidores e lojistas sobre seus direitos e deveres, queremos contribuir para o crescimento sustentável das empresas,
20 tendo como base a ética, a qualidade dos produtos e a boa prestação de serviços ao consumidor", explicou o presidente do SindilojasRio e do CDL-Rio, Aldo Gonçalves.

Gonçalves destacou que as duas entidades estão
25 comprometidas em promover mudanças que propiciem o avanço das relações de consumo, além do desenvolvimento do varejo carioca.

"O consumidor é o nosso foco. É importante informá-lo dos seus direitos", disse o empresário,
30 ressaltando que conhecer bem o CDC é vital não só para os lojistas, mas também para seus fornecedores.

Jornal do Commercio. Rio de Janeiro. 08 abr. 2014, A-9. Adaptado.

(Escriturário – BB – 2014 – CESGRANRIO) Na frase "'É importante informá-lo dos seus direitos'" (l. 28-29) emprega-se o verbo **informar** seguido do pronome oblíquo. Entretanto, o redator poderia ter optado por empregar, em vez de **lo**, o pronome **lhe**. A frase resultante, mantendo-se o mesmo sentido e respeitando-se a norma-padrão, seria:

(A) É importante informar-lhe sobre os seus direitos.
(B) É importante lhe informar a respeito dos seus direitos.
(C) É importante informar-lhe dos seus direitos.
(D) É importante informar-lhe os seus direitos.
(E) É importante lhe informar acerca dos seus direitos.

Se usarmos o pronome "lhe", ele representa o objeto indireto da oração, de forma que o outro complemento do verbo não pode ser preposicionado (deve ser um objeto direto), iniciado apenas pelo artigo definido. É o que se vê na letra "D", que deve ser assinalada. Nas demais, o verbo está com dois complementos preposicionados, o que está gramaticalmente errado.
Gabarito: D.

---

100 Coisas

É febre. Livros listando as cem coisas que você deve fazer antes de morrer, os cem lugares que você deve conhecer antes de morrer, os cem pratos que você deve provar antes de morrer. Primeiramente,
5 me espanta o fato de todos terem a certeza absoluta de que você vai morrer. Eu prefiro encarar a morte como uma hipótese. Mas, no caso, de acontecer, serei obrigada mesmo a cumprir todas essas metas antes? Não dá pra fechar por cinquenta em vez de
10 cem?

Outro dia estava assistindo a um DVD promocional que também mostra, como imaginei, as cem coisas que a gente precisa porque precisa fazer antes de morrer. Me deu uma angústia, pois, das cem,
15 eu fiz onze até agora. Falta muito ainda. Falta dirigir uma Ferrari, fazer um safári, frequentar uma praia de nudismo, comer algo exótico (um baiacu venenoso, por exemplo), visitar um vulcão ativo, correr uma maratona [...].
20 Se dependesse apenas da minha vontade, eu já teria um plano de ação esquematizado, mas quem fica com as crianças? Conseguirei cinco férias por ano? E quem patrocina essa brincadeira?

Hoje é dia de mais um sorteio da Mega-Sena.
25 O prêmio está acumulado em cinquenta milhões de reais. A maioria das pessoas, quando perguntadas sobre o que fariam com a bolada, responde: pagar dívidas, comprar um apartamento, um carro, uma casa na serra, outra na praia, garantir a segurança
30 dos filhos e guardar o resto para a velhice. Normal. São desejos universais. Mas fica aqui um convite para sonhar com mais criatividade. Arranje uma dessas listas de cem coisas pra fazer e procure divertir-se com as opções [...]. Não pense tanto em
35 comprar mas em viver.

Eu, que não apostei na Mega-Sena, por enquanto sigo com a minha lista de cem coisas a evitar antes de morrer. É divertido também, e bem mais fácil de realizar, nem precisa de dinheiro.

MEDEIROS, Martha. **Doidas e santas**. Porto Alegre: L&PM, 2008, p. 122-123. Adaptado.

(Escriturário – BB – 2014.1 – CESGRANRIO) A substituição do termo destacado pelo pronome oblíquo adequado está de acordo com a norma-padrão em:

(A) "Arranje **uma dessas listas**" (l. 32-33) – Arranje-lhes
(B) "fica aqui **um convite**" (l. 31-32) – fica-o aqui
(C) "listando **as cem coisas**" (l. 1) – Listando-as
(D) "Eu prefiro encarar **a morte**" (l. 6-7) – Encarar-lhe
(E) "Falta **muito** ainda" (l. 15) – Falta-o ainda

A: incorreta. O termo destacado é objeto direto, deve ser substituído por "as" – Arranje-as; **B:** incorreta. "Um convite" é sujeito da oração, não pode ser substituído por pronome oblíquo; **C:** correta. A substituição atende às normas gramaticais pelas razões expostas na letra "A"; **D:** incorreta, pois também aqui "a morte" é objeto direto – "preciso encará-la"; **E:** incorreta. "Muito" é adjunto adverbial, não pode ser substituído por pronome oblíquo.
Gabarito: C.

6. VERBO

PRIVACIDADE DIGITAL: QUAIS SÃO OS LIMITES

1   Atualmente, somos mais de 126,4 milhões de brasileiros usuários de internet, representando cerca de 69,8% da população com 10 anos ou mais. Ao redor do mundo, cerca de 4 bilhões de pessoas usam a rede mundial, sendo que 2,9 bilhões delas fazem isso pelo *smartphone*.

2   Nesse cenário, pensar em privacidade digital é (quase) utópico. Uma vez na rede, a informação está registrada para sempre: deixamos rastros que podem ser descobertos a qualquer momento.

3   Ainda assim, mesmo diante de tamanha exposição, essa é uma discussão que precisa ser feita. Ela é importante, inclusive, para trazer mais clareza e consciência para os usuários. Vale lembrar, por exemplo, que não são apenas as redes sociais que expõem as pessoas. Infelizmente, basta ter um endereço de *e-mail* para ser rastreado por diferentes empresas e provedores.

4   A questão central não se resume somente à política de privacidade das plataformas X ou Y, mas, sim, ao modo como cada sociedade vem paulatinamente estruturando a sua política de proteção de dados.

5   A segurança da informação já se transformou em uma área estratégica para qualquer tipo de empresa. Independentemente da demanda de armazenamento de dados de clientes, as organizações têm um universo de dados institucionais que precisam ser salvaguardados.

6   Estamos diante de uma realidade já configurada: a coleta de informações da internet não para, e esse é um caminho sem volta. Agora, a questão é: nós, clientes, estamos prontos e dispostos a definir o limite da privacidade digital? O interesse maior é nosso! Esse limite poderia ser dado pelo próprio consumidor, se ele assim quiser? O conteúdo é realmente do usuário?

7   Se considerarmos a atmosfera das redes sociais, muito possivelmente não. Isso porque, embora muitas pessoas não saibam, a maioria das redes sociais prevê que, a partir do momento em que um conteúdo é postado, ele faz parte da rede e não é mais do usuário.

8   Daí a importância da conscientização. É preciso que tanto clientes como empresas busquem mais informação e conteúdo técnico sobre o tema. Às organizações, cabe o desafio de orientar seus clientes, já que, na maioria das vezes, eles não sabem quais são os limites da privacidade digital.

9   Vivemos em uma época em que todo mundo pode falar permanentemente o que quer. Nesse contexto, a informação deixou de ser algo confiável e cabe a cada um de nós aprender a ler isso e se proteger. Precisamos de consciência, senso crítico, responsabilidade e cuidado para levar a internet a um outro nível. É fato que ela não é segura, a questão, então, é como usá-la de maneira mais inteligente e contribuir para fortalecer a privacidade digital? Essa é uma causa comum a todos os usuários da rede.

Disponível em: <https://digitalks.com.br/artigos/privacidade-digital-quais-sao-os-limites>. 7/04/2019. Acesso em: 3 fev. 2021. Adaptado.

(**Escriturário – BB – CESGRANRIO – 2021**) No trecho "Esse limite **poderia** ser dado pelo próprio consumidor, se ele assim quiser?" (parágrafo 6), a forma verbal destacada expressa a noção de

(A) dever
(B) certeza
(C) hipótese
(D) obrigação
(E) necessidade

O futuro do pretérito do indicativo é o tempo verbal que indica possibilidade, uma hipótese.

Gabarito: "C".

Cartilha orienta consumidor

Lançada pelo SindilojasRio e pelo CDL-Rio, em parceria com o Procon-RJ, guia destaca os principais pontos do Código de Defesa do Consumidor (CDC), *selecionados a partir das dúvidas e reclamações mais comuns recebidas pelas duas entidades*

O Sindicato de Lojistas do Comércio do Rio de Janeiro (SindilojasRio) e o Clube de Diretores Lojistas do Rio de Janeiro (CDL-Rio) lançaram ontem uma cartilha para orientar lojistas e consumidores sobre
5   seus direitos e deveres. Com o objetivo de dar mais transparência e melhorar as relações de consumo, a cartilha tem apoio também da Secretaria Estadual de Proteção e Defesa do Consumidor (Seprocon)/Procon-RJ.
10 Batizada de Boas Vendas, Boas Compras! – Guia prático de direitos e deveres para lojistas e consumidores, a publicação destaca os principais pontos do Código de Defesa do Consumidor (CDC), selecionados a partir das dúvidas e reclamações mais comuns
15 recebidas, tanto pelo SindilojasRio e CDL-Rio, como pelo Procon-RJ.

"A partir da conscientização de consumidores e lojistas sobre seus direitos e deveres, queremos contribuir para o crescimento sustentável das empresas,
20 tendo como base a ética, a qualidade dos produtos e a boa prestação de serviços ao consumidor", explicou o presidente do SindilojasRio e do CDL-Rio, Aldo Gonçalves.

Gonçalves destacou que as duas entidades estão
25 comprometidas em promover mudanças que propiciem o avanço das relações de consumo, além do desenvolvimento do varejo carioca.

"O consumidor é o nosso foco. É importante informá-lo dos seus direitos", disse o empresário,
30 ressaltando que conhecer bem o CDC é vital não só para os lojistas, mas também para seus fornecedores.

Jornal do Commercio. Rio de Janeiro. 08 abr. 2014, A-9. Adaptado.

(Escriturário – BB – 2014 – CESGRANRIO) O emprego do verbo destacado no trecho "'**queremos** contribuir para o crescimento sustentável das empresas'" (l. 18-19) contribui para indicar uma pretensão do presidente do Sindicato dos Lojistas, que começa no presente e se estende no futuro. Se, respeitando-se o contexto original, a frase indicasse uma pretensão que começasse no passado e se estendesse no tempo, o verbo adequado seria o que se destaca em:

(A) **quisemos** contribuir para o crescimento sustentável das empresas.
(B) **quisermos** contribuir para o crescimento sustentável das empresas.
(C) **quiséssemos** contribuir para o crescimento sustentável das empresas.
(D) **quereremos** contribuir para o crescimento sustentável das empresas.
(E) **quisera** poder contribuir para o crescimento sustentável das empresas.

O tempo verbal adequado para a proposta é o pretérito perfeito do indicativo, que, na primeira pessoa do plural, conjuga-se "quisemos".
Gabarito: A.

(Escriturário – BB – 2014.1 – CESGRANRIO) O emprego do verbo **obter** está adequado à norma-padrão apenas em:

(A) Com as apostas, **obtém**-se recursos para diversas pesquisas científicas.
(B) Quando o pessoal **obtiverem** êxito, o grupo que faz aposta coletiva vai viajar pelo mundo.
(C) Caso **obtenham** êxito na Mega-Sena, os apostadores farão as cem coisas possíveis antes de morrer.
(D) A procura das pessoas pelo enriquecimento rápido **obtêm** bons recursos financeiros para o país.
(E) Se **obterem** recursos, certamente as pessoas farão mais de cem coisas antes de morrer.

A: incorreta. Na terceira pessoa do plural do presente do indicativo, o verbo "obter" leva acento circunflexo – "obtêm-se"; **B**: incorreta. O verbo deveria estar no singular para concordar com "pessoal" – "obtiver"; **C**: correta. A conjugação da terceira pessoa do plural do presente do subjuntivo atende às normas gramaticais; **D**: incorreta. O verbo deveria estar no singular para concordar com "procura" – "obtém" (acento agudo, não circunflexo); **E**: incorreta. Na terceira pessoa do plural do pretérito imperfeito do subjuntivo, o verbo "obter" se conjuga "obtiverem".
Gabarito: C.

7. REGÊNCIA

(Escriturário – BB – CESGRANRIO – 2018) A regência do verbo destacado está de acordo com as exigências da norma-padrão da língua portuguesa em:

(A) Para ganhar espaço no mercado imobiliário, os bancos **costumam** a ampliar prazos e limites e baratear o financiamento da casa própria.
(B) O planejamento econômico é fundamental para o sucesso de um empreendimento familiar, o que **envolve** ao ato de pesquisar as melhores oportunidades disponíveis.
(C) Antes de se comprometer com a aquisição de um imóvel acima de sua renda, **recomenda**-se ao comprador que pesquise melhores condições de mercado.
(D) A inadimplência ocorre quando o cidadão não **acata** às cláusulas que determinam os prazos dos empréstimos bancários.
(E) Grande parte das pessoas que se candidatam a empréstimos bancários **aspiram** a construção da casa própria.

A: incorreta. O verbo "costumar" não rege preposição; **B**: incorreta. O verbo "envolver" não rege preposição; **C**: correta. O verbo "recomendar" rege a preposição "a"; **D**: incorreta. O verbo "acatar" não rege preposição, portanto não pode haver crase depois; **E**: incorreta. O verbo "aspirar", com o sentido de "ter objetivo de", rege a preposição "a", portanto deveria ocorrer crase antes de "construção".
Gabarito: C.

(Escriturário – BB – 2015 – CESGRANRIO) De acordo com as regras de regência verbal estabelecidas pela norma-padrão da Língua Portuguesa, o elemento destacado está adequadamente empregado em:

(A) Os inadimplentes infringem **aos** regulamentos estabelecidos pelas financeiras ao deixar de cumprir os prazos dos empréstimos.
(B) Os comerciantes elogiaram **aos** bancos às medidas tomadas a favor de seus empreendimentos.
(C) Vários executivos procuram realizar cursos de especialização porque cobiçam **aos** estágios mais avançados da carreira.
(D) Os funcionários mais graduados das grandes empresas aspiram **aos** melhores cargos tendo em vista o aumento de seu poder aquisitivo.
(E) Algumas grandes empresas responsáveis pelas redes sociais ludibriam **aos** princípios estabelecidos por lei ao permitir postagens agressivas.

A: incorreta. O verbo "infringir" é transitivo direto, não rege preposição (quem infringe, infringe a norma, o estatuto); **B**: incorreta. "Elogiar" é verbo transitivo direto, também não rege preposição (quem elogia, elogia alguém ou algo); **C**: incorreta. "Cobiçar" é verbo transitivo direto. Não há preposição depois dele (quem cobiça, cobiça alguma coisa); **D**: correta. "Aspirar", quando sinônimo de "respirar", "sugar", é transitivo direto (ex.: ele aspirou o pó da sala). Contudo, aqui o verbo é utilizado como sinônimo de "buscar", "almejar". Nesse caso, ele realmente é transitivo indireto e rege a preposição "a" (quem aspira, aspira a alguma coisa); **E**: incorreta. "Ludibriar" (sinônimo de "enganar") é verbo transitivo direto, não rege preposição (quem ludibria, ludibria algo ou alguém).
Gabarito: D.

8. OCORRÊNCIA DA CRASE

(Técnico Bancário – CEF – CESGRANRIO – 2024) O acento grave indicador de crase está empregado, de acordo com a norma-padrão da língua portuguesa, na palavra destacada em:

(A) A bicicleta é a principal alternativa para **à** diminuição de poluentes que causam o aquecimento global.
(B) A capacidade de deslocamento da população motiva-a **à** buscar o aprimoramento contínuo dos transportes e enfrentar a realidade diária.
(C) A redução do uso de gasolina, agente poluidor da mais alta intensidade, pode ser conseguida com o incentivo **à** produção de carros elétricos.
(D) As causas do aquecimento global podem ser minimizadas se houver a intervenção dos órgãos gover-

namentais que garantam acessibilidade **à** pessoas vulneráveis.

(E) O combate **à** mudanças climáticas requer grande investimento dos países para a renovação da frota de transporte público.

A: incorreta. Se temos a preposição "para", não ocorre a preposição "a" – então "a diminuição" é somente artigo definido e não ocorre crase; **B:** incorreta. Não ocorre crase antes de verbo; **C:** correta. O acento grave foi utilizado corretamente, conforme o padrão culto, porque "incentive" rege a preposição "a", seguido de palavra feminina; **D** e **E:** incorretas. Se houvesse a contração da preposição com o artigo, típica da crase, deveriam estar no plural "às". Como foi usado o singular, isso indica que se trata exclusivamente de preposição.

Gabarito C.

(Escriturário – BANRISUL – CESGRANRIO – 2023) O acento grave indicativo de crase está empregado de acordo com a norma-padrão da língua portuguesa em:

(A) A conclusão dos projetos da empresa, durante o ano de 2020, foi realizada **à** custa de muito empenho por parte dos empreendedores e dos funcionários especializados.

(B) A preocupação da empresa com os funcionários destinados **à** catalogar os arquivos de maior importância justifica os altos valores a eles atribuídos.

(C) A valorização da ética em uma instituição é uma oportunidade de integrar todos os funcionários nos mesmos objetivos e se aplica **à** diversas situações por que passa toda a organização.

(D) O conjunto de valores, individuais ou coletivos, que orienta as relações sociais deve garantir o cumprimento daquilo que é esperado por toda **à** comunidade.

(E) Os indivíduos estabelecem a principal meta de suas vidas, a fim de alcançar **à** realização de seus sonhos ao final de seu percurso.

A: correta. Locução adverbial com palavra feminina leva acento grave indicativo da crase; **B:** incorreta. Não ocorre crase antes de verbo; **C:** incorreta. Como o referente está no plural ("diversas situações"), o termo "a" no singular demonstra que se trata de preposição isolada; **D:** incorreta. O pronome "toda" não rege preposição, então o "a" é apenas artigo feminino; **E:** incorreta. O verbo "alcançar" não rege preposição, portanto após ele não ocorre crase.

Gabarito A.

(Escriturário – BB – CESGRANRIO – 2023) De acordo com a norma-padrão da língua portuguesa, o sinal indicativo de crase está corretamente empregado em:

(A) Braille foi forçado **à** superar sua cegueira.
(B) O professor referiu-se **à** um aluno brilhante: Braille.
(C) Braille não foi reconhecido até que se consolidasse **à** oficialização de seu método.
(D) Ele queria ensinar **à** todos os alunos o seu sistema de escrita.
(E) Todos estavam **à** espera de que o valor de Braille fosse reconhecido.

A: incorreta. Não ocorre crase antes de verbo; **B:** incorreta. Não ocorre crase antes de palavra masculina; **C:** incorreta. O verbo "consolidar" não rege preposição, portanto após ele não ocorre crase; **D:** incorreta. Não ocorre crase antes de pronome indefinido; **E:** correta. Locução adverbial formada com palavra feminina leva o acento grave indicativo da crase.

Gabarito E.

(Escriturário – BB – CESGRANRIO – 2021) De acordo com a norma-padrão da língua portuguesa, o emprego do acento grave indicativo da crase é obrigatório na palavra destacada em:

(A) A exigência de entrar em contato com instituições financeiras obrigou o cliente **a** criar senhas para ter acesso aos serviços bancários.
(B) A falta de leis sobre privacidade digital exige que os indivíduos se preparem para enfrentar a invasão do acesso **a** suas vidas privadas.
(C) A revolução da tecnologia da informação modificou **a** realidade social, penetrando em todas as esferas da atividade humana.
(D) As pesquisas tecnológicas são indispensáveis devido **a** importância de solucionar problemas causados pela invasão de dados.
(E) O surgimento das redes sociais e dos sites de compartilhamento conduziu as pessoas **a** novas situações de risco na sociedade atual.

A: incorreta. Não ocorre crase antes de verbo; **B:** incorreta. Como o complemento está no plural, fica claro que não ocorre crase na passagem – o "a" é simples preposição. Caso tivéssemos "as", seria caso de crase facultativa; **C:** incorreta. O verbo "modificar" não rege preposição, portanto não teremos crase; **D:** correta. "Devido" rege preposição, logo, seguido de palavra feminina, ocorre crase; **E:** incorreta. Como temos um termo plural depois, fica claro que "a" é apenas preposição.

Gabarito D.

(Escriturário – BB – 2015 – CESGRANRIO) O sinal indicativo da crase é obrigatório, de acordo com a norma-padrão da Língua Portuguesa, na palavra destacada em:

(A) O atendimento **a** necessidades de imediatismo da sociedade justifica o crescimento das formas de pagamentos digitais.
(B) Os sistemas baseados em pagamentos móveis têm chamado **a** atenção pela sua propagação em todo o mundo.
(C) A opção pelas moedas digitais está vinculada **a** possibilidade de diminuir as operações financeiras com a utilização do papel-moeda.
(D) Algumas tendências observadas no comportamento do consumidor e nas tecnologias devem influenciar **a** infraestrutura dos bancos.
(E) Os clientes tradicionais dos bancos já se acostumaram **a** utilizar suas agências para efetuar suas atividades de negócio.

A: incorreta. Não ocorre crase nessa hipótese, porque o "a" destacado é somente preposição – note que o substantivo "necessidades" está no plural, de sorte que, se houvesse o artigo definido feminino antes, ele também deveria estar no plural; **B:** incorreta. O "a" destacado é apenas artigo definido, já que o verbo "chamar" não rege a preposição "a". Logo, é impossível a crase; **C:** correta. O verbo "vincular" rege a preposição "a" e seu complemento é palavra feminina ("possibilidade"). O acento grave indicativo da crase é obrigatório nessa hipótese; **D:** incorreta, pelas mesmas razões da alternativa "B". O verbo "influenciar" não rege a preposição "a"; **E:** incorreta. Não ocorre crase antes de verbo.

Gabarito C.

Cartilha orienta consumidor

Lançada pelo SindilojasRio e pelo CDL-Rio, em parceria com o Procon-RJ, guia destaca os principais pontos do Código de Defesa do Consumidor (CDC), *selecionados a partir das dúvidas e reclamações mais comuns recebidas pelas duas entidades*

O Sindicato de Lojistas do Comércio do Rio de Janeiro (SindilojasRio) e o Clube de Diretores Lojistas do Rio de Janeiro (CDL-Rio) lançaram ontem uma cartilha para orientar lojistas e consumidores sobre
5 seus direitos e deveres. Com o objetivo de dar mais transparência e melhorar as relações de consumo, a cartilha tem apoio também da Secretaria Estadual de Proteção e Defesa do Consumidor (Seprocon)/ Procon-RJ.
10 Batizada de Boas Vendas, Boas Compras! – Guia prático de direitos e deveres para lojistas e consumidores, a publicação destaca os principais pontos do Código de Defesa do Consumidor (CDC), selecionados a partir das dúvidas e reclamações mais comuns
15 recebidas, tanto pelo SindilojasRio e CDL-Rio, como pelo Procon-RJ.

"A partir da conscientização de consumidores e lojistas sobre seus direitos e deveres, queremos contribuir para o crescimento sustentável das empresas,
20 tendo como base a ética, a qualidade dos produtos e a boa prestação de serviços ao consumidor", explicou o presidente do SindilojasRio e do CDL-Rio, Aldo Gonçalves.

Gonçalves destacou que as duas entidades estão
25 comprometidas em promover mudanças que propiciem o avanço das relações de consumo, além do desenvolvimento do varejo carioca.

"O consumidor é o nosso foco. É importante informá-lo dos seus direitos", disse o empresário,
30 ressaltando que conhecer bem o CDC é vital não só para os lojistas, mas também para seus fornecedores.
Jornal do Commercio. Rio de Janeiro. 08 abr. 2014, A-9. Adaptado.

(Escriturário – BB – 2014 – CESGRANRIO) De acordo com a norma-padrão, se fosse acrescentado ao trecho "disse o empresário" (l. 29) um complemento informando a quem ele deu a declaração, seria empregado o acento indicativo de crase no seguinte caso:

(A) **a** imprensa especializada
(B) **a** todos os presentes
(C) **a** apenas uma parte dos convidados
(D) **a** suas duas assessoras de imprensa
(E) **a** duas de suas secretárias

A: correta. Ocorre crase antes de substantivos femininos usados como complemento de verbo que rege a preposição "a"; **B:** incorreta. Não ocorre crase antes de pronome indefinido; **C:** incorreta. Não ocorre crase antes de conjunção; **D:** incorreta. A crase antes do pronome possessivo é, em tese, facultativa. Ocorre que, aqui, não houve a colocação do artigo definido. Logo, não pode haver crase; **E:** incorreta. Não ocorre crase antes de numeral.

9. CONJUNÇÃO

Implantação do código de ética nas empresas

1   Desde a infância, estamos sujeitos à influência de nosso meio social, por intermédio da família, da escola, dos amigos, dos meios de comunicação de massa. Ao nascer, o homem já se defronta com um conjunto de regras, normas e valores aceitos em seu grupo social. As palavras "ética" e "moral" indicam costumes acumulados — conjunto de normas e valores dos grupos sociais em um contexto.

2   A ética é um conjunto de princípios e disposições cujo objetivo é balizar as ações humanas. A ética existe como uma referência para os seres humanos em sociedade, de modo tal que a sociedade possa se tornar cada vez mais humana. Ela pode e deve ser incorporada pelos indivíduos, sob a forma de uma atitude diante da vida cotidiana. Mas ela não é um conjunto de verdades fixas, imutáveis. A ética se move historicamente, se amplia e se adensa. Para entendermos como isso acontece na história da humanidade, basta lembrarmos que, um dia, a escravidão foi considerada "natural".

3   Ética é o que diz respeito à ação quando ela é refletida, pensada. A ética preocupa-se com o certo e com o errado, mas não é um conjunto simples de normas de conduta como a moral. Ela promove um estilo de ação que procura refletir sobre o melhor modo de agir que não abale a vida em sociedade e não desrespeite a individualidade dos outros.

4   As empresas precisam desenvolver-se de tal forma que a conduta ética de seus integrantes, bem como os valores e convicções primários da organização, se tornem parte de sua cultura. Assim, a ética vem sendo vista como uma espécie de requisito para a sobrevivência das empresas no mundo moderno e pode ser definida como a transparência nas relações e a preocupação com o impacto das suas atividades na sociedade.

5   Muitos exemplos poderiam ser citados de empresas que estão começando a valorizar e a alertar seus funcionários sobre a ética. Algumas empresas já implantaram, inclusive, um comitê de ética, o qual se destina à proteção da imagem da companhia. É preciso, portanto, que haja uma conscientização da importância de uma conduta ética ou mesmo a implantação de um código de ética nas organizações, pois a cada dia que passa a ética tem mostrado ser um dos caminhos para o sucesso e para o bem comum, agregando valor moral ao patrimônio da organização.

6   O Código de Ética é um instrumento de realização dos princípios, da visão e da missão da empresa. Serve para orientar as ações de seus colaboradores e explicitar a postura social da empresa em face dos diferentes públicos com os quais interage. É da máxima importância que seu conteúdo seja refletido nas atitudes das pessoas a que se dirige e encontre respaldo na alta administração da empresa, que, tanto quanto o último empregado contratado, tem a responsabilidade de vivenciá-lo.

7   As relações com os funcionários, desde o processo de contratação, desenvolvimento profissional, lealdade mútua, respeito entre chefes e subordinados, saúde e segurança, propriedade da informação, assédio profis-

sional e sexual, alcoolismo, uso de drogas, entre outros, são aspectos que costumam ser abordados em um Código de Ética. Cumprir horários, entregar o trabalho no prazo, dar o seu melhor ao executar uma tarefa e manter a palavra dada são exemplos de atitudes que mostram aos superiores e aos colegas que o funcionário valoriza os princípios éticos da empresa ou da instituição.

8 O Código também pode envolver situações de relacionamento com clientes, fornecedores, acionistas, investidores, comunidade vizinha, concorrentes e mídia. O Código de Ética pode estabelecer ações de responsabilidade social dirigidas ao desenvolvimento social de comunidades vizinhas, bem como apoio a projetos de educação voltados ao crescimento pessoal e profissional de jovens carentes. Também pode fazer referência à participação da empresa na comunidade, dando diretrizes sobre as relações com os sindicatos, outros órgãos da esfera pública, relações com o governo, entre outras.

9 Portanto, conclui-se que o Código de Ética se fundamenta em deveres para com os colegas, clientes, profissão, sociedade e para consigo próprio.

MARTINS,Rosemir. UFPR, 2003. Disponível em: https://acervo--digital.ufpr.br. Acesso em: 16 nov. 2022. Adaptado.

(Escriturário – BANRISUL – CESGRANRIO – 2023) No trecho "a conduta ética de seus integrantes, **bem como** os valores e convicções primários da organização" (parágrafo 4), a expressão destacada veicula a relação lógica de

(A) adição
(B) concessão
(C) conclusão
(D) explicação
(E) temporalidade

"Bem como" é conjunção aditiva, sinônimo de "e", "mas também".
Gabarito: A.

(Escriturário – BANRISUL – CESGRANRIO – 2023) No trecho "É preciso, **portanto**, que haja uma conscientização da importância de uma conduta ética" (parágrafo 5), a palavra destacada expressa a ideia de

(A) alternância
(B) causa
(C) condição
(D) conclusão
(E) contradição

"Portanto" é conjunção conclusiva, expressa uma conclusão a partir das premissas dadas anteriormente.
Gabarito: D.

"Maior fronteira agrícola do mundo está no bioma amazônico", diz pesquisador da Embrapa

1 O Brasil é um dos poucos países no mundo com a possibilidade de ampliar áreas com a agropecuária. De fato, um estudo da ONU mostra que o país será o grande responsável por produzir os alimentos necessários para atender os mais de 9 bilhões de pessoas que habitarão o planeta em 2050. De acordo com pesquisadores da Embrapa, a região possui potencial e áreas para ampliação sustentável da agricultura. Portanto, a responsabilidade do agricultor brasileiro é muito grande.

2 A região amazônica se mostra promissora para a agricultura, pois ela é rica em um insumo fundamental, a água. Estados como Rondônia e Acre têm municípios que recebem até 2.800 milímetros de chuvas por ano. E isso proporciona a qualidade e a possibilidade de semear mais de uma cultura por ano.

3 Entretanto, as críticas internacionais, quanto ao uso e à ampliação da agricultura na região amazônica, são um limitante para a exploração dessas áreas. Para cada nova área aberta para a agricultura, parte deveria ser obrigatoriamente destinada à preservação ambiental, segundo as exigências dos países que compram nossos produtos agrícolas.

POPOV, Daniel. Canal Rural. Disponível em: https://www.canal- rural.com.br/projeto-soja-brasil/noticia/maior-fronteira--agricola--mundo-amazonia-embrapa/. 19 set. 2019. Acesso em: 30 nov.2021. Adaptado.

(Técnico Bancário – BASA – CESGRANRIO – 2022) No trecho "**Portanto**, a responsabilidade do agricultor brasileiro é muito grande." (parágrafo 1), a palavra destacada pode ser substituída, sem prejuízo do sentido, por

(A) com o fim de
(B) dessa forma
(C) apesar de
(D) porque
(E) quando

"Portanto" é conjunção conclusiva, sinônima de "dessa forma", "sendo assim".
Gabarito: B.

Relacionamento com o dinheiro

1 Desde cedo, começamos a lidar com uma série de situações ligadas ao dinheiro. Para tirar melhor proveito do seu dinheiro, é muito importante saber como utilizá-lo da forma mais favorável a você. O aprendizado e a aplicação de conhecimentos práticos de educação financeira podem contribuir para melhorar a gestão de nossas finanças pessoais, tornando nossas vidas mais tranquilas e equilibradas sob o ponto de vista financeiro.

2 Se pararmos para pensar, estamos sujeitos a um mundo financeiro muito mais complexo que o das gerações anteriores. No entanto, o nível de educação financeira da população não acompanhou esse aumento de complexidade. A ausência de educação financeira, aliada à facilidade de acesso ao crédito, tem levado muitas pessoas ao endividamento excessivo, privando--as de parte de sua renda em função do pagamento de prestações mensais que reduzem suas capacidades de consumir produtos que lhes trariam satisfação.

3 Infelizmente, não faz parte do cotidiano da maioria das pessoas buscar informações que as auxiliem na gestão de suas finanças. Para agravar essa situação, não há uma cultura coletiva, ou seja, uma preocupação da sociedade organizada em torno do tema. Nas escolas, pouco ou nada é falado sobre o assunto. As empresas, não compreendendo a importância de ter seus funcionários alfabetizados financeiramente, também não investem nessa área. Similar problema é encontrado nas famílias, nas quais não há o hábito de reunir os membros para

discutir e elaborar um orçamento familiar. Igualmente entre os amigos, assuntos ligados à gestão financeira pessoal muitas vezes são considerados invasão de privacidade e pouco se conversa em torno do tema. Enfim, embora todos lidem diariamente com dinheiro, poucos se dedicam a gerir melhor seus recursos.

4 A educação financeira pode trazer diversos benefícios, entre os quais, possibilitar o equilíbrio das finanças pessoais, preparar para o enfrentamento de imprevistos financeiros e para a aposentadoria, qualificar para o bom uso do sistema financeiro, reduzir a possibilidade de o indivíduo cair em fraudes, preparar o caminho para a realização de sonhos, enfim, tornar a vida melhor.

BANCO CENTRAL DO BRASIL. Caderno de Educação Financeira – Gestão de Finanças Pessoais. Brasília: BCB, 2013. p. 12. Adaptado.

(Técnico Bancário – CEF – CESGRANRIO – 2021) A frase que, ao ser reescrita, guarda o mesmo sentido do trecho do parágrafo 3 "Enfim, embora todos lidem diariamente com dinheiro, poucos se dedicam a gerir melhor seus recursos." é:

(A) Enfim, quando todos lidam diariamente com dinheiro, poucos se dedicam a gerir melhor seus recursos.
(B) Enfim, por todos lidarem diariamente com dinheiro, poucos se dedicam a gerir melhor seus recursos.
(C) Enfim, como todos lidam diariamente com dinheiro, poucos se dedicam a gerir melhor seus recursos.
(D) Enfim, apesar de todos lidarem diariamente com dinheiro, poucos se dedicam a gerir melhor seus recursos.
(E) Enfim, desde que todos lidem diariamente com dinheiro, poucos se dedicam a gerir melhor seus recursos.

"Embora" é condição concessiva, de modo que, para alterá-la sem alteração de sentido, precisamos de outra conjunção concessiva: "apesar de", "ainda que".
Gabarito: D

Privacidade digital: quais são os limites

1 Atualmente, somos mais de 126,4 milhões de brasileiros usuários de internet, representando cerca de 69,8% da população com 10 anos ou mais. Ao redor do mundo, cerca de 4 bilhões de pessoas usam a rede mundial, sendo que 2,9 bilhões delas fazem isso pelo *smartphone*.

2 Nesse cenário, pensar em privacidade digital é (quase) utópico. Uma vez na rede, a informação está registrada para sempre: deixamos rastros que podem ser descobertos a qualquer momento.

3 Ainda assim, mesmo diante de tamanha exposição, essa é uma discussão que precisa ser feita. Ela é importante, inclusive, para trazer mais clareza e consciência para os usuários. Vale lembrar, por exemplo, que não são apenas as redes sociais que expõem as pessoas. Infelizmente, basta ter um endereço de *e-mail* para ser rastreado por diferentes empresas e provedores.

4 A questão central não se resume somente à política de privacidade das plataformas X ou Y, mas, sim, ao modo como cada sociedade vem paulatinamente estruturando a sua política de proteção de dados.

5 A segurança da informação já se transformou em uma área estratégica para qualquer tipo de empresa. Independentemente da demanda de armazenamento de dados de clientes, as organizações têm um universo de dados institucionais que precisam ser salvaguardados.

6 Estamos diante de uma realidade já configurada: a coleta de informações da internet não para, e esse é um caminho sem volta. Agora, a questão é: nós, clientes, estamos prontos e dispostos a definir o limite da privacidade digital? O interesse maior é nosso! Esse limite poderia ser dado pelo próprio consumidor, se ele assim quiser? O conteúdo é realmente do usuário?

7 Se considerarmos a atmosfera das redes sociais, muito possivelmente não. Isso porque, embora muitas pessoas não saibam, a maioria das redes sociais prevê que, a partir do momento em que um conteúdo é postado, ele faz parte da rede e não é mais do usuário.

8 Daí a importância da conscientização. É preciso que tanto clientes como empresas busquem mais informação e conteúdo técnico sobre o tema. Às organizações, cabe o desafio de orientar seus clientes, já que, na maioria das vezes, eles não sabem quais são os limites da privacidade digital.

9 Vivemos em uma época em que todo mundo pode falar permanentemente o que quer. Nesse contexto, a informação deixou de ser algo confiável e cabe a cada um de nós aprender a ler isso e se proteger. Precisamos de consciência, senso crítico, responsabilidade e cuidado para levar a internet a um outro nível. É fato que ela não é segura, a questão, então, é como usá-la de maneira mais inteligente e contribuir para fortalecer a privacidade digital? Essa é uma causa comum a todos os usuários da rede.

Disponível em: <https://digitalks.com.br/artigos/privacidade-digital-quais-sao-os-limites>. 7/04/2019. Acesso em: 3 fev. 2021. Adaptado.

(Escriturário – BB – CESGRANRIO – 2021) No trecho "Às organizações, cabe o desafio de orientar seus clientes, **já que**, na maioria das vezes, eles não sabem quais são os limites da privacidade digital" (parágrafo 8), a expressão destacada expressa a noção de

(A) condição
(B) finalidade
(C) concessão
(D) causalidade
(E) comparação

"Já que" é locução conjuntiva com valor causal, ou seja, introduz uma oração que exteriorizará a causa daquilo que ocorreu antes.
Gabarito: D

Moeda digital deve revolucionar a sociedade
Nas sociedades primitivas, a produção de bens era limitada e feita por famílias que trocavam seus produtos de subsistência através do escambo, organizado em locais públicos, decorrendo daí a origem
5 do termo "pregão" da Bolsa. Com o passar do tempo, especialmente na antiguidade, época em que os

povos já dominavam a navegação, o comércio internacional se modernizou e engendrou a criação de moedas, com o intuito de facilitar a circulação de
10 mercadorias, que tinham como lastro elas mesmas, geralmente alcunhadas em ouro, prata ou bronze, metais preciosos desde sempre.

A Revolução Industrial ocorrida inicialmente na Inglaterra e na Holanda, por volta de 1750, viria a criar
15 uma quantidade de riqueza acumulada tão grande que transformaria o próprio dinheiro em mercadoria. Nascia o mercado financeiro em Amsterdã, que depois se espalharia por toda a Europa e pelo mundo. A grande inovação na época foi o mecanismo de com-
20 pensação nos pagamentos, mais seguro e prático, no qual um banco emitia uma ordem de pagamento para outro em favor de determinada pessoa e esta poderia sacá-la sem que uma quantidade enorme de dinheiro ou ouro tivesse de ser transportada entre continentes.
25 Essa ordem de pagamento, hoje reconhecida no mundo financeiro como "título cambial", tem como instrumento mais conhecido o cheque, "neto" da letra de câmbio, amplamente usada pela burguesia em transações financeiras na alta idade média. A teoria
30 nos ensina que são três as suas principais características: a cartularidade, a autonomia e a abstração.

Ora, o que isso tem a ver com *bitcoins*? Foi necessária essa pequena exegese para refletirmos que não importa a forma como a sociedade queira se
35 organizar, ela é sempre motivada por um fenômeno humano. Como nos ensina Platão, a necessidade é a mãe das invenções. Considerando o dinamismo da evolução da sociedade da informação, inicialmente revolucionada pela invenção do códex e da imprensa
40 nos idos de 1450, que possibilitou na Idade Média o armazenamento e a circulação de grandes volumes de informação, e, recentemente, o fenômeno da internet, que eliminou distâncias e barreiras culturais, transformando o mundo em uma aldeia global, seria
45 impossível que o próprio mundo virtual não desenvolvesse sua moeda, não somente por questão financeira, mas sobretudo para afirmação de sua identidade cultural.

Criada por um "personagem virtual", cuja identi-
50 dade no mundo real é motivo de grande especulação, a bitcoin, resumidamente, é uma moeda virtual que pode ser utilizada na aquisição de produtos e serviços dos mais diversos no mundo virtual. Trata-se de um título cambial digital, sem emissor, sem cártula, e,
55 portanto, sem lastro, uma aberração no mundo financeiro, que, não obstante isso, tem valor.

No entanto, ao que tudo indica, essa questão do lastro está prestes a ser resolvida. Explico. Grandes corporações começam a acenar com a possibilidade
60 de aceitar bitcoins na compra de serviços. Se a indústria pesada da tecnologia realmente adotar políticas reconhecendo e incluindo bitcoins como moeda válida, estará dado o primeiro passo para a criação de um mercado financeiro global de bitcoins. Esse
65 assunto é de alta relevância para a sociedade como um todo e poderá abrir as portas para novos serviços nas estruturas que se formarão não somente no mercado financeiro, em todas as suas facetas — refiro-me à Bolsa de Valores, inclusive, bem como em novos
70 campos do direito e na atividade estatal de regulação dessa nova moeda.

Certamente a consolidação dos *bitcoins* não revogará as outras modalidades de circulação de riqueza criadas ao longo da história, posto que ainda é
75 possível trocar mercadorias, emitir letras de câmbio, transacionar com moedas e outros títulos. Ao longo do tempo aprendemos também que os instrumentos se renovaram e se tornaram mais sofisticados, fato que constitui um desafio para o mundo do direito.

AVANZI, Dane. **UOL TV Todo Dia**. Disponível em: <http://portal.tododia.uol.com.br/_conteudo/2015/03/ opiniao/65848--moeda-digital-deve-revolucionar-a-sociedade.php>. Acesso em: 09 ago. 2015. Adaptado.

(Escriturário – BB – 2015 – CESGRANRIO) A frase que está adequadamente reescrita entre colchetes, de modo a manter a relação lógica entre suas ideias, estabelecida pela palavra ou pela expressão destacada, é:

(A) "Foi necessária essa pequena exegese **para** refletirmos que não importa a forma como a sociedade queira se organizar, ela é sempre motivada por um fenômeno humano." (l. 32-36)

[Foi necessária essa pequena exegese à medida que refletimos que não importa a forma como a sociedade queira se organizar, ela é sempre motivada por um fenômeno humano.]

(B) "**Se** a indústria pesada da tecnologia realmente adotar políticas reconhecendo e incluindo *bitcoins* como moeda válida, estará dado o primeiro passo para a criação de um mercado financeiro global de *bitcoins*." (l. 60-64)

[Quando a indústria pesada da tecnologia realmente adotar políticas reconhecendo e incluindo bitcoins como moeda válida, estará dado o primeiro passo para a criação de um mercado financeiro global de bitcoins.]

(C) "o comércio internacional se modernizou e engendrou a criação de moedas, **com o intuito de** facilitar a circulação de mercadorias" (l. 7-10)

[o comércio internacional se modernizou e engendrou a criação de moedas, embora facilitasse a circulação de mercadorias]

(D) "A Revolução Industrial ocorrida inicialmente na Inglaterra e na Holanda, por volta de 1750, viria a criar uma quantidade de riqueza acumulada **tão** grande **que** transformaria o próprio dinheiro em mercadoria." (l. 13-16)

[A Revolução Industrial ocorrida inicialmente na Inglaterra e na Holanda, por volta de 1750, viria a criar uma grande quantidade de riqueza acumulada, para transformar o próprio dinheiro em mercadoria.]

(E) "Trata-se de um título cambial digital, sem emissor, sem cártula, e, portanto, sem lastro, uma aberração no mundo financeiro, que, **não obstante isso**, tem valor." (l. 53-56)

[Apesar de se tratar de um título cambial digital, sem emissor, sem cártula, e, portanto, sem lastro, uma aberração no mundo financeiro, tem valor.]

A: incorreta. A substituição da conjunção "para" por "à medida que" altera o sentido do trecho, porque a primeira remete a finalidade, enquanto a segunda tem caráter proporcional; **B:** incorreta. A conjunção condicional "se" traduz um evento futuro e incerto; trocá-la por "quando" transforma a "adoção de políticas" em algo que certamente ocorrerá, é só questão de tempo; **C:** incorreta. "Com o intuito de" traduz finalidade; "embora" tem natureza concessiva. Logo, há alteração de sentido se realizarmos a substituição; **D:** incorreta. "Tão... que..." tem função comparativa, ao passo que "para" introduz uma finalidade – não podem ser usadas uma pela outra, portanto; **E:** correta. Tanto "não obstante isso" quanto "apesar" têm natureza concessiva, então podem ambas ser usadas sem alteração no sentido do trecho.

Gabarito: E.

Cartilha orienta consumidor

Lançada pelo SindilojasRio e pelo CDL-Rio, em parceria com o Procon-RJ, guia destaca os principais pontos do Código de Defesa do Consumidor (CDC), selecionados a partir das dúvidas e reclamações mais comuns recebidas pelas duas entidades

O Sindicato de Lojistas do Comércio do Rio de Janeiro (SindilojasRio) e o Clube de Diretores Lojistas do Rio de Janeiro (CDL-Rio) lançaram ontem uma cartilha para orientar lojistas e consumidores sobre
5 seus direitos e deveres. Com o objetivo de dar mais transparência e melhorar as relações de consumo, a cartilha tem apoio também da Secretaria Estadual de Proteção e Defesa do Consumidor (Seprocon)/Procon-RJ.

10 Batizada de Boas Vendas, Boas Compras! – Guia prático de direitos e deveres para lojistas e consumidores, a publicação destaca os principais pontos do Código de Defesa do Consumidor (CDC), selecionados a partir das dúvidas e reclamações mais comuns
15 recebidas, tanto pelo SindilojasRio e CDL-Rio, como pelo Procon-RJ.

"A partir da conscientização de consumidores e lojistas sobre seus direitos e deveres, queremos contribuir para o crescimento sustentável das empresas,
20 tendo como base a ética, a qualidade dos produtos e a boa prestação de serviços ao consumidor", explicou o presidente do SindilojasRio e do CDL-Rio, Aldo Gonçalves.

Gonçalves destacou que as duas entidades estão
25 comprometidas em promover mudanças que propiciem o avanço das relações de consumo, além do desenvolvimento do varejo carioca.

"O consumidor é o nosso foco. É importante informá-lo dos seus direitos", disse o empresário,
30 ressaltando que conhecer bem o CDC é vital não só para os lojistas, mas também para seus fornecedores.

Jornal do Commercio. Rio de Janeiro. 08 abr. 2014, A-9. Adaptado.

(Escriturário – BB – 2014 – CESGRANRIO) Na última frase do texto, é transcrita a opinião de um empresário, para quem "conhecer bem o CDC é vital não só para os lojistas, mas também para seus fornecedores". (l. 30-31)

Considerando-se o conteúdo dessa opinião, que outra estrutura frasal poderia representá-la?

(A) Conhecer bem o CDC é vital tanto para os lojistas quanto para seus fornecedores.
(B) Conhecer bem o CDC é vital em especial para os lojistas assim como para seus fornecedores.
(C) Conhecer bem o CDC é vital nem tanto para os lojistas como para seus fornecedores.
(D) Conhecer bem o CDC é vital inclusive para os lojistas sem falar em seus fornecedores.
(E) Conhecer bem o CDC é vital não tanto para os lojistas bem como para seus fornecedores.

A conjunção "não só... mas também..." é sinônima de "tanto... quanto...", sendo, dentre as alternativas, a única que não imporá alteração de sentido no trecho.

Gabarito: A.

10. ORAÇÃO SUBORDINADA

1 O número de mulheres no mercado de trabalho mundial é o maior da História, tendo alcançado, em 2007, a marca de 1,2 bilhão, segundo relatório da Organização
4 Internacional do Trabalho (OIT). Em dez anos, houve um incremento de 200 milhões na ocupação feminina. Ainda assim, as mulheres representaram um contingente distante do
7 universo de 1,8 bilhão de homens empregados. Em 2007, 36,1% delas trabalhavam no campo, ante 46,3% em serviços. Entre os homens, a proporção é de 34%
10 para 40,4%. O universo de desempregadas subiu de 70,2 milhões para 81,6 milhões, entre 1997 e 2007 — quando a taxa de desemprego feminino atingiu 6,4%, ante
13 5,7% da desemprego masculino. Há, no mundo, pelo menos 70 mulheres economicamente ativas para 100 homens.

O relatório destaca que a proporção de assalariadas
16 subiu de 41,8% para 46,4% nos últimos dez anos. Ao mesmo tempo, houve queda no emprego vulnerável (sem proteção social e direitos trabalhistas), de 56,1% para 51,7%. Apesar

19 disso, o universo de mulheres nessas condições continua superando o dos homens.

O Globo, 7/3/2007, p. 31 (com adaptações).

(BB – Escriturário – 2008 – CESPE) Julgue o próximo item, relativos ao texto apresentado.

(1) O desenvolvimento das ideias do texto confere à oração reduzida iniciada por "tendo alcançado" (l.2) um valor adjetivo, correspondente a **que tem alcançado**.

1: incorreta. Para manter o sentido do texto e o valor adjetivo da oração reduzida, deveríamos substituí-la por "que alcançou".
Gabarito 1E.

11. CONCORDÂNCIA VERBAL E CONCORDÂNCIA NOMINAL

(Escriturário – BANRISUL – CESGRANRIO – 2023) A palavra destacada está empregada de acordo com as exigências sintáticas da norma-padrão em:

(A) A ampliação das pesquisas e a disponibilidade dos funcionários do setor de financiamento são **considerados** como elementos importantes para o crescimento das empresas.
(B) A gestão satisfatória dos empreendimentos e a participação dos associados da empresa são **reconhecidos** como aspectos imprescindíveis para a instituição alcançar os objetivos propostos.
(C) As conquistas registradas no primeiro semestre de 2022 e o aumento do poder de compra da população carente são **apresentadas** como sinal de avanço social para nosso país.
(D) A política de crédito daquela instituição de financiamento e a relação entre os colegas encarregados de estabelecer os limites de gastos devem ser **avaliadas** como promissoras para a empresa.
(E) O investimento realizado em mercadorias e o lucro que alcançou a produção esperada pela empresa foram **divulgadas** em todas as lojas daquela organização.

A: incorreta. Como "ampliação" e "disponibilidade" são palavras femininas, o verbo no particípio seria "consideradas"; **B:** incorreta. Pelas mesmas razões já expostas, deveríamos ter "reconhecidas"; **C:** incorreta. Como o segundo termo é masculino ("aumento"), temos a concordância por proximidade e o verbo deveria estar no masculino ("apresentados"); **D:** correta, pelas mesmas razões destacadas na alternativa "A"; **E:** incorreta. Ambas as palavras são masculinas ("investimento" e "lucro"), portanto o particípio deveria estar no masculino – "divulgados".
Gabarito D.

(Escriturário – BANRISUL – CESGRANRIO – 2023) A palavra destacada atende às exigências da norma-padrão da língua portuguesa em:

(A) A maioria das regras de convivência entre funcionários e gerentes **deve** seguir princípios éticos relacionados à missão da empresa.
(B) A multidão presente nas manifestações populares precisa seguir alguns princípios de segurança para que não **hajam** acidentes graves.
(C) Fui eu que **levou** a maior punição do gerente de pessoal devido à descoberta de ocorrência de desfalque na instituição.
(D) Mais de uma empresa de tecnologia **têm** procurado implementar pesquisas sobre formas de evitar a disseminação de fake news nas redes sociais.
(E) O gerente, o diretor de pessoal e eu, por ordem dos proprietários da empresa, **foram** encarregados de fazer a seleção dos novos funcionários.

A: correta. Todas as normas de regência e concordância foram respeitadas; **B:** incorreta. Com sentido de "existir", o verbo "haver" é impessoal, não se flexiona em número; **C:** incorreta. Junto ao pronome "que", o verbo deve concordar com o sujeito: "fui eu que levei"; **D:** incorreta. A expressão "mais de uma", ao contrário do que parece natural, mantém o verbo no singular; **E:** incorreta. Como "eu" integra a enumeração, o verbo deve ir para a primeira pessoa do plural: "fomos".
Gabarito A.

(Escriturário – BB – CESGRANRIO – 2023) A frase em que a palavra destacada respeita as regras da concordância nominal de acordo com a norma-padrão da língua portuguesa é:

(A) Hoje, Braille e seu método são **muitos** conhecidos.
(B) Depois do acidente, Braille e sua família não ficaram **só**.
(C) Há **bastante** razões para se considerar Braille um herói nacional.
(D) Os alunos ficavam **meio** desorientados com o método de Barbier.
(E) O sistema de códigos de Braille tinha **menas** limitações que o de Barbier.

A: incorreta. Como advérbio, "muito" não se flexiona; **B:** incorreta. "Só" é adjetivo, sinônimo de "sozinho", então deve concordar com "Braille e sua família" e ir para o plural; **C:** incorreta. "Bastantes", aqui, é adjetivo – aquilo que basta – portanto é flexionado no plural; **D:** correto. "Meio" é advérbio e, assim, não se flexiona; **E:** incorreta. "Menos" é invariável, não existe no feminino.
Gabarito D.

(Técnico Bancário – BASA – CESGRANRIO – 2022) De acordo com a norma-padrão da língua portuguesa, a concordância nominal está correta na palavra destacada em:

(A) A agricultura sustentável e os cuidados com o meio ambiente são extremamente **proveitosas** para a preservação do planeta.
(B) O desmatamento generalizado e a monocultura são **inadequadas** do ponto de vista ambiental.
(C) O uso predatório do solo pode acarretar consequências como a desertificação e a arenização, que são **considerados** prejudiciais à natureza.
(D) A região amazônica e o pantanal mato-grossense são **conhecidas** internacionalmente como patrimônios ambientais.
(E) Os cuidados com o solo e as pesquisas em técnicas de plantio são **necessários** para que a produção de alimentos seja sustentável.

A: incorreta. Como o último termo da enumeração é masculino ("cuidados"), temos concordância por proximidade e "proveitosas" deveria estar no masculino; **B:** considerada incorreta pelo gabarito oficial, porém merece críticas. Ainda que a existência de palavra masculina na enumeração recomende a flexão para o masculino, como o último elemento é feminino é possível a concordância por proximidade; **C:** incorreta.

"Considerados" concorda com "desertificação e arenização", então deveria estar no feminino; **D:** incorreta. Último elemento masculino na enumeração, "conhecidas" deveria estar no masculino; **E:** correta. Foram respeitadas todas as normas de concordância.

(Técnico Bancário – CEF – CESGRANRIO – 2021) Considerando-se as regras da norma-padrão da língua portuguesa, a concordância nominal da palavra destacada está adequadamente construída em:

(A) Naquela palestra, foram **abordadas** ensinamentos e orientações sobre o bom uso do dinheiro.
(B) Sempre há **bastante** investidores interessados em discussões que abordam o mercado de ações.
(C) Perderemos **menas** oportunidades se nos mantivermos sempre atentos ao mercado financeiro.
(D) O mercado está vendo crescer uma tendência de conglomerados **francos-brasileiros** no país.
(E) É **proibida** a movimentação financeira efetuada por menores no âmbito do direito financeiro.

A: incorreta. O particípio deve concordar com "ensinamentos"; **B:** incorreta. Na posição de adjetivo, "bastante" deve ser flexionado para concordar com "investidores"; **C:** incorreta. "Menos" não se flexiona, é invariável conforme a norma culta; **D:** incorreta. Adjetivos gentílicos compostos são formados no plural com a flexão apenas do segundo elemento: franco-brasileiros; **E:** correta. Todas as normas de concordância foram observadas.

(Escriturário – BB – CESGRANRIO – 2021) De acordo com as exigências da norma-padrão da língua portuguesa, a concordância verbal está corretamente empregada na forma destacada em:

(A) Para entender o público das plataformas digitais, **analisaram**-se, durante dez semanas, o comportamento de jovens considerados viciados em aplicativos.
(B) Em grupos de jovens usuários de redes sociais, **constataram**-se inúmeras situações de dependência crônica do uso de aparelhos celulares.
(C) Nos serviços de ouvidoria das empresas de comunicação, **atendem**-se a reclamações de todos os tipos sobre falhas nas conexões telefônicas.
(D) Nas análises sobre privacidade dos usuários, **atribuem**-se corretamente aos aplicativos de conversas a maior responsabilidade pela situação atual.
(E) Com base em dados estatísticos, **estimam**-se que os jovens sejam os maiores responsáveis pela navegação nas redes sociais.

A: incorreta. O verbo deve concordar com "comportamento", no singular; **B:** correta, o verbo está corretamente concordando com "inúmeras situações"; **C:** incorreta. O sujeito da oração é indeterminado, então o verbo deve permanecer no singular; **D:** incorreta. O verbo deve concordar com "responsabilidade", no singular; **E:** incorreta, pelas mesmas razões expostas na letra "C".

(Escriturário – BB – 2015 – CESGRANRIO) A palavra destacada apresenta a concordância nominal de acordo com a norma-padrão da Língua Portuguesa em:

(A) Várias agências bancárias estão implementando a biometria, nos caixas eletrônicos, **baseados** nas características físicas dos clientes.
(B) O avanço dos serviços bancários e sucesso das moedas virtuais, **ocorridas** nos últimos anos, oferecem aos usuários conectados experiências prazerosas.
(C) O aumento do uso dos cartões **fornecido** por vários bancos representa um dos elementos mais importantes e característicos na área financeira do século XX.
(D) A construção estratégica de curto e médio prazos, **compatível** com os padrões de competitividade do mercado bancário, tornou os mecanismos de prevenção mais eficientes.
(E) As tecnologias de mobilidade e a competência dos funcionários são **característicos** da rede bancária na atualidade.

A: incorreta. Deveria constar "baseada", porque o termo concorda com "biometria". Fica fácil notar se levarmos o adjunto adverbial "nos caixas eletrônicos" para o fim do período; **B:** incorreta. Deveria constar "ocorridos", para concordar com "avanço" e "sucesso"; **C:** incorreta. "Fornecidos" concorda com cartões, porque eles são fornecidos pelos bancos, não o "uso"; **D:** correta. O adjetivo "compatível" concorda com "a construção estratégica", ficando ambos no singular; **E:** incorreta. Deveria constar "características", para concordar com "tecnologias" e "competência".

(Escriturário – BB – 2015 – CESGRANRIO) A concordância do verbo destacado obedece ao que determina a norma-padrão da Língua Portuguesa em:

(A) O financiamento de imóveis populares a baixo custo **caracterizam** a missão social dos bancos estatais.
(B) **Necessitam**-se de muitas iniciativas para ampliar a informatização do acesso bancário de modo a aumentar sua eficiência.
(C) A criação de moedas digitais que tem ocorrido na internet **devem** provocar relevantes mudanças sociais.
(D) A política de desenvolvimento social das comunidades carentes **podem** promover melhorias na vida de sua população.
(E) Na última década, **criaram**-se muitas oportunidades de negociação para consumidores endividados.

A: incorreta. O verbo concorda com o núcleo do sujeito. Logo, "o financiamento (...) caracteriza"; **B:** incorreta. A oração tem sujeito indeterminado, daí porque o verbo permanece impessoal ("necessita-se"). "Muitas iniciativas" não é sujeito, é objeto indireto, portanto, não determina a concordância; **C:** incorreta. Tal qual na alternativa "A", o verbo deve concordar com o núcleo do sujeito – "a criação (...) deve". Essa alternativa é mais difícil porque foi inserida uma oração subordinada adverbial entre os elementos, mas isso não muda a regra de concordância; **D:** incorreta. Aqui também deve o verbo concordar com o núcleo do sujeito – "a política (...) pode"; **E:** correta. A oração está estruturada na voz passiva sintética e pode ser reescrita assim: "Muitas oportunidades foram criadas". Assim, fica mais fácil perceber a concordância ("oportunidades" é sujeito paciente do verbo "criar").

Cartilha orienta consumidor

Lançada pelo SindilojasRio e pelo CDL-Rio, em parceria com o Procon-RJ, guia destaca os principais pontos do Código de Defesa do Consumidor (CDC), *selecionados a partir das dúvidas e reclamações mais comuns recebidas pelas duas entidades*

O Sindicato de Lojistas do Comércio do Rio de Janeiro (SindilojasRio) e o Clube de Diretores Lojistas do Rio de Janeiro (CDL-Rio) lançaram ontem uma cartilha para orientar lojistas e consumidores sobre seus direitos e deveres. Com o objetivo de dar mais transparência e melhorar as relações de consumo, a cartilha tem apoio também da Secretaria Estadual de Proteção e Defesa do Consumidor (Seprocon)/Procon-RJ.

Batizada de Boas Vendas, Boas Compras! – Guia prático de direitos e deveres para lojistas e consumidores, a publicação destaca os principais pontos do Código de Defesa do Consumidor (CDC), selecionados a partir das dúvidas e reclamações mais comuns recebidas, tanto pelo SindilojasRio e CDL-Rio, como pelo Procon-RJ.

"A partir da conscientização de consumidores e lojistas sobre seus direitos e deveres, queremos contribuir para o crescimento sustentável das empresas, tendo como base a ética, a qualidade dos produtos e a boa prestação de serviços ao consumidor", explicou o presidente do SindilojasRio e do CDL-Rio, Aldo Gonçalves.

Gonçalves destacou que as duas entidades estão comprometidas em promover mudanças que propiciem o avanço das relações de consumo, além do desenvolvimento do varejo carioca.

"O consumidor é o nosso foco. É importante informá-lo dos seus direitos", disse o empresário, ressaltando que conhecer bem o CDC é vital não só para os lojistas, mas também para seus fornecedores.

Jornal do Commercio. Rio de Janeiro. 08 abr. 2014, A-9. Adaptado.

(Escriturário – BB – 2014 – CESGRANRIO) Após ler o texto, que é uma reportagem, um funcionário do jornal decidiu enviá-lo por *e-mail* a um colega, mas, além do texto completo, ele resolveu também anexar uma imagem com a capa do jornal. A mensagem enviada tinha, porém, uma concordância que desrespeitava a norma-padrão.

Essa concordância equivocada está exemplificada em:

(A) Mando-lhe dois arquivos alusivos à matéria mencionada em epígrafe.
(B) Segue os dois arquivos que mencionei sobre a cartilha do consumidor.
(C) Envio dois arquivos atachados referentes aos itens que mencionei acima.
(D) Veja nos anexos os dois arquivos sobre a matéria mencionada.
(E) Anexo nesta mensagem dois arquivos relacionados com a reportagem.

A alternativa que apresenta erro de concordância é a letra "B", que deve ser assinalada. O correto seria "seguem os dois arquivos...".

Gabarito: B.

12. ANÁLISE SINTÁTICA

Relacionamento com o dinheiro

1   Desde cedo, começamos a lidar com uma série de situações ligadas ao dinheiro. Para tirar melhor proveito do seu dinheiro, é muito importante saber como utilizá-lo da forma mais favorável a você. O aprendizado e a aplicação de conhecimentos práticos de educação financeira podem contribuir para melhorar a gestão de nossas finanças pessoais, tornando nossas vidas mais tranquilas e equilibradas sob o ponto de vista financeiro.

2   Se pararmos para pensar, estamos sujeitos a um mundo financeiro muito mais complexo que o das gerações anteriores. No entanto, o nível de educação financeira da população não acompanhou esse aumento de complexidade. A ausência de educação financeira, aliada à facilidade de acesso ao crédito, tem levado muitas pessoas ao endividamento excessivo, privando-as de parte de sua renda em função do pagamento de prestações mensais que reduzem suas capacidades de consumir produtos que lhes trariam satisfação.

3   Infelizmente, não faz parte do cotidiano da maioria das pessoas buscar informações que as auxiliem na gestão de suas finanças. Para agravar essa situação, não há uma cultura coletiva, ou seja, uma preocupação da sociedade organizada em torno do tema. Nas escolas, pouco ou nada é falado sobre o assunto. As empresas, não compreendendo a importância de ter seus funcionários alfabetizados financeiramente, também não investem nessa área. Similar problema é encontrado nas famílias, nas quais não há o hábito de reunir os membros para discutir e elaborar um orçamento familiar. Igualmente entre os amigos, assuntos ligados à gestão financeira pessoal muitas vezes são considerados invasão de privacidade e pouco se conversa em torno do tema. Enfim, embora todos lidem diariamente com dinheiro, poucos se dedicam a gerir melhor seus recursos.

4   A educação financeira pode trazer diversos benefícios, entre os quais, possibilitar o equilíbrio das finanças pessoais, preparar para o enfrentamento de imprevistos financeiros e para a aposentadoria, qualificar para o bom uso do sistema financeiro, reduzir a possibilidade de o indivíduo cair em fraudes, preparar o caminho para a realização de sonhos, enfim, tornar a vida melhor.

BANCO CENTRAL DO BRASIL. Caderno de Educação Financeira – Gestão de Finanças Pessoais. Brasília: BCB, 2013. p. 12. Adaptado.

(Técnico Bancário – CEF – CESGRANRIO – 2021) No trecho do parágrafo 3 "As empresas, **não compreendendo a importância de ter seus funcionários alfabetizados financeiramente**, também não investem nessa área", a oração destacada tem valor semântico de

(A) causa
(B) proporção
(C) alternância
(D) comparação
(E) consequência

Trata-se de oração subordinada adverbial causal reduzida de gerúndio. O fato das empresas não compreenderem a importância da alfabetização financeira de seus funcionários é a causa de não investirem nessa área.

Gabarito: A.

13. PONTUAÇÃO

(Técnico Bancário – CEF – CESGRANRIO – 2024) A vírgula está empregada plenamente de acordo com as exigências da norma-padrão da língua portuguesa em:

(A) A preservação do planeta deve ser considerada, uma das prioridades da humanidade, porque é um dos grandes desafios para a manutenção da vida na Terra.
(B) A redução do uso de plástico, ao abolir as sacolas não recicláveis no comércio, representa não só uma economia no dia a dia mas também a proteção da natureza.
(C) As impressões em papel devem ser evitadas, porque atualmente, a preservação das árvores é essencial à vida humana.
(D) O grande aumento nos níveis de chuva em determinadas regiões, pode ser atribuído ao processo de aquecimento global, e às mudanças climáticas.
(E) Os veículos movidos por energia limpa, representam um incrível progresso na busca por reduzir a poluição atmosférica, nas grandes cidades do mundo.

A: incorreta. Não se separa com vírgula o verbo de seu complemento, portanto está errada a pontuação após "considerada"; **B:** correta, devendo ser assinalada, a vírgula foi empregada conforme o padrão culto em todas as passagens; **C:** incorreta. O adjunto adverbial "atualmente" está deslocado da ordem direta do período, então é possível separá-lo por vírgulas do restante. Nesse caso dizemos possível e não obrigatório porque se trata de um adjunto adverbial curto, de uma só palavra. O que não pode é usar só uma vírgula: ou usa duas (antes e depois) ou nenhuma; **D:** incorreta. A oração "O grande aumento nos níveis de chuva em determinadas regiões" exerce função de sujeito da expressão verbal "pode ser atribuído", portanto não poderia estar dela separada por vírgula. Também está errada a segunda vírgula, que não se justifica antes da conjunção aditiva "e"; **E:** incorreta. "Os veículos movidos por energia limpa" é sujeito de "representam", então não pode haver vírgula entre eles. Também incorreto o segundo sinal, porque o adjunto adverbial "nas grandes cidades do mundo" está localizado ao final do período.

Gabarito: B.

(Escriturário – BANRISUL – CESGRANRIO – 2023) O emprego da vírgula está plenamente de acordo com as exigências da norma-padrão da língua portuguesa em:

(A) A capacidade do empresário de manter um bom relacionamento entre gerentes, funcionários, clientes e fornecedores de produtos, é uma das condições para uma organização conseguir o êxito esperado.
(B) A preocupação com o comportamento dos funcionários deve ser constante, para assegurar que eles tenham seus direitos, garantidos.
(C) O gerente daquela organização admitiu que, durante o período de maior contaminação da pandemia do coronavírus precisou contratar novos digitadores para realizarem serviços urgentes em sua instituição.
(D) Os administradores da empresa reconhecem a importância de realizarem com muito cuidado, a inspeção em todos os espaços destinados ao atendimento dos clientes.
(E) Os empregados das instituições, considerando o seu compromisso como cidadãos, procuram respeitar as leis estabelecidas para o bom comportamento no meio social em que vivem.

A: incorreta. Não se separa com vírgula o sujeito do verbo; **B:** incorreta. Não se separa com vírgula o referente do termo que o define ("direitos garantidos"); **C:** incorreta. Faltou vírgula depois de "coronavírus", para corretamente separar o adjunto adverbial deslocado da ordem direta do período; **D:** incorreta. A vírgula após "cuidado" está errada. Por se tratar de adjunto adverbial pouco extenso, não é necessário que seja separado com vírgulas do restante do período; **E:** correta. O período atende integralmente as normas do padrão culto da linguagem.

Gabarito: E.

A história do método braile

1   Ler no escuro. Quem já tentou sabe que é impossível. Mas foi exatamente a isso que um francês chamado Louis Braille dedicou a vida. Nascido em Coupvray, uma pequena aldeia nos arredores de Paris, em 1809, desde cedo ele mostrou muito interesse pelo trabalho do pai. Seus olhos azuis brilhavam da admiração de vê-lo cortar, com extrema perícia, selas e arreios. Pouco depois de completar 3 anos, o menino começou a brincar na selaria do pai, cortando pequenas tiras de couro. Uma tarde, uma sovela, instrumento usado para perfurar o couro, escapou-lhe da mão e atingiu o seu olho esquerdo. O resultado foi uma infecção que, seis meses depois, afetaria também o olho direito. Aos 5 anos, o garoto estava completamente cego.

2   A tragédia não o impediu, porém, de frequentar a escola por dois anos e de se tornar ainda um aluno brilhante. Por essa razão, ele ganhou uma bolsa de estudos no Instituto Nacional para Jovens Cegos, em Paris, um colégio interno fundado por Valentin Haüy (1745-1822). Além do currículo normal, Haüy introduzira um sistema especial de alfabetização, no qual letras de forma impressas em relevo, em papelão, eram reconhecidas pelos contornos. Desde o início do curso, Braille destacou-se como o melhor aluno da turma e logo começou a ajudar os colegas. Em 1821, aos 12 anos, conheceu um método inventado pouco antes por Charles Barbier de La Serre, oficial do Exército francês.

3   O método Barbier, também chamado escrita noturna, era um código de pontos e traços em relevo impressos também em papelão. Destinava-se a enviar ordens cifradas a sentinelas em postos avançados. Estes decodificariam a mensagem até no escuro. Mas, como a ideia não pegou na tropa, Barbier adaptou o método para a leitura de cegos, com o nome de grafia sonora. O sistema permitia a comunicação entre os cegos, pois com ele era possível escrever, algo que o método de Haüy não possibilitava. O de Barbier era fonético: registrava sons e não letras. Dessa forma, as palavras não podiam ser soletradas. Além disso, o fato de um grande número de sinais ser usado para uma única palavra tornava o sistema muito complicado. Apesar dos inconvenientes, foi adotado como método auxiliar por Haüy.

4   Pesquisando a fundo a grafia sonora, Braille percebeu suas limitações e pôs-se a aperfeiçoá-la. Em 1824, seu método estava pronto. Primeiro, eliminou os traços,

para evitar erros de leitura: em seguida, criou uma célula de seis pontos, divididos em duas colunas de três pontos cada, que podem ser combinados de 63 maneiras diferentes. A posição dos pontos na célula está ao lado.

5 Em 1826, aos 17 anos, ainda estudante, Braille começou a dar aulas. Embora seu método fizesse sucesso entre os alunos, não podia ensiná-lo na sala de aula, pois ainda não era reconhecido oficialmente. Por isso, Braille dava aulas do revolucionário sistema escondido no quarto, que logo se transformou numa segunda sala de aula.

6 O braile é lido passando-se a ponta dos dedos sobre os sinais de relevo. Normalmente se usa a mão direita com um ou mais dedos, conforme a habilidade do leitor, enquanto a mão esquerda procura o início da outra linha. Aplica-se a qualquer língua, sem exceção, e também à estenografia, à música – Braille, por sinal, era ainda exímio pianista – e às notações científicas em geral. A escrita é feita mediante o uso da reglete, também idealizada por Braille: trata-se de uma régua especial, de duas linhas, com uma série de janelas de seis furos cada, correspondentes às células braile.

7 Louis Braille morreu de tuberculose em 1852, com apenas 43 anos. Temia que seu método desaparecesse com ele, mas, finalmente, em 1854 foi oficializado pelo governo francês. No ano seguinte, foi apresentado ao mundo, na Exposição Internacional de Paris, por ordem do imperador Napoleão III (1808-1873), que programou ainda uma série de concertos de piano com ex-alunos de Braille. O sucesso foi imediato, e o sistema se espalhou pelo mundo. Em 1952, o governo francês transferiu os restos mortais de Braille para o Panthéon, em Paris, onde estão sepultados os heróis nacionais.

ATANES, Silvio. Super Interessante. Disponível em: https://super.abril.com.br/historia/. Acesso em: 23 out. 2022. Adaptado.

(Escriturário – BB – CESGRANRIO – 2023) No trecho do parágrafo 2, "conheceu um método inventado pouco antes por Charles Barbier de La Serre, oficial do Exército francês", a vírgula está empregada com a mesma função que em:

(A) A cegueira não o impediu, no entanto, de estudar.
(B) Perspicaz, Braille percebeu falhas no método de Barbier.
(C) A infecção, seis meses depois, afetou o segundo olho de Braille.
(D) Escrita noturna, método de Barbier, não teve sucesso quando criado.
(E) No Instituto Nacional para Jovens Cegos, Braille desenvolveu seus estudos.

No enunciado, a vírgula separa o aposto da oração, assim como se vê na letra "D" – "método de Barbier" é aposto que explica a expressão "escrita noturna".
Gabarito: D.

(Técnico Bancário – BASA – CESGRANRIO – 2022) De acordo com a norma-padrão da língua portuguesa, o emprego adequado da vírgula está plenamente atendido em:

(A) A criação de animais para a produção de alimentos, é de grande importância para o sustento de milhares de famílias.
(B) A floresta Amazônica, apesar de parecer homogênea, possui muitas diferenças na sua vegetação.
(C) A melhor maneira de proteger as povoações situadas nas margens dos rios, é procurar soluções que impeçam o comércio ilegal.
(D) O estado do Amazonas apresenta, a maior população indígena do Brasil com aproximadamente trinta mil habitantes.
(E) O número de estudiosos preocupados com o futuro do planeta, aumentou devido ao aquecimento global.

A: incorreta. Não se separa com vírgula o sujeito do verbo; B: correta. As normas gramaticais foram integralmente respeitadas no período; C: incorreta, pelas mesmas razões elencadas na letra "A"; D: incorreta. Não se separa com vírgula o verbo de seu complemento; E: incorreta. Novamente, a vírgula separou o sujeito do verbo.
Gabarito: B.

(Técnico Bancário – CEF – CESGRANRIO – 2021) As vírgulas estão plenamente empregadas de acordo com o padrão formal da língua escrita em:

(A) Há algumas décadas, se alguém falasse, em educação financeira, causaria um certo estranhamento.
(B) Relacionar-se bem com o dinheiro de acordo com os especialistas, é uma forma de levar uma vida mais saudável, sem percalços.
(C) É preciso criar uma cultura de discutir, na família, na escola, com os amigos, sobre como usar melhor os recursos financeiros.
(D) A educação financeira, apesar de não resolver o problema da falta de dinheiro pode auxiliar, com um controle maior, de seu gasto.
(E) Não gastar em demasia, não acumular dívidas, refletir sobre seus ganhos, e gastos, poupar são estratégias para gerir melhor suas finanças.

A: incorreta. Não há vírgula após "falasse", porque não se separa o verbo de seu complemento; B: incorreta. Não se separa com vírgula o sujeito do verbo; C: correta. Todas as normas gramaticais foram respeitadas; D: incorreta. Deveria ter vírgula após dinheiro, para separar a oração subordinada deslocada da ordem direta da oração; E: incorreta. Não há vírgula antes da conjunção aditiva "e" ao final da enumeração.
Gabarito: C.

Cartilha orienta consumidor

Lançada pelo SindilojasRio e pelo CDL-Rio, em parceria com o Procon-RJ, guia destaca os principais pontos do Código de Defesa do Consumidor (CDC), *selecionados a partir das dúvidas e reclamações mais comuns recebidas pelas duas entidades*

O Sindicato de Lojistas do Comércio do Rio de Janeiro (SindilojasRio) e o Clube de Diretores Lojistas do Rio de Janeiro (CDL-Rio) lançaram ontem uma cartilha para orientar lojistas e consumidores sobre
5 seus direitos e deveres. Com o objetivo de dar mais transparência e melhorar as relações de consumo, a cartilha tem apoio também da Secretaria Estadual de Proteção e Defesa do Consumidor (Seprocon)/Procon-RJ.
10 Batizada de Boas Vendas, Boas Compras! – Guia

prático de direitos e deveres para lojistas e consumidores, a publicação destaca os principais pontos do Código de Defesa do Consumidor (CDC), selecionados a partir das dúvidas e reclamações mais comuns
15 recebidas, tanto pelo SindilojasRio e CDL-Rio, como pelo Procon-RJ.

"A partir da conscientização de consumidores e lojistas sobre seus direitos e deveres, queremos contribuir para o crescimento sustentável das empresas,
20 tendo como base a ética, a qualidade dos produtos e a boa prestação de serviços ao consumidor", explicou o presidente do SindilojasRio e do CDL-Rio, Aldo Gonçalves.

Gonçalves destacou que as duas entidades estão
25 comprometidas em promover mudanças que propiciem o avanço das relações de consumo, além do desenvolvimento do varejo carioca.

"O consumidor é o nosso foco. É importante informá-lo dos seus direitos", disse o empresário,
30 ressaltando que conhecer bem o CDC é vital não só para os lojistas, mas também para seus fornecedores.

Jornal do Commercio. Rio de Janeiro. 08 abr. 2014, A-9. Adaptado.

(Escriturário – BB – 2014 – CESGRANRIO) Considere-se a hipótese de que, antes de publicado no jornal, o texto foi revisto pelo seu editor, que propôs a alteração do trecho "'tendo como base a ética, a qualidade dos produtos e a boa prestação de serviços ao consumidor'" (l. 20-21), pois o texto original continha uma vírgula antes da conjunção **e**. Se for considerado que ele se baseou nas regras de emprego da vírgula adequado à norma-padrão, a decisão do editor levou em conta a

(A) proibição de colocar vírgula antes da conjunção **e**.
(B) recomendação de separar por vírgula os elementos de uma enumeração.
(C) interpretação de que a ênfase criada pela vírgula antes do **e** era desnecessária.
(D) obrigatoriedade de colocar vírgula apenas nos elementos iniciais de uma enumeração.
(E) suposição de que a vírgula criaria um efeito de ambiguidade no texto.

A: incorreta. A vírgula não é proibida nesse caso. Seu uso é facultativo antes do último elemento de uma enumeração; **B:** incorreta. A recomendação geral não vale para o último elemento, que usualmente é introduzido somente pela conjunção "e"; **C:** correta. O uso da vírgula antes do último item de uma enumeração tem como único objetivo enfatizar esse mesmo elemento. Contudo, no trecho destacado, não há qualquer razão para dar ênfase a esta parte; **D:** incorreta, pelas razões já discutidas nas letras "A" e "B"; **E:** incorreta. Não haveria problemas de ambiguidade, pois, como já se disse, a vírgula é opcional.

Gabarito C.

14. QUESTÕES COMBINADAS

(Escriturário – BB – 2014.1 – CESGRANRIO) A seguinte frase está redigida com adequada grafia de palavras, correta acentuação e pontuação de acordo com a norma-padrão:

(A) A raiz, geralmente subterrânea, não abdica de compostos nitrogenados e outras substâncias orgânicas.
(B) As raízes geralmente subterrâneas, não abidicam de compostos nitrogenados e outras substâncias orgânicas.
(C) As raízes, crescem abaixo da superfície da terra, mas não abidicam de compostos nitrogenados e outras substâncias orgânicas.
(D) A raíz é o membro das árvores que cresce abaixo da terra, mas não abdica de compostos nitrogenados e outras substâncias orgânicas.
(E) A raíz é o membro das árvores que, apesar de crescer abaixo da terra não abdica de compostos nitrogenados e outras substâncias orgânicas.

A: correta. O período atende a todas as normas gramaticais; **B:** incorreta. Deveria haver vírgula antes de "geralmente" e a grafia correta é "abdicar" (com "b" mudo); **C:** incorreta. Não deveria haver vírgula após "raízes" e a grafia correta é "abdicar" (com "b" mudo). Além disso, há acento em "superfície"; **D:** incorreta. "Raiz" não tem acento, pois é oxítona. "Raízes" tem acento porque o "i" produz hiato com a vogal "a" anterior; **E:** incorreta. O mesmo problema de acentuação e também deveria haver vírgula após "terra".

Gabarito A.

2. Língua Inglesa

Henrique Subi

The new cost of living in New Mexico

1   ALBUQUERQUE, N.M. — Prices are going up in New Mexico, especially at the grocery store. A recent study found the average New Mexican family is spending up to $286 on groceries per week – and even more when children are involved.

2   According to the U.S. Bureau of Labor Statistics, the average price for a pound of ground beef was $5.56 last month. That's about 20 cents cheaper than back in July, but almost a full dollar more expensive than in January 2020 – right before the pandemic hit. It's a similar trend for milk, but a gallon is only about 50 cents more expensive than four years ago.

3   Eggs are half the price of what they were last winter, but that's because there was an avian flu outbreak. Most produce items, like tomatoes and bananas, have stayed around the same price for several years now. That's probably a good thing, because snacks are getting more expensive. Data shows the average bag of potato chips is almost $2 more expensive than four years ago. The price of chocolate chip cookies is also up almost 40%. All of those small increments add up.

4   While it's not likely there will be a major drop in grocery prices soon, there is some potentially good news when it comes to your housing budget. Officials with the Apartment Association of New Mexico say there are at least 40 housing projects under construction in the Albuquerque area. That is expected to bring at least 5,000 rental units to the market in the coming months. State leaders are pitching in too, with several new bills opening up millions of dollars in funding for even more housing projects. The average rent in Albuquerque is sitting at $1,340 a month – about $400 higher than in January 2020. Economists suggest an increased housing supply could reduce prices for everyone.

5   There is also evidence that wage growth is happening. Data from the U.S. Bureau of Labor Statistics showed average hourly earnings increased by 1.4% since last January. It's worth noting wage growth rates have surpassed inflation rates since last February.

Available at: <https://www.kob.com/new-mexico/the-new-cost-of--living-in-new-mexico/>. Retrieved on: Mar 1, 2024. Adapted.

(Técnico Bancário – CEF – CESGRANRIO – 2024) Paragraphs 1 through 3 indicate that

(A) New Mexican families are now less numerous, therefore food provision is cheaper.
(B) the consumption of beef and vegetables has increased, along with their prices.
(C) an avian flu outbreak is affecting the prices of milk and eggs nowadays.
(D) some food items are now more expensive than they were before the pandemic.
(E) popular snacks have had the smallest price increase in the last four years.

A: incorreta. Não há qualquer informação sobre o tamanho médio das famílias no Novo México; B: incorreta. O texto indica que os preços subiram em relação ao que era praticado antes da pandemia, mas não há nenhuma informação sobre o aumento no consumo; C: incorreta. Houve a crise da gripe aviária no inverno anterior, segundo o texto; D: correta, conforme se pode verificar nos parágrafos indicados; E: incorreta. O texto afirma que o preço das guloseimas está maior do que nos quatro anos anteriores.

Gabarito: D

(Técnico Bancário – CEF – CESGRANRIO – 2024) In paragraph 4, the fragment "While it's **not likely** there will be a major drop in grocery prices **soon**" conveys the idea that it is

(A) improbable for grocery items to become significantly cheaper in the near future.
(B) certain that grocery products will become much cheaper in the long term.
(C) mandatory that grocery prices be drastically reduced immediately.
(D) disadvantageous for grocery articles to become considerably cheaper eventually.
(E) imperceptible that grocery prices should be substantially reduced.

"Not likely" pode ser traduzido como "improvável", "remoto", enquanto "soon" significa "logo", "no curto prazo".

Gabarito: A

(Técnico Bancário – CEF – CESGRANRIO – 2024) In paragraph 4, the section "there are at least 40 housing projects **under construction**" means that new residential units

(A) have just been finished.
(B) are currently being built.
(C) might eventually be built.
(D) couldn't be finished.
(E) are temporarily suspended.

"Under construction" significa literalmente "em construção", ou seja, transmite a ideia de que as casas estão sendo construídas no momento em que o autor escreve o texto.

Gabarito: B

(Técnico Bancário – CEF – CESGRANRIO – 2024) In the fragment of paragraph 4 "The average rent in Albuquerque is […] about $400 **higher** than in January 2020", the word "higher" can be replaced, with no change in meaning, by

(A) cheaper
(B) better
(C) taller
(D) more manageable

(E) more expensive

"Higher", traduzido literalmente, é "mais alto". No caso, está falando dos preços, então é sinônimo de "mais caro" – "more expensive".
Gabarito: E.

(Técnico Bancário – CEF – CESGRANRIO – 2024) The excerpt of paragraph 5 "wage growth rates have surpassed inflation rates since last February" informs that

(A) inflation rates have enlarged people's income.
(B) inflation rates are lower now than last February.
(C) salaries have increased beyond inflation.
(D) salaries have reduced because of inflation.
(E) salaries have been considerably affected by inflation.

"Wage" é salário, então a oração afirma que os salários subiram mais do que a inflação.
Gabarito: C.

Fed's Jefferson says inflation is U.S. central bank's most worrisome problem

1   Inflation is the most serious problem facing the Federal Reserve and "may take some time" to address, Fed Governor Philip Jefferson said on Tuesday in his first public remarks since joining the U.S. central bank's governing body.

2   "Restoring price stability may take some time and will likely result in a period of below-trend growth," Jefferson told a conference in Atlanta, joining the current Fed consensus for continued interest rate increases to battle price pressures.

3   "I want to assure you that my colleagues and I are resolute that we will bring inflation back down to 2% ... We are committed to taking the further steps necessary."

4   Monetary policy that stabilizes inflation "can produce long-term, noninflationary economic expansions ... that economic history suggests is an ideal framework or environment for inclusive growth," Jefferson said. "So, it is important that we get back to that kind of economy. And that is what I think the intent of the Fed is."

5   Fed Chair Jerome Powell has admitted that the central bank's intent to slow economic growth will cause economic "pain" and likely increased unemployment, but that the worst outcome would be to let inflation take root.

6   In his remarks, Jefferson said there are reasons to think rigid conditions in the labor market are already easing. Indeed new data on Tuesday showed a severe decrease in job openings in August that began to bring the number of workers sought by companies more in line with the numbers of unemployed.

7   That could help reduce salary growth, Jefferson said, and there were indications as well that "supply bottlenecks have, finally, begun to resolve," and could also help slow down price increases.

8   But it remains uncertain how that will work, and in the meantime "inflation remains elevated, and this is the problem that concerns me most," Jefferson said. "Inflation creates economic burdens for households and businesses, and everyone feels its effects."

Available at: https://www.reuters.com/markets/us/feds-jefferson-first-remarks-calls-inflation-most-concerning-problem-2022-10-04/. Retrieved on: Oct 4, 2022. Adapted.

(Escriturário – BB – CESGRANRIO – 2023) The main purpose of the text is to

(A) argue that slowing the economic growth will definitely cause inflation to take root.
(B) indicate that inflation is a serious problem, and it needs to be adequately dealt with.
(C) suggest that restoring price stability will certainly increase inflation.
(D) show that controlling inflation is a minor concern, compared to unemployment.
(E) inform that the U.S. central bank's monetary policy has already decreased inflation to 2%.

A: incorreta. Ao contrário, o entrevistado defende que as medidas econômicas podem "doer", mas sem elas o resultado seria pior; **B:** correta. O assunto principal do texto é a prioridade da inflação como problema econômico americano e a importância de tratá-la adequadamente, diante da complexidade para sua solução; **C:** incorreta, pois a estabilidade dos preços é justamente a prova de que a inflação foi controlada; **D:** incorreta, o texto defende o contrário – que o desemprego é uma situação a ser enfrentada em nome do controle da inflação; **E:** incorreta. O número é mencionado como um objetivo a ser atingido, não algo já obtido.
Gabarito: B.

(Escriturário – BB – CESGRANRIO – 2023) In the segment of 5th paragraph "the worst outcome **would** be to let inflation take root", the words **would be** signal

(A) a certain future
(B) a definite past
(C) a hypothetical possibility
(D) an indefinite present
(E) an inevitable destiny

A expressão "would be" equivale a "poderia ser", ou seja, indica uma possibilidade futura, mas algo incerto, hipotético.
Gabarito: C.

(Escriturário – BB – CESGRANRIO – 2023) In the fragment of 5th paragraph "the worst outcome would be to let inflation **take root**", the expression **take root** could be replaced, with no change in meaning, by

(A) be extinguished.
(B) become inactive.
(C) come to an agreement.
(D) be disconsidered.
(E) become established.

"Take root" significa, literalmente, "criar raiz" – ou seja, uma alteração possível sem perder o sentido no texto é "become established", "tornar-se estável".
Gabarito: E.

(Escriturário – BB – CESGRANRIO – 2023) In the section of last paragraph "it remains uncertain how that will work, and **in the meantime** inflation remains elevated", the expression **in the meantime** is synonymous with

(A) in the past
(B) sometimes

(C) in the future
(D) always
(E) for now

"In the meantime" significa, literalmente, "nesse meio-tempo". Logo, dentre as possibilidades, a que melhor se qualifica como sinônima é "for now" – "por ora".
Gabarito: E

(Escriturário – BB – CESGRANRIO – 2023) The fragment of last paragraph "Inflation creates economic burdens for households and businesses" means that inflation

(A) alleviates families and jobs.
(B) oppresses families and companies.
(C) stimulates institutions and commerce.
(D) supports institutions and jobs.
(E) promotes savings and investments.

"Burden" significa "forçar, pressionar"; "households" são as "economias domésticas", as casas das pessoas; e "business" é a palavra que genericamente se usa para "negócios, empresas".
Gabarito: B

Robots, the next generation of soccer players

1   If you think a robot will steal your job, you are not alone. Soccer players should be worried too. The next Messi probably won't be of flesh and blood but plastic and metal.

2   The concept emerged during the conference "Workshop on grand challenges in artificial intelligence," held in Tokyo in 1992, and independently, in 1993, when Professor Alan Mackworth from the University of Bristol in Canada described an experiment with small soccer players in a scientific article.

3   Over 40 teams already participated in the first RoboCup tournament in 1997, and the competition is held every year. The RoboCup Federation wants to play and win a game against a real-world cup humans' team by 2050.

4   The idea behind artificially intelligent players is to investigate how robots perceive motion and communicate with each other. Physical abilities like walking, running, and kicking the ball while maintaining balance are crucial to improving robots for other tasks like rescue, home, industry, and education.

5   Designing robots for sports requires much more than experts in state-of-the-art technology. Humans and machines do not share the same skills. Engineers need to impose limitations on soccer robots to imitate soccer players as much as possible and ensure following the game's rules.

6   RoboCup Soccer Federation, the "FIFA" of robots, which supports five leagues, imposes restrictions on players' design and rules of the game. Each has its own robot design and game rules to give room for different scientific goals. The number of players, their size, the ball type, and the field dimensions are different for each league.

7   In the humanoid league the players are human-like robots with human-like senses. However, they are rather slow. Many of the skills needed to fully recreate actual soccer player movements are still in the early stages of research.

8   The game becomes exciting for middle and small size leagues. The models are much simpler; they are just boxes with a cyclopean eye. Their design focuses on team behavior: recognizing an opponent, cooperating with team members, receiving and giving a standard FIFA size ball.

9   Today, soccer robots are entirely autonomous. They wireless "talk" to each other, make decisions regarding strategy in real-time, replace an "injured" player, and shoot goals. The only person in a RoboCup game is the referee. The team coaches are engineers in charge of training the RoboCups' artificial intelligence for fair play: the robots don't smash against each other or pull their shirts.

10   The next RoboCup competition will soon be played, virtually, with rules that will allow teams to participate without establishing physical contact.

Available at:<https://www.ua-magazine.com/2021/05/12/robots-the--next-generation-of-soccer-players>. Retrieved on: July 4th, 2021. Adapted.

(Escriturário – BB – CESGRANRIO – 2021) According to the second paragraph, the concept of robotic soccer players emerged

(A) in 1997
(B) in the 1990s
(C) before the 1990s
(D) in the beginning of the 20th century
(E) in the beginning of the 21st century

O texto afirma que o conceito nasceu em 1992, numa conferência sobre inteligência artificial, e independentemente em 1993. Não se pode dizer que tais anos estão "no começo do século 20" nem "no começo do século 21". Portanto, a expressão genérica "in the 1990s", "nos anos noventa", é a resposta correta.
Gabarito: B

(Escriturário – BB – CESGRANRIO – 2021) In the sentence fragment of the fifth paragraph "**Designing** robots for sports requires much more than **experts** in state-of-the-art technology", the words in bold can be replaced, without any change in meaning, by the following words:

(A) drawing / scholars
(B) creating / amateurs
(C) planning / specialists
(D) finishing / professionals
(E) manufacturing / engineers

"Design", no contexto em questão, equivale a "projetar" – poderíamos acatar "creating", mas a segunda palavra só pode ser "especialistas", então a correta é a letra C.
Gabarito: C

(Escriturário – BB – CESGRANRIO – 2021) In the text fragment of the sixth paragraph "RoboCup Soccer Federation, the "FIFA" of robots, which supports five leagues, imposes restrictions on players' design and rules of the game", the word **which** refers to

(A) game
(B) FIFA

(C) players
(D) leagues
(E) RoboCup Soccer Federation

"Which" é pronome relativo que, no texto, se refere à "RoboCup Soccer Federation", "que apoia cinco ligas...".

Gabarito: E.

(ESCRITURÁRIO – BB – CESGRANRIO – 2021) In paragraph 7, the word **However** in the fragment "In the humanoid league, the players are human-like robots with human-like senses. However, they are rather slow" can be replaced, without change in meaning, by

(A) unless
(B) indeed
(C) furthermore
(D) nevertheless
(E) consequently

"However" significa "porém, contudo". Um sinônimo em inglês é "nevertheless".

Gabarito: D.

(Escriturário – BB – CESGRANRIO – 2021) In paragraph 9, there is the information that in RoboCup competitions the game referee and the team coaches are

(A) humanoids
(B) computers
(C) real people
(D) robotic engineers
(E) virtual mechanisms

Como se vê na passagem "The only person in a RoboCup game is the referee. The team coaches are engineers in charge of training the RoboCups (...)", uma "person" é uma pessoa de verdade e engenheiros também só podem ser seres humanos (por enquanto...).

Gabarito: C.

Bank Clerk Job Description
Definition and Nature of the Work

Banks simplify people's lives, but the business of banking is anything but simple. Every transaction — from cashing a check to taking out a loan — requires careful record keeping. Behind the scenes in every bank or savings and loan association there are dozens of bank clerks, each an expert at keeping one area of the bank's business running smoothly.

New account clerks open and close accounts and answer questions for customers. Interest clerks record interest due to savings account customers, as well as the interest owed to the bank on loans and other investments. Exchange clerks, who work on international accounts, translate foreign currency values into dollars and vice versa. Loan clerks sort and record information about loans. Statement clerks are responsible for preparing the monthly balance sheets of checking account customers. Securities clerks record, file, and maintain stocks, bonds, and other investment certificates. They also keep track of dividends and interest on these certificates.

Other clerks operate the business machines on which modern banks rely. Proof operators sort checks and record the amount of each check. Bookkeeping clerks keep records of each customer's account. In addition to these specialists, banks need general clerical help — data entry keyers, file clerks, mail handlers, and messengers — just as any other business does.

Education and Training Requirements

Bank clerks usually need a high school education with an emphasis on basic skills in typing, bookkeeping, and business math. Knowledge of computers and business machines is also helpful. Prospective bank workers may be tested on their clerical skills when they are interviewed. Most banks provide new employees with on-the-job training.

Getting the Job

Sometimes bank recruiters visit high schools to look for future employees. High school placement offices can tell students whether this is the practice at their school. If not, prospective bank workers can apply directly to local banks through their personnel

departments. Bank jobs may be listed with state and
private employment agencies. Candidates can also
check Internet job sites and the classified ads in local newspapers
as well.

Advancement Possibilities and Employment Outlook

Banks prefer to promote their employees rather
than hire new workers for jobs that require experience.
Clerks frequently become tellers or supervisors. Many
banks encourage their employees to further their education at night.
According to the U.S. Bureau of Labor Statistics,
employment of bank clerks was expected to decline
through the year 2014, because many banks are
electronically automating their systems and eliminating
paperwork as well as many clerical tasks. Workers
with knowledge of data processing and computers
will have the best opportunities. In addition to jobs
created through expansion, openings at the clerical
level often occur as workers move up to positions of
greater responsibility.

Working Conditions

Although banks usually provide a pleasant
working atmosphere, clerks often work alone, at times
performing repetitive tasks. Bank clerks generally
work between thirty-five and forty hours per week,
but they may be expected to take on evening and
Saturday shifts depending on bank hours.

Earnings and Benefits

The salaries of bank clerks vary widely depending
on the size and location of the bank and the clerk's
experience. According to the Bureau of Labor
Statistics, median salaries ranged from $23,317
to $27,310 per year in 2004 depending on experience
and title. Generally, loan clerks are on the high end of
this range, whereas general office clerks are on the
lower end.
Banks typically offer their employees excellent
benefits. Besides paid vacations and more than
the usual number of paid holidays, employees may
receive health and life insurance and participate
in pension and profit-sharing plans. Some banks
provide financial aid so that workers can continue
their education.

Available at: <http://careers.stateuniversity.com/pages/151/Bank-Clerk.html>. Retrieved on: Aug. 22, 2017. Adapted.

(Escriturário – BB – CESGRANRIO – 2018) The main purpose of the text is to

(A) introduce the many categories of bank clerks one can find in a financial institution.
(B) present an overview of the career of a bank clerk to an eventual future professional.
(C) denounce the disadvantages associated with the clerk profession.
(D) discuss all the benefits offered to employees who work in a bank.
(E) ask for changes in the way bank recruiters select their future employees.

O texto é uma explicação sobre as funções e a importância de um atendente bancário, listando suas formações ideais e habilidades exigidas. Assim, consiste numa visão geral da profissão para informar a eventuais futuros interessados.

Gabarito: B

(Escriturário – BB – CESGRANRIO – 2018) In "Candidates can also check Internet job sites and the classified ads in local newspapers as well" (lines 45-47), the modal verb **can** is replaced, without change in meaning, by

(A) should
(B) must
(C) will
(D) may
(E) need

"Can", literalmente "podem", tem o mesmo sentido "may".

Gabarito: D

(Escriturário – BB – CESGRANRIO – 2018) The fragment "Banks simplify people's lives, but the business of banking is anything but simple" (lines 2-3) means that banking is a(n)

(A) ordinary occupation
(B) elementary job

(C) complex activity
(D) trivial profession
(E) easy business

A tradução do trecho é: "bancos simplificam a vida das pessoas, mas a atividade bancária é qualquer coisa, exceto simples". Logo, significa que é uma atividade complexa.
Gabarito: C.

(Escriturário – BB – CESGRANRIO – 2018) In the sentence of the text "Generally, loan clerks are on the high end of this range, whereas general office clerks are on the lower end" (lines 78-80), the word **whereas**

(A) expresses a contrast.
(B) highlights a problem.
(C) imposes a condition.
(D) introduces an example.
(E) points out a solution.

"Whereas" tem como melhor tradução "ao passo que, enquanto que", ou seja, indica o contraste entre duas ideias ou conceitos – no caso, os atendentes de empréstimos e os de atividades gerais.
Gabarito: A.

(Escriturário – BB – CESGRANRIO – 2018) In "In addition to these specialists, banks need general clerical help" (lines 25-27), the phrase **these specialists** refers to

(A) "messengers" (line 28)
(B) "mail handlers" (lines 27-28)
(C) "proof operators" (line 23) and "bookkeeping clerks" (lines 24-25)
(D) "data entry keyers" (line 27)
(E) "file clerks" (line 27)

A expressão resgata atendentes com funções específicas mencionados anteriormente: "proof operators" e "bookkeeping".
Gabarito: C.

Financial System

People have virtually unlimited needs, but the economic resources to supply those needs are limited. Therefore, the greatest benefit of an economy is to provide the most desirable consumer goods
5 and services in the most desirable amounts -what is known as the efficient allocation of economic resources. To produce these consumer goods and services requires capital in the form of labor, land, capital goods used to produce a desired product
10 or service, and entrepreneurial ability to use these resources together to the greatest efficiency in producing what consumers want most. Real capital consists of the land, labor, tools and machinery, and entrepreneurial ability to produce consumer goods
15 and services, and to acquire real capital costs money. The financial system of an economy provides the means to collect money from the people who have it and distribute it to those who can use it best. Hence, the efficient allocation of economic resources is
20 achieved by a financial system that allocates money to those people and for those purposes that will yield the greatest return.
The financial system is composed of the products and services provided by financial institutions, which
25 include banks, insurance companies, pension funds, organized exchanges, and the many other companies that serve to facilitate economic transactions. Virtually all economic transactions are effected by one or more of these financial institutions. They create financial
30 instruments, such as stocks and bonds, pay interest on deposits, lend money to creditworthy borrowers, and create and maintain the payment systems of modern economies.
These financial products and services are based
35 on the following fundamental objectives of any modern financial system:

• to provide a payment system;
• to give money time value;
• to offer products and services to reduce financial
40 risk or to compensate risk-taking for desirable objectives;

• to collect and disperse information that allows the most efficient allocation of economic resources;
• to create and maintain financial markets
45 that provide prices, which indicates how well investments are performing, which also determines the subsequent allocation of resources, and to maintain economic stability.

Available at: <http://thismatter.com/money/banking/ financial-system.htm>. Retrieved on: July 27th, 2015. Adapted.

(Escriturário – BB – 2015 – CESGRANRIO) From the sentence of the text "The financial system of an economy provides the means to collect money from the people who have it and distribute it to those who can use it best" (lines 16-18), it can be inferred that people who

(A) can use the money most efficiently are those who have much money.
(B) operate the financial system of an economy collect and distribute money the best way.
(C) receive the distributed money don't know how to use it best.
(D) have much money and know how to use it best are the same.
(E) operate the financial system of an economy collect the money and keep it.

A oração destacada no enunciado significa: "O Sistema financeiro de uma economia fornece os meios de coletar dinheiro das pessoas que o tem e distribuí-lo àqueles que podem usá-lo melhor". A única alternativa que parafraseia corretamente o enunciado é a letra "B", que deve ser assinalada: "pessoas que operam o sistema financeiro de uma economia coletam e distribuem dinheiro do melhor jeito".
Gabarito: B.

(Escriturário – BB – 2015 – CESGRANRIO) In the fragment of the text "Hence, the efficient allocation of economic resources" (lines 18-19), the connector **Hence** conveys an idea of

(A) emphasis
(B) time sequence
(C) contrast
(D) conclusion
(E) addition

"Hence" significa "por isso", "por tal razão". É sinônimo de "therefore". Traduz a ideia de conclusão.
Gabarito: D

(Escriturário – BB – 2015 – CESGRANRIO) In the fragment of the text "the efficient allocation of economic resources is achieved by a financial system that allocates money to those people and for those purposes that will yield the greatest return" (lines 19-22), the verb form **yield** can be replaced, without change in meaning, by

(A) produce
(B) slow down
(C) cut
(D) interrupt
(E) diminish

"Yield" significa "produzir", "obter". A única palavra com o mesmo sentido é "produce".
Gabarito: A

(Escriturário – BB – 2015 – CESGRANRIO) According to the text, a definition for the expression "the efficient allocation of economic resources" (lines 6-7) is:

(A) provision of the most desirable consumer goods and services in limited amounts
(B) provision of the most desirable consumer goods and services in unlimited amounts
(C) production of economic resources in unlimited ways
(D) production of economic resources in sufficient amounts
(E) provision of the most desirable consumer goods and services in the most desirable amounts

O significado da expressão mencionada no enunciado vem logo antes dela no texto e está copiado na alternativa "E", que deve ser assinalada. Perceba que ela (a expressão do enunciado) é introduzida no texto por "what is known as", que significa "o que é conhecido como".
Gabarito: E

(Escriturário – BB – 2015 – CESGRANRIO) The relative pronoun **which** in the fragment of the text "which include banks, insurance companies, pension funds, organized exchanges, and the many other companies" (lines 24-26) refers to

(A) financial institutions (line 24)
(B) other companies (lines 25-26)
(C) purposes (line 21)
(D) return (line 22)
(E) products and services (lines 23-24)

"Which" é elemento de coesão que resgata "financial institutions" para explicar quais instituições estão abrangidas pelo termo.
Gabarito: A

3. INFORMÁTICA

André Fioravanti e Helder Satin

1. CRIAÇÃO E EXCLUSÃO DE PASTAS (DIRETÓRIOS), ARQUIVOS E ATALHOS, ÁREA DE TRABALHO, ÁREA DE TRANSFERÊNCIA, MANIPULAÇÃO DE ARQUIVOS E PASTAS

(Técnico Bancário – BANESTES – FGV – 2023) Considere as afirmativas a seguir a respeito de arquivos e pastas no contexto do Windows.

I. Um arquivo não pode ter tamanho zero.
II. Todo arquivo deve ter uma extensão como, por exemplo, "teste.docx".
III. O nome completo de um arquivo contém o caminho (path) das pastas que o contêm.

Está correto apenas o que se afirma em

(A) I.
(B) II.
(C) III.
(D) I e II.
(E) II e III.

No Windows, o nome completo de um arquivo conterá o caminho da pasta onde ele se encontra assim como o próprio nome do arquivo, porém, podem existir arquivos com tamanho zero e sem uma extensão definida. Portanto, apenas a afirmativa III é verdadeira e assim a alternativa C está correta.

Gabarito: C.

(Técnico Bancário – BANESTES – FGV – 2023) João conectou um pen drive no seu notebook com Windows, e precisa descobrir o espaço utilizado e a capacidade total desse dispositivo.

No Explorador de Arquivos, depois de clicar com o botão direito do mouse na identificação do pen drive, João deve escolher a opção

(A) Gerenciamento.
(B) Propriedades.
(C) Resumo.
(D) Segurança.
(E) Utilização.

Ao clicar com o botão direito em uma unidade de armazenamento, a opção Propriedades permite analisar tamanho máximo, espaço utilizado e disponível, sistema de arquivos, além de acesso a ferramentas de análise de disco, compartilhamento e segurança. Portanto, apenas a alternativa B está correta.

Gabarito: B.

(Escriturário – BANRISUL – CESGRANRIO – 2023) Considere um computador que utiliza o sistema operacional Windows 10 e no qual o botão esquerdo do mouse está configurado como botão principal. Um usuário desse sistema operacional deseja criar um atalho na área de trabalho para a página inicial do sistema de webmail da empresa.

Para abrir o assistente que auxilia na criação de atalhos para programas locais ou de rede, arquivos, pastas, computadores ou endereços na Internet, esse usuário precisa

(A) clicar com o botão esquerdo do mouse na área de trabalho, selecionar a opção Novo e, em seguida, selecionar a opção Atalho.
(B) clicar com o botão direito do mouse na área de trabalho, selecionar a opção Novo e, em seguida, selecionar a opção Atalho.
(C) fazer um duplo clique com o botão esquerdo do mouse na área de trabalho, selecionar a opção Atalho e, em seguida, selecionar a opção Endereços na Internet.
(D) fazer um duplo clique com o botão direito do mouse na área de trabalho, selecionar a opção Atalho e, em seguida, selecionar a opção Endereços na Internet.
(E) fazer um duplo clique com o botão direito do mouse na área de trabalho, selecionar a opção Assistentes e, em seguida, selecionar a opção Atalho.

A: Errada, para que as opções de interação sejam exibidas, ao clicar na área de trabalho é necessário utilizar o botão direito do mouse e não o botão esquerdo. **B:** Correta, clicar com o botão direito do mouse na área de trabalho abre o menu de contexto, onde o usuário pode selecionar a opção "Novo" e, em seguida, "Atalho". **C:** Errada, um duplo clique na área de trabalho não gera nenhuma ação no Windows, além disso, não existe uma opção chamada "Endereços na Internet", diretamente disponível no menu de contexto, para a criação de atalhos na área de trabalho. **D:** Errada, para abrir o menu de contexto basta um clique simples com o botão direito na área de trabalho. **E:** Errada, assim como na alternativa anterior, para abrir o menu de contexto basta um clique simples com o botão direito na área de trabalho.

Gabarito: B.

(Escriturário – BANRISUL – CESGRANRIO – 2023) A operação das redes sem fio utiliza um sinal de rádio frequência que pode interferir na comunicação de outros dispositivos. Por essa razão, em certos ambientes, pode ser necessário ativar o modo avião para desligar as interfaces de rede sem fio de um computador.

Considerando-se um computador que utiliza o sistema operacional Windows 10 e no qual o botão esquerdo do mouse está configurado como botão principal, para ativar o modo avião desse computador, o usuário do sistema deve clicar com o botão

(A) direito do mouse no ícone da rede sem fio da barra de tarefas e, em seguida, clicar com o botão esquerdo do mouse na opção Abrir configurações de Rede e Internet, e depois, selecionar a opção Modo avião.
(B) esquerdo do mouse no ícone da rede sem fio da barra de tarefas e, em seguida, clicar com o botão direito do mouse na opção Abrir configurações de Rede e Internet, e depois, selecionar a opção Modo avião.

(C) direito do mouse no ícone da rede sem fio da barra de tarefas e, depois, clicar com o botão direito do mouse no botão Modo avião.
(D) esquerdo do mouse no ícone da rede sem fio da barra de tarefas e, depois, clicar com o botão esquerdo do mouse no botão Modo avião.
(E) esquerdo do mouse no ícone da rede sem fio da barra de tarefas e, depois, clicar com o botão direito do mouse no botão Modo avião.

A funcionalidade Modo Avião pode ser acessada com um clique simples do botão esquerdo sobre o ícone de conexão sem fio presente na barra de tarefas e logo em seguida pode ser ativada ou desativada com um clique simples com o botão esquerdo sobre o botão Modo Avião. Lembrando que esta opção só está disponível quando o computador em questão possui uma interface de rede sem fio. Portanto, apenas a alternativa D está correta. HS

Gabarito: D.

(Escriturário – BANRISUL – CESGRANRIO – 2023) A identificação de um arquivo no sistema operacional Windows 10 é formada por duas partes separadas por um ponto: a primeira parte é o nome do arquivo, e a segunda é a sua extensão, que possui três ou quatro caracteres e define o tipo ou formato do arquivo. Por exemplo, em relatório.xlsx, o nome do arquivo é relatório e a extensão é xlsx.

Para visualizar as extensões dos arquivos de uma pasta no Explorador de Arquivos do Windows 10, deve-se abrir a pasta, selecionar o menu
(A) Exibir e marcar a caixa de seleção Extensões de nomes de arquivos.
(B) Exibir e marcar a caixa de seleção Itens ocultos.
(C) Início e marcar a caixa de seleção Extensões de nomes de arquivos.
(D) Início e marcar a caixa de seleção Itens ocultos.
(E) Compartilhar e marcar a caixa de seleção Mostrar extensões dos arquivos.

Ao selecionar a guia "Exibir" no Explorador de Arquivos e marcar a caixa de seleção "Extensões de nomes de arquivos", tornam-se visíveis as extensões dos arquivos na pasta, permitindo que o usuário veja o tipo ou formato de cada arquivo. Sendo assim, apenas a alternativa A está correta. HS

Gabarito: A.

(Escriturário – BB – CESGRANRIO – 2021) O armazenamento de dados ou informações em sistemas computacionais é possível com a utilização de arquivos, que servem como importante suporte tecnológico para o atendimento das diversas demandas dos usuários.

Do ponto de vista técnico, esses arquivos podem ser considerados
(A) abstrações feitas pelo sistema operacional das características lógicas das informações armazenadas.
(B) coleções nomeadas de informações relacionadas que são gravadas em memória secundária do computador.
(C) organizações físicas de pastas em um dispositivo de armazenamento volátil.
(D) imagens construídas utilizando os formatos jpeg, png ou bmp para identificá-los.
(E) sequências de caracteres organizados em linhas e possivelmente em páginas, quando forem arquivos de vídeo.

A: Errada, arquivos não são abstrações, mas sim conjuntos de informações objetivas que são armazenados para serem usados por outros programas ou usuários. **B:** Correta, arquivos podem ser considerados coleções de informações que recebem um nome para sua identificação e são armazenados em memória secundária, como discos rígidos e unidades de armazenamento removível. **C:** Errada, arquivos de computador não são elementos físicos, sendo armazenados como *bits* em unidades de memória secundária, além disso, dispositivos de armazenamento volátil perdem seu conteúdo quando não estão energizados, o que não os torna opções para armazenamento de longo prazo. **D:** Errada, arquivos não se resumem a imagens, podendo armazenar diferentes tipos de conteúdo, como texto, imagem, áudio e vídeo. **E:** Errada, arquivos de vídeo não são organizados como linhas e páginas de caracteres, em geral seu conteúdo é binário, que passa por processos de compressão e codificação para que possa ser lido posteriormente por algum *software* especialista capaz de traduzir o conteúdo de volta para imagem e áudio. HS

Gabarito: B.

2. CONCEITOS DE INFORMÁTICA, HARDWARE E SOFTWARE

(Técnico Bancário – CEF – CESGRANRIO – 2024) Em 2014, a arquitetura de redes neurais denominada Redes Adversárias Generativas (GAN) revolucionou o aprendizado de máquina.

As GAN caracterizam-se por
(A) serem usadas, exclusivamente, para classificação de imagens.
(B) consistirem, apenas, em um gerador de ruídos e em uma rede neural classificatória.
(C) serem compostas por duas redes neurais: uma discriminadora e outra geradora.
(D) serem incapazes de aprender a partir de conjuntos de dados não supervisionados.
(E) não poderem ser aplicadas para gerar conteúdo linguístico.

As GANs (Redes Adversárias Generativas) caracterizam-se pela interação adversarial entre duas redes neurais, uma denominada geradora cujo objetivo é criar dados falsos que se assemelhem a dados reais e outra chamada de discriminadora que deve distinguir entre dados falsos (gerados pela geradora) e dados reais (do conjunto de dados original). Ambas são treinadas simultaneamente em um processo de melhoria contínua que visa atingir um ponto de equilíbrio onde a geradora cria dados tão realistas que a discriminadora não consegue mais distinguir entre dados reais e falsos, chegando a um estado onde nenhuma das redes pode melhorar significativamente sem que a outra também melhore, resultando, assim, em uma grande capacidade de gerar dados sintéticos realistas. Portanto, apenas a alternativa C está correta. HS

Gabarito: C.

(Técnico Bancário – CEF – CESGRANRIO – 2024) Uma empresa procura um candidato que seja adaptado à cultura ágil, para trabalhar na área de Tecnologia da Informação. Cinco pessoas (P1, P2, P3, P4 e P5) foram entrevistadas para a função e, em cada uma delas, observaram-se os seguintes aspectos profissionais:

P1: Verifica a clareza do cliente; procura sempre priorizar o necessário; desenvolve seu mindset; traz a responsabilidade para si; procura desenvolver o fim da aversão ao erro.

P2: Trabalha com uma mentalidade flexível, estando aberto a experimentações, com contínuo aprendizado, se ajustando às novas situações, além de sempre procurar interagir com o cliente, buscando satisfazê-lo de forma eficiente.

P3: Procura estabelecer sempre o domínio do problema, focando só no problema, separando as funcionalidades do mesmo e resolvendo-o de acordo com os requisitos do cliente, sem questionar se os requisitos estão certos ou errados.

P4: Procura fazer uma boa análise de requisitos, utilizando técnicas típicas como a rational unified process, visando construir modelos que definam a solução do problema e focando nos objetos que o cercam; faz os orçamentos e cronogramas bem sustentáveis e verifica o cumprimento de cada etapa através de pontos de decisão e, caso dê errado, verifica quais fatores externos influenciaram o erro.

P5: Estabelece metas, que são construídas antes de serem mostradas ao cliente, representando-as com modelos visuais, como diagramas de entidade e relacionamento e diagrama de funcionalidades, entre outros, de modo que cada diagrama seja verificado com o cliente, que vai concordar ou não com o que foi estabelecido, e, caso haja discordância, volta-se ao ponto inicial da análise do problema; e costuma sempre questionar a equipe sobre o porquê de ocorrerem atrasos.

Com base nesses perfis, os candidatos que se adequam ao modelo ágil de desenvolvimento são APENAS

(A) P1 e P2
(B) P1 e P3
(C) P2 e P3
(D) P3 e P4
(E) P4 e P5

O candidato P1 tem características que são essenciais para o modelo ágil, que valoriza a interação contínua com o cliente, a priorização de funcionalidades que entregam valor rapidamente, o crescimento pessoal contínuo e a aceitação do erro como parte do processo de aprendizado. O candidato P2 também possui qualidades fundamentais para este modelo, que enfatiza a adaptabilidade, a melhoria contínua, a interação frequente com o cliente e a capacidade de ajustar-se rapidamente às mudanças. Já os perfis dos candidatos P3, P4 e P5 indicam uma abordagem mais tradicional e rígida, onde há uma forte ênfase em seguir os requisitos iniciais sem questionamento e menos foco na colaboração contínua e na adaptabilidade, com planejamento detalhado e menos flexibilidade para mudanças. Sendo, assim, apenas os candidatos P1 e P2 se adequam ao modelo ágil e, portanto, apenas a alternativa A está correta.

Gabarito: A.

(Escriturário – BANRISUL – CESGRANRIO – 2023) Uma equipe está desenvolvendo uma ferramenta de análise de dados para obter informações sobre hábitos de compra de clientes de uma cadeia de armazéns. Essa ferramenta, além de identificar e recomendar os melhores cupons de desconto que podem ser concedidos aos clientes, com base nos seus hábitos de compras, também deverá mostrar o impacto da emissão desses cupons nas compras futuras.

Nesse caso, a análise de dados feita por essa ferramenta é a

(A) anamnese
(B) descritiva
(C) prescritiva
(D) normalizada
(E) simplificada

No cenário apresentado, a ferramenta não apenas descreve os hábitos de compra dos clientes (análise descritiva) mas também recomenda ações específicas (cupons de desconto) com o objetivo de influenciar as compras futuras. O tipo de análise que envolve a sugestão de ações ou recomendações com base nos dados analisados é a análise prescritiva, portanto, apenas a alternativa C está correta.

Gabarito: C.

(Escriturário – BB – CESGRANRIO – 2023) Os sistemas de arquivos permitem a organização dos dados em arquivos e pastas nos dispositivos de armazenamento. A quantidade máxima de dados armazenados por cada arquivo e a quantidade máxima de pastas variam entre os diversos sistemas de arquivos.

O sistema de arquivos nativo do Windows 10 que permite o armazenamento de um arquivo com mais de 8GB de dados é o

(A) ReiserFS
(B) EXT4
(C) FAT16
(D) FAT32
(E) NTFS

A: O sistema de arquivos ReiserFS é usado em distribuições Linux, porém, seu uso tem diminuído nos últimos anos. **B:** Errada, o sistema de arquivos EXT4 também é comumente utilizado em distribuições Linux como Ubuntu, Debian e Fedora. **C:** Errada, o sistema FAT16 é utilizado pelo MS-DOS e versões iniciais do Windows. **D:** Errada, o sistema FAT32 foi utilizado pelo Windows entre as versões 95 e XP. **E:** Correta, o sistema NTFS é o sistema padrão para todas as versões do Windows NT (Windows NT 3.1, Windows 2000, Windows XP, Windows 7, Windows 8, Windows 10 e Windows 11).

Gabarito: E.

(Escriturário – BB – CESGRANRIO – 2023) Sistemas de suporte à decisão podem ser utilizados no nível gerencial de uma empresa, por exemplo na busca de maior eficiência e produtividade, e também podem ser utilizados no nível estratégico.

Os sistemas de apoio à decisão no nível estratégico de uma empresa via de regra utilizam apenas dados

(A) internos, da própria empresa.
(B) externos, do mercado onde a empresa atua.
(C) detalhados, dos concorrentes da empresa.
(D) internos, da própria empresa, complementados por dados externos, do mercado onde a empresa atua.
(E) externos, do mercado onde a empresa atua, complementados por dados detalhados dos concorrentes da empresa.

A tomada de decisões estratégicas em uma empresa deve estar sempre amparada em dados reais e confiáveis para que possam ser traduzidas em boas escolhas. Para isso a empresa deve utilizar os seus dados internos, cuja garantia de veracidade pode ser comprovada, assim como dados externos do mercado onde ela atua, já que muitas vezes essas informações podem ser públicas ou facilmente obtidas através de diferentes órgãos e instituições. Dados de concorrentes nem sempre podem ser obtidos ou confirmados, e esta imprecisão pode impactar negatividade no processo de tomada de decisão. Portanto, apenas a alternativa D está correta.

Gabarito "D".

(Escriturário – BB – CESGRANRIO – 2023) Sistemas de inteligência de negócio fornecem várias funcionalidades analíticas para atender à necessidade de entender rapidamente uma situação e tomar a decisão correta sobre ela.

Dentre essas funcionalidades, está a conhecida como dashboard, que é uma ferramenta

(A) de consulta ad-hoc em SQL aos dados mantidos no data warehouse da empresa, por meio de técnicas no-code ou low-code.
(B) de mineração de dados que permite fazer previsões sobre o desempenho da empresa.
(C) que permite operações OLAP ad-hoc e é ligada diretamente ao banco de dados centralizado e operacional da empresa.
(D) que permite aos usuários criar relatórios com tabelas de cruzamento de dados, do tipo pivot-table, a partir de parâmetros que são definidos previamente.
(E) visual, para apresentar dados de desempenho predefinidos pelos usuários.

Um dashboard é uma interface visual que apresenta informações de maneira resumida e facilmente compreensível, geralmente por meio de gráficos, tabelas e outros elementos visuais. Essas informações são geralmente métricas de desempenho predefinidas pelos usuários, permitindo uma rápida visualização do estado atual de uma situação ou processo de negócios e muito utilizado para auxiliar no processo de tomada de decisões. Portanto, apenas a alternativa E está correta.

Gabarito "E".

(Técnico Bancário – CEF – CESGRANRIO – 2021) Arquivos digitais de uso em computadores são produtos comuns no dia a dia das organizações. Eles podem conter relatórios, planilhas ou quaisquer outros elementos que viabilizem, de alguma forma, a execução dos processos de negócio. O acesso aos arquivos de um sistema pode ser realizado de diferentes formas.

Qual o método de acesso a registros de um arquivo, que demanda a especificação de uma chave?

(A) Exclusão mútua
(B) Não estruturado
(C) Reentrância
(D) Indexado
(E) Sequencial

O acesso a registros de arquivos que utiliza uma chave é chamado de Indexado, uma abordagem que envolve a criação de uma estrutura de índices para facilitar o acesso eficiente aos registros de um arquivo. Esta estrutura é composta de uma tabela de índices, contendo chaves e apontadores para os registros correspondentes no arquivo principal. Logo, apenas a alternativa D está correta.

Gabarito "D".

(Técnico Bancário – CEF – CESGRANRIO – 2021) A computação distribuída permite que as máquinas integrantes de uma rede, que utiliza esse modelo computacional, executem o seu próprio processamento. Esse cenário permite que as organizações se beneficiem da integração de serviços, por meio da interconexão oferecida pelas redes de computadores, otimizando recursos e maximizando o poder de seu parque computacional.

Nesse cenário, o modelo de redes ponto a ponto se caracteriza por

(A) agrupar um conjunto de computadores, localizados em ambientes físicos distintos, para processar grandes volumes de dados.
(B) existir um servidor frontal (front-end) que se comunica com outro servidor traseiro (back-end), este responsável pelos dados do processamento.
(C) inexistir a figura de um servidor dedicado, já que qualquer equipamento pode desempenhar a função de servidor de um determinado serviço.
(D) interligar um conjunto de computadores, de forma que pareça um supercomputador com considerável poder computacional.
(E) oferecer um modelo em que existe a figura de um equipamento servidor, responsável por atender às requisições de equipamentos clientes.

No modelo de redes ponto a ponto, não há um servidor dedicado centralizado. Em vez disso, cada dispositivo na rede pode agir como cliente e servidor ao mesmo tempo, permitindo que compartilhem recursos e serviços entre si de forma descentralizada. Isso promove uma maior autonomia e flexibilidade na rede, pois não depende de um único ponto de falha. Portanto, apenas a alternativa C está correta.

Gabarito "C".

(Técnico Bancário – CEF – CESGRANRIO – 2021) As resoluções assumidas por um gestor dependem, fundamentalmente, da consolidação de dados e informações que sustentam o processo de tomada de decisão.

Assim sendo, ferramentas que têm por objetivo organizar e apresentar dados e informações relevantes ao processo de tomada de decisão são denominadas

(A) codecs
(B) dashboards
(C) hardening
(D) weblogs
(E) LMS (Learning Management Systems)

A: Errada, codecs são conjuntos de algoritmos ou programas usados na compressão de dados digitais como imagens, áudio e vídeo. **B:** Correta, Dashboard são painéis que agrupam conjuntos de informação que podem ser usados para tomada de decisão, consolidando dados de diversas fontes e exibindo-os de maneira gráfica, podendo apresentar interação para que a análise possa ser aprofundada. **C:** Errada, Hardening é um conceito relacionado à segurança da informação, ligado ao processo de aumentar a segurança de um ambiente. **D:** Errada, weblogs são páginas web que funcionam como diários virtuais, podendo ser mantidos por usuários ou empresas para comunicação e divulgação de conteúdos como opiniões, notícias e experiências profissionais ou pessoais. **E:** Errada, um LMS é uma plataforma tecnológica projetada para facilitar o gerenciamento de cursos e treinamentos online. Esses sistemas são amplamente utilizados em instituições educacionais, empresas e organizações para administrar, distribuir e acompanhar o progresso de programas de aprendizado.

Gabarito "B".

(Escriturário – BB – 2014.1 – CESGRANRIO) Os diferentes tipos de memórias encontrados nos computadores atuais apresentam características diversas em relação a tecnologia, velocidade, capacidade e utilização.

Uma característica válida é QUE

(A) as memórias SSD são baseadas em discos magnéticos.
(B) a memória de armazenamento terciário faz parte da estrutura interna do microprocessador.
(C) a memória ROM é usada como cache.
(D) a memória RAM é memória mais lenta que os discos rígidos baseados na tecnologia SATA.
(E) a memória cache é mais rápida que as memórias não voláteis.

A: Errado. As memórias SSD são baseadas em unidades de estado sólido, sem partes móveis, em geral constituídos de circuitos integrados. **B:** Errado. As memórias terciárias são memórias que dependem de operações de montagem, como discos ópticos e fitas magnéticas, entre outros. **C:** Errado. A memória ROM (read only memory) é um tipo de memória que permite apenas a leitura, ou seja, as suas informações são gravadas pelo fabricante uma única vez e após isso não podem ser alteradas ou apagadas, somente acessadas. **D:** Errada. A memória RAM (random-access memory) são memórias de acesso rápido, utilizadas em comunicação direta com o processador. **E:** Correto. A memória cache serve como memória de trabalho local do processador, sendo, portanto muito rápida, sobretudo quando comparadas às memórias não voláteis, como o disco rígido, por exemplo.

(Escriturário – BB – 2013.2 – FCC) Paulo possui R$ 3.500,00 para comprar um computador para uso pessoal. Ele deseja um computador atual, novo e com configurações padrão de mercado. Ao fazer uma pesquisa pela Internet observou, nas configurações dos componentes de hardware, os seguintes parâmetros: 3.3 GHz,4 MB, 2 TB, 100 Mbps e 64 bits.

De acordo com as informações acima,

(A) 2 TB é a quantidade de memória RAM.
(B) 3.3 GHz é a velocidade do processador.
(C) 100 Mbps é a velocidade do chipset.
(D) 4 MB é a capacidade do HD.
(E) 64 bits é a capacidade da memória ROM.

Das configurações, temos que 3.3 GHz é a frequência (velocidade) do processador, 4MB a quantidade de memória Cache do processador, 2TB a capacidade do disco rígido, 100 Mbps a velocidade da placa de rede e 64 bits é o tamanho do barramento do processador.

3. SISTEMAS OPERACIONAIS WINDOWS E LINUX

(Técnico Bancário – BANESTES – FGV – 2023) No contexto do Windows, assinale a opção que permite examinar as janelas (e/ou programas) abertas e, a partir daí, escolher a janela que você deseja visualizar.

(A) Alt + T
(B) Alt + Tab
(C) Ctlr + Alt + Delete
(D) Ctrl + J
(E) F1

A: Errada, o atalho Alt + T não possui nenhuma função específica no Windows em sua configuração padrão. **B:** Correta, o atalho Alt + Tab permite trocar entre as janelas abertas no Windows, exibindo de forma visual a lista de janelas abertas e permitindo que o usuário selecione qual janela deve ficar ativa. **C:** Errada, o atalho Ctrl + Alt + Del abre o Gerenciador de Tarefas, que exibe estatísticas de uso de recursos como processador, memória e rede, além de exibir todos os processos e serviços em execução na sessão de uso atual. **D:** Errada, o atalho Ctrl + J não possui nenhuma função específica no Windows em sua configuração padrão. **E:** Errada, o atalho F1 é usado para acionar a função de Ajuda do Windows.

(Escriturário – BB – CESGRANRIO – 2023) As estações de trabalho de uma empresa estão sujeitas a ataques que podem provocar vazamentos ou destruição completa dos dados. Uma boa prática de segurança é utilizar uma amostra biométrica para se conectar aos seus dispositivos, aplicativos, serviços on-line e redes. O Windows 10 possui um recurso de segurança de entrada que possibilita usar uma amostra biométrica do rosto, da íris e da impressão digital, ou, ainda, um PIN (Personal Identification Number).

Tal recurso é o

(A) Windows Security
(B) Windows Hello
(C) Advanced Login
(D) Enhanced Login
(E) Enhanced Authentication

O Windows Hello é uma plataforma de autenticação biométrica e de segurança criada pela Microsoft que foi introduzida no Windows 10 e presente também nas versões posteriores, que oferece meios seguros de autenticação como Reconhecimento Facial, Impressão Digital, Leitura de Íris e PIN de acesso. Desa forma, apenas a alternativa B está correta.

(Técnico Bancário – BASA – CESGRANRIO – 2022) Diversas organizações optam por utilizar, em seus computadores, o sistema operacional Windows, o qual disponibiliza várias ferramentas importantes que viabilizam as atividades do dia a dia. A versão 10 do Windows oferece aos seus usuários um importante recurso que permite que seus arquivos sejam salvos para posterior recuperação em caso de eventuais falhas.

Qual é a denominação desse recurso na versão em português do Windows 10?

(A) Estrutura Ribbon
(B) Histórico de arquivos
(C) MSE – Microsoft Security Essentials
(D) Provedor de serviços TAPI
(E) Windows Media Player

A: Errada, Estrutura Ribbon refere-se a um estilo de interface gráfica presente em alguns aplicativos do Microsoft Office. **B:** Correta, o Histórico de Arquivos é uma ferramenta de backup e recuperação integrada ao Windows 10 que permite aos usuários fazerem backup de versões anteriores de seus arquivos. Ele ajuda a proteger contra a perda de dados devido a exclusões acidentais, falhas de hardware ou qualquer outra situação inesperada. **C:** Errada, MSE – Microsoft Security Essentials é um antivírus da Microsoft, não um recurso de backup. **D:** Errada, um provedor de serviços TAPI é uma camada de abstração entre aplicativos TAPI e os protocolos de hardware e transporte subjacentes. **E:** Errada, o Windows Media Player é um reprodutor de mídia padrão do MS Windows.

(Escriturário – BB – CESGRANRIO – 2021) Muitos códigos maliciosos aproveitam-se de um recurso do Windows 10 que possibilita a execução de um programa presente em um dispositivo de armazenamento USB imediatamente após a sua conexão ao computador.

Esse recurso, que pode ser desativado, é conhecido como

(A) inicialização automática
(B) execução automática
(C) reprodução automática
(D) atualização automática
(E) configuração automática

A função de Reprodução automática, introduzida com o Windows XP e mantida até a última versão atual (Windows 11), permite que o sistema operacional execute ações específicas quando um dispositivo de armazenamento externo é conectado ao computador, permitindo que o usuário personalize as ações que ocorrerão. Portanto, apenas a alternativa C está correta.
Gabarito C.

(Escriturário – BB – CESGRANRIO – 2021) No código de práticas de segurança da informação, recomenda-se que o acesso ao ambiente operacional (área de trabalho) do computador seja bloqueado quando o usuário do sistema se ausentar do seu posto de trabalho.

O atalho do teclado no Windows 10 para fazer esse bloqueio requer o pressionamento combinado das teclas

(A) Ctrl e C
(B) Ctrl e Z
(C) Alt e F4
(D) logotipo do Windows e D
(E) logotipo de Windows e L

A: Errada, o atalho Ctrl + C é usado para copiar um conteúdo para a área de transferência, para que possa ser colado posteriormente em outro local. B: Errada, o atalho Ctrl + Z permite desfazer a última ação feita pelo usuário, como uma exclusão simples de arquivo ou mudança de arquivos de pasta. C: Errada, o atalho Alt + F4 fecha a janela que estiver ativa. D: Errada, o atalho Windows + D leva o usuário para a área de trabalho, escondendo todas as janelas que estavam abertas, e caso seja pressionado novamente volta a exibir todas as janelas na mesma ordem que estavam. E: Correta, o atalho Windows + L bloqueia a sessão ativa do usuário.
Gabarito E.

(Escriturário – BB – 2014.1 – CESGRANRIO) O sistema operacional cujas características são utilizar código aberto e interface por linha de comando é o

(A) Mac OS
(B) iOS
(C) Linux
(D) Windows
(E) Android

Dos Sistemas Operacionais apresentados, Linux e Android são os únicos de código aberto. O Android é um sistema operacional para smartphones, com grande interligação à Interface Gráfica. O Linux possui também diversas interfaces gráficas que podem se integrar ao sistema, porém ainda mantém grande parte de sua origem em acesso via linhas de comando, ou Shell.
Gabarito C.

4. PROCESSADOR DE TEXTO (WORD E BROFFICE.ORG WRITS)

(Técnico Bancário – BANESTES – FGV – 2023) Considere as seguintes afirmativas sobre o uso de colunas num documento MS Word 2016.

I. Na guia Layout de Página, é permitido usar o recurso Colunas para inserir numa forma retangular (caixa) um texto explicativo dividido em duas ou mais colunas.
II. Nove é o número máximo de colunas permitido num trecho.
III. É possível estabelecer larguras diferentes para cada coluna.

Está correto o que se afirma somente em

(A) I.
(B) II.
(C) III.
(D) I e II.
(E) II e III.

No MS Word 2016 não é possível criar colunas dentro de uma Caixa de texto, entretanto, essa função está disponível em Caixas de Texto do MS Excel e PowerPoint. Já o número máximo de colunas que podem ser inseridas em uma página são 13 e não 9. Por fim, é possível definir larguras diferentes para cada coluna criada a partir do recurso Colunas presente na guia Layout. Assim, apenas a afirmativa III é verdadeira e, portanto, a alternativa C está correta.
Gabarito C.

(Escriturário – BB – CESGRANRIO – 2023) Um colaborador de uma empresa precisa restaurar uma versão específica de um documento que está sendo editado no aplicativo Word do Microsoft Office 365.

Para verificar as versões do documento que estão disponíveis para a restauração, o colaborador deve selecionar o menu

(A) Arquivo, escolher a opção Histórico e selecionar a opção Controle de Versões.
(B) Arquivo, escolher a opção Sobre e selecionar a opção Controle de Versões.
(C) Arquivo, escolher a opção Informações e selecionar a opção Histórico de Versões.
(D) Revisão, selecionar a opção Controlar Alterações e selecionar a opção De todas as Pessoas.
(E) Revisão, selecionar a opção Controlar Alterações e selecionar a opção Somente as Minhas.

Ao escolher a opção "Informações" no menu "Arquivo" e, em seguida, selecionar "Histórico de Versões", é exibia uma lista contendo as versões anteriores do documento, sendo possível restaurar uma versão específica, se necessário. Lembrando que para isso o documento deve estar salvo dentro do OneDrive. Portanto, apenas a alternativa C está correta.
Gabarito C.

(Técnico Bancário – CEF – CESGRANRIO – 2021) Um supervisor de equipe precisa redigir um memorando para envio à chefia imediata. Ele precisa da colaboração dos seus subordinados na edição desse texto. Todavia, o supervisor quer ter acesso ao histórico de alterações (quem alterou o quê), a fim de que possa julgar quais sugestões ele aceita ou não.

Qual recurso do MS Word 365, versão português, oferece essa possibilidade?

(A) Correspondências
(B) Layout
(C) Pesquisar
(D) Revisão
(E) Suplementos

O Microsoft Word 365, assim como versões anteriores do MS Word, possui a funcionalidade Controlar Alterações, que permite identificar todas as alterações realizadas em um documento, contando com o Painel de Revisão que permite exibir todas as alterações feitas em uma lista. Estas funcionalidades estão localizadas no grupo Controle da guia Revisão. Sendo assim, apenas a alternativa D está correta.

Gabarito: D.

(Escriturário – BB – 2014.1 – CESGRANRIO) Um escriturário digitou o seguinte texto no MS Word:

> Os arquivos referentes a transações bancárias geram muito papel. O avansso tecnológico que criou os processos de digitalização ajudam a administração desseacervo relevante.

Após ter verificado que a palavra "avansso" estava digitada, equivocadamente, o escriturário resolveu fazer uma correção óbvia.

Para isso, colocou o cursor na palavra avansso; logo depois da letra n, pressionou as teclas crtl+delete; clicou no botão de negrito e completou a palavra corretamente, digitando as letras "ç" e "o".

Qual é a nova apresentação do parágrafo em que a palavra em questão se encontra?

(A) Os arquivos referentes a transações bancárias geram muito papel. O **ço**sso tecnológico que criou os processos de digitalização ajudam a administração desseacervo relevante.
(B) Os arquivos referentes a transações bancárias geram muito papel. O avan**ço** tecnológico que criou os processosde digitalização ajudam a administração desseacervo relevante.
(C) Os arquivos referentes a transações bancárias geram muito papel. O **ço**
(D) **ço** tecnológico que criou os processos de digitalização ajudam a administração desse acervo relevante.
(E) Os arquivos referentes a transações bancárias geram muito papel. O avanço tecnológico que criou os processosde digitalização ajudam a administração desseacervo relevante.

O comando ctrl+del exclui o final da palavra atual, a partir do cursor. Desta forma 'avansso' se torna 'avan'. Após clicar em negrito, as letras seguintes digitadas estarão com esta formatação, ficando, portanto, o texto igual ao original, salvo a palavra em questão avan**ço**.

Gabarito: B.

(Escriturário – BB – 2013.2 – FCC) Considere o trecho abaixo, retirado do Código de Proteção e Defesa do Consumidor. Art. 42. Na cobrança de débitos, o consumidor inadimplente não será exposto a ridículo, nem será submetido a qualquer tipo de constrangimento ou ameaça.

PARÁGRAFO ÚNICO. O consumidor cobrado em quantia indevida tem direito à repetição do indébito, por valor igualou em dobro do que pagou em excesso, acrescido de correção monetária e juros legais, salvo hipótese de engano justificável.

(<http://www.planalto.gov.br/ccivil_03/leis/L8078.htm>)

Para que o texto tenha sido apresentado como acima exposto, foram realizadas algumas formatações como adição de sublinhado e negrito, espaçamento entre os parágrafos, alinhamento justificado e transcrição da expressão "Parágrafo Único" para letras maiúsculas.

Para conseguir os efeitos descritos, foram utilizados recursos do Microsoft Word 2010 (em português) disponíveis

(A) nos grupos Formatação e Edição, na guia Ferramentas.
(B) no grupo Formatação, na guia Ferramentas.
(C) nos grupos Fonte e Parágrafo, na guia Página Inicial.
(D) no grupo Estilo, na guia Layout da Página.
(E) nos grupos Texto e Parágrafo, na guia Formatar.

Sublinhado e Negrito se encontram no grupo Fonte da guia Página Inicial. Espaçamento entre parágrafos e alinhamento justificado se encontram no botão "Espaçamento de Linha e Parágrafo" e "Justificar", respectivamente, ambos no grupo Parágrafo da guia Página Inicial. Finalmente, todas as letras em maiúsculo pode ser efetuado no botão "Maiúsculas e Minúsculas", no grupo Fonte da guia Página Inicial.

Gabarito: C.

5. PLANILHAS ELETRÔNICAS (EXCEL E BROFFICE.ORG CALC)

(Técnico Bancário – BANESTES – FGV – 2023) João cuida de uma planilha MS Excel que contém dados de um relatório a ser impresso. Esses dados estão localizados em cinco regiões da planilha, preestabelecidas e distintas entre si. Porém, há outras regiões que estão preenchidas com dados auxiliares, que não devem aparecer no relatório impresso.

O trabalho de João é criar uma variedade de cenários manipulando os valores dos dados auxiliares e imprimir o relatório repetidamente de acordo com cada uma dessas variações introduzidas. Nesse processo, João usa comandos de selecionar/copiar/colar intensamente na manipulação dos dados auxiliares.

Para acelerar a impressão, de modo a não ter que selecionar os trechos visíveis a cada impressão, uma boa dica para João, nesse caso, é utilizar

(A) o recurso Área de Impressão na guia Layout da Página.
(B) o recurso Mala Direta na guia Inserir.
(C) o recurso Segmentação de Dados na guia Inserir.
(D) o recurso Tabela Dinâmica na guia Inserir.
(E) uma nova planilha para cada versão do relatório.

A: Correta, O recurso Área de Impressão no Excel permite a seleção específica de partes da planilha para serem impressas. **B:** Errada, a funcionalidade de Mala Direta está relacionada à criação de documentos personalizados, como cartas ou envelopes a serem enviados via correio eletrônico. **C:** Errada, A Segmentação de Dados é uma ferramenta usada para filtrar dados em uma tabela dinâmica e não está ligada a opções de impressão. **D:** Errada, Tabelas Dinâmicas são usadas para analisar dados, permitindo gerar interações entre tabelas e facilitando a análise das informações. **E:** Errada, criar uma nova planilha a cada versão tornaria o processo mais trabalhoso além de dificultar a manutenção, caso fosse necessário inserir, remover ou alterar os parâmetros usados na análise.

Gabarito: A.

(Técnico Bancário – BANESTES – FGV – 2023) Considere uma planilha (aba) Calc que exibe, nas células A1, B1, C1, A2, B2, C2, A3, B3, C3, respectivamente, os valores 60, 20, 65, 30, 45, 10, 25, 5, 30. Para todas as demais células da planilha, o valor é 0.

Dado que a célula C3 foi copiada da célula A1 por meio de Ctrl+C/Ctrl+V, assinale a fórmula originalmente contida na célula A1.

(A) =A2+B1+$C2
(B) =A$2+B1+C$2
(C) =$A2+A3-B3+$C2
(D) =$A$2+B1+$C2
(E) =$A$2+$B$1+$C2

Quando você copia uma célula em uma planilha e a cola em outra célula, as referências de células na fórmula originalmente contida na célula copiada podem ser ajustadas automaticamente com base na posição relativa da célula copiada e colada, a não ser que tenha sido utilizado o indicador de referência absoluta $ para a linha e/ou coluna. Neste cenário, a fórmula ao ser copiada de A1 para C3 tem a referência ajustada em 2 colunas e 2 linhas onde não há referência absoluta, portanto, para a alternativa A a fórmula ao ser copiada para C3 seria =C4+D3+$C4, o que resultaria em 0. Para a alternativa B a fórmula a ser copiada seria =C$2+D3+E$2, que resultaria em 10. Para a alternativa C a fórmula a ser copiada seria =$A4+C5-D5+$C4, que resulta também em 0. Para a alternativa D a fórmula a ser copiada seria =$A$2+D3+$C4, que resulta em 30, conforme informado ser o valor da célula, portanto, a alternativa D está correta.

Gabarito: D

(Escriturário – BANRISUL – CESGRANRIO – 2023) Uma planilha está sendo editada no Excel do Microsoft Office 365 por vários coautores simultaneamente. Um dos coautores deseja fazer uma classificação e uma filtragem nos dados da planilha sem afetar o trabalho dos demais coautores e sem ter que fazer uma cópia da planilha.

Para isso, esse coautor deve selecionar o menu

(A) Dados e pressionar o botão Novo para criar um espelhamento dos dados da planilha.
(B) Revisão e pressionar o botão Novo para criar um espelhamento dos dados da planilha.
(C) Exibir e pressionar o botão Novo para criar um novo modo de exibição de planilha.
(D) Inserir e pressionar o botão Novo para criar um novo modo de exibição de planilha.
(E) Inserir e pressionar o botão Novo para criar uma nova imagem dos dados da planilha.

No Microsoft Excel do Office 365, para fazer uma classificação e uma filtragem nos dados da planilha sem afetar o trabalho dos outros coautores e sem fazer uma cópia da planilha, o coautor deve criar um "Novo Modo de Exibição Planilha". Para isso deve selecionar o menu "Exibir" e no grupo de ação "Modo de Exibição Planilha" acionar o botão Novo. Portanto, apenas a alternativa C está correta.

Gabarito: C

(Escriturário – BB – CESGRANRIO – 2023) Sejam os seguintes dados de uma planilha confeccionada no Excel 365:

	A	B
1	CODPECA	VALOR
2	P101	R$ 5,00
3	P102	R$ 13,00
4	P103	R$ 2,00
5	P104	R$ 26,00
6	P105	R$ 7,00
7	P106	R$ 10,00

Na célula C10 dessa planilha, está inserida a seguinte fórmula:

=CONT.SE(B2:B6;"<=R$ 10,00")

Ao executar essa fórmula, o valor que aparecerá na célula C10 é

(A) 2
(B) 3
(C) 4
(D) 5
(E) 6

A fórmula apresentada contará as células do intervalo desejado que passarem na validação lógica informada. Neste exemplo o intervalo analisado é das células B2 até a célula B6 e a validação em questão é conter um valor menor ou igual à R$10,00, assim apenas as células B2, B4, B6 e logo o resultado da contagem é 3. Portanto, apenas a alternativa B está correta.

Gabarito: B

(Escriturário – BB – CESGRANRIO – 2021) O agente comercial de uma empresa elaborou uma planilha no software Microsoft Excel para lançar os débitos de seus clientes. Ele a configurou para controlar automaticamente as seguintes regras:

a) admitir, apenas, débitos entre R$ 40.000,00 e R$ 110.000,00; e

b) destacar, em cor diferente, os débitos entre R$ 90.000,00 e R$ 110.000,00.

Quais são os recursos do Microsoft Excel que o agente comercial deverá utilizar, respectivamente, para obter esse controle?

(A) Validação de dados; Formatação condicional
(B) Formatação condicional; Gerenciador de cenários
(C) Verificação de erros; Teste de hipóteses
(D) Função de consolidação; Formatação condicional
(E) Classificar e Filtrar; Validação de dados

No Microsoft Excel, a função de Validação de Dados permite definir restrições e validações para os valores inseridos em uma célula, permitindo criar validações de integridade e evitando a entrada de valores inválidos, sendo possível utilizar critérios numéricos, listas suspensas, entradas de texto, data e hora, entre outros. Já a Formatação condicional é usada para formatar o estilo de apresentação de uma célula com base em seu conteúdo, sendo muito útil para destacar padrões e tendências nos dados e facilitando a análise visual. Portanto, apenas a alternativa A está correta.

Gabarito: A

3. INFORMÁTICA 53

(Escriturário – BB – CESGRANRIO – 2018) Determinado funcionário de uma empresa deseja substituir cálculos de verificação de rotinas financeiras que realiza manualmente pelo uso de uma planilha Excel.

Durante sua primeira experiência preencheu um trecho de planilha com diversos valores, como mostrado abaixo.

	A	B	C	D
1		saldo		resultado da pesquisa
2	conta corrente	último mês	mês corrente	
3	100201	1600,00	1715,00	
4	100202	1440,00	1550,00	
5	100203	1756,00	1620,00	
6	100204	1415,00	1950,00	
7	100205	1550,00	1360,00	
8	100206	1810,00	1900,00	
9	100207	1870,00	1490,00	
10	100208	1250,00	1630,00	
11	100209	1475,00	1700,00	
12	1002010	1612,00	1770,00	

Seu objetivo final é que as células da coluna D, correspondentes às contas correntes, sejam preenchidas com o texto SIM, caso os dois saldos da mesma conta corrente (último mês e mês corrente) sejam simultaneamente superiores a R$ 1500,00, ou, se isso não for verdade, se pelo menos um deles for superior a R$ 1800,00. Caso nenhuma dessas hipóteses ocorra, a célula correspondente deve ser preenchida com o texto NÃO.

Para isso, deve iniciar seu processo final de criação da planilha, preenchendo a célula D3 com determinada fórmula para depois copiá-la para as células de D4 a D12.

A fórmula que faz acontecer o que o funcionário deseja é:

(A) =SE(E(B3>1500; C3>1500); (OU(B3>1800; C3>1800)))
(B) =SE(E(B3>1500; C3>1500);"SIM"; (OU(B3>1800; C3>1800)))
(C) =SE(E(B3>1500;C3>1500);"SIM"; SE(B3>1800;C3>1800))
(D) =SE(E(B3>1500;C3>1500);"SIM";SE(OU(B3>1800;C3>1800);"SIM";"NÃO"))
(E) =SE(E(B3>1800;C3>1500);"SIM";SE(OU(B3>1800;C3>1500);"SIM";"NÃO"))

No MS Excel a fórmula SE(comparação;retorno caso verdadeiro;retorno caso falso) permite realizar validações lógicas retornando um valor caso a comparação seja verdadeira e outro caso seja falsa, podendo ser usadas de forma aninhada para permitir validações com múltiplos resultados possíveis. Considerando que podemos utilizar a função E(validacao1;validacao2;...) para confirmar se duas ou mais validações fornecidas são verdadeiras e a função OU(validacao1;validacao2;...) que permite validar se ao menos uma das condições informadas é verdadeira, a notação correta seria =SE(E(B3>1500;C3>1500);"SIM";SE(OU(B3>1800;C3>1800);"SIM";"NÃO")), onde E(B3>1500;C3>1500) (primeiro parâmetro) valida a primeira condição desejada retornando "SIM" (segundo parâmetro) caso verdadeira e SE(OU(B3>1800;C3>1800);"SIM";"NÃO") (terceiro parâmetro) retorna SIM caso um dos valores desejados seja maior que 1800, caso contrário retornará NÃO. Portanto, apenas a alternativa D está correta.
Gabarito: D.

(Escriturário – BB – 2010.2 – FCC)No Excel ou Calc, uma planilha apresenta os seguintes dados:

A1 = 2, B1 = 3, C1 = 4

A célula D1 tem a seguinte fórmula:

=SE (B1*A1 – 5 > 0;C1 – B1*A1; (C1 – A1)^A1 + B1*C1 + A1)

O valor da célula D1 é:

(A) positivo, ímpar e menor que 10.
(B) positivo, ímpar e maior que 10.
(C) negativo.
(D) positivo, par e menor que 10.
(E) positivo, par e maior que 10.

A função SE tem a seguinte estrutura: =SE (TESTE; VALOR SE VERDADEIRO; VALOR SE FALSO). O teste apresentado é verdadeiro, pois 3 x 2 - 5 = 1 > 0. Logo, o 2o argumento terá o valor de D1, ou seja, 4 - 3x2 = -2.
Gabarito: C.

(Escriturário – BB – 2010.2 – FCC)No Excel ou Calc, em planilhas grandes e com muitas fórmulas pode ser interessante desligar o cálculo automático das fórmulas. Tendo desligado o cálculo automático, podemos recalcular todas as fórmulas de uma planilha manualmente teclando

(A) ALT + F8.

(B) F9.
(C) CTRL + F5.
(D) F6.
(E) CTRL + F7.

Das opções apresentadas, no Excel, temos que: ALT + F8: Calcular todas as planilhas em todas as pastas de trabalho abertas. O F9 é responsável por calcular todas as planilhas em todas as pastas de trabalho abertas. Ctrl+F5 restaura o tamanho da janela da pasta de trabalho selecionada. F6: Alterna entre a planilha, a Faixa de Opções, o painel de tarefas e os controles de zoom. Ctrl+F7 executa o comando Mover na janela da pasta de trabalho quando ela não está maximizada.
Gabarito "B".

(**Escriturário – BB – 2010.2 – FCC**) Uma planilha, *Excel* ou *Calc*, apresenta os seguintes dados:

	A	B	C	D
	6	5	7	6
	3	4	4	5
		18	3	2
				?

A1 = 6; B1 = 5; C1 = 7; D1 = 6;
A2 = 3; B2 = 4; C2 = 4; D2 = 5;
C3 = 3; D3 = 2;

A célula B3 contém a fórmula =$A$1*$B1 − A$2*B2 = 18 que foi copiada para a célula D4. O resultado da fórmula em D4 é

(A) 10.
(B) 12.
(C) 16.
(D) 18.
(E) 20.

O elemento $ trava a expressão que segue, e todas as outras sofrem deslocamento proporcional. Assim, a fórmula em D4 será = $A$1*$B2 - C$2*D3. Substituindo os valores, temos 6*4 - 4*2 = 16.
Gabarito "C".

(**Escriturário – BB – 2010.1 – CESGRANRIO**) Os programas de planilhas eletrônicas como o MicrosoftExcel e o BrOfficeCalc podem executar, entre outras, a função de

(A) geração de fotos e imagens.
(B) manutenção em arquivos de sistemas operacionais.
(C) conversação de imagens online em uma intranet.
(D) administração de bancos de dados relacionais.
(E) criação de gráficos e relatórios.

Programas de planilhas eletrônicas podem usar os dados nas tabelas para gerar diversos tipos de gráficos, como histogramas, séries temporais e gráficos em "pizza", além de relatórios.
Gabarito "E".

(**Escriturário – BB – 2011.2 – FCC**)Comparando-se o *Excel* com o *Calc*, (no *MS-Office* 2003 e *BrOffice*.org 3.1, em suas versões em português e configurações originais.)

(A) apenas o *Calc* possui a função Agora.
(B) apenas o *Excel* possui a função Agora.
(C) nenhum deles possui a função Agora.
(D) ambos possuem a função somatório.
(E) apenas o *Excel* possui a função somatório.

A operação de soma é básica para qualquer software de planilha, e, portanto, os 2 programas a possuem. A função agora (que retorna a data e horário atual) é outra função presente nos dois programas.
Gabarito "D".

(**Escriturário – BB – 2011.3 – FCC**) Considere a seguinte planilha, elaborada no Br.Office(Calc):

	A	B
1	Primavera	4
2	Verão	5
3	Outono	8
4	Inverno	9
5	Outono	7
6	Verão	6
7	Total	15

A função utilizada na célula B7 realiza a soma dos valores da coluna B quando correspondentes ao item Outono da coluna A. Trata-se da função

(A) ESCOLHER.
(B) SOMA.
(C) SUBSTITUIR.
(D) SOMASE.
(E) ARRUMAR.

A função SOMASE adiciona as células quando estas estão especificadas por critérios dados. Esta função é utilizada para acumular um intervalo quando você procura por um valor determinado.
Gabarito "D".

(**Escriturário – BB – 2011.1 – FCC**) Considere a planilha abaixo:

	A	B	C	D
1	Multiplicando	Multiplicador	Produto	Produto
2	2	3	6	6
3		4	0	8
4		5	0	10
5				

Os produtos da coluna C foram obtidos pela aplicação da fórmula A2*B2, copiada de C2 para C3 e C4. Tanto no *Excel* quanto no *BrOffice.org Calc*, utilizando o mesmo procedimento para a coluna D, os produtos exibidos emD2, D3 e D4, foram obtidos pela fórmula em D2 igual a:

(A) $A$2*B$2.
(B) $A$2*$B$2.
(C) A$2*B2.
(D) A2*$B$2.
(E) $A2*B2.

Observamos que para efetuar o produto corretamente, o termo em A2 tem que ser mantido fixo (através de $A$2 ou A$2) enquanto o B varia por linha (B2 ou $B2).
Gabarito "C".

(Escriturário – BB – 2012 – CESGRANRIO) O aplicativo Excel da Microsoft, em suas diversas versões, inclui quatro diferentes tipos de operadores de cálculo, que são aritmético, de comparação, de concatenação de texto e de

(A) classe
(B) gráfico
(C) lista
(D) referência
(E) soma

Os Operadores de Referência combinam intervalos de células para cálculos. Por exemplo, o operador : (dois-pontos) é um operador de intervalo que determina todas as células onde a operação será executada.
Gabarito: D

(Escriturário – BB – 2014 – CESGRANRIO) Para analisar um relatório financeiro, um funcionário montou uma planilha Excel. Cópia de um trecho dessa planilha é mostrada abaixo.

	Q	R	S
1	Taxa de juro	Valor atual	Valor com juros
2	0,4%	R$100.000,00	
3	1,2%	R$75.000,00	
4	1,5%	R$50.000,00	
5	2%	R$45.000,00	

O funcionário deseja calcular cada **Valor com juros**, correspondente ao **Valor atual** das células R2, R3, R4 e R5, e lançá-lo, respectivamente, nas células S2, S3, S4 e S5. Cada **Valor com juros** é calculado através de

Valor com juros = Valor atual + Valor atual x Taxa de juro

Qual é a fórmula que deve ser lançada pelo funcionário na célula S2 para calcular corretamente o **Valor com juros**, correspondente ao **Valor atual** de R$100.000,00, e que pode ser copiada para as células S3, S4 e S5, usando sempre a mesma taxa de juro de 0,4% (contida na célula Q2)?

(A) =R2+$Q2$%*R2
(B) =R2+(Q2%)+R2
(C) =R2+Q2*R2
(D) =R2+$Q$2*R2
(E) =R2+(1+$Q$2)*R2

A fórmula correta para o cálculo, na célula S2, é =R2 + Q2*R2. Devemos travar a célula Q2 para manter os juros de 0,4%, desta forma, podemos fazer usando o símbolo ($) antes dos elementos desta célula, ou seja, =R2 + $Q$2*R2.
Gabarito: D

(Escriturário – BB – 2014.1 – CESGRANRIO) O BROfficeCalc tem recursos para a realização de operações matemáticas.

Em uma expressão, onde só aparecem os operadores de exponenciação, soma e multiplicação, a prioridade a ser respeitada na sequência de execução das operações correspondentes é dada pela seguinte ordem:

(A) exponenciação, soma e multiplicação
(B) exponenciação, multiplicação e soma
(C) soma, multiplicação e exponenciação
(D) multiplicação, soma e exponenciação
(E) multiplicação, exponenciação e soma

A precedência de operações no BROffice segue o padrão usual matemático, a saber: 1) Funções; 2) Potências e Raízes; 3) Multiplicações e Divisões; 4) Adições e Subtrações.
Gabarito: B

(Escriturário – BB – 2013.2 – FCC) O gerente do setor em que Ana Luiza trabalha solicitou a ela a criação de uma planilha no Excel, de forma a utilizar um cálculo envolvendo média ponderada. Segundo ele, o escritório havia feito uma compra de 3 computadores no valor de R$ 2.350,50 cada. Uma semana depois, após uma alta no valor do dólar, comprou mais 5 computadores com a mesma configuração, mas ao preço de R$ 2.970,00cada. O gerente pediu à Ana Luiza que calculasse a média ponderada dos preços, considerando as quantidades como pesos a serem aplicados. Com os dados fornecidos, Ana Luiza montou a seguinte planilha:

	A	B
1	Preço unitário	Quantidade
2	R$ 2.350,50	3
3	R$ 2.970,00	5
4	Média Ponderada	
5	R$ 2.737,69	

Na célula A5, Ana Luiza calculou a média ponderada dos valores contidos nas células A2 e A3, aplicando os pesos contidos nas células B2 e B3, respectivamente.

Na célula A5 foram utilizadas as fórmulas:

(A) =SOMARPRODUTO(A2:A3;B2:B3)/SOMA(B2:B3) ou=((A2*B2)+(A3*B3))/SOMA(B2:B3)
(B) =SOMA(A2:A3;B2:B3)/SOMA(B2:B3) ou=MÉDIA((A2: A3;B2:B3)/SOMA(B2:B3))
(C) =SOMA(A2+A3)/2 ou=MÉDIA(A2:A3;B2:B3)/SOMA(B2:B3)
(D) =MÉDIA((A2/B2)+(A3/B3))/SOMA(B2:B3) ou=MÉDIA(A2*B2)+(A3*B3)/SOMA(B2+B3)
(E) =MÉDIAPRODUTO(A2;A3)/SOMA(B2+B3) ou=SOMA (A2+A3)/2

A média ponderada pode ser calculada como (3 x 2.350,50 + 5 x 2.970) / (3 + 5). Assim, das opções fornecidas, as únicas que efetuam as operações corretas são as presentes no item A, seja utilizando a função SOMAPRODUTO para o cálculo do numerador, seja através da expressão explícita.
Gabarito: A

(Escriturário – BB – 2013.2 – FCC) Em uma planilha eletrônica de cálculo, quando digita-se=MOD(M;N), seguido de Enter, o resultado que será apresentado é o resto da divisão de M por N. Por exemplo, se o campo A1 da planilha está preenchido com o número29, e o campo B3 com o número 12, digitando, em algum campo livre da planilha, =MOD(A1;B3), seguido de Enter, ela apresentará como resultado o número 5, que é o resto da divisão de 29 por 12.

Observe os números preenchidos em três campos (células)de uma planilha de cálculo.

Se for digitada, no campo D1, a fórmula =MOD(A1+B1;C1),seguida de Enter, o resultado que será apresentado pela planilha nesse campo é igual a

(A) 11.
(B) 1.
(C) 19.
(D) 17.
(E) 4.

O primeiro termo da função, A1+B1, tem valor de 14+33 = 47. A divisão de 47 por 18 resulta em 2 resto 11, sendo este resto o que aparecerá em D1.

(Escriturário – BB – 2015 – CESGRANRIO) Um escriturário, na função eventual de caixa, ao examinar um boleto de pagamento em atraso, encontrou os seguintes dados:

data de vencimento:	13/04/2015
data de pagamento:	28/07/2015
taxa diária de juros por atraso (%):	0,2
máximo de juros a acrescer (%):	20

Se o escriturário tivesse disponível uma planilha eletrônica do MS Excel 2013, poderia transcrever essas informações para um trecho de planilha, como o mostrado abaixo, e calcular os juros com os recursos do software.

	M	N
10	data de vencimento	13/04/2015
11	data de pagamento	28/07/2015
12	taxa de juros diários por atraso (%)	0,2
13	máximo de juro a acrescer (%)	20
14	JUROS A PAGAR	

Nesse caso, com que fórmula ele preencheria a célula de juros a pagar (N14)?

(A) =SE((DIAS(N11;N10)*N12)>=N13;(DIAS(N11;N10)*N13); N12)
(B) = (N11-N10)*0,2/30
(C) =SE((N10;N11)*N12>=N13;N13;(N10:N11)*N12)
(D) =SE((DIAS(N11;N10)*N12)>=N13;N13;(DIAS(N11;N10)*N12))
(E) = (N11;N10)*0,2

A sintaxe da função SE é SE(Condição; Ação caso Verdade; Ação Caso Falso). A função DIAS retorna o número de dias entre duas datas, da forma DIAS(data_final, data_inicial). Assim, N14 deverá ter a seguinte expressão: SE o número de dias entre N11 e N10 multiplicado pela taxa diária N12 for maior que a taxa máxima N13, então os juros a pagar são dados pelo máximo N13, caso contrário é o valor do número de dias entre N11 e N10 multiplicado pela taxa de juros diária N12. Isto é descrito pelo item "D".

---

6. EDITOR DE APRESENTAÇÕES (POWERPOINT E BROFFICE.ORG EMPRESA)

(Técnico Bancário – BANESTES – FGV – 2023) Os termos Animação e Transição são usados frequentemente em aplicativos dedicados à apresentação de slides.

Assinale a afirmativa correta a respeito das funções associadas a esses termos em alguns desses aplicativos.

(A) Quando utilizados no PowerPoint e no Impress, são termos sinônimos, pois não há diferenças significativas entre as funções a eles associadas.
(B) O PowerPoint não usa o termo Transição em sua interface.
(C) O Impress não usa o termo Transição em sua interface.
(D) A Transição estabelece a ordem dos slides durante uma apresentação.
(E) A Animação aplica-se a elementos específicos de um slide.

A: Errada, a Transição lida com a maneira como os slides mudam de um para outro, já a Animação trata dos efeitos aplicados a elementos dentro de um slide. B: Errada, no MS PowerPoint o termo Transição é usado para descrever e configurar os efeitos de transição entre os slides durante uma apresentação. D: Errada, a Transição não define a ordem dos slides mas sim como a mudança de um slide para o próximo ocorre durante a apresentação. A ordem dos slides é geralmente definida na estrutura principal da apresentação. E: Correta, a Animação em aplicativos de apresentação, como o MS PowerPoint e o Impress, refere-se à aplicação de efeitos específicos a elementos individuais dentro de um slide, como textos, imagens ou gráficos.

(Escriturário – BB – 2010.2 – FCC) Um recurso bastante útil nas apresentações de *PowerPoint* ou *Empresa* é o slide mestre. O slide mestre serve para

(A) exibir a apresentação sem a necessidade de ter o PowerPoint ou Empresa instalado em seu computador.
(B) definir uma formatação padrão para todos os slides que forem criados com base nele.
(C) resumir os tópicos da apresentação.
(D) controlar a ordem de apresentação dos slides.
(E) controlar, por software, todas as funcionalidades do equipamento projetor.

Um slide mestre é o slide principal em uma hierarquia de slides que armazena informações sobre o tema e os layouts de slide de uma apresentação, incluindo o plano de fundo, a cor, as fontes, os efeitos, os tamanhos dos espaços reservados e o posicionamento, ou seja, uma formatação padrão.

(Escriturário – BB – 2014 – CESGRANRIO) Ao ajudar a preparar uma apresentação no software PowerPoint, com os resultados obtidos por uma agência de um banco, um escriturário sugeriu o uso do recurso de animação.

Esse recurso nos slides é voltado fundamentalmente para

(A) utilizar filmes como recurso de multimídia.
(B) permitir a inserção de histórias.
(C) criar novas cores e estilos rápidos.
(D) incluir efeitos de entradas e saídas.
(E) criar slides mestres para processos.

Com o comando Animação, é possível aplicar efeitos de trajetória de animação para mover objetos de slide ou efeitos de entrada e saída destes.

7. CONCEITOS DE TECNOLOGIAS RELACIONADAS À INTERNET E INTRANET, PROTOCOLOS WEB, WORLD WIDE WEB, NAVEGADOR INTERNET (INTERNET EXPLORER E MOZILLA FIREFOX), BUSCA E PESQUISA NA WEB

(Técnico Bancário – BANESTES – FGV – 2023) No contexto dos navegadores de Internet, assinale a definição mais adequada para o termo cookie.

(A) Um arquivo armazenado no seu computador por um website, usado para registrar dados sobre a sua utilização.
(B) Um arquivo que adiciona novas funcionalidades ao browser instalado na sua máquina.
(C) Um histórico de navegação na web gravado pelo browser.
(D) Um item de segurança que torna sua navegação mais segura por meio de criptografia.
(E) Uma funcionalidade adicional instalada pelo browser, usualmente utilizada por websites comerciais.

Cookies são arquivos gerados por sites durante a navegação e usados para armazenar informações sobre o usuário, como preferências de uso do site e idioma, sendo salvos pelo navegador e usados para personalizar a experiência de navegação na página. Lembrando que durante a navegação em modo anônimo estes arquivos também são gerados, porém não são armazenados pelo navegador. Portanto, apenas a alternativa A está correta.

(Escriturário – BB – CESGRANRIO – 2023) O Google Drive é uma das várias ferramentas da empresa Google que existem na nuvem.

Essa ferramenta é particularmente adequada para

(A) administrar agendas.
(B) compartilhar arquivos de qualquer formato.
(C) enviar e receber mensagens de correio eletrônico.
(D) realizar apresentações ao vivo via internet.
(E) realizar reuniões remotas via internet em tempo real.

A: Errada, a ferramenta do Google usada para administrar agendas é o Google Calendar. **B:** Correta, o Google Drive é um disco virtual que pode ser usado para armazenar e compartilhar arquivos de diversos formatos. **C:** Errada, a ferramenta Gmail é a opção do Google para enviar e receber mensagens de correio eletrônico. **D:** Errada, a solução do Google que permite realizar apresentações ao vivo é o Google Slides. **E:** Errada, a ferramenta do Google que permite a realização de reuniões remotas via internet é o Google Meet.

(Escriturário – BANRISUL – CESGRANRIO – 2023) Um usuário fechou, indevidamente, uma guia do navegador web Google Chrome 106.0.5249.119 (64 bits), em uma máquina com MS Windows 10.

Um modo de abrir, novamente, a última guia fechada nesse navegador é pressionando a seguinte combinação de teclas:

(A) Alt+F
(B) Alt+T
(C) Ctrl+N
(D) Ctrl+Shift+N
(E) Ctrl+Shift+T

A: Errada, o atalho Alt + F abre o menu principal do Chrome. **B:** Errada, o atalho Alt + T é usado para abrir o menu Ferramentas. **C:** Errada, o atalho Ctrl + N é usado para abrir uma nova janela do navegador. **D:** Errada, o atalho Ctrl + Shift + N é usado para abrir uma janela de navegação anônima. **E:** Correta, o atalho Ctrl + Shift + T permite reabrir a última guia fechada pelo usuário.

(Escriturário – BB – CESGRANRIO – 2023) A utilização de computadores compartilhados aumenta o nível de risco da segurança da informação. Para reduzir tais riscos, pode-se ativar a navegação privativa, que não salva as informações de navegação, como histórico e cookies, e não deixa rastros após o término da sessão.

Para navegar de forma privativa no Mozilla Firefox, o usuário deve abrir uma nova janela privativa, pressionando a seguinte combinação de teclas:

(A) Ctrl+N
(B) Ctrl+P
(C) Ctrl+T
(D) Ctrl+Shift+P
(E) Ctrl+Shift+A

A: Errada, o atalho Ctrl + N abre uma nova janela do navegador. **B:** Errada, o atalho Ctrl + P aciona a função Imprimir. **C:** Errada, o atalho Ctrl + T abre uma nova guia de navegação dentro da janela atual. **D:** Correta, o atalho Ctrl + Shift + P abre uma nova janela do navegador no modo de navegação privativo, que permite a navegação em páginas sem que os registros da navegação sejam armazenados no computador. **E:** Errada, o atalho Ctrl + Shift + A abre a janela de complementos do navegador Firefox, onde é possível instalar, remover, ativar ou desativar extensões deste software.

(Técnico Bancário – BASA – CESGRANRIO – 2022) Nas configurações de conexão do navegador Mozilla Firefox, pode-se definir um servidor proxy, recurso utilizado para a redução do tráfego em rede.

O mecanismo de funcionamento de um servidor proxy

(A) implementa o padrão IrDA, que estabelece conexão direta via fibra ótica.
(B) utiliza uma área intermediária entre servidores de uma rede interna e usuários da internet.
(C) especifica um equipamento que atua como uma cache entre o navegador Firefox e o servidor web.
(D) transmite dados por arquiteturas que privilegiam a topologia de rede de campo ou metropolitana.
(E) roteia o processamento para redes que utilizam tecnologias sem fio, impondo um padrão de segurança adicional.

Um servidor proxy atua como um intermediário entre os usuários e os servidores da internet, armazenando localmente cópias de recursos frequentemente acessados, como páginas da web e imagens. Dessa forma, quando um usuário solicita um recurso já armazenado no cache, o servidor proxy pode fornecê-lo diretamente, reduzindo, assim, a necessidade de buscar o recurso no servidor original. Portanto, apenas a alternativa C está correta. HS

Gabarito: C.

(Técnico Bancário – CEF – CESGRANRIO – 2021) A possibilidade de configuração de conexões, oferecida pelo navegador Firefox, revela-se recurso interessante para organizações que necessitam, por exemplo, acessar um servidor de proxy que disponibiliza um serviço específico, não acessível ao público externo.

No menu Configurações, qual a opção na qual a janela de configuração de conexão é acessada?

(A) Geral
(B) Início
(C) Pesquisa
(D) Sync
(E) Privacidade e Segurança

No Firefox, o botão Configurar conexão, presente ao final da do grupo Geral, na seção de Configurações de Rede, permite que o usuário modifique as configurações de uso de proxy no navegador. Sendo assim, apenas a alternativa A está correta. HS

Gabarito: A.

(Técnico Bancário – CEF – CESGRANRIO – 2021) O Microsoft Edge pode sincronizar o histórico, os favoritos, as senhas e outros dados do navegador de um usuário em todos os dispositivos conectados. Para ativar a sincronização, deve-se selecionar a opção Sincronizar, pressionar o botão Ativar sincronização, selecionar os itens que devem ser sincronizados e pressionar o botão Confirmar.

A opção Sincronizar é uma das subopções da opção de configuração de

(A) Perfis
(B) Sistema
(C) Proteção para a família
(D) Cookies e permissões de site
(E) Privacidade, pesquisa e serviços

No MS Edge, as opções de Sincronização, que permitem sincronizar histórico, favoritos, informações pessoais, configurações, senhas, guias abertas, extensões, app e ativos da carteira entre diferentes dispositivos, se encontram dentro das configurações do perfil do usuário, uma vez que cada usuário logado no Edge pode possuir as suas preferências relacionadas a estes pontos. Portanto, apenas a alternativa A está correta. HS

Gabarito: A.

(Escriturário – BB – CESGRANRIO – 2021) O serviço de buscas do Google é um dos mais usados em todo o mundo. Para as pesquisas, o mais comum é a pessoa informar livremente algumas palavras e verificar se o resultado atende às suas expectativas.

Como solicitar corretamente ao Google que seja pesquisada uma correspondência exata da frase "Prédio mais alto do Brasil"?

(A) /Prédio mais alto do Brasil/
(B) -Prédio -mais -alto -do -Brasil
(C) #Prédio #mais #alto #do #Brasil
(D) "Prédio mais alto do Brasil"
(E) exato ("Prédio mais alto do Brasil")

O buscador Google possui diversos modificadores que podem ser usados para refinar a busca. Neste caso, para a realizar a busca de um termo exato é necessário que este esteja entre aspas duplas. Existem outros modificadores como utilizar um traço antes de uma palavra para que os resultados não contenham aquele termo, ou usar o asterisco para representar um conjunto de caracteres ou espaços em branco e tornar a busca mais abrangente. Portanto, apenas a alternativa D está correta. HS

Gabarito: D.

(Escriturário – BB – CESGRANRIO – 2021) O Mozilla Firefox apresentou uma página de resultado de uma pesquisa na Web na qual o usuário deseja procurar uma palavra específica.

Para fazer isso, o usuário pode acessar a caixa de texto de procura na página, pressionando, em conjunto, as teclas

(A) Ctrl e T
(B) Ctrl e N
(C) Ctrl e P
(D) Ctrl e S
(E) Ctrl e F

A: Errada, o atalho Ctrl + T abre uma nova guia de navegação. **B:** Errada, o atalho Ctrl + N abre uma nova janela do navegador. **C:** Errada, o atalho Ctrl + P ativa a função de "Imprimir", que permite imprimir a página atual como um documento PDF ou documento físico através de uma impressora. **D:** Errada, o atalho Ctrl + S aciona a função "Salvar como" que permite salvar a página atual como um documento em diversos formatos diferentes. **E:** Correta, o atalho Ctrl + F aciona a função "Pesquisar", que permite buscar por conteúdos de texto na página atual, este atalho apresenta o mesmo comportamento em todos os navegadores atuais. HS

Gabarito: E.

(Escriturário – BB – 2010.2 – FCC) Para pesquisar nos sites de busca (Google, Bing, Yahoo) todos os sites que contenham a palavra gato, não contenham a palavra cachorro e contenham a expressão pires de leite morno (com as palavras da expressão nesta ordem), deve-se digitar:

(A) gato –cachorro "pires de leite morno".
(B) +gato ^cachorro (pires de leite morno).
(C) gato CACHORRO (pires de leite morno).
(D) gato Cachorro "pires de leite morno".
(E) –gato +cachorro (pires de leite morno).

Para os elementos de busca avançada, o comando "entre aspas" efetua a busca pela ocorrência exata de tudo que está entre as aspas, agrupado da mesma forma, e o sinal de subtração procura todas as ocorrências que você procurar, exceto as que estejam após o sinal de subtração. Logo, para a busca desejada, temos: gato –cachorro "pires de leite morno". AF

Gabarito: A.

(Escriturário – BB – 2010.2 – FCC) Cookies utilizados pelos navegadores Web (Internet Explorer/Mozilla Firefox) são

(A) listas com endereços de sites com conteúdos impróprio se inadequados para permitir o controle de navegação por parte dos pais de crianças e adolescentes.
(B) pequenas listas contendo os sites e endereços visitados anteriormente.
(C) arquivos temporários como páginas, imagens, vídeos e outras mídias baixados pelo usuário em sua navegação.

(D) pequenos arquivos de texto que os *sites* gravam no computador do usuário e que são utilizados, geralmente, para guardar sua preferências de navegação.

(E) listas dos *downloads* efetuados pelo usuário para possibilitar a retomada destes em caso de falha na conexão.

Um cookie é um pequeno pacote de dados enviados de um web site para o navegador do usuário quando o usuário visita o site. Cada vez que o usuário visita o site novamente, o navegador envia o cookie de volta para o servidor para notificar atividades prévias do usuário. Os cookies foram designados para ser um mecanismo confiável para que sites se lembrem de informações da atividade do usuário, como senhas gravadas, itens adicionados no carrinho de compras em uma loja online, links que foram clicados anteriormente, entre outros.
Gabarito: D

(Escriturário – BB – 2010.1 – CESGRANRIO)A Internet baseia-se no protocolo TCP/IP em que o endereço IP pode ser designado de maneira fixa ou variável. O responsável por designar endereços IP variáveis que possibilitam a navegação na Web é o servidor de

(A) HTTP.
(B) HTML.
(C) DHCP.
(D) DNS.
(E) PHP.

O DHCP (Dynamic Host Configuration Protocol, ou Protocolo de Configuração de Host Dinâmico) é um protocolo de serviço TCP/IP que oferece concessão dinâmica de endereços IPs e outros parâmetros de configuração de rede.
Gabarito: C

(Escriturário – BB – 2010.1 – CESGRANRIO)O Filtro do SmartScreen da Microsoft é um recurso do Internet Explorer que ajuda a detectar sites de Phishing e sites de

(A) Ringware.
(B) Malware.
(C) Spyware.
(D) Threads.
(E) Worms.

O Filtro SmartScreen detecta sites de phishing, analisando os sites web durante a navegação, assim como a instalação de softwares mal-intencionados (malwares).
Gabarito: B

(Escriturário – BB – 2011.2 – FCC)Em pesquisas feitas no Google, por vezes aparecem opções de refinamento do tipo Em cache e/ou Similares. É correto que

(A) essas opções aparecem tanto no *Mozilla Firefox* quanto no *Windows Internet Explorer*.
(B) essas opções aparecem apenas no *Windows Internet Explorer*.
(C) essas opções aparecem apenas no *Mozilla Firefox*.
(D) a opção Em cache é exclusiva do *Windows Internet Explorer*.
(E) a opção *Similares* é exclusiva do *Mozilla Firefox*.

Esta é uma opção fornecida pelo provedor do site, o Google, sendo assim independente do navegador que o acessa.
Gabarito: A

(Escriturário – BB – 2011.1 – FCC)Em relação à Internet e à Intranet, é INCORRETO afirmar:

(A) Ambas empregam tecnologia padrão de rede.
(B) Há completa similaridade de conteúdo em ambos os ambientes.
(C) A Intranet tem como objetivo principal agilizar a implantação de processos, promover a integração dos funcionários e favorecer o compartilhamento de recursos.
(D) O acesso à Internet é aberto, enquanto na Intranet é restrito ao seu público de interesse.
(E) Internet refere-se, em geral, ao conteúdo público da empresa, ao passo que a Intranet pode englobar compartilhamento de informações de usuários internos à empresa.

Na intranet temos informações de interesse interno à empresa em questão, enquanto na internet temos, em geral, conteúdos de interesse público.
Gabarito: B

(Escriturário – BB – 2011.1 – FCC) No contexto da Internet, é o responsável pela transferência de hiper texto, que possibilita a leitura das páginas da Internet pelos programas navegadores:

(A) HTTP.
(B) POP.
(C) SMTP.
(D) TCP.
(E) FTP.

O HTTP (protocolo de transferência de hipertexto) é o protocolo responsável pela transferência das páginas de internet pelos navegadores.
Gabarito: A

(Escriturário – BB – 2011.1 – FCC) No que se refere aos recursos existentes em navegadores da Internet, considere:

I. Mecanismo de busca interna na página, conhecida como *find as you type*. À medida que a palavra é digitada, todas as ocorrências vão sendo exibidas e destacadas na página, simultaneamente.
II. Navegação tabulada, também chamada de navegação por abas, que permite ao usuário abrir diversas páginas em uma mesma janela, tendo na parte superior um índice com a aba de cada página.
III. Uma palavra qualquer, digitada aleatoriamente na barra de endereço, aciona um motor de busca que traz o resultado da pesquisa na Internet.

Em relação ao *Internet Explorer* e ao *Mozilla Firefox*, é correto afirmar:

(A) Todos os itens são recursos apenas do *Internet Explorer*.
(B) Todos os itens são recursos apenas do *Mozilla Firefox*.
(C) Todos os itens são recursos de ambos os navegadores.
(D) Os itens I e III são recursos do *Internet Explorer* e o item II do *Mozilla Firefox*.
(E) O item I é um recurso do *Internet Explorer* e os itens II e III são do *Mozilla Firefox*.

Tanto o find as you type (a partir do atalho ctrl+f), quanto a navegação tabulada (ctrl+t) estão presentes nos dois navegadores. Além disso, a barra de endereços dos dois navegadores entende quando expressões, e não url, são enviadas, e de forma automática fazem pesquisas em motores de busca destes termos.

(Escriturário – BB – 2012 – CESGRANRIO)Na Internet, para evitar que o tráfego de dados entre os usuários e seus servidores seja visualizado por terceiros, alguns sites, como os de bancos e de comércio eletrônico, utilizam em suas conexões o protocolo

(A) FTP
(B) X25
(C) BSC
(D) SMTP
(E) HTTPS

A: Errado. O FTP é um protocolo de transferência de arquivos. **B:** Errado. O X25 é um protocolo antigo para comunicação sobre linhas telefônicas. **C:** Errado. O BSC é um protocolo bastante antigo, da década de 60, para transmissão de caracteres. **D:** Errado. O SMTP é um protocolo de transmissão de e-mails. **E: Correto.** O HTTPS (Hyper Text Transfer Protocol Secure – ou "protocolo de transferência de hipertexto seguro" em português) é uma extensão do protocolo HTTP que utiliza o protocolo de segurança SSL Esse protocolo adicional permite que os dados sejam transmitidos por meio de uma conexão criptografada e que se verifique a autenticidade do servidor e do cliente por meio de certificados digitais.

(Escriturário – BB – 2012 – CESGRANRIO)Muito utilizados para interagir com a Internet, os softwares navegadores Internet Explorer da Microsoft e Firefox da Mozilla Foundation, entre outras características, diferem porque apenas um deles faz uso de

(A) complementos
(B) filtragem ActiveX
(C) protocolos TCP/IP
(D) navegação in private
(E) bloqueador de pop-up

O ActiveX é um framework, criado pela Microsoft, que adapta as antigas versões das plataformas COM e OLE para conteúdo disponível online, especialmente aplicações web e cliente/servidor. Dessa forma está disponível apenas no navegador da Microsoft, o Internet Explorer. Todas as outras opções são de componentes comuns em todos os navegadores modernos.

(Escriturário – BB – 2014.1 – CESGRANRIO) Uma transação financeira por meio de navegadores de internet deve usar, na mesma porta alocada ao protocolo HTTP, um protocolo mais seguro também conhecido como HTTP/TLS.

A URL desse protocolo é diferenciada por começar com

(A) t-http
(B) s-http
(C) https
(D) http-s
(E) httpt

HTTPS é o código para o protocolo HTTP sobre um socket seguro SSL. Esta informação aparece na barra de endereço do navegador sempre que o protocolo seguro estiver sendo usado, muitas vezes também representado por um cadeado fechado.

(Escriturário – BB – 2013.1 – FCC)Na empresa onde Maria trabalha há uma intranet que possibilita o acesso a informações institucionais, destinada apenas ao uso dos funcionários. Essa intranet representa um importante instrumento de comunicação interna, proporcionando redução das distâncias entre os funcionários, aumento da produtividade e a criação de novas possibilidades de interação institucional. São centralizados os procedimentos, circulares, notícias, formulários e informações comuns para os funcionários em um servidor de intranet. Para transferir páginas entre o servidor e os computadores ligados na intranet, permitindo que se navegue em páginas da web por meio de hyperlinks, utiliza-se um Protocolo de Transferência de Hipertexto que é conhecido pela sigla

(A) HTTP.
(B) FTP.
(C) SMTP.
(D) UDP.
(E) SSL.

A: Correto. O Hypertext TransferProtocol (HTTP) (Protocolo de Transferência de Hipertexto), é um protocolo de comunicação utilizado para sistemas de informação de hipermídia, distribuídos e colaborativos. **B:** Errado. O FTP ou File TransferProtocol (Protocolo de Transferência de Arquivos) é uma forma de transferir arquivos na Internet. **C: Errado.** O Simple Mail TransferProtocol (SMTP) (Protocolo de transferência de correio simples) é o protocolo padrão para envio de e-mails através da Internet. **D:** Errado. O User Datagram Protocol (UDP) é um protocolo simples da camada de transporte. **E:** Errado. O Secure Sockets Layer (SSL), é um protocolo de segurança que protege as telecomunicações via internet.

8. CONCEITOS DE TECNOLOGIAS E FERRAMENTAS DE COLABORAÇÃO, CORREIO ELETRÔNICO, GRUPOS DE DISCUSSÃO, FÓRUNS E WIKIS

(Técnico Bancário – CEF – CESGRANRIO – 2024) Um usuário do sistema de correio eletrônico corporativo recebeu as instruções da equipe técnica para configurar o acesso à sua caixa postal de entrada e às suas pastas de mensagens mantidas no servidor corporativo, usando o aplicativo de correio do seu smartphone.

Para assegurar que a comunicação entre o aplicativo e o servidor seja realizada através de um canal de comunicação seguro, o usuário deve optar pelo seguinte protocolo de comunicação:

(A) IMAPS
(B) HTTP
(C) SMTPS
(D) POP3
(E) DNS

A: Correta, o protocolo IMAPS permite que sincronizar uma caixa de entrada com múltiplos dispositivos utilizando técnicas de criptografia para garantir a segurança na troca de dados entre o dispositivo e o servidor de e-mails. **B:** Errada, o protocolo HTTP é usado para a navegação em páginas da web. **C:** Errada, o protocolo SMTPS é usado apenas no envio de mensagens de correio eletrônico utilizando criptografia para garantir a segurança no envio das informações. **D:** Errada, o protocolo POP3 é usado para o recebimento de mensagens de correio eletrônico através da cópia das mensagens do servidor para um dispositivo, porém sem a utilização de criptografia para proteger a troca de dados entre o cliente e o servidor. **E:** Errada, o protocolo DNS é utilizado na tradução de domínio de endereços web (como www.google.com) em endereços de IP que representam o local onde determinada página ou recurso se encontra.

(Escriturário – BANRISUL – CESGRANRIO – 2023) Quando um usuário cria uma conta no Skype, um dos dados de cadastro desse usuário pode ser utilizado tanto como login de acesso, quanto para recuperar o contato do mesmo usuário, no caso de ocorrência de erros.

Esse dado é o(a)

(A) telefone celular
(B) grupo do trabalho
(C) URL ou site pessoal
(D) data de aniversário
(E) frase de recuperação

Ao criar uma conta da plataforma de troca de mensagens Skype, o usuário deve informar um número de telefone, que pode ser usado para recuperação de senha e verificações de segurança. Portanto, apenas a alternativa A está correta.

(Escriturário – BB – CESGRANRIO – 2023) Uma equipe está utilizando o Microsoft Teams e deseja-se agrupar as conversas dessa equipe por assunto, formando um tópico de discussão.

Para isso, é necessário criar, para essa equipe, um(a)

(A) Canal
(B) Grupo
(C) Reunião
(D) Atividade
(E) Sub-equipe

O Microsoft Teams, ferramenta de trabalho colaborativo da Microsoft, permite que uma organização agrupe os usuários em Equipe de trabalho para melhor organização da comunicação interna. Dentro de uma equipe é possível criar Canais para assuntos específicos e assim agrupar conversas de um mesmo tema a fim de manter a organização do ambiente. Desta forma, apenas a alternativa A está correta.

(Escriturário – BB – CESGRANRIO – 2023) A ferramenta de Webmail viabiliza o uso do serviço de correio eletrônico de empresas utilizando um navegador Web. Após a composição de uma nova mensagem de correio eletrônico, o usuário deve fazer a submissão do formulário para o servidor Web que, por sua vez, fará a submissão do conteúdo da mensagem para a fila do servidor de correio eletrônico.

Os protocolos de comunicação utilizados nestas duas etapas são, respectivamente,

(A) HTTP e SMTP
(B) SMTP e HTTP
(C) POP3 e SMTP
(D) SMTP e POP3
(E) HTTP e POP3

O envio de formulários e outros dados durante a navegação Web é feito utilizando o protocolo HTTP, que é a base da navegação em documentos web. Uma vez que os dados chegam ao servidor da aplicação de Webmail, o envio da mensagem desejada para o servidor de e-mails do destinatário é feito através do protocolo SMTP, que controla o envio de mensagens de correio eletrônico. Portanto, apenas a alternativa A está correta.

(Escriturário – BB – CESGRANRIO – 2023) Uma situação que ocorre no dia a dia da utilização de correio eletrônico é uma pessoa A (emissor), após enviar uma mensagem X para uma outra pessoa B (destinatário), receber uma resposta automática que informa que a caixa de correio do destinatário está cheia.

Isso significa que a(o)

(A) espaço ocupado por mensagens na caixa de correio do destinatário atingiu o limite autorizado.
(B) quantidade de mensagens na caixa de correio do destinatário atingiu o limite autorizado.
(C) quantidade de mensagens enviadas pelo emissor atingiu o limite autorizado.
(D) quantidade máxima de mensagens que podem ser recebidas pelo destinatário naquele dia foi atingida.
(E) espaço ocupado pela mensagem X é muito grande, e seu envio não foi autorizado pela infraestrutura do emissor.

A mensagem automática mencionada na questão indica que a caixa de correio do destinatário está cheia, isso significa que o espaço reservado para armazenar mensagens na conta do destinatário atingiu o limite autorizado. Essa é a causa mais comum para a geração desse tipo de mensagem automática em sistemas de e-mail. Portanto, apenas a alternativa A está correta.

(Técnico Bancário – CEF – CESGRANRIO – 2021) Equipes do Microsoft Teams reúnem pessoas com o objetivo de facilitar a colaboração entre seus membros. Todo conteúdo público de um canal é visível aos membros da equipe, o que, em uma organização, pode não ser conveniente. Por vezes, é necessário que um subconjunto do grupo discuta questões confidenciais, sem ter que fazê-lo em uma equipe alternativa.

Qual recurso do Microsoft Teams viabiliza a criação de uma área exclusiva dentro de uma equipe?

(A) Caderno
(B) Tarefas
(C) Insights
(D) Canais privados
(E) Links para a equipe

No Microsoft Teams uma organização pode ser dividida em Equipes para facilitar a comunicação e colaboração entre os usuários, porém, mesmo dentro de uma equipe podem existir demandas e assuntos distintos, por isso podemos criar Canais, permitindo assim separar os diferentes temas e trazer melhor organização ao ambiente. Os canais podem ser: Públicos (quando todos da equipe têm acesso), Compartilhados (quando pessoas ou equipes de dentro ou fora da organização têm acesso) e Privados (quando apenas parte da equipe tem acesso). Portanto, apenas a alternativa D está correta.

(Técnico Bancário – CEF – CESGRANRIO – 2021) O compartilhamento de experiências de uma equipe de vendas pode ser uma interessante abordagem do departamento comercial de uma empresa. Para isso, uma solução é utilizar um sistema de páginas modificáveis por qualquer pessoa da equipe, em um formato que permita a edição, no formato de código de páginas (como HTML, por exemplo) ou em um que seja intuitivo, como um editor de textos padrão. Outra importante funcionalidade é a manutenção de histórico de versões.

Como são designados os ambientes que implementam as funcionalidades descritas?

(A) Correio eletrônico
(B) Podcasts
(C) Telnet
(D) Vídeo blogs (VLOGS)
(E) Wikis

A: Errada, o correio eletrônico é uma forma de comunicação assíncrona que permite o envio de mensagens entre usuários. **B:** Errada, Podcasts é uma forma de mídia que consiste em gravações ou transmissões de áudio e/ou vídeo onde pessoas conversam sobre determinado tema. **C:** Errada, Telnet é um protocolo de conexão remota entre computadores em uma rede. **D:** Errada, Vlogs são como diários virtuais gravados em vídeo e distribuídos através da Internet, podendo abordar temas pessoais, profissionais ou de interesse geral. **E:** Correta, as Wikis funcionam como enciclopédias colaborativas, onde usuários podem contribuir com a criação e edição de páginas web que descrevem um determinado conteúdo, permitindo a revisão de conteúdos, histórico de edição e busca por termos. HS
Gabarito "E".

(Técnico Bancário – CEF – CESGRANRIO – 2021) O aplicativo de correio eletrônico pode ser configurado para enviar mensagens e acessar as caixas de mensagens que estão no servidor de correio.

Um dos protocolos de comunicação mais utilizados para acessar as mensagens da caixa de entrada é o

(A) SMTP
(B) IMAP
(C) SMB
(D) SSH
(E) RDP

A: Errada, o protocolo SMTP é usado para realizar o envio de mensagens e não acesso à caixas de e-mail. **B:** Correta, o protocolo IMAP permite acessar o conteúdo de uma caixa de e-mail de forma sincronizada com o servidor que hospeda o serviço de e-mail. **C:** Errada, SMB é um protocolo usado para comunicação de rede e compartilhamento de arquivos, impressoras, entre outros. **D:** Errada, o protocolo SSH é utilizado para acesso remoto a outros computadores em uma rede. **E:** Errada, o protocolo RDP também é usado para realizar acesso remoto a computadores, geralmente que rodam o sistema operacional Windows. HS
Gabarito "B".

(Escriturário – BB – CESGRANRIO – 2021) As informações sobre um processo essencial de determinado banco nunca foram documentadas, porém são conhecidas implicitamente por seus muitos funcionários. Responsável por recuperar e documentar esse conhecimento, um funcionário protagonizou uma iniciativa para que os próprios funcionários criassem a documentação, instalando e gerenciando um site baseado na tecnologia Wiki na intranet desse banco.

Qual a principal característica dos Wikis?

(A) Gerar documentação em PDF automaticamente, facilitando a criação de documentos distribuíveis.

(B) Manter um fórum de discussões estruturado em forma de árvore e orientado a assuntos.
(C) Transformar, rapidamente, documentos Word em páginas Web.
(D) Permitir que o leitor de uma página Web edite seu conteúdo.
(E) Gerenciar listas de discussão feitas por e-mail e guardar seu conteúdo.

As Wikis funcionam como enciclopédias colaborativas, onde usuários podem contribuir com a criação e edição de páginas web que descrevem um determinado conteúdo, permitindo a revisão de conteúdos, histórico de edição e busca por termos. Portanto, apenas a alternativa D está correta. HS
Gabarito "D".

(Escriturário – BB – CESGRANRIO – 2021) O envio e o recebimento de mensagens de correio eletrônico são atividades corriqueiras, tanto nas organizações quanto no dia a dia da grande maioria da população brasileira. No entanto, há situações em que as mensagens enviadas são devolvidas com um aviso de que não puderam ser entregues ao destinatário.

Um dos motivos que justificam a não entrega de uma mensagem de correio eletrônico ao destinatário é porque

(A) a estação de trabalho que o destinatário utiliza está desligada.
(B) a caixa postal de correio eletrônico do destinatário atingiu algum limite predeterminado de tamanho, como por exemplo, em bytes.
(C) o destinatário possui muitos endereços de correio eletrônico cadastrados no domínio internet.
(D) o destinatário não estava utilizando a sua estação de trabalho no momento do recebimento da mensagem de correio eletrônico.
(E) o destinatário estava utilizando muitos programas ativos na estação de trabalho no momento do recebimento da mensagem de correio eletrônico.

Mensagens de correio eletrônico são recebidas por servidores responsáveis por prover o serviço de e-mail, portanto, é indiferente que o computador ou outro dispositivo do destinatário esteja online no momento do recebimento. O que pode fazer com que mensagens sejam devolvidas são eventos como: o e-mail do destinatário estar inválido, incorreto ou inexistente, atingir o limite de espaço de armazenamento na conta do destinatário, configurações incorretas de DNS ou SPF do servidor de envio da mensagem, problemas no servidor de e-mails do destinatário ou políticas de restrição de envio aplicadas na conta do remente. Portanto, apenas a alternativa B está correta. HS
Gabarito "B".

(Escriturário – BB – 2010.2 – FCC) Num programa de correio eletrônico ou *webmail*, o campo Cópia Oculta (também conhecido como CCo ou BCc) serve para

(A) enviar ao destinatário do campo CCo uma cópia da mensagem sem o conhecimento dos demais destinatários.
(B) ocultar do destinatário do campo CCo partes do conteúdo da mensagem.
(C) copiar o conteúdo da mensagem, sem conhecimento do remetente, e enviá-la ao destinatário do campo CCo, geralmente pais de crianças e adolescentes ou administradores de rede.

(D) ocultar o remetente da mensagem, permitindo o envio de mensagens anônimas.

(E) criptografar o conteúdo da mensagem de modo a garantir a privacidade entre as partes, assegurando que somente o destinatário do campo CCo conseguirá lê-la.

O CCo/Bcc, sigla para cópia/conhecimento oculta (Blind carbon copy em inglês) refere-se à prática de enviar uma mesma mensagem a vários destinatários de tal maneira que eles não conheçam uns aos outros. É prática comum usar o campo Bcc quando se endereça para uma lista longa de destinatários, ou uma lista de destinatários que não devem (necessariamente) se conhecer.

Gabarito: A.

(Escriturário – BB – 2012 – CESGRANRIO) O uso de correio eletrônico é normalmente efetuado por meio de clientes de e-mail, como o Outlook Express da Microsoft, ou por meio de webmails, ferramentas provedores de internet em seus sites.

Considerando como exemplo o programa da Microsoft, verifica-se que uma diferença entre essas ferramentas disponibilizadas pelos provedores e o programa Outlook Express consiste no fato de que nele

(A) as mensagens são gravadas em uma pasta específica na máquina do usuário para serem visualizadas, enquanto, no webmail, não é necessária essa operação.

(B) as mensagens são salvas automaticamente, na pasta Rascunho, assim que são criadas, enquanto as mensagens são salvas, no webmail, apenas se o usuário comandar essa operação.

(C) existe um limite de 20 destinatários para cada mensagem a ser enviada, enquanto, no webmail, esse limite é de apenas 5 destinatários.

(D) existe uma pasta específica para catalogar as mensagens enviadas, enquanto, no webmail, essas mensagens são descartadas após o envio.

(E) os arquivos anexados à mensagem podem ser de qualquer tipo, enquanto, no webmail, apenas arquivos de texto podem ser anexados à mensagem.

A principal diferença entre webmails e clientes de email está na localização da informação. Em um webmail, toda informação está sempre em um servidor, e você precisa de conexão ativa para acessá-lo. Um cliente de email baixa todos os e-mails para a máquina local, de forma que, uma vez esta operação tenha sido executada, é possível se desconectar da internet e ainda assim ter acesso ao email. De resto, as funcionalidades oferecidas são bastante similares.

Gabarito: A.

9. CONCEITOS DE PROTEÇÃO E SEGURANÇA, REALIZAÇÃO DE CÓPIAS DE SEGURANÇA (BACKUP), VÍRUS E ATAQUES A COMPUTADORES

(Técnico Bancário – CEF – CESGRANRIO – 2024) Os mecanismos de segurança são implementados para atender os fundamentos de segurança da informação e, dessa forma, viabilizar a segurança da informação. Dentre os mecanismos mais importantes, um deles visa assegurar que a origem dos dados recebidos ou a entidade associada em uma comunicação são exatamente quem reivindicam ser.

Esse mecanismo de segurança é conhecido como

(A) envelope digital
(B) assinatura digital
(C) cifragem simétrica
(D) hash de mensagem
(E) autorização de acesso

A: Errada, envelope digital se refere à recurso utilizado na troca de chaves de criptografia entre duas entidades de forma segura através da combinação do uso de chaves simétricas e assimétricas. **B:** Correta, a assinatura digital consiste em utilizar uma chave privada para criptografar um documento ou informação de forma a garantir a autoria de um documento e sua integridade, uma vez que modificações no documento invalidam a assinatura. **C:** Errada, a cifragem simétrica é um processo que utiliza uma mesma chave para criptografar e descriptografar uma mensagem. Esta chave é compartilhada por todos que devem ter acessos às mensagens e por isso não pode garantir a autenticidade de uma mensagem. **D:** Errada, a função hash é utilizada para converter uma mensagem em uma cadeia de caracteres através de uma função de transformação, onde uma mesma entrada resultará sempre em um mesmo resultado, permitindo, assim, garantir a integridade da informação, uma vez que modificações na mensagem resultariam na modificação de sua hash. **E:** Errada, autorização de acesso é um conceito utilizado para garantir que apenas pessoas que possuam determinadas credenciais ou permissões possam ter acesso a determinadas informações ou recursos.

Gabarito: B.

(Escriturário – BANRISUL – CESGRANRIO – 2023) Os serviços de segurança de uma empresa são implementados por mecanismos de segurança e visam a satisfazer os requisitos da política de segurança dessa empresa. Para aprimorar o serviço de segurança que controla o acesso aos sistemas de informação, o controle de autenticação em uma etapa de verificação está sendo substituído pelo controle de autenticação em mais de uma etapa de verificação.

Esse controle em mais de uma etapa de verificação é conhecido como autenticação

(A) complexa
(B) resistente
(C) qualificada
(D) estendida
(E) multifator

O modelo de autenticação de mais de uma etapa, também conhecido como multifator, permite utilizar, além de uma senha (algo que o usuário sabe), outros elementos para garantir a segurança do acesso a um ambiente, exemplos de outros fatores temos biometria (algo que o usuário é) e tokens gerados via aplicativos ou recebidos via SMS (algo que o usuário tem). Portanto, apenas a alternativa E está correta.

Gabarito: E.

(Escriturário – BB – CESGRANRIO – 2023) Os mecanismos de segurança combinam técnicas e ações de segurança para prover a proteção de usuários e de dados.

O mecanismo de segurança que consiste em definir as ações que uma determinada entidade pode executar, ou a quais informações essa entidade pode ter acesso, é o de

(A) identificação
(B) integridade
(C) autenticação
(D) autorização
(E) confidencialidade

A: Errada, em um contexto de segurança da informação, a identificação é o processo de fornecer credenciais de acesso para uma ação de autenticação. **B:** Errada, a integridade é a garantia de que uma informação não será modificada sem autorização. **C:** Errada, a autenticação refere-se ao processo de conceder ou negar permissões específicas a usuários, sistemas ou processos para acessar recursos ou realizar determinadas ações em um sistema ou rede. **D:** Correta, a autorização é o mecanismo que permite definir as permissões que uma determinada entidade possui dentro de certo ambiente, esta etapa geralmente se dá após o processo de autenticação. **E:** Errada, confidencialidade refere-se à proteção e preservação da privacidade e da sensibilidade das informações, garantindo seu acesso apenas às pessoas com devida autorização.

Gabarito "D".

(Escriturário – BB – CESGRANRIO – 2023) Uma prática comum e recomendada para proteção de estações de trabalho é que programas do tipo antivírus e antimalware sejam mantidos atualizados nessas estações e computadores em geral.

Essas atualizações são necessárias principalmente para que esses programas

(A) possuam uma interface moderna com o usuário.
(B) ocupem o menor espaço possível em disco.
(C) funcionem, porque versões desatualizadas não funcionam.
(D) possam identificar vírus e problemas mais recentes.
(E) sejam executados de forma mais rápida e eficiente.

Para que um antivírus funcione da melhor forma possível ele precisa ter uma base de conhecimento dos diversos tipos de ameaças a fim de poder detectar e prevenir a infecção destas ameaças. Considerando que novos tipos de malware são criados constantemente por usuários malicioso, a atualização frequente de softwares antimalware ou antivírus, é importante para que este possa identificar novos tipos de ameaças e assim manter o sistema onde está instalado mais protegido. Portanto, apenas a alternativa D está correta.

Gabarito "D".

(Técnico Bancário – BASA – CESGRANRIO – 2022) A importante contribuição na evolução dos processos organizacionais, que o avanço da Tecnologia da Informação proporciona, acarreta, concomitantemente, a necessidade de um maior cuidado com questões referentes à segurança da informação. Evitar ataques aos sistemas de correio eletrônico é um dos objetivos dos especialistas em segurança. Um conhecido ataque que pode ser feito por e-mail é o spoofing.

Como o usuário sinaliza ao Gmail que um determinado e-mail é suspeito de ser spoofing?

(A) Denunciando-o como spam.
(B) Gerenciando marcadores.
(C) Marcando-o como estrela.
(D) Movendo-o para a lixeira.
(E) Solicitando uma confirmação de leitura.

Spoofing é uma técnica usada para tentar enganar outras pessoas através do uso de informações falsas, com o envio de conteúdos que tentam se passar por uma fonte confiável para atrair o usuário e obter dados pessoais. No Gmail, para indicar que um e-mail é uma tentativa de spoofing, o usuário deve reportá-lo como spam, assim os mecanismos de proteção do provedor de serviço poderão ser melhorados a fim de detectar com maior precisão tentativas futuras. Portanto, apenas a alternativa A está correta.

Gabarito "A".

(Técnico Bancário – BASA – CESGRANRIO – 2022) A gravação de cópias de segurança (backup) é um dos procedimentos mais importantes na garantia da operação de um ambiente computacional. Políticas de backup devem ser desenhadas pelos administradores de suporte das empresas, com vistas a manter a disponibilidade e a integridade do sistema computacional.

Uma providência importante referente à política de backup é

(A) armazenar todos os volumes de backup em um só local.
(B) automatizar backups de arquivos no formato Manchester Diferencial.
(C) evitar a utilização de gerenciadores de backup de código aberto.
(D) monitorar os volumes de backup gerados manualmente.
(E) testar todos os volumes de backups gerados.

A: Errada, armazenar todos os backups em um só local gera um risco pois caso haja algum problema com o local de armazenamento todos os backups podem ser perdidos. **B:** Errada, o formato Manchester refere-se a uma técnica de codificação utilizada em comunicação digital para garantir a sincronização de bits, especialmente em transmissões de dados por meios físicos, como cabos, não sendo, portanto, um conceito ligado a backups. **C:** Errada, gerenciadores de backup podem facilitar a organização dos backups e em geral sistemas de código aberto tendem a possuir uma comunidade ativa que auxilia na manutenção e melhoria contínua da ferramenta, trazendo benefícios para todos que os utilizam. **D:** Errada, grandes organizações podem possuir diversos volumes de backups de diferentes ferramentas e plataformas, ter este processo de maneira manual seria uma forma ineficiente de garantir que a estratégia de backup está sendo seguida corretamente. **E:** Correta, o teste dos volumes de backup deve ocorrer com frequência, pois cenários não previstos após a implementação da política de backup podem afetar a maneira como os dados são salvos ou restaurados, podendo impactar no sucesso ou na eficiência do restauro dos dados.

Gabarito "E".

(Técnico Bancário – BASA – CESGRANRIO – 2022) Códigos maliciosos (malware) são programas desenvolvidos para executar ações danosas e atividades maliciosas em uma grande diversidade de equipamentos. Dentre os vários tipos de malware, há um programa capaz de se propagar automaticamente pelas redes, explorando vulnerabilidades nos programas instalados e enviando cópias de si mesmo de equipamento para equipamento.

Esse programa é o

(A) backdoor
(B) spyware
(C) rootkit
(D) keylogger
(E) worm

A: Backdoors são um tipo de malware que visa manter uma porta de conexão aberta para que um invasor possua acesso ao dispositivo, contornando as medidas normais de autenticação e segurança. **B:** Errada, um spyware tem como objetivo coletar informações de um usuário sem seu conhecimento, monitorando atividades online, capturando dados pessoais como senhas, dados bancários e outras informações sensíveis, enviando estes dados para um usuário malicioso. **C:** Errada, os Rootkits são um conjunto de ferramentas e técnicas usadas para esconder a presença de um invasor, ocultando arquivos, processos e outras atividades a fim de dificultar a detecção de uma invasão ou infecção de outro malware. **D:** Errada, os keyloggers são ameaças que visam registrar tudo que é digitado pelo usuário, a fim de capturar senhas, credenciais de acesso e outras informações confidenciais. **E:** Correta, os Worms são programas autônomos que se espalham automaticamente para outros sistemas através de redes e dispositivos de armazenamento móveis, explorando vulnerabilidades para se replicarem e prejudicarem o sistema invadido.

Gabarito: E.

(Técnico Bancário – CEF – CESGRANRIO – 2021) A assinatura digital é um controle de segurança que permite a verificação da integridade e da autenticidade do documento digital. Sabe-se que o certificado digital do signatário (CertSignatário) foi emitido pela Autoridade Certificadora 1 (AC1); o certificado da AC1 (CertAC1) foi emitido pela Autoridade Certificadora Raiz (ACZ); e que o certificado da ACZ (CertACZ) é autoassinado.

Para validarmos a assinatura digital do signatário de um documento digital, nessa infraestrutura de chaves públicas em cadeia, é necessário ter-se

(A) apenas o CertSignatário
(B) apenas o CertAC1
(C) apenas o CertACZ
(D) apenas o CertSignatário e o CertACZ
(E) todos os certificados da cadeia (CertSignatário, CertAC1 e CertACZ)

Para validar a assinatura digital do signatário, você precisa verificar cada certificado na cadeia, começando pelo certificado do signatário (CertSignatário), depois o certificado da Autoridade Certificadora 1 (CertAC1) e, finalmente, o certificado da Autoridade Certificadora Raiz (CertACZ), que é autoassinado. Isso garante a autenticidade e integridade de cada certificado na cadeia até a raiz confiável. Portanto, apenas a alternativa E está correta.

Gabarito: E.

(Escriturário – BB – CESGRANRIO – 2021) Existem soluções de hardware e software que buscam minimizar as chances de um ataque a sistemas computacionais ser bem-sucedido. Dentre tais soluções de segurança, há uma que monitora o tráfego de entrada e saída de rede, funcionando como um filtro de pacotes, permitindo ou não a sua liberação a partir de um conjunto de regras específicas.

Essa solução é o

(A) Antimalware
(B) Dispositivo USB
(C) Firewall
(D) Phishing
(E) SQL injection

A: Errada, Antimalware, também conhecido como antivírus, é um tipo de software que luta contra ameaças virtuais, prevenindo a infecção por este tipo de ameaça e combatendo as que forem encontradas. **B:** Errada, Dispositivo USB se refere a algum elemento de hardware que utiliza a comunicação USB para se conectar a um computador ou outro recurso, este grupo é composto por teclados, mouses, headsets, caixas de som ou menos por dispositivos de armazenamento removível, entre outros dispositivos. **C:** Correta, Firewalls são componentes que atuam no controle de redes permitindo ou negando o acesso de comunicações em determinadas portas, reduzindo o risco de acessos não autorizados ou mal-intencionados, podendo ser implementados via hardware ou software. **D:** Errada, Phishing é um tipo de ameaça que visa obter dados de acesso de um usuário através do envio de mensagens se passando por uma comunicação oficial e levando o usuário a uma página que replica uma fonte conhecida, na tentativa de fazer o usuário fornecer suas credenciais de acesso. **E:** Errada, SQL Injection é um tipo de ataque que busca executar comandos não intencionais em um banco de dados a fim de extrair informações não autorizadas, modificar, inserir ou excluir dados de forma proposital.

Gabarito: C.

(Escriturário – BB – CESGRANRIO – 2021) Devido à pandemia, muitos funcionários de um determinado banco precisaram trabalhar de casa. Percebendo que seria necessário um novo procedimento de acesso remoto que atendesse às necessidades de segurança, o setor de TI desse banco determinou o uso de um mecanismo seguro que conectasse, via internet pública, o computador do funcionário, em sua casa, com a rede privada da instituição financeira, bloqueando o acesso de terceiros ao trânsito de informações.

Para garantir a segurança dessa conexão, essa instituição deve adotar a tecnologia de rede conhecida como

(A) HTTP
(B) PGP
(C) VPN
(D) WEK
(E) WPA2

A: Errada, HTTP (HyperText Transfer Protocol) é um protocolo de troca de documentos de hypertexto que baseia a navegação de páginas na internet. **B:** Errada, PGP (Pretty Good Privacy) é um software de criptografia que fornece privacidade e autenticação para comunicações de dados e não uma tecnologia de rede. **C:** Correta, VPN (Virtual Private Network) é uma rede virtual construída dentro de outra rede, como a Internet, que protege a troca de dados entre dois ou mais pontos por meio de técnicas de criptografia, garantindo, assim, a segurança da comunicação. **D:** Errada, WEK não é uma sigla que designa nenhum tipo de protocolo ou tecnologia ligada a redes de computadores. **E:** Errada, WPA2 é um protocolo de segurança usado para proteger redes de comunicação sem fio (Wifi).

Gabarito: C.

(Escriturário – BB – CESGRANRIO – 2021) A Segurança da Informação é uma preocupação permanente dos agentes comerciais, principalmente em relação a assuntos contratuais e financeiros e às facilidades advindas dos meios digitais.

Os recursos providos pelas áreas de TI das empresas, no que se refere à segurança da informação, incluem a irretratabilidade, que deve garantir a

(A) manutenção exata e completa do conteúdo das mensagens desde a origem até o destino.
(B) impossibilidade de negar a autoria de uma mensagem.
(C) possibilidade do acesso a qualquer mensagem quando necessário.
(D) impossibilidade de os conteúdos das mensagens serem lidos e compreendidos por pessoas não autorizadas.
(E) impossibilidade de o destinatário negar o recebimento de uma mensagem.

A irretratabilidade é a característica que garante que uma fonte não possa negar a autoria de uma mensagem e assim como a confidencialidade (garantia de que os dados serão acessados apenas por quem é devido), integridade (garantia de que uma informação não será modificada sem autorização), disponibilidade (garantia de que os recursos estejam sempre disponíveis para os usuários) e autenticidade (garantia de que alguém realmente é quem diz ser), é um dos princípios básicos da segurança da informação. Portanto, apenas a alternativa B está correta. HS

(Escriturário – BB – CESGRANRIO – 2021) Um funcionário de um determinado banco, ao ser designado para trabalhar no data center da instituição, identificou problemas de segurança. Por essa razão, formulou duas propostas de melhoria: instalar um controle de acesso biométrico nas portas do data center, que estavam sempre abertas, e exigir que as senhas do servidor principal, que nunca expiravam, fossem trocadas a cada 30 dias.

Pelo tipo de controle que implementam, as melhorias propostas pelo funcionário são classificadas, respectivamente, como

(A) física e processual
(B) física e tecnológica
(C) processual e física
(D) processual e tecnológica
(E) tecnológica e processual

Melhorias de segurança física estão relacionadas a ações no mundo físico que aumentam a segurança de um sistema, como a instalação de barreiras e métodos de controle de acesso à ambientes. Já melhorias processuais estão ligadas a procedimentos que devem ser seguidos como troca regular de senhas, definir padrões de senhas fortes, realização de auditorias de segurança e ações de conscientização e treinamento. Por fim, melhorias tecnologias envolvem adicionar soluções tecnológicas para o ambiente de forma a aumentar sua segurança, como a implementação de firewalls de acesso, uso de redes privadas (VPNs) e autenticação multifator (MFA). Portanto, neste caso estão sendo implementadas melhorias Físicas e Processuais, logo, apenas a alternativa A está correta. HS

(Escriturário – BB – CESGRANRIO – 2021) A segurança da informação deve fazer parte da postura dos colaboradores da empresa no dia a dia de trabalho. Com o objetivo de garantir a autoria dos seus documentos digitais, o colaborador deve executar o processo de assinatura digital para cada documento criado.

A assinatura digital é criada pelo signatário do documento com o uso da sua chave

(A) pública
(B) privada
(C) simétrica
(D) compartilhada
(E) certificada

Para garantir e autoria de um documento é necessário utilizar um método que de garantias sobre quem fez a assinatura, e para isso são usados métodos de criptografia de chave pública e privada. Neste método um usuário possui uma chave privada que apenas ele tem acesso e pode ser usada para assinar documentos e há também uma chave pública que pode ser distribuída para outros agentes que podem utilizar esta chave para validar o conteúdo gerado a partir da chave privada. Este modelo também é conhecido como criptografia assimétrica. Portanto, apenas a alternativa B está correta, pois o signatário deve utilizar uma chave privada para assinar o documento e garantir sua autoria. HS

(Escriturário – BB – 2010.1 – CESGRANRIO) A informação é um dos ativos mais importantes em uma empresa. Proteger os processos mais críticos do negócio corporativo, reduzir a probabilidade de ocorrência de incidentes relacionados à segurança e recuperar os danos em casos de desastres e incidentes são objetivos, entre outros, da implementação de um(a)

(A) plano de segurança.
(B) plano de desenvolvimento.
(C) controle de acesso.
(D) política de informação.
(E) rotina de backup.

Um plano de segurança tem como objetivo melhorar os procedimentos para proteger dados e processos no mundo da informática, como proteção contra invasões, vírus e outras ameaças. AF

(Escriturário – BB – 2011.2 – FCC) Ativado quando o disco rígido é ligado e o sistema operacional é carregado; é um dos primeiros tipos de vírus conhecido e que infecta a partição de inicialização do sistema operacional. Trata-se de

(A) vírus de boot.
(B) cavalo de Tróia.
(C) verme.
(D) vírus de macro.
(E) spam.

Vírus de Boot é uma praga antiga, da época dos disquetes, que se alojam no início da partição de forma a serem executados sempre que o disco é inicializado. Desta forma costumam ser bem sucedidos em distribuição e replicação da praga. Cavalo de Tróia é um tipo de praga que abre portas de comunicação do computador para que outras pessoas possam acessar. Verme é qualquer tipo de praga, em geral. Vírus de macro são vírus para programas tipo Word e Excel, permitindo que executem-se comandos que a princípio não seriam permitidos aos documentos. Finalmente Spam são e-mails não solicitados. AF

(Escriturário – BB – 2011.3 – FCC) Programa capaz de capturar e armazenar as teclas digitadas pelo usuário no teclado de um computador. Trata-se de

(A) *scam*.
(B) *keyloggers*.
(C) *worm*.
(D) *trojan*.
(E) *spam*.

A: Errado. Scam é qualquer tipo de fraude. **B:** Correto. Keyloggers são aplicativos ou dispositivos que armazenam as teclas enviadas, e que podem posteriormente enviar a um destinatário. **C:** Errado. Worm, ou verme, é um programa de computador com objetivos maliciosos, que é capaz de se autorreplicar. **D:** Errado. Trojan é um aplicativo que abre portas de comunicação do equipamento infectado para que possa ser controlado por outros. **E:** Errado. Spam refere-se a e-mails não desejados. AF

(Escriturário – BB – 2011.1 – FCC) É o ataque a computadores que se caracteriza pelo envio de mensagens não solicitadas para um grande número de pessoas:

(A) *Spywares*.
(B) *Trojan*.
(C) *Worms*.

(D) *Spam*.
(E) Vírus.

O termo spam surgiu do termo em inglês Sending and Posting Advertisement in Mass, ou "enviar e postar publicidade em massa". Desta forma, se refere ao envio de mensagens, normalmente de propaganda, para um grande número de pessoas sem o devido consentimento prévio.

Gabarito: D.

(Escriturário – BB – 2012 – CESGRANRIO) Nas empresas, o ataque às informações eletrônicas por vírus, malwares e hackers é muito comum pelo fato de as redes estarem, habitualmente, conectadas à internet.

Para proteger suas informações, entre outras atitudes relacionadas à segurança, as empresas devem

(A) criar dados virtuais para atrair esses ataques.
(B) limitar a quantidade de mensagens que trafegam pela internet.
(C) efetuar cópias periódicas de suas bases de dados.
(D) proibir o uso da internet em todos os setores produtivos.
(E) proceder à atualização da base de dados após o expediente normal.

A proibição ou limitação de uso da internet, apesar de poder ser eficaz na segurança, acabam por prejudicar o desempenho da empresa, de forma que não costumam ser indicadas salvo em casos muito críticos. Assim, "B" e "D" estão incorretas. O item "E" em nada auxilia a segurança. Os itens "A" e "C" são, portanto, as duas opções cabíveis. A primeira representa uma técnica chamada "honeypot", que cria um ambiente controlado e monitorado na tentativa de identificar os invasores. Esta é uma técnica válida, mas mais indicadas para a identificação do invasor, e não proteção dos dados. Finalmente, backups são ferramentas de proteção contra falhas e hackers, que devem sempre ser efetuadas.

Gabarito: C.

(Escriturário – BB – 2014 – CESGRANRIO) O gerente de uma agência recebeu um e-mail, supostamente reenviado por um cliente, com o seguinte conteúdo

COMPRASRAPIDO - PROMOÇÃO

Prezado Amigo, você acaba de ser contemplado(a) na promoção Compra Premiada COMPRASRAPIDO e ganhou R$ 1.000,00 (Mil Reais) em vale compras em qualquer estabelecimento que tenha as máquinas COMPRASRAPIDO.

Clique no botão abaixo e cadastre-se.

Cadastre-se

Qual deve ser a providência do gerente?

(A) Clicar no botão e candidatar-se ao prêmio.
(B) Contatar o cliente e perguntar do que se trata.
(C) Devolver o e-mail ao cliente, solicitando informações suplementares.
(D) Encaminhar o e-mail aos amigos, celebrando o fato e incentivando-os a participar da promoção.
(E) Contatar o órgão responsável pela segurança da informação, relatar o fato e perguntar como proceder.

E-mails deste tipo, normalmente contendo prêmios obtidos sem que estivesse previamente participando da promoção, são normalmente "Phishing", ou seja, tentativas de enganar o usuário para infectar o computador através de algum programa malicioso que será executado caso o usuário clique no botão. O melhor a se fazer neste caso é contatar diretamente o órgão de segurança para que estes fiquem sabendo do ocorrido e possam instruir os demais funcionários da empresa, ou tomar atitudes de proteção caso algum usuário já tenha clicado.

Gabarito: E.

(Escriturário – BB – 2014.1 – CESGRANRIO) Analise o diálogo apresentado a seguir.

— Sr. José, bom dia: Aqui fala o suporte técnico do seu provedor de Internet. O senhor está feliz com o nosso atendimento?

— Sim, bastante.

— Sr. José, constatamos uma ligeira redução na velocidade da sua conexão e por isso gostaríamos de confirmar alguns dados para poder estar melhorando o serviço que lhe prestamos. É possível?

— Pois não!

— O seu endereço é rua do Bastião, 37?

— Sim.

— O seu e-mail é jose.arrose@empresa.com.br?

— Sim.

— Muito obrigado, Sr. José, seus dados foram confirmados e podemos continuar nossa entrevista. O seu histórico de cliente bom pagador gerou um benefício. A sua velocidade de conexão será aumentada sem qualquer acréscimo na sua mensalidade. Bons clientes, melhores serviços. O senhor aceita esse prêmio por bom relacionamento?

— Sim.

— Sr. José, podemos fazer isso imediatamente, nossos recursos de acesso remoto incorporaram novas funcionalidades que permitem que eu mesmo, com um simples comando no meu computador, modifique a configuração do seu modem e troque essa velocidade. O senhor autoriza essa manobra? São 10 M em lugar do seus 2 M atuais.

— Sim.

— O senhor, então, pode ditar sua senha de acesso, por favor?

— 4 5 2 8 4 7 9 3.

— Muito obrigado, Sr. José. Aguarde uns 30 min e verifique como estarão mais rápidos os seus acessos. O seu provedor agradece.

Esse diálogo caracteriza um ataque à segurança da informação conhecido por

(A) port scanner
(B) cavalo de troia
(C) spyware
(D) técnica de entrevista
(E) engenharia social

A Engenharia Social é a técnica de "enganar pessoas". Eles o fazem manipulando pessoas para obter informações importantes. Normalmente começam por conseguir a confiança da vítima passando informações públicas ou facilmente descobertas, para então, obter a informação necessária, como senhas ou números de cartão de crédito.

Gabarito: E.

(Escriturário – BB – 2014.1 – CESGRANRIO) Há características importantes que distinguem os códigos maliciosos denominados worm daqueles denominados trojan.

Uma dessas características é a

(A) autorreplicação automática pela rede
(B) instalação por execução de arquivo infectado
(C) contaminação através de redes sociais
(D) contaminação por compartilhamento de arquivos
(E) instalação por execução explícita do código malicioso

Um worm (verme, em inglês) de computador é um programa malicioso que se utiliza de uma rede para se espalhar por vários computadores sem que nenhum usuário interfira neste processo. O Trojan, por sua vez, é um conjunto de funções desenvolvido para executar ações indesejadas e escondidas, normalmente para liberar acesso indesejado ao equipamento. Todos eles podem ser inseridos pelos descritos nos itens "B", "C", "D" e "E". A diferença está de fato na replicação, em que o Worm é mais danoso a uma rede. Gabarito "A".

(Escriturário – BB – 2013.1 – FCC) A comunicação entre os funcionários da empresa onde Ana trabalha se dá, em grande parte, por meio da troca de e-mails. Certo dia, Ana notou que um dos e-mails recebidos por ela continha um arquivo anexo e uma mensagem na qual Ana era informada de que deveria abrir o arquivo para atualizar seus dados cadastrais na empresa.

Apesar do computador de Ana conter um antivírus instalado, se o arquivo anexo no e-mail contém um vírus, é correto afirmar que o computador

(A) foi infectado, pois ao ler a mensagem, o vírus se propagou para a memória do computador.
(B) foi infectado, pois ao chegar à caixa de e-mail, o vírus contido no arquivo se propaga automaticamente para a memória do computador.
(C) não será infectado se Ana não abrir o arquivo anexo, mesmo que ela leia a mensagem do e-mail.
(D) não será infectado, mesmo que ela abra o arquivo anexo, pois o antivírus instalado no computador garante que não ocorra a infecção.
(E) não será infectado, pois os mecanismos de segurança presentes no servidor de e-mail removem automaticamente o vírus do arquivo quando ele for aberto.

Para que o vírus seja acionado e seja capaz de infectar o computador, é necessário que o arquivo anexo seja executado. Desta forma, apenas ler o e-mail não infecta automaticamente o equipamento. O programa antivírus pode ser capaz de barrar a execução do vírus caso este seja executado, mas isto não é garantido, pois nem todos os vírus são bloqueados por tais programas. Desta forma, a melhor resposta se encontra no item C. Gabarito "C".

(Escriturário – BB – 2015 – CESGRANRIO) Os escriturários de uma agência foram chamados para uma reunião com um profissional da área de segurança da informação de um banco. O objetivo dessa reunião era informá-los de que houve uma falha nos procedimentos de segurança da rede de computadores da agência, o que permitiu a propagação de um programa malicioso bastante perigoso. Durante a reunião, o profissional de segurança disse que o programa em questão permite monitorar a movimentação do mouse por sobre a tela de uma aplicação bancária, com o objetivo de descobrir a senha digitada por um usuário que esteja usando um teclado virtual.

Ele completou sua explanação dizendo que esse tipo de código malicioso é chamado de

(A) virus
(B) trojan clicker
(C) spyware
(D) botnet
(E) trojan backdoor

O Spyware é um software que tem por objetivo obter informação sobre uma pessoa ou organização sem o devido consentimento do usuário e que, em geral, envia esta informação para outra entidade de forma desapercebida. A utilização mais comum de um Spyware é o rastreamento e armazenamento dos movimentos do usuário na Internet. Gabarito "C".

10. CONCEITOS DE EDUCAÇÃO A DISTÂNCIA

(Escriturário – BB – 2011.2 – FCC) O conceito de educação a distância envolve os seguintes elementos:

I. Transmissão da informação entre a instituição promotora do curso e o aluno por intermédio de meios instrucionais.
II. Comunicação interativa entre a instituição promotora do curso, o aluno e o tutor.
III. Separação entre professor e aluno durante a maioria do processo de ensino e aprendizagem.

É correto o que consta em

(A) I e II, apenas.
(B) I e III, apenas.
(C) II, apenas.
(D) II e III, apenas.
(E) I, II e III.

De acordo com o MEC, a Educação a Distância é a modalidade educacional na qual a mediação didático-pedagógica nos processos de ensino e aprendizagem ocorre com a utilização de meios e tecnologias de informação e comunicação, com estudantes e professores desenvolvendo atividades educativas em lugares ou tempos diversos. Em geral, as atividades acontecem em um ambiente virtual, desenvolvido por professores regulares das instituição de ensino através da Internet, com poucas interações presenciais, normalmente apenas algumas avaliações. Gabarito "E".

(Escriturário – BB – 2011.3 – FCC) Analise as seguintes tecnologias:

I. Internet.
II. Rádio.
III. Televisão.
IV. Vídeo.

No processo de ensino/aprendizagem da educação à distância pode ser aplicado o que consta em

(A) I e III, apenas.
(B) I, III e IV, apenas.
(C) II e III, apenas.
(D) II, III e IV, apenas.
(E) I, II, III e IV.

Educação a distância é uma modalidade de educação mediada por tecnologias em que discentes e docentes estão separados espacial e/ou temporalmente, ou seja, não estão fisicamente presentes em um ambiente presencial de ensino-aprendizagem Desta forma, todas as tecnologias apresentadas são possíveis para esta modalidade.

Gabarito: E.

11. CONCEITOS DE ACESSO A DISTÂNCIA A COMPUTADORES

(Escriturário – BB – 2011.2 – FCC) O acesso a distância entre computadores

(A) somente pode ser feito entre computadores iguais.
(B) pode ser feito entre computadores diferentes, desde que tenham a mesma capacidade de disco.
(C) não pode ser feito por conexão sem discagem.
(D) pode ser feito por conexão de acesso discado.
(E) não pode ser feito por conexão que utiliza fibra óptica.

Dois computadores podem se comunicar desde que haja um meio de transmissão de dados entre eles e um protocolo de comunicação comum, não dependendo se são de mesma marca ou possuem os mesmos componentes. Desta forma, a) e b) estão erradas. Tanto conexão discada quanto fibra óptica são meios de transmissão de dados que, portanto, podem mediar a conexão entre eles. Assim, estão erradas também, restando a alternativa d).

Gabarito: D.

(Escriturário – BB – 2011.1 – FCC) No contexto de segurança do acesso a distância a computadores, é o processo que encapsula o pacote de dados, previamente protegido por mecanismos que o torna ilegível, podendo, dessa forma, trafegar em uma rede pública até chegar ao seu destino, onde é desencapsulado e tornado legível. Trata-se de

(A) autenticação.
(B) gerenciador de chaves digitais.
(C) conexão segura.
(D) criptografia.
(E) tunelamento.

A: Errado. Autenticação é o processo de verificação da identidade digital de um usuário. B: Errado. O gerenciador de chaves é um aplicativo que facilita o controle de chaves públicas e privadas, facilitando assim a utilização em criptografia. C: Errado. A conexão segura, ou protocolo HTTPS, é a combinação dos protocolos HTTP para transferência de dados na internet e o SSL que criptografa as informações antes do envio. D: Errado. O importante está na expressão "previamente protegido por mecanismos que o torna ilegível". Esta parte é de fato a criptografia, porém, no texto, observa-se que este processo foi efetuado anteriormente. E: Correto. O tunelamento, fundamental em ambientes do tipo VPN como descrito no texto, permite através do protocolo de rede o envio encapsulado de protocolos de carga diferentes, permitindo assim o acesso a distância de computadores através da internet como se eles estivessem em uma rede local.

Gabarito: E.

12. CONCEITOS DE TECNOLOGIAS E FERRAMENTAS MULTIMÍDIA, DE REPRODUÇÃO DE ÁUDIO E VÍDEO

(Técnico Bancário – CEF – CESGRANRIO – 2024) Um grupo de desenvolvedores de aplicativos multimídia está produzindo um novo aplicativo para reproduzir apenas arquivos de áudio. O grupo está trabalhando com a codificação e a decodificação desses tipos de arquivo, favorecendo a compactação para o armazenamento e a descompactação para a utilização do arquivo.

Um tipo de arquivo de áudio que pode ser tratado nesse aplicativo é o

(A) AVCHD
(B) JPEG-1
(C) MPEG-1 Layer 3
(D) Windows Media Video
(E) Portable Network Graphic

A: Errada, AVCHD (Advanced Video Codec High Definition) é um formato de vídeo, não de áudio. Embora possa conter áudio como parte do fluxo de vídeo, não é adequado para um aplicativo que se destina exclusivamente a reproduzir arquivos de áudio. B: Errada, JPEG-1 (Joint Photographic Experts Group) é um formato de imagem usado para a compactação de imagens estáticas, não sendo relevante, portanto, para o cenário apresentado. C: Correta, MPEG-1 Layer 3, mais conhecido como MP3, é um formato de áudio altamente popular e amplamente suportado para reprodução de áudio. Ele usa compressão com perdas para reduzir o tamanho do arquivo, o que o torna ideal para armazenamento. D: Errada, Windows Media Video (WMV) é um formato de vídeo, não de áudio. Assim como o AVCHD, embora possa conter um componente de áudio, ele é projetado principalmente para vídeo. E: Errada, Portable Network Graphic (PNG) é um formato de imagem, não de áudio e assim como o JPEG-1, é usado para a compressão de imagens, portanto, não é aplicável para este caso.

Gabarito: C.

(Escriturário – BB – CESGRANRIO – 2023) O som de uma música pode ser digitalizado e armazenado em um arquivo de computador. Suponha que em seu computador exista um arquivo de áudio que contém uma música e que foi codificado em um determinado formato (ex: MP3).

Para poder reproduzir esse arquivo de áudio, no seu computador, é necessário ter um(a)

(A) bom monitor de vídeo.
(B) microfone adequado.
(C) programa antivírus atualizado e em funcionamento.
(D) programa que faça a decodificação correta do arquivo.
(E) ligação com a internet em funcionamento.

Para reproduzir um arquivo de áudio, primeiramente é necessário que o computador possua algum software que seja capaz de decodificar o arquivo e exibir seu conteúdo, neste caso uma música. O mesmo conceito vale para qualquer tipo de arquivo, para que este possa ser executado e seu conteúdo exibido sempre será necessário algum software que faça esta ação. Assim, apenas a alternativa D está correta.

Gabarito: D.

(Escriturário – BANRISUL – CESGRANRIO – 2023) Deseja-se inserir, no site de um banco, mensagens de áudio que possam ser enviadas via e-mail. Tais mensagens deverão estar em um formato de áudio sem compressão e com alta qualidade, podendo ser reproduzidas pela maioria dos players de som.

O formato de áudio que atende às especificações apresentadas é o

(A) AAC
(B) JPG
(C) PDF
(D) MP4

(E) WAV

A: Errada, o formato AAC é voltado para arquivos de áudio com compressão e qualidade. **B:** Errada, o formato JPG é usado para arquivos de imagem. **C:** Errada, arquivos PDF são usados para documentos e imagens, não podendo conter áudio. **D:** Errada, os arquivos MP4, embora seja um formato de áudio, também passam por processos de compressão. **E:** Correta, o formato WAV é um formato de arquivos de áudio sem compressão que preservam a qualidade da gravação.

(Escriturário – BB – CESGRANRIO – 2021) A gravação de vídeos digitais gera, em boa parte das vezes, arquivos com tamanho aumentado, o que é um desafio para a sua transmissão ou armazenamento em disco. Para contornar esse problema, existem formas de compactação e descompactação de vídeos chamadas *codecs*. Um *codec* é baseado em um algoritmo que explora algum tipo de redundância no conteúdo do arquivo como forma de reduzir seu tamanho com a menor perda possível. Existem diversos tipos de *codecs*, com características variadas.

Um dos tipos de codec de vídeo é o

(A) BMP
(B) JPEG
(C) MP3
(D) MPEG
(E) UNICODE

A: Errada, BMP é um codec usado para imagens e não vídeos. **B:** Errada, JPEG também é um codec usado para imagens, muito comum para armazenamento de fotos. **C:** Errada, o MP3 é um formato usado para arquivos de áudio e não de vídeo. **D:** Correta, o MPEG é um dos mais comuns codecs de vídeo atualmente, permitindo a compreensão do arquivo mantendo boa qualidade. **E:** Errada, UNICODE é um padrão de codificação de caracteres de texto.

(Escriturário – BB – 2010.1 – CESGRANRIO) O conteúdo de mídia digital, executado à medida que é transmitido por meio da Internet para o computador do usuário, é denominado mídia de fluxo

(A) local.
(B) compartilhado.
(C) alternado.
(D) intermediário.
(E) contínuo.

Uma mídia de fluxo contínuo, ou streaming, seja em vídeo ou áudio, é aquela que é transmitida ao mesmo tempo em que é exibida ao usuário.

(Escriturário – BB – 2011.2 – FCC) São extensões de arquivos de vídeo:

(A) mov e msi.
(B) wmv e avi.
(C) mpg e mp3.
(D) msi e mov.
(E) pdf e wmv.

Arquivo .mov (Quick-Time) é extensão de vídeo. Arquivo .msi é uma extensão de arquivos de Windows associados a instalação de programas e atualizações. Arquivos .wmv (Windows Media Vídeo), .avi (Audio Vídeo Interleaved) e .mpg (Moving Picture Experts Group) também são arquivos de vídeo. Arquivos .mp3 (MPEG-1 Audio Layer 3) é um arquivo de áudio e arquivo .pdf (Portable Document Format) é um arquivo de documento texto/imagem.

(Escriturário – BB – 2011.3 – FCC) Tecnologia de multimídia distribuída em uma rede, através de pacotes. Frequentemente utilizada para distribuir conteúdo multimídia através da Internet. Trata-se de

(A) *spanning* ou *wmv*.
(B) *streaming* ou fluxo de mídia.
(C) portal de conteúdo e RSS.
(D) navegador internet e mpg.
(E) provedor de acesso à internet e avi.

As extensões .wmv, .mpg e .avi indicam arquivos de vídeo. Spanning (STP), em informática, refere-se a um protocolo de comunicação para redes Ethernet. Streaming, ou fluxo de mídia, refere-se ao conteúdo multimídia que é constantemente recebido pelo usuário, enviado pelo provedor. Portal de conteúdo refere-se a um site de grande porte, com informações variadas e constantemente atualizadas. RSS é um padrão para publicação frequente de informações, normalmente em blogs. Navegador de internet é o aplicativo utilizado para acessar sites. Finalmente, provedor de acesso é o responsável por fornecer o serviço de internet, e muitas vezes outros serviços agregados, como email, blogs etc.

(Escriturário – BB – 2014.1 – CESGRANRIO) Um software de reprodução de áudio e vídeo, como o Windows Media Center, utiliza outros programas de computador para traduzir o vídeo e o áudio empacotados dentro de um arquivo multimídia, permitindo que sejam apresentados na tela e no dispositivo de áudio. Normalmente, cada formato exige um programa específico.

Como é conhecido esse tipo de programa de computador?

(A) reader
(B) modem
(C) burner
(D) codec
(E) driver

O Codec (Codificador / Decodificador) é o dispositivo, seja em hardware ou em software, que codifica e decodifica sinais. Em especial, para sinais multimídia digitais, são necessários codecs para traduzir a stream de bits em conteúdo de áudio e vídeo capazes de serem entendidos pelo sistema de exibição de conteúdo, como o Windows Media Player.

13. CONHECIMENTOS GERAIS SOBRE REDES SOCIAIS (TWITTER, FACEBOOK, LINKEDIN)

(Escriturário – BB – 2014.1 – CESGRANRIO) O Facebook é uma rede social em que pessoas interagem postando conteúdo na forma de "status", interagindo como conteúdo postado por outras pessoas por meio de três ações.

Disponibilizadas por meio de links, logo após o conteúdo original, essas três ações aparecem na seguinte ordem:

(A) Cutucar, Curtir e Comentar.
(B) Curtir, Comentar e Repostar.
(C) Comentar, Compartilhar e Gostar.
(D) Convidar, Curtir e Divulgar.
(E) Curtir, Comentar e Compartilhar.

A imagem a seguir mostra os links após uma postagem de conteúdo

(Escriturário – BB – 2015 – CESGRANRIO) O Facebook e o Twitter possuem muitas características em comum. Dentre essas características, inclui-se a(o)

(A) possibilidade de um usuário adicionar amigos à sua conta.
(B) capacidade de um usuário visualizar os assuntos do momento (trending topics).
(C) número máximo de caracteres que uma publicação (post) pode conter.
(D) possibilidade de um usuário modificar o texto de suas publicações (posts).
(E) capacidade de um usuário seguir outros usuários.

A: Errado. Apenas o Facebook tem esta característica. **B:** Errado, esta é uma característica do Twitter. **C:** Errado. Esta é uma característica do Twitter. **D:** Errado. Esta é uma característica do Facebook. **E:** Correto. Ambos os sistemas possuem esta característica.

4. MATEMÁTICA E RACIOCÍNIO LÓGICO

André Fioravanti

1. NÚMEROS INTEIROS, RACIONAIS E REAIS; PROBLEMAS DE CONTAGEM

(Escriturário – BB – CESGRANRIO – 2023) A sequência dos primeiros 2100 números inteiros positivos foi disposta em uma Tabela, da seguinte forma:

	Coluna 1	Coluna 2	Coluna 3	Coluna 4	Coluna 5	Coluna 6	Coluna 7
Linha 1	1	2	3	4	5	6	
Linha 2		7	8	9	10	11	12
Linha 3	13	14	15	16	17	18	
Linha 4		19	20	21	22	23	24
Linha 5	25	26	27	28	29	30	
.	.	.	.	.	.	.	.
.	.	.	.	.	.	.	.
.	.	.	.	.	.	.	.

Nessa distribuição, as linhas de número ímpar recebem só seis números da sequência, a partir da Coluna 1, ficando a Coluna 7 vazia; já as linhas de número par também recebem só seis números da sequência, mas a partir da Coluna 2, ficando a Coluna 1 vazia, como pode ser observado na Tabela apresentada.

Sendo assim, os números 1808 e 2023 estão escritos, respectivamente, nas seguintes colunas:

(A) 6 e 4
(B) 3 e 3
(C) 6 e 3
(D) 6 e 2
(E) 3 e 2

Observamos que, os números que aparecem na coluna 1, são aqueles cujo resto da divisão por 12 é igual a 1. Assim sendo, calculando a divisão de 1808 por 12, temos o resultado de 150 com resto 8.

Portanto, $12 \times 150 + 1 = 1801$ aparece na coluna 1, e portanto, por inspeção, 1808 aparece na coluna 3.

De maneira análoga, a divisão de 2023 por 12 resulta em 168 com resto 7. Portanto, $12 \times 168 + 1 = 2017$ aparece na coluna 1, e assim, novamente por inspeção, 2023 aparece na coluna 2.

Gabarito: E

(Escriturário – BANRISUL – CESGRANRIO – 2023) Um banco possui um total de 1000 clientes, dos quais apenas 700 investem em pelo menos um dos fundos A ou B. Sabe-se que o total de clientes que investem em ambos os fundos é igual a 250, e que pelo menos 100 clientes investem apenas no fundo B.

Qual é o número máximo de clientes que investem apenas no fundo A?

(A) 350
(B) 600
(C) 650
(D) 800
(E) 900

A partir das informações do enunciado, podemos esboçar o seguinte diagrama de Venn dos clientes deste banco.

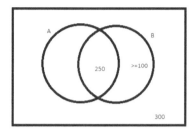

Sendo c_A o número de clientes que investem exclusivamente no fundo A, e c_B o número de clientes que investem exclusivamente no fundo B, temos que

$c_A + c_B = 1000 - 300 - 250 = 450 \rightarrow c_A = 450 - c_B$

Sabemos também que $c_B \geq 100$, logo

$c_A \leq 450 - 100 \rightarrow c_A \leq 350$

Gabarito: A.

(Escriturário – BANRISUL – CESGRANRIO – 2023) Um banco montou um índice de desempenho (L) para um de seus serviços. O índice se refere a um atributo numérico, representado por A, sempre positivo. Por conta de o atributo A assumir valores muito altos, o índice L montado pelo setor técnico do banco foi concebido por L = log10 (A). Há uma meta de que, nos próximos 5 anos, o índice L aumente em duas unidades.

A meta, portanto, indica que é esperado que, nos próximos 5 anos, o atributo A seja igual

(A) ao atributo A atual aumentado em 2 unidades.
(B) ao atributo A atual aumentado em 100 unidades.
(C) a 2 vezes o atributo A atual.
(D) a 10 vezes o atributo A atual.
(E) a 100 vezes o atributo A atual.

Sejam (A_0, L_0) o atributo e o índice inicial, de forma que $L_0 = \log_{10}(A_0)$. Desejamos encontrar A_5 de forma que $L_5 = \log_{10}(A_5) = L_0 + 2$. Utilizando as propriedades do logaritmo, temos que:

$$\log_{10}(A_5) = \log_{10}(A_0) + 2 \rightarrow \log_{10}(A_5) - \log_{10}(A_0) = 2 \rightarrow \log_{10}\left(\frac{A_5}{A_0}\right) = 2 \rightarrow \frac{A_5}{A_0} = 10^2$$
$$= 100$$

e assim, $A_5 = 100 A_0$

Gabarito: E.

(Técnico Bancário – BANESTES – FGV – 2023) A quantidade de números inteiros e positivos formados por 2 algarismos cuja diferença vale 4 é igual a

(A) 5.
(B) 6.
(C) 10.
(D) 11.
(E) 15.

Devemos construir números que podem ser representados por AB, onde A está entre 1 e 9, e B entre 0 e 9, de forma que $A = B - 4$ ou $A = B + 4$. Por inspeção, temos que o conjunto de números inteiros, positivos, de dois algarismos, cuja diferença entre tais algarismos é quatro é: {15,26,37,40,48,51,59,62,73,84,95}. Este conjunto possui 11 elementos.

Gabarito: D.

(Escriturário – BB – 2010.2 – FCC) Das 87 pessoas que participaram de um seminário sobre A Segurança no Trabalho, sabe-se que:

– 43 eram do sexo masculino;
– 27 tinham menos de 30 anos de idade;
– 36 eram mulheres com 30 anos ou mais de 30 anos de idade.

Nessas condições, é correto afirmar que

(A) 25 homens tinham 30 anos ou mais de 30 anos de idade.
(B) o número de homens era 90% do de mulheres.
(C) 8 mulheres tinham menos de 30 anos.
(D) 16 homens tinham menos de 30 anos.
(E) o número de homens excedia o de mulheres em 11 unidades.

Temos que 87 - 43 = 44 mulheres estavam presentes no seminário. Desta forma, 44 - 36 = 8 mulheres tinham menos de 30 anos de idade. Logo 27 - 8 = 19 homens tinham menos de 30 anos de idade e, finalmente, 43 - 19 = 24 homens tinham 30 anos ou mais de 30 anos.
Gabarito: C.

Atenção: Considere as informações a seguir para responderas duas próximas questões.

Chama-se palíndromo qualquer número, palavra ou fraseque se pode ler da esquerda para a direita ou da direita para aesquerda, sem que o seu sentido seja alterado. Por exemplo, são palíndromos: o número 5 538 355 e a palavra ROTOR.

(Escriturário – BB – 2010.2 – FCC) Acho que Salomé é aficionada a palíndromos, pois onome de seu filho é Amil Lima e a placa de seu carro é DAD – 4334.

Certo dia, ao percorrer uma estrada com seu automóvel, Salomé olhou para o hodômetro num instante em que ele marcava 24 942 km e, duas horas mais tarde observou que, curiosamente, o número de quilômetros que o hodômetro marcava era igualmente um palíndromo. Se durante toda a viagem a velocidade do automóvel de Salomé nunca ultrapassou os 80 km/h, então a velocidade média com que ele se deslocou ao longo daquelas duas horas, em quilômetros por hora, foi de

(A) 55
(B) 60
(C) 65
(D) 70
(E) 75

O Palíndromo maior e mais próximo de 24.942 é 25052. Desta forma, em 2 horas, ela se deslocou 25.052 - 24.942 = 110 km. Logo, sua velocidade média foi de 110 / 2 = 55 km/h.
Gabarito: A.

(Escriturário – BB – 2010.2 – FCC) Certo dia, um funcionário de uma Agência do Banco doBrasil, contabilizando as cédulas que havia em caixa, verificou que elas totalizavam X reais, 300.000 < X < 800.000. Sabendo que o número X é um *palíndromo* em que os algarismos das unidades, das dezenas e das centenas são distintos entre si, os possíveis valores de X são

(A) 256
(B) 360
(C) 450
(D) 648
(E) 1 296

Observamos que existem 5 opções para o algarismo da unidade (3,4,5,6,7), pois, por se tratar de um palíndromo, este será o mesmo algarismo da centena de milhar e que X está no intervalo apresentado. Uma vez a unidade escolhida, teremos outras 9 opções para a dezena e 8 opções para a centena. Assim teremos um total de 5 x 9 x 8 = 360 combinações distintas.
Gabarito: B.

(Escriturário – BB – 2010.1 – CESGRANRIO) Segundo dados do *Sinduscon-Rio*, em fevereiro de 2010 o custo médio da construção civil no Rio de Janeiro era R$875,18 por metro quadrado. De acordo com essa informação, qual era, em reais, o custo médio de construção deum apartamento de 75m2 no Rio de Janeiro no referido mês?

(A) 66.634,00
(B) 66.128,50
(C) 66.048,50
(D) 65.688,00
(E) 65.638,50

O custo médio de construção de um apartamento de 75m² é dado por 875,18 x 75 = 65.638,50.
Gabarito: E.

(Escriturário – BB – 2011.2 – FCC) Se x e y são números inteiros tais que x é par e y é ímpar, considere as seguintes afirmações:

I. $x + y$ é ímpar.
II. $x - 2y$ é ímpar.
III. $(3x) \cdot (5y)$ é ímpar.

É correto afirmar que

(A) I, II e III são verdadeiras.
(B) I, II e III são falsas.
(C) apenas I é verdadeira.
(D) apenas I e II são verdadeiras.
(E) apenas II e III são verdadeiras.

I. Certo. A soma de um número par com um número ímpar é sempre ímpar. II. Errado. 2y é sempre par, não importa y, e a subtração de dois números pares é sempre par. III. Errado. Como x é par, ele é divisível por 2. Desta forma (3x).(5y) = 15xy também é divisível por 2, sendo, portanto, par.
Gabarito: C.

(Escriturário – BB – 2011.2 – FCC) O valor da expressão , para A = 2 e B = –1, é um número compreendido entre

(A) –2 e 1.
(B) 1 e 4.
(C) 4 e 7.
(D) 7 e 9.
(E) 9 e 10.

Temos que A2 = 4, B3 = -1, AB = 0,5 e BA = 1. Logo, a expressão equivale a (4 - (-1)) / (0,5 + 1) = 5/1,5 ≈ 3,33.
Gabarito: B.

(Escriturário – BB – 2011.3 – FCC) O esquema abaixo apresenta a subtração de dois números inteiros e maiores que 1000, em que alguns algarismos foram substituídos por letras.

```
   A 1 5 B
 - 2 C D 3
 ─────────
   4 2 1 8
```

Se a diferença indicada é a correta, os valores de A, B, C e D são tais que

(A) $A < B < C < D$
(B) $B < A < D < C$

(C) B < D < A < C
(D) D < A < C < B
(E) D < A < B < C

Esta conta é equivalente a 2CD3 + 4218 = A15B. Desta forma, da Unidade, tiramos que B = 1, Temos das dezenas que 1 + D + 1 = 5, e portanto D = 3. Da centena, C = 9 e finalmente 1 + 2 + 4 = A, ou seja, A = 7. Assim, a conta apresentada é 7151 - 2933 = 4218, o que está correto. Logo B < D < A< C.

(Escriturário – BB – 2011.3 – FCC) Suponha que 60 funcionários do Banco do Brasil – 60% dos quais lotados em certa Agência de Florianópolis e, os demais, em determinada Agência de Chapecó – serão dividido em grupos, a fim de participar de um curso sobre Desenvolvimento Pessoal. Considerando que todos os grupos deverão conter a mesma quantidade de funcionários e que todos os funcionários de cada grupo deverão pertencer à mesma Agência, então a menor quantidade de grupos que poderão ser formados é um número

(A) menor que 4.
(B) primo.
(C) divisível por 3.
(D) par.
(E) maior que 8.

Temos 0,6 x 60 = 36 funcionários de Florianópolis e 60 - 36 = 24 funcionários de Chapecó. Como os grupos devem ter o mesmo número de integrantes, e queremos o maior grupo possível, procuramos pelo maior divisor comum entre 36 e 24, cuja resposta é 12. Assim teremos 5 grupos de 12 integrantes, 3 destes grupos formados por funcionários de Florianópolis e 2 de Chapecó.

(Escriturário – BB – 2012 – CESGRANRIO) No modelo abaixo, os pontos A, B, C e D pertencem à mesma reta. O ponto A dista 65,8 mm do ponto D; o ponto B dista 41,9 mm do ponto D, e o ponto C está a 48,7 mm do ponto A.

Qual é, em milímetros, a distância entre os pontos B e C?
(A) 17,1
(B) 23,1
(C) 23,5
(D) 23,9
(E) 24,8

Assumindo que o ponto A esteja na posição 0, temos que o ponto D está na posição 65,8 – 0 = 65,8. Temos também que o ponto B está na posição 65,8 – 41,9 = 23,9. Finalmente o ponto C está na posição 48,7 – 0 = 48,7. Logo a distância entre C e B é de 48,7 – 23,9 = 24,8 mm.

(Escriturário – BB – 2014 – CESGRANRIO) Observe a adição:

$$\begin{array}{r} U \\ U \\ + E\,U \\ \hline U\,E \end{array}$$

Sendo **E** e **U** dois algarismos não nulos e distintos, a soma **E + U** é igual a

(A) 13
(B) 14
(C) 15
(D) 16
(E) 17

Dado que E é diferente de U, então U > 3 para que 3U > 10, e assim exista o 'vai-um' ou 'vai-dois' para a soma da dezena. No caso de U ser 4, 5 ou 6, temos o 'vai-um', de forma que são válidas as equações 3U = 10 + E, E + 1 = U. Logo, 3U = 10 + U – 1, 2U = 9, U = 4,5. Assim, esta opção não é válida. Caso U seja 7, 8 ou 9, temos o 'vai-dois', logo, as equações são transformadas em 3U = 20 + E, E + 2 = U. Logo, 3U = 20 + U – 2, ou seja, 2U = 18, U = 9. Portanto, E = 7, e assim U + E = 16.

(Escriturário – BB – 2014 – CESGRANRIO) O número natural (2^{103} + 2^{102} + 2^{101} - 2^{100}) é divisível por
(A) 6
(B) 10
(C) 14
(D) 22
(E) 26

Colocando em evidência o número 2100 temos que este número pode ser reescrito como (23 + 22 + 21 – 1) x 2100 = (8 + 4 + 2 – 1) x 2100 = 13 x 2100 = 26 x 299. Logo, o número é divisível por 26.

(Escriturário – BB – 2014.1 – CESGRANRIO) Uma empresa gera números que são chamados de protocolos de atendimento a clientes. Cada protocolo é formado por uma sequência de sete algarismos, sendo o último, que aparece separado dos seis primeiros por um hífen, chamado de dígito controlador. Se a sequência dos seis primeiros algarismos forma o número n, então o dígito controlador é o algarismo das unidades de $n^3 - n^2$.

Assim, no protocolo 897687-d, o valor do dígito controlador d é o algarismo das unidades do número natural que é resultado da expressão $897687^3 - 897687^2$, ou seja, d é igual a

(A) 0
(B) 1
(C) 4
(D) 3
(E) 2

Observe que só precisamos do algarismo da unidade tanto de 897687^3 - 897687^2, e, portanto, somente dos algarismos da unidade das contas intermediárias. Como 7 x 7 = 49, temos que 9 é o algarismo da unidade do segundo termo. Como 9 x 7 = 63, temos que 3 é o algarismo da unidade do 1º termo. Logo, temos que a conta a ser feita é ww....3 - zz.....9, onde x's e z's são números a princípio desconhecidos. Esta conta tem como resultado yy....4, portanto, o dígito verificador é 4.

(Escriturário – BB – 2014.1 – CESGRANRIO) Durante 185 dias úteis, 5 funcionários de uma agência bancária participaram de um rodízio. Nesse rodízio, a cada dia, exatamente 4 dos 5 funcionários foram designados para trabalhar no setor X, e cada um dos 5 funcionários trabalhou no setor X o mesmo número N de dias úteis.

O resto de N na divisão por 5 é
(A) 4

(B) 3
(C) 0
(D) 1
(E) 2

O valor de funcionários-dia no setor X neste período foi de 185 x 4 = 740. Cada funcionário então trabalhou 740 / 5 = 148 dias no setor X. Dividindo este valor por 5, temos que 148/5 = 29 com resto 3.

(Escriturário – BB – 2014.1 – CESGRANRIO) Numa empresa, todos os seus clientes aderiram a apenas um dos seus dois planos, Alfa ou Beta. O total de clientes é de 1.260, dos quais apenas 15% são do Plano Beta. Se x clientes do plano Beta deixarem a empresa, apenas 10% dos clientes que nela permanecerem estarão no plano Beta.

O valor de x é um múltiplo de

(A) 3
(B) 8
(C) 13
(D) 11
(E) 10

Se 15% dos 1.260 clientes são do plano Beta, então este tem 1.260 * 0,15 = 189 clientes. Queremos encontrar o valor x tal que (189 − x)/(1260 − x) = 0,1, ou seja, 189 − x = 126 − 0,1x, ou seja, 0,9x = 63, x = 70. Logo, x é múltiplo de 10.

(Escriturário – BB – 2014.1 – CESGRANRIO) Apenas três equipes participaram de uma olimpíada estudantil: as equipes X, Y e Z.
A Tabela a seguir apresenta o número de medalhas de ouro, de prata e de bronze obtidas por essas equipes.

	ouro	prata	bronze	total
Equipe X	3	4	2	9
Equipe Y	1	6	8	15
Equipe Z	0	9	5	14

De acordo com os critérios adotados nessa competição, cada medalha dá a equipe uma pontuação diferente: 4 pontos por cada medalha de ouro, 3 pontos por cada medalha de prata e 1 ponto por cada medalha de bronze. A classificação final das equipes é dada pela ordem decrescente da soma dos pontos de cada equipe, e a equipe que somar mais pontos ocupa o primeiro lugar. Qual foi a diferença entre as pontuações obtidas pelas equipes que ficaram em **segundo** e em **terceiro** lugares?

(A) 6
(B) 5
(C) 1
(D) 2
(E) 4

A Equipe X fez 3x4 + 4x3 + 2x1 = 26 pontos. A Equipe Y obteve 1x4 + 6x3 + 8x1 = 30 pontos. Finalmente, a equipe Z conseguiu 0x4 + 9x3 + 5x1 = 32 pontos. Logo, a diferença das equipes que ficaram em 2º e 3º lugares é de 30 − 26 = 4.

(Escriturário – BB – 2013.2 – FCC) O Secretário de Petróleo, Gás Natural e Combustíveis Renováveis do Ministério das Minas e Energia (MME) afirmou que o bloco BM-S-8, no pré-sal da Bacia de Santos, pode ter reservas de 1 bilhão de barris. Na região, está localizado o prospecto de Carcará. O bloco BM-S-8 é desenvolvido pela Petrobras (66%); Galp (14%); Barra Energia (10%) e Queiroz Galvão (10%).

(Adaptado de: Valor Econômico, 12/03/2013)

De acordo com os dados dessa notícia, o total de barris estimados do bloco BM-S-8 que NÃO caberá à Petrobras é igual a

(A) 340 mil.
(B) 34 mil.
(C) 34 milhões.
(D) 340 milhões.
(E) 3,4 milhões.

A porcentagem do bloco que não pertence a Petrobrás é igual a 14 + 10 + 10 = 34%. Logo, o total de barris estimados que não cabe à Petrobrás é dado por 1.000.000.000 x 0,34 = 340.000.000, ou 340 milhões.

Atenção: Para responder às próximas 2 questões considere o texto abaixo.

Dos 56 funcionários de uma agência bancária, alguns decidiram contribuir com uma lista beneficente. Contribuíram 2 a cada 3 mulheres, e 1 a cada 4 homens, totalizando 24 pessoas.

(Escriturário – BB – 2013.2 – FCC) A razão do número de funcionárias mulheres para o número de funcionários homens dessa agência é de

(A) 3 para 4.
(B) 2 para 3.
(C) 1 para 2.
(D) 3 para 2.
(E) 4 para 5.

Seja H o número de funcionários homens e M o de funcionárias mulheres nesta agência. Sabemos que M + H = 56. Também temos que 2M/3 + H/4 = 24. Substituindo o valor de H da 1ª equação nesta última, temos que 2M/3 + (56 − M) / 4 = 24, ou seja, 8M + 3.(56 − M) = 288, e, portanto, 5M = 120, M = 24. Logo H = 56 − 24 = 32. Desta forma, M/H = 24/32 = 3/4.

(Escriturário – BB – 2013.2 – FCC) Os funcionários da agência que contribuíram com a lista decidiram que o total da contribuição dos homens deveria ser o dobro do total da contribuição das mulheres. Sabendo que cada uma das mulheres contribuiu com 100 reais, a contribuição que coube a cada homem foi, em reais, igual a

(A) 200,00.
(B) 300,00.
(C) 400,00.
(D) 250,00.
(E) 150,00.

Das 24 mulheres, 2x24/3 = 16 contribuíram. Logo, como cada uma contribuiu com 100 reais, o total arrecadado por elas foi de 100 x 16

= R$ 1.600,00. O total arrecadado pelos homens deve ser, então, 2 x 1600 = R$ 3.200,00. Como apenas 32/4 = 8 homens contribuíram, a parte de cada um foi de 3200/8 = R$ 400,00.

Gabarito C.

(Escriturário – BB – 2013.1 – FCC) Depois de ter comprado 15 livros de mesmo preço unitário, Paulo verificou que sobraram R$ 38,00 em sua posse, e faltaram R$ 47,00 para comprar outro livro desse mesmo preço unitário. O valor que Paulo tinha inicialmente para comprar seus livros era, em R$, de

(A) 1.225,00.
(B) 1.305,00.
(C) 1.360,00.
(D) 1.313,00.
(E) 1.228,00.

O Preço de cada livro pode ser conseguido pelo fato de que Paulo tem 38 reais mas faltam-lhe 47 para outro livro. Desta forma, cada livro custou 38 + 47 = R$ 85,00. Assim, o valor que Paulo tinha para comprar seus livros era 85 x 15 + 38 = R$ 1.313,00.

Gabarito D.

(Escriturário – BB – 2015 – CESGRANRIO) Em certo concurso, a pontuação de cada candidato é obtida da seguinte forma: por cada acerto o candidato recebe 3 pontos e, por cada erro, perde 1 ponto. Os candidatos A e B fizeram a mesma prova, porém A acertou 5 questões a mais do que B.

Qual foi a diferença entre as pontuações obtidas pelos dois candidatos?

(A) 15
(B) 25
(C) 5
(D) 10
(E) 20

Cada questão que A acerta em que B erra aumenta em 3 – (-1) = 4 pontos a diferença entre os dois candidatos. Desta forma, a diferença da pontuação total foi de 4 x 5 = 20 pontos.

Gabarito E.

(Escriturário – BB – 2015 – CESGRANRIO) Cada vez que o caixa de um banco precisa de moedas para troco, pede ao gerente um saco de moedas. Em cada saco, o número de moedas de R$ 0,10 é o triplo do número de moedas de R$ 0,25; o número de moedas de R$ 0,50 é a metade do número de moedas de R$ 0,10.

Para cada R$ 75,00 em moedas de R$ 0,50 no saco de moedas, quantos reais haverá em moedas de R$ 0,25?

(A) 20
(B) 25
(C) 30
(D) 10
(E) 15

Em R$ 75,00 reais de moedas de 50 centavos, temos 75 / 0,5 = 150 moedas deste valor. Como em cada saco, o número de moedas de 50 centavos é a metade do número de moedas de 10 centavos, temos então 150 x 2 = 300 moedas de 10 centavos. Finalmente, o número de moedas de 10 centavos é o triplo do número de moedas de 25 centavos. Assim temos 300 / 3 = 100 moedas de 25 centavos, o que vale 0,25 x 100 = R$ 25,00.

Gabarito B.

2. SISTEMA LEGAL DE MEDIDAS

(Técnico Bancário – BANESTES – FGV – 2023) A figura ilustra um hexágono convexo obtido a partir de dois cortes retilíneos sobre um quadrado de lado 7 cm.

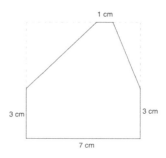

Se cada um desses cortes começou e terminou em pontos pertencentes a lados do quadrado, a área desse hexágono, em cm2, mede

(A) 34.
(B) 34,5.
(C) 35.
(D) 36,5.
(E) 37.

Podemos dividir o hexágono em um retângulo (A1) e um trapézio (A2), conforme a figura a seguir:

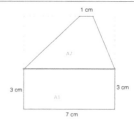

Assim, a área do hexágono é a soma das áreas do retângulo e do trapézio. $A_{Hex} = A_1 + A_2$. A área do retângulo pode ser calculada como $A_1 = 7 \times 3 = 21 cm^2$. Observamos que a altura do trapézio é igual a $7 - 3 = 4 cm$, logo, sua área é dada por $A_2 = \frac{(7+1)}{2} \times 4 = 16 cm^2$. Portanto, $A_{Hex} = 37 cm^2$.

Gabarito E.

(Escriturário – BB – 2011.2 – FCC) Qual das expressões seguintes NÃO é equivalente a 0,0000000625?

(A) $\frac{5}{16} \times 10^{-6}$

(B) $\frac{5}{8} \times 10^{-7}$

(C) $\frac{25}{4} \times 10^{-8}$

(D) $\frac{125}{2} \times 10^{-9}$

(E) 625×10^{-10}

Em notação científica, o número apresentado é 6,25 x 10-8. Por inspeção, (c, d, e) representam o mesmo número. Em b, 5/8 = 0,625, logo, está correto também. Em a, 5/16 = 0.3125, então este número, em notação científica, é 3,125 x 10-7.

Gabarito: A

(Escriturário – BB – 2014.1 – CESGRANRIO) A variância de um conjunto de dados é 4 m2.

Para o mesmo conjunto de dados foram tomadas mais duas medidas de variabilidade: a diferença entre o terceiro e o primeiro quartil e o coeficiente de variação.

Esses dois valores caracterizam-se, respectivamente, por

(A) possuírem unidades de medida m2 e m.
(B) possuírem unidades de medida m e m2.
(C) ser adimensional e possuir unidade de medida m2.
(D) possuir unidade de medida m e ser adimensional.
(E) possuir unidade de medida m2 e ser adimensional.

Observe que a variância tem unidade de metro quadrado. Desta forma, sabemos que os dados da amostra têm unidade em metro e, portanto, como os quartis têm a unidade dos dados da amostra, este também está em metro. Finalmente, o coeficiente de variação não tem unidade, dado que é a divisão do desvio padrão pela média, que possuem ambos sempre a mesma unidade.

Gabarito: D

3. RAZÕES E PROPORÇÕES; DIVISÃO PROPORCIONAL; REGRAS DE TRÊS SIMPLES E COMPOSTAS; PORCENTAGENS

(Técnico Bancário – BASA – CESGRANRIO – 2022) A Tabela a seguir apresenta as cotações, em dólares americanos, de 6 criptomoedas no dia 18 de novembro de 2021.

Criptomoeda	Ticker	Preço
Bitcoin	BTC	$58.685,62
Ethereum	ETH	$4.111,28
Binance Coin	BNB	$553,42
Tether	USDT	$1,00
Solana	SOL	$197,32
Cardano	ADA	$1,80

Disponível em: <https://www.seudinheiro.com/2021/bitcoin/bitcoin-btc-criptomoedas-hoje-18-11/>. Acesso em: 25 nov. 21.

O valor de 1 Bitcoin corresponde a

(A) mais de 10 Ethereums
(B) menos de 100 Binance Coins
(C) aproximadamente 58 Tethers
(D) mais de 400 Solanas
(E) menos de 30.000 Cardanos

A: Correto, Um Bitcoin equivale a $\frac{58685.62}{4111.28} \approx 14.3$ Ethereums.

B: Errado. Um Bitcoin equivale a $\frac{58685.62}{553.42} \approx 106.04$ Binance Coins.

C: Errado. Um Bitcoin equivale a $\frac{58685.62}{1} = 58685.62$ Theters.

D: Errado. Um Bitcoin equivale a $\frac{58685.62}{197.32} \approx 297.4$ Solanas.

E: Errado. Um Bitcoin equivale a $\frac{58685.62}{1.80} \approx 32603.1$ Cardanos.

Gabarito: A

(Escriturário – BANRISUL – CESGRANRIO – 2023) Considere que, em média, dois funcionários de um banco atendam 80 clientes em um período de 5 horas. O banco deseja montar uma equipe de funcionários para atender 500 clientes em, no máximo, 8 horas.

Diante da média de atendimentos considerada e da intenção do banco, qual é o número mínimo de funcionários a serem utilizados na equipe?

(A) 5
(B) 7
(C) 8
(D) 10
(E) 20

Se dois funcionários atendem 80 clientes em um período de 5 horas, cada cliente, em um período de uma hora, atende, em média, $\frac{80}{2\times 5} = 8$ clientes. Isto implica que, em um período de 8 horas, cada funcionário atende, em média, $8 \times 8 = 64$ clientes.

Portanto, para atender 500 clientes em até oito horas, precisamos de uma equipe de, no mínimo, $\frac{500}{64} \approx 7.81$ funcionários, ou seja, 8 funcionários é o mínimo para realizar a tarefa.

Gabarito: C

(Escriturário – BANRISUL – CESGRANRIO – 2023) Duas agências bancárias receberam, cada uma, 1200 panfletos informativos sobre os fundos de investimento que oferecem. Há três tipos de panfletos: um sobre os fundos conservadores, outro sobre fundos moderados, e o restante sobre fundos agressivos. A agência 1 recebeu seus 1200 panfletos em partes proporcionais a 2, 3 e 5, referentes aos tipos sobre fundos conservadores, moderados e agressivos, respectivamente. Analogamente, a agência 2 recebeu os seus panfletos em partes proporcionais a 1, 4 e 7.

Quantos panfletos sobre fundos agressivos a agência 2 recebeu a mais do que a agência 1?

(A) 100
(B) 140
(C) 200
(D) 240
(E) 600

A agência 1 recebeu $\frac{5}{2+3+5} \times 1200 = \frac{5}{10} \times 1200 = 600$ panfletos sobre fundos agressivos. A agência 2 recebeu $\frac{7}{1+4+7} \times 1200 = \frac{7}{12} \times 1200 = 700$ panfletos sobre fundos agressivos. Assim, a agência 2 recebeu $700 - 600 = 100$ panfletos sobre esse tipo de fundo a mais do que a agência 1.

Gabarito: A

(Técnico Bancário – BANESTES – FGV – 2023) Em um grupo de pessoas, há 16 homens. Ao todo, são 28 cidadãos brasileiros nesse grupo, entre os quais, 15 são mulheres. Sabe-se que 30% dos indivíduos do grupo não têm cidadania brasileira.

Com relação ao total de pessoas no grupo, pode-se afirmar que a porcentagem de indivíduos que são estrangeiros ou são mulheres é

(A) 22,5%.
(B) 45,0%.
(C) 67,5%.
(D) 75,0%.
(E) 90,0%.

Dos dados, sabemos que temos 15 mulheres brasileiras e $28 - 15 = 13$ homens brasileiros no grupo. Portanto, existem também $16 - 13 = 3$ homens estrangeiros neste grupo. Sabemos também que 30% dos indivíduos não são brasileiros, o que indica que o grupo total possui $\frac{28}{0.7} = 40$ pessoas. Por fim, o número de mulheres não brasileiras é $40 - 28 - 3 = 9$, e assim o total de pessoas estrangeiras é igual a $3 + 9 = 12$.

Assim, a porcentagem de indivíduos que são estrangeiros ou mulheres é dado por $\frac{12+15}{40} = 0.675 = 67.5\%$.

Gabarito: C.

(Técnico Bancário – BANESTES – FGV – 2023) Um trem que se desloca com velocidade constante é capaz de percorrer 210 quilômetros em 3 horas e meia.

Se essa velocidade fosse aumentada em 10%, o trem seria capaz de percorrer, em 4 horas e 15 minutos, a distância máxima de

(A) 279,5km.
(B) 280,5km.
(C) 281,0km.
(D) 281,5km.
(E) 282,0km.

A velocidade do trem é de $\frac{210}{3.5} = 60$ km/h. Aumentando em 10% esta velocidade, a nova velocidade do trem passa a ser de $60 \times 1.1 = 66$ km/h.

Visto que 15 minutos é equivalente a 0.25h, nesta nova velocidade, o trem é capaz de percorrer, em 4.25h, a distância de $66 \times 4.25 = 280.5$ km.

Gabarito: B.

(Escriturário – BB – CESGRANRIO – 2018) O dono de uma loja deu um desconto de 20% sobre o preço de venda (preço original) de um de seus produtos e, ainda assim, obteve um lucro de 4% sobre o preço de custo desse produto.

Se vendesse pelo preço original, qual seria o lucro obtido sobre o preço de custo?

(A) 40%
(B) 30%
(C) 10%
(D) 20%
(E) 25%

Sejam P_v o preço de venda (original) e P_c o preço de custo. Logo

$(1 - 0.2)P_v = (1 + 0.04)P_c \rightarrow P_v = \frac{1.04}{0.8}P_c = 1.3 \times P_c$

Gabarito: B.

(Escriturário – BB – CESGRANRIO – 2018) Uma empresa cria uma campanha que consiste no sorteio de cupons premiados. O sorteio será realizado em duas etapas. Primeiramente, o cliente lança uma moeda honesta:

se o resultado for "cara", o cliente seleciona, aleatoriamente, um cupom da urna 1;

se o resultado for "coroa", o cliente seleciona, aleatoriamente, um cupom da urna 2.

Sabe-se que 30% dos cupons da urna 1 são premiados, e que 40% de todos os cupons são premiados.

Antes de começar o sorteio, a proporção de cupons premiados na urna 2 é de

(A) 50%
(B) 25%
(C) 5%
(D) 10%
(E) 15%

Denominamos de p_1, p_2 o número de cupons premiados e t_1, t_2 o número total de cupons nas urnas 1 e 2, respectivamente. Sabemos então que:

$\frac{p_1}{t_1} = 0.3 \rightarrow p_1 = 0.3\, t_1$

$\frac{p_1 + p_2}{t_1 + t_2} = 0.4 \rightarrow p_1 + p_2 = 0.4 t_1 + 0.4 t_2$

Desta forma

$p_2 = 0.1 t_1 + 0.4 t_2 \rightarrow \frac{p_2}{t_2} = \frac{0.1 t_1}{t_2} + 0.4$

Observamos que a razão pode ser qualquer número maior do que 40%, e depende da razão entre total de cupons na urna 1 dividido pelo total de cupons na urna 2, informação esta que não foi fornecida. Porém, das possíveis respostas fornecidas, a única que possui esta propriedade é 50% (referente ao caso em que o total de cupons em cada urna é igual).

Gabarito: A.

(Escriturário – BB – 2010.2 – FCC) Segundo a Associação Brasileira de Franchising, o faturamento de franquias ligadas aos setores de saúde e bem estar quase dobrou de 2004 a 2009, pois neste período a receita total das empresas passou de 5 bilhões para 9,8 bilhões de reais. Se esse crescimento tivesse ocorrido de forma linear, a receita total das empresas desse setor, em bilhões de reais, teria sido de

(A) 5,34 em 2005.
(B) 6,92 em 2006.
(C) 7,44 em 2007.
(D) 8,22 em 2008.
(E) 8,46 em 2008.

Houve um crescimento de $(9,8 - 5,0) = 4,8$ bilhões de reais no período de 5 anos (2004 a 2009). Portanto, se o crescimento ocorreu de forma linear, temos um crescimento de $4,8/5 = 0.96$ bilhões de reais por ano. Ou seja, em 2005 o faturamento foi de $5 + 0,96 = 5,96$ bilhões de reais, em 2006 temos $5,96 + 0,96 = 6,92$ bilhões de reais, em 2007 temos $6,92 + 0,96 = 7,88$ bilhões de reais e finalmente em 2008 temos $7,88 + 0,96 = 8,84$ bilhões de reais.

Gabarito: B.

4. MATEMÁTICA E RACIOCÍNIO LÓGICO

(Escriturário – BB – 2010.2 – FCC) As estatísticas da Campanha Nacional de Prevenção ao Câncer de Pele, organizada há 11 anos pela Sociedade Brasileira de Dermatologia, revelam que o brasileiro não se protege adequadamente do sol: 70% dos entrevistados afirmaram não usar qualquer tipo de proteção solar, nem mesmo quando vão à praia (adaptado de www.sbd.org.br). Se foram entrevistadas 34.430 pessoas, o número delas que usam protetor solar é

(A) 24 101
(B) 15 307
(C) 13 725
(D) 12 483
(E) 10 329

Se 70% não usam proteção solar, temos que 100 - 70 = 30% utilizam algum tipo de proteção solar. Desta forma, considerando o número de entrevistados, temos que 0,3 x 34.430 = 10.329 pessoas responderam que usam protetor solar.
Gabarito E.

(Escriturário – BB – 2010.2 – FCC) Pesquisadores descobriram que o uso do fundo preto nas páginas de busca da internet produz um consumo menor de energia em relação à tela branca. Se todas as buscas fossem feitas com tela preta, a economia total em um tempo médio de 10 segundos seria equivalente à energia gasta por 77 milhões de geladeiras ligadas ininterruptamente durante 1 hora. Nessas condições, a economia total em um tempo médio de buscas de 30 minutos seria equivalente à energia gasta por essas geladeiras ligadas ininterruptamente durante

(A) 8 dias.
(B) 7 dias e meio.
(C) 5 dias.
(D) 3 dias.
(E) 2 dias e meio.

Temos que 30 minutos equivalem a 30x60 = 1800 segundos, ou então 180 períodos de 10 segundos. Se 10 segundos de busca economizam 1 hora da energia das geladeiras em questão, então 1800 segundos economizam 180 horas da energia destas mesmas geladeiras. Dado que 180/24 = 7,5, então a economia total seria de 7 dias e meio.
Gabarito B.

(Escriturário – BB – 2010.1 – CESGRANRIO) Um investidor aplicou certa quantia em um fundo de ações. Nesse fundo, 1/3 das ações eram da empresa A, 1/2 eram da empresa B e as restantes, da empresa C. Em um ano, o valor das ações da empresa A aumentou 20%, o das ações da empresa B diminuiu 30% e o das ações da empresa C aumentou 17%. Em relação à quantia total aplicada, ao final desse ano, este investidor obteve

(A) lucro de 10,3%.
(B) lucro de 7,0%.
(C) prejuízo de 5,5%.
(D) prejuízo de 12,4%.
(E) prejuízo de 16,5%.

No final do ano, o investidor obteve (1/3) x (1 + 0,2) + (1/2) x (1 – 0,3) + (1/6) x (1 + 0,17) = 0,945. Logo, o investidor teve prejuízo de 5,5%.
Gabarito C.

(Escriturário – BB – 2011.2 – FCC) Certo mês, um comerciante promoveu uma liquidação em que todos os artigos de sua loja tiveram os preços rebaixados em 20%. Se, ao encerrar a liquidação o comerciante pretende voltar a vender os artigos pelos preços anteriores aos dela, então os preços oferecidos na liquidação devem ser aumentados em

(A) 18,5%.
(B) 20%.
(C) 22,5%.
(D) 25%.
(E) 27,5%.

O aumento de preço i deve ser tal que retorna o preço ao valor original. Desta forma, temos que (1 - 0,2) x (1 + i) = 1, ou seja, 1 + i = 1/0,8 = 1,25, e, portanto, i = 0,25, ou seja, 25%.
Gabarito D.

(Escriturário – BB – 2011.3 – FCC) Uma Agência do Banco do Brasil dispõe de duas impressoras, A e B, que são capazes de tirar 18 e 20 cópias por minuto, respectivamente. Suponha que, certo dia, as duas foram acionadas simultaneamente às 9 horas e 25 minutos e que, a partir de então, tiraram iguais quantidades de cópias de um mesmo texto. Considerando que ambas funcionaram ininterruptamente, então, se a impressora A terminou o serviço às 10 horas, 6 minutos e 40 segundos do mesmo dia, B encerrou o seu às

(A) 10 horas, 2 minutos e 30 segundos.
(B) 10 horas, 12 minutos e 40 segundos.
(C) 10 horas, 20 minutos e 30 segundos.
(D) 11 horas, 4 minutos e 20 segundos.
(E) 11 horas, 20 minutos e 30 segundos.

A impressora A terminou o serviço em 10h6min40s - 9h25min = 41min40s. = 41,67min. Assim, o número de páginas do documento pode ser obtido por 41,67 x 18 = 750 páginas. A impressora B precisa, assim, de 750 / 20 = 37,5 minutos para terminar o trabalho, o que leva a 9h25min + 37min30s = 10h2min30s.
Gabarito A.

(Escriturário – BB – 2011.3 – FCC) Certo dia, Amaro, Belisário, Celina e Jasmin foram incumbidos de digitar as 150 páginas de um texto. Para executar essa tarefa, o total de páginas foi dividido entre eles, de acordo com o seguinte critério:

– Amaro e Jasmim dividiram 3/5 do total de páginas entre si, na razão direta de suas respectivas idades: 36 e 24 anos;

– Belisário e Celina dividiram entre si as páginas restantes, na razão inversa de suas respectivas idades: 28 e 32 anos.

Nessas condições, aqueles que digitaram a maior e a menor quantidade de páginas foram, respectivamente,

(A) Belisário e Celina.
(B) Amaro e Belisário.
(C) Celina e Jasmim.
(D) Jasmim e Belisário.
(E) Amaro e Celina.

Amaro é responsável por (3/5)x(36/(36+24)) = (3/5)x(36/60) = 36% das páginas. Jasmim, por sua vez, é responsável por (3/5)(24/60) = 24% do total de páginas. Belisário digitará (2/5)x(32/60) = 21,3% das páginas e Celina (2/5)x(28/60) = 18,7% das páginas.
Gabarito E.

(Escriturário – BB – 2011.1 – FCC) Pretendendo fazer uma viagem à Europa, Mazza foi certo dia a uma Agência do Banco do Brasil comprar euros e dólares. Sabe-se que ela usou R$ 6.132,00 para comprar € 2.800,00 e que, com R$ 4.200,00 comprou US$ 2.500,00. Com base nessas duas transações, é correto afirmar que, nesse dia, a cotação do euro em relação ao dólar, era de 1 para

(A) 1,3036.
(B) 1,3606.
(C) 1,3844.
(D) 1,4028.
(E) 1,4204.

A cotação Real/Euro era de 6132,00/2800 = 2,19, e a cotação Real/Dólar era de 4200/2500 = 1,68. Logo, a cotação Dólar/Euro = Real/Euro x Dólar/Real = 2,19/1,68 = 1,3036.
Gabarito: A.

(Escriturário – BB – 2014 – CESGRANRIO) Aldo, Baldo e Caldo resolvem fazer um bolão para um concurso da Mega-Sena. Aldo contribui com 12 bilhetes, Baldo, com 15 bilhetes e Caldo, com 9 bilhetes. Eles combinaram que, se um dos bilhetes do bolão fosse sorteado, o prêmio seria dividido entre os três proporcionalmente à quantidade de bilhetes com que cada um contribuiu. Caldo também fez uma aposta fora do bolão e, na data do sorteio, houve 2 bilhetes ganhadores, sendo um deles o da aposta individual de Caldo, e o outro, um dos bilhetes do bolão. Qual a razão entre a quantia total que Caldo recebeu e a quantia que Baldo recebeu?

(A) 0,8
(B) 1,5
(C) 2
(D) 2,5
(E) 3

Baldo recebeu 15/(12 + 15 + 9) = 15/36 de um prêmio. Caldo recebeu 1 + 9/36 = 45/36. A razão dos prêmios entre Caldo e Baldo é, portanto, (45/36)/(15/36) = 45/15 = 3.
Gabarito: E.

(Escriturário – BB – 2014 – CESGRANRIO) Amanda e Belinha são amigas e possuem assinaturas de TV a cabo de empresas diferentes. A empresa de TV a cabo de Amanda dá descontos de 25% na compra dos ingressos de cinema de um *shopping*. A empresa de TV a cabo de Belinha dá desconto de 30% na compra de ingressos do mesmo cinema. O preço do ingresso de cinema, sem desconto, é de R$ 20,00. Em um passeio em família, Amanda compra 4 ingressos, e Belinha compra 5 ingressos de cinema no *shopping*, ambas utilizando-se dos descontos oferecidos por suas respectivas empresas de TV a cabo.

Quantos reais Belinha gasta a mais que Amanda na compra dos ingressos?

(A) 10
(B) 15
(C) 20
(D) 25
(E) 30

Amanda gastou no total 4 x 20 x (1 – 0,25) = R$ 60,00 e Belinha gastou 5 x 20 x (1 – 0,3) = R$ 70,00. Então Belinha gastou 10 reais a mais que Amanda.
Gabarito: A.

(Escriturário – BB – 2013.2 – FCC) Uma empresa obteve um lucro líquido de R$ 263.500,00. Esse lucro será dividido proporcionalmente às cotas da sociedade que cada um dos seus quatro sócios possui. O sócio majoritário detém 9 das cotas e os outros três sócios possuem, respectivamente, 1, 3 e 4 cotas da sociedade. A quantia, em reais, que o sócio que possui 3 cotas receberá nessa divisão é igual a

(A) 15.500,00.
(B) 139.500,00.
(C) 46.500,00.
(D) 62.000,00.
(E) 31.000,00.

Esta empresa está dividida em 9 + 1 + 3 + 4 = 17 cotas. Logo, o sócio que possui 3 cotas receberá (3/17) x 263.500 = R$ 46.500,00.
Gabarito: C.

(Escriturário – BB – 2013.1 – FCC) Renato aplicou R$ 1.800,00 em ações e, no primeiro dia, perdeu ½ do valor aplicado. No segundo dia Renato ganhou 4/5 do valor que havia sobrado no primeiro dia, e no terceiro dia perdeu 4/9 do valor que havia sobrado no dia anterior. Ao final do terceiro dia de aplicação, Renato tinha, em R$,

(A) 820,00.
(B) 810,00.
(C) 800,00.
(D) 900,00.
(E) 1.200,00.

No primeiro dia, Renato perdeu 0,5 x 1.800 = 900 reais, restando assim 1.800 – 900 = R$ 900,00. No segundo dia, ele ganhou 0,8 x 900 = 720,00, acumulando então 900 + 720 = R$ 1.620,00. Finalmente, perdeu (4/9) x 1.620 = R$ 720,00 no 3º dia, voltando então ao total de 1.620 – 720 = R$ 900,00.
Gabarito: D.

(Escriturário – BB – 2015 – CESGRANRIO) A mãe de João decidiu ajudá-lo a pagar uma das prestações referentes a uma compra parcelada. Ela solicitou a antecipação do pagamento e, por isso, a financeira lhe concedeu um desconto de 6,25% sobre o valor original daquela prestação. João pagou um terço do novo valor, e sua mãe pagou o restante.

A parte paga pela mãe de João corresponde a que fração do valor original da prestação?

(A) $\dfrac{29}{48}$

(B) $\dfrac{1}{24}$

(C) $\dfrac{15}{16}$

(D) $\dfrac{5}{8}$

(E) $\dfrac{4}{25}$

A mãe de João pagou (2/3)x(1 – 0,0625) da prestação original, ou seja, (2/3)x(93,75/100) = 62,5/100 = 125/200 = 25/40 = 5/8.
Gabarito: D.

4. MATEMÁTICA E RACIOCÍNIO LÓGICO

4. EQUAÇÕES E INEQUAÇÕES DE 1.º E 2.º GRAUS; SISTEMAS LINEARES

(**Escriturário – BB – CESGRANRIO – 2023**) Três novas agências de um banco estão sendo criadas, e alguns poucos materiais ainda precisam ser comprados. A Tabela a seguir mostra esses materiais e suas respectivas quantidades, pedidas por cada uma dessas agências. Sabe-se que todos os armários são idênticos e têm o mesmo preço, o mesmo ocorrendo com as mesas e com as cadeiras.

	Armário	Mesa	Cadeira	Custo total (R$)
Agência X	4	7	10	7500
Agência Y	1	2	3	2080
Agência Z	2	2	2	?

O custo total da compra do material para a Agência Z, em R$, é de

(A) 2.200,00
(B) 2.380,00
(C) 2.460,00
(D) 2.520,00
(E) 2.740,00

Denominando por x, y, z os custos individuais do armário, mesa, e cadeira, respectivamente, temos que:

$4x + 7y + 10z = 7500$

$x + 2y + 3z = 2080$

Observamos assim três incógnitas e apenas duas equações. A princípio, não é possível descobrir os preços individualmente. Porém, se multiplicarmos a primeira equação por 2, a segunda por −6, e somarmos, chegamos a

$(2 \times 4 - 6 \times 1)x + (2 \times 7 - 6 \times 2)y + (2 \times 10 - 6 \times 3)z = 2 \times 7500 - 6 \times 2080$

Expressão esta que pode ser simplificada até

$2x + 2y + 2z = 2520$

Gabarito: D.

(**Escriturário – BB – CESGRANRIO – 2023**) J convenceu o diretor de um curso preparatório a abrir uma turma especialmente para o concurso em que ele pretende se inscrever, e comprometeu-se a trazer mais alunos para formar essa turma. O diretor do curso estabeleceu a seguinte condição:

— Uma sala com 70 lugares, ou seja, com capacidade para até 70 estudantes, será disponibilizada para a turma, desde que cada estudante, incluindo você, J, pague mensalmente R$ 660,00, mais R$ 30,00 por cada lugar vago.

Considerando-se a condição estabelecida pelo diretor, para que o curso tenha arrecadação mensal máxima com essa turma, ela deverá ter exatamente x estudantes.

Dividindo-se x por 5, obtém-se resto igual a

(A) 0
(B) 1
(C) 2
(D) 3
(E) 4

Dada a regra imposta, temos que, denominando por x o número de alunos da sala $(1 \leq x \leq 70)$, cada aluno pagará mensalmente, a quantia em reais de $660 + 30(70 - x) = 660 + 30(70 - x) = 2760 - 30x$

Desta forma, o retorno mensal da sala será de

$r(x) = (2760 - 30x)x = -30x^2 + 2760x$

A equação de $r(x)$ representa uma parábola com concavidade para baixo, de forma que contém um ponto de máximo, obtido no ponto

$x' = -\dfrac{b}{2a} = -\dfrac{2760}{-60} = 46$ alunos

Finalmente, observamos que o resto da divisão de 46 por 5 é igual a 1.

Gabarito: B.

(**Técnico Bancário – BANESTES – FGV – 2023**) Sílvio foi de carro de Cachoeiro de Itapemirim até Vitória passando por Guarapari. Ele deu início a sua viagem às 6h13min e chegou ao seu destino às 8h48min.

Se o tempo gasto no trajeto de Guarapari até Vitória é 2/3 do tempo consumido de Cachoeiro de Itapemirim até Guarapari, conclui-se que Sílvio chegou a Guarapari às

(A) 6h44min.
(B) 7h15min.
(C) 7h31min.
(D) 7h46min.
(E) 7h50min.

O tempo total de viagem foi de 2h35min, ou, de forma equivalente, 155 minutos. Denominando por x o tempo de viagem entre Cachoeiro de Itapemirim até Guarapari, e por y o tempo de viagem entre Guarapari e Vitória, temos o seguinte sistema de equações lineares:

$x + y = 155$

$y = \dfrac{2x}{3}$

Resolvendo o sistema de equações por substituição, temos que $x + \dfrac{2x}{3} = \dfrac{5x}{3} = 155 \rightarrow x = 93$ minutos. Logo, Sílvio chegou a Guarapari às 6h13min + 1h33min = 7h46min.

Gabarito: D.

(**Escriturário – BB – CESGRANRIO – 2021**) Um negociador de investimentos de uma instituição financeira pergunta ao gerente de tal instituição qual a taxa de juros anual máxima que pode oferecer a um cliente investidor, e o gerente afirma que ficará satisfeito com uma taxa anual máxima de 8,36%. O negociador entra em contato com o cliente que pretende investir um capital C1 e diz que, ao final de um ano, ele receberá C2, que corresponde a C1 acrescido de 5,00% de juros, mas não tem sucesso nessa negociação inicial. O negociador resolve aplicar uma nova taxa sobre C2, mas sem ultrapassar a taxa anual máxima que está autorizado a oferecer.

Qual o valor máximo da taxa a ser aplicada sobre C2?

(A) 2,16%
(B) 2,24%
(C) 3,20%
(D) 7,96%
(E) 16,72%

De acordo com as regras do gerente, temos que:

$\left(1 + \dfrac{5}{100}\right) \times (1 + i_{nova}) \leq 1 + \dfrac{8.36}{100} \rightarrow 1 + i_{nova} \leq \dfrac{1.0836}{1.05} = 1.032 \rightarrow i_{nova} \leq 0.032$ ou 3.2%

Gabarito: C.

(**Escriturário – BB – CESGRANRIO – 2021**) Uma loja vende um produto em dois tipos de embalagem: unitária (com uma unidade do produto) e dupla (com duas unidades do produto). Em certo mês, foram vendidas 16 embalagens duplas e 20 unitárias, gerando uma receita para a loja de R$ 488,00. No mês seguinte, foram vendidas 30 embalagens duplas e 25 unitárias, gerando uma receita de R$ 790,00.

Qual foi a porcentagem do desconto dado em cada unidade do produto ao se comprar a embalagem dupla?

(A) 5%
(B) 8%
(C) 10%
(D) 12%
(E) 15%

Sejam x, y os custos dos produtos em embalagem unitária e dupla, respectivamente. Temos então que:

$20x + 16y = 488$

$25x + 30y = 790$

Multiplicando a primeira equação por –1.25, e somando os resultados, temos que

$(25 - 1.25 \times 20)x + (30 - 1.25 \times 16) = 790 - 1.25 \times 488 \rightarrow 10y = 180 \rightarrow y = 18$

Substituindo este valor na 1ª equação, temos que

$20x + 16 \times 18 = 488 \rightarrow x = 10$

Portanto, na embalagem dupla, cada unidade custa $\dfrac{18}{2} = 9$ reais, enquanto, na embalagem unitária, cada unidade custa 10 reais. Desta forma, o desconto dado é de $\dfrac{10-9}{10} = 0.1$ ou 10%.

Gabarito: C.

4. MATEMÁTICA E RACIOCÍNIO LÓGICO

(Escriturário – BB – 2010.2 – FCC) Suponha que, para a divulgação de produtos oferecidos pelo Banco do Brasil no primeiro trimestre deste ano, 1 295 folhetos foram entregues aos clientes em janeiro e que o total entregue nos dois meses seguintes foi o dobro desse valor. Se o número de folhetos entregues em março ultrapassou o de fevereiro em 572 unidades, a soma dos números de folhetos entregues em janeiro e fevereiro foi

(A) 2 018
(B) 2 294
(C) 2 304
(D) 2 590
(E) 2 876

Seja x o número de folhetos entregue em fevereiro e y o número entregue em março. Temos que a soma destes valores é o dobro do valor entregue em janeiro, ou seja, x + y = 2x1295 = 2590. Além disso, o problema fornece que y - x = 572. Somando as duas equações, temos que 2y = 3162, ou seja, y = 1581 e, portanto, x = 1581 - 572 = 1009. Logo, o número de folhetos entregues em janeiro e fevereiro foi de 1295 + 1009 = 2304.

(Escriturário – BB – 2010.1 – CESGRANRIO) No Brasil, os clientes de telefonia móvel podem optar pelos sistemas pré-pago ou pós-pago. Em certa empresa de telefonia móvel, 17 em cada 20 clientes utilizam o sistema pré-pago. Sendo assim, o número de clientes que utilizam o sistema pré-pago supera o número de clientes do pós-pago em 24,36 milhões. Quantos milhões de clientes são atendidos por essa empresa?

(A) 34,80
(B) 32,18
(C) 31,20
(D) 30,25
(E) 29,58

Sejam T o número total de clientes dessa empresa, e P o número de clientes no sistema pré-pago. Logo, 17 T = 20 P. Além disso, P = (T – P) + 24,36. Logo (17/20) T = T – (17/20) T + 24,36, ou seja (14/20) T = 24,36, T = 34,80.

(Escriturário – BB – 2010.1 – CESGRANRIO) De acordo com o Plano Nacional de Viação (PNV) de 2009, a malha de estradas não pavimentadas de Goiás tem 62.868km a mais do que a malha de estradas pavimentadas. Sabe-se, também, que a extensão total, em quilômetros, das estradas não pavimentadas supera em 393km o sêxtuplo da extensão das estradas pavimentadas. Quantos quilômetros de estradas pavimentadas há em Goiás?

(A) 12.495
(B) 12.535
(C) 12.652
(D) 12.886
(E) 12.912

Sejam NP a malha de estradas não pavimentadas e P a malha pavimentada. Então NP = P + 62.868 e também NP = 6P + 393. Logo, P + 62868 = 6P + 393, ou seja, 5P = 62.475, P = 12.495.

(Escriturário – BB – 2011.2 – FCC) Relativamente aos tempos de serviço de dois funcionários do Banco do Brasil, sabe-se que sua soma é 5 anos e 10 meses e que estão entre si na razão 3/2. Nessas condições, a diferença positiva entre os tempos de serviço desses funcionários é de

(A) 2 anos e 8 meses.
(B) 2 anos e 6 meses.
(C) 2 anos e 3 meses.
(D) 1 ano e 5 meses.
(E) 1 ano e 2 meses.

Sejam x e y os tempos de serviços dos funcionários em meses. Sabemos que x + y = 70 e x/y = 3/2, ou seja, 2x = 3y, x = 1,5y. Logo 2,5y = 70, y = 28. Finalmente, x = 70 - 28 = 42. Logo, a diferença é de 42 - 28 = 14 meses, ou seja, 1 ano e 2 meses.

(Escriturário – BB – 2011.2 – FCC) Josué e Natanael receberam, cada um, um texto para digitar. Sabe-se que:

– no momento em que Josué iniciou a digitação das páginas de seu texto, Natanael já havia digitado 5 páginas do dele;

– a cada 15 minutos, contados a partir do início da digitação de Josué, Natanael digitou 2 páginas e Josué 3.

Nessas condições, a quantidade de páginas que Josué deverá digitar para igualar àquela digitada por Natanael é um número

(A) menor que 16.
(B) primo.
(C) quadrado perfeito.
(D) divisível por 4.
(E) maior que 25.

Seja n o número de períodos de 15 minutos após que Josué começou a digitar seu texto. Neste caso, o número de páginas que Natanael digitou é N = 5 + 2n, e o número de páginas que Josué digitou é J = 3n. Teremos que o número de páginas será igual quando 5 + 2n = 3n, ou seja, n = 5. Neste momento, ambos terão digitados 15 páginas, que é um número menor que 16.

(Escriturário – BB – 2011.3 – FCC) Gertrudes e Rubem – funcionários de uma Agência do Banco do Brasil – receberam, cada um, uma mesma quantidade de folhetos para a divulgação de serviços e produtos oferecidos pelo Banco. Sabendo que, se Gertrudes repassar a terça parte de seu total de folhetos para Rubem, então ele terá que distribuir 64 folhetos a mais do que ela. É correto concluir que o total de folhetos que cada um recebeu inicialmente é um número compreendido entre

(A) 10 e 25.
(B) 25 e 50.
(C) 50 e 75.
(D) 75 e 100.
(E) 100 e 125.

Seja x a quantidade de folhetos que Gertrudes ou Rubem recebeu. Do texto, temos que Gertrudes distribuirá x - x/3 = 2x/3 dos folhetos, e Rubem x + x/3 = 4x/3. Neste caso, sabemos que Rubem distribuirá 64 folhetos a mais, ou seja, 2x/3 + 64 = 4x/3, ou seja, 2x/3 = 64, x = 96.

(Escriturário – BB – 2011.1 – FCC) Em um dado momento em que Ari e Iná atendiam ao público nos guichês de dois caixas de uma Agência do Banco do Brasil, foi observado que a fila de pessoas à frente do guichê ocupado por Ari tinha 4 pessoas a mais que aquela formada frente ao guichê que Iná ocupava. Sabendo que, nesse momento, se 8 pessoas da fila de Ari passassem para a fila de Iná, esta última ficaria com o dobro do número de pessoas da de Ari, então, o total de pessoas das duas filas era:

(A) 24.
(B) 26.
(C) 30.
(D) 32.
(E) 36.

Seja x o número de pessoas à frente do guichê de Ari e y o número de pessoas à frente do guichê de Iná. Logo x = y + 4, ou seja, x – y = 4. Da segunda afirmação temos que 2.(x – 8) = y + 8, ou seja, 2x – y = 24. Subtraindo a primeira expressão desta última, temos que x = 20, e, portanto, y = 16. Logo, x + y = 36.
Gabarito E.

(Escriturário – BB – 2011.1 – FCC) Certa máquina gasta 20 segundos para cortar uma folha de papelão de formato retangular em 6 pedaços iguais. Assim sendo, quantos segundos essa mesma máquina gastaria para cortar em 10 pedaços iguais outra folha igual à primeira se, em ambas as folhas, todos os cortes devem ter o mesmo comprimento?

(A) 36.
(B) 35,5.
(C) 34.
(D) 33,3.
(E) 32.

Observe que, para dividir a folha em 6 pedaços iguais, a máquina efetua 5 cortes. Logo, esta máquina gasta 20/5 = 4 segundos por corte. Para dividir uma folha em 10 pedaços, são necessários 9 cortes. Logo, para efetuar 9 cortes, teremos 4x 9 = 36 segundos.
Gabarito A.

(Escriturário – BB – 2011.1 – FCC) Em dezembro de 2007, um investidor comprou um lote de ações de uma empresa por R$ 8 000,00. Sabe-se que: em 2008 as ações dessa empresa sofreram uma valorização de 20%; em 2009, sofreram uma desvalorização de 20%, em relação ao seu valor no ano anterior; em 2010, se valorizaram em 20%, em relação ao seu valor em 2009. De acordo com essas informações, é verdade que, nesses três anos, o rendimento percentual do investimento foi de:

(A) 20%.
(B) 18,4%.
(C) 18%.
(D) 15,2%.
(E) 15%.

O rendimento percentual do investimento i é tal que 1 + i = (1 + 0,2) x (1 – 0,2) x (1 + 0,2) = 1,152. Logo o rendimento nestes anos foi de 15,2%.
Gabarito D.

(Escriturário – BB – 2012 – CESGRANRIO) No Brasil, quase toda a produção de latas de alumínio é reciclada. As empresas de reciclagem pagam R$ 320,00 por 100 kg de latas usadas, sendo que um quilograma corresponde a 74 latas.

De acordo com essas informações, quantos reais receberá um catador ao vender 703 latas de alumínio?

(A) 23,15
(B) 23,98
(C) 28,80
(D) 28,96
(E) 30,40

Se um kg corresponde a 74 latas, temos que 703 latas correspondem a 703/74 = 9,5kg. De forma similar, se 320 reais são pagos por 100kg de latas, então por 9,5 kg serão pagos (320 / 100) x 9,5 = R$ 30,40.
Gabarito E.

(Escriturário – BB – 2015 – CESGRANRIO) Fábio possui certa quantia aplicada em um fundo de investimentos. Pensando em fazer uma viagem, Fábio considera duas possibilidades: resgatar ¼ ou ⅕ da quantia aplicada. Optando pelo resgate maior, Fábio terá R$ 960,00 a mais para arcar com os custos de sua viagem. Qual é, em reais, o saldo do fundo de investimentos de Fábio?

(A) 5.600,00
(B) 19.200,00
(C) 3.840,00
(D) 4.800,00
(E) 10.960,00

Seja C o saldo do fundo de investimentos. Sabemos que C/4 = C/5 + 960. Logo C/4 – C/5 = C/20 = 960, ou seja, C = R$ 19.200,00.
Gabarito B.

(Escriturário – BB – 2015 – CESGRANRIO) Um cliente foi sorteado em um plano de capitalização, cujo prêmio, após os descontos, foi de R$ 8.800,00. Esse prêmio foi dividido entre seus três filhos de modo que o segundo ganhou um quinto a mais que o primeiro, e o terceiro ganhou cinco sextos a mais que o segundo.

Quanto recebeu o primeiro filho?

(A) R$ 4.000,00
(B) R$ 3.600,00
(C) R$ 2.000,00
(D) R$ 2.400,00
(E) R$ 4.400,00

Seja P, S, T, os valores recebidos pelo primeiro, segundo e terceiro filho, respectivamente. Sabemos que P + S + T = 8.800. Temos também que S = (1 + 1/5)P = 1,2P. Temos também que T = (1 + 5/6)S = (11/6)S. Assim sendo, temos que T = (11/6)(6/5)P, ou seja, T = (11/5)P = 2,2P. Substituindo estes valores na primeira equação, temos que P + 1,2P + 2,2P = 8.800, ou seja, 4,4P = 8.800, P = R$ 2.000,00.
Gabarito C.

5. FUNÇÕES; GRÁFICOS

(Escriturário – BB – CESGRANRIO – 2021) J modelou um problema de matemática por uma função exponencial do tipo $a(x)=1000e^{kx}$, e L, trabalhando no mesmo problema, chegou à modelagem $b(x)=10^{2x+3}$.

Considerando-se que ambos modelaram o problema corretamente, e que ln x = log$_e$x, qual o valor de k?

(A) ln 2
(B) ln 3
(C) ln 10
(D) ln 30
(E) ln 100

Se ambos modelaram corretamente, então $a(x) = b(x)$, portanto

$1000e^{kx} = 10^{2x+3} = 10^3 \times 10^{2x} = 1000 \times 10^{2x}$

Portanto

$e^{kx} = 10^{2x} \rightarrow \ln(e^{kx}) = \ln(10^{2x}) \rightarrow kx = x\ln(10^2) \rightarrow k = \ln(100)$

Gabarito: E.

(Escriturário – BB – CESGRANRIO – 2018) Sabe-se que g é uma função par e está definida em todo domínio da função f, e a função f pode ser expressa por

f(x) = x² + k . x . g(x).

Se f(1) = 7, qual o valor de f(-1)?

(A) 7
(B) 5
(C) - 7
(D) - 6
(E) - 5

Temos que:

$f(1) = 1^2 + k \times 1 \times g(1) = 1 + k \times g(1) = 7 \rightarrow k \times g(1) = 6$

Como g é uma função par, então $g(-1) = g(1)$, e portanto:

$f(-1) = (-1)^2 + k \times (-1) \times g(-1) = 1 - k \times g(1) = 1 - 6 = -5$

Gabarito: E.

(Escriturário – BB – CESGRANRIO – 2018) Para ilustrar a importância da análise gráfica em análises de regressão linear, F. J. Anscombe produziu quatro conjuntos de pares (x, y) a partir das mesmas estatísticas suficientes, como: coeficientes linear e angular; soma dos quadrados dos resíduos e da regressão; e número de observações. Os diagramas de dispersão para as quatro bases de dados, juntamente com a reta da regressão (y = 4 + 0,5 x), encontram-se abaixo.

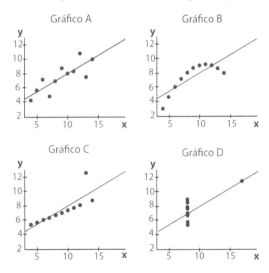

Com base nesses gráficos, considere as seguintes afirmativas:

I. – O gráfico B mostra um valor influente para gerar uma regressão linear.
II. – O gráfico C mostra uma possível observação outlier na regressão linear.
III. – O gráfico D mostra uma possível observação outlier na regressão linear.
Está correto SOMENTE o que se afirma em

(A) II e III
(B) I e III
(C) I
(D) II
(E) III

Relembramos que, em uma regressão linear, outlier é um ponto com grande afastamento da reta e um valor influente é aquele que modifica substancialmente os coeficientes angulares e lineares da regressão. Desta forma
A – Não há outliers, e não há valores influentes
B – Não há outliers, e não há valores influentes
C – Existe um outlier (o ponto com coordenada y mais alta). Este ponto pode também ser considerado influente, pois sua remoção faria a regressão seguir os demais de maneira substancialmente mais precisa.
D – Não há outliers, porém o ponto com coordenada y mais alta é influente, pois sua remoção faria a reta ser praticamente vertical, se aproximando significativamente melhor dos demais pontos.
Gabarito: D.

(Escriturário – BB – CESGRANRIO – 2018) Uma instituição financeira pretende lançar no mercado um aplicativo para celular. Para isso, deseja relacionar o grau de conhecimento dos clientes com as variáveis: nível de escolaridade e idade.

Uma amostra aleatória de 46 clientes foi selecionada e, posteriormente, aplicou-se o modelo de regressão linear, sendo a variável dependente o grau de conhecimento, em uma escala crescente, e as variáveis independentes (i) o nível de escolaridade, em anos de estudo com aprovação, e (ii) a idade, em anos completos.

Os resultados obtidos para os coeficientes foram:

	Coeficientes	Erro padrão	Estatística t	valor-P
Interseção	50,7	4,1	12,4	8,5E–16
Nível de escolaridade (anos de estudo com aprovação)	4,0	0,3	12,4	9,1E–16
Idade (anos completos)	–0,6	0,1	–8,4	1,2E–10

O grau de conhecimento esperado de um cliente com 10 anos de estudos com aprovação e com 30 anos de idade completos é
(A) 108,7
(B) 94,1
(C) 54,1
(D) 72,7
(E) 86,1

Dos coeficientes fornecidos, sabemos que a fórmula de regressão linear obtida é
$f(Esc, Idade) = 50.7 + 4.0 \times Esc - 0.6 \times Idade$
Assim, $f(10,30) = 50.7 + 4.0 \times 10 - 0.6 \times 30 = 50.7 + 40 - 18 = 72.7$
Gabarito: D.

(Escriturário – BB – 2012 – CESGRANRIO)

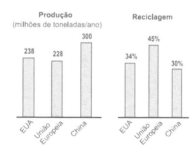

Revista Veja. São Paulo: Abril, 2249. ed, ano 44, n.52, 28 dez. 2011, p. 23. Edição especial. Sustentabilidade. Adaptado.

Os gráficos acima apresentam dados sobre a produção e a reciclagem de lixo em algumas regiões do planeta.

Baseando-se nos dados apresentados, qual é, em milhões de toneladas, a diferença entre as quantidades de lixo recicladas na China e nos EUA em um ano?
(A) 9,08

(B) 10,92
(C) 12,60
(D) 21,68
(E) 24,80

A quantidade anual de lixo reciclado na China é de 300 x 0,3 = 90 toneladas, e nos EUA de 238 x 0,34 = 80,92 toneladas. Logo, a diferença é de 90 − 80,92 = 9,08 toneladas por ano.

(Escriturário – BB – 2013.2 – FCC) Após a finalização de um concurso de conhecimentos gerais, os dados foram organizados e apresentados em um infográfico, conforme abaixo.

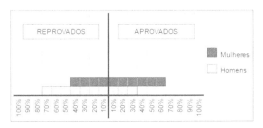

Sabe-se que, do total de 840 participantes desse exame, 25% eram mulheres. Nas condições dadas, o total de aprovados no concurso é igual a

(A) 756.
(B) 315.
(C) 189.
(D) 284.
(E) 354.

Dos dados do exercício, sabemos que, dos participantes, 0,25x840 = 210 eram mulheres e, portanto, 840 − 210 = 630 eram homens. Logo, o total de aprovados, a partir do infográfico, foi de 0,3x630 + 0,6*210 = 315.

Atenção: Para responder às próximas 2 questões considere as informações abaixo:

O supervisor de uma agência bancária obteve dois gráficos que mostravam o número de atendimentos realizados por funcionários. O Gráfico I mostra o número de atendimentos realizados pelos funcionários A e B, durante 2 horas e meia, e o Gráfico II mostra o número de atendimentos realizados pelos funcionários C, D e E, durante 3 horas e meia.

Gráfico I

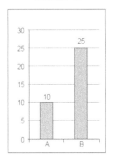

Gráfico II

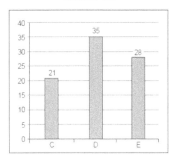

(Escriturário – BB – 2013.1 – FCC) Observando os dois gráficos, o supervisor desses funcionários calculou o número de atendimentos, por hora, que cada um deles executou. O número de atendimentos, por hora, que o funcionário B realizou a mais que o funcionário C é

(A) 3.
(B) 10.
(C) 5.
(D) 6.
(E) 4.

O funcionário B realizou 25 atendimentos em 2,5 horas, em uma média de 25/2,5 = 10 atendimentos por hora. O funcionário C fez 21 atendimentos em 3,5 horas, numa média de 21/3,5 = 6 atendimentos por hora. Desta forma, o funcionário B realizou 10 − 6 = 4 atendimentos por hora a mais que o funcionário C.

(Escriturário – BB – 2013.1 – FCC) Preocupado com o horário de maior movimento, que se dá entre meio dia e uma e meia da tarde, o supervisor colocou esses cinco funcionários trabalhando simultaneamente nesse período. A partir das informações dos gráficos referentes ao ritmo de trabalho por hora dos funcionários, o número de atendimentos total que os cinco funcionários fariam nesse período é

(A) 57.
(B) 19.
(C) 38.
(D) 45.
(E) 10.

No período de 1 hora e meia, podemos calcular o atendimento total dos 5 funcionários através das informações dos gráficos, como sendo igual a (1,5/2,5) x (10 + 25) + (1,5/3,5) x (21 + 35 + 28) = 0,6 x 35 + (3/7) x 84 = 21 + 36 = 57.

Atenção: Para responder às próximas 3 questões, considere as informações abaixo:

Uma corretora de seguros negocia cinco tipos de apólices de seguros denominadas I, II, III, IV e V. Nos primeiros vinte dias do mês, a corretora negociou 1.240 apólices. O Gráfico A mostra a participação, em porcentagem, de cada um dos tipos de apólice nesses 1.240 negócios. O Gráfico B mostra, em porcentagem, a meta de participação nos negócios a ser alcançada até o fim do mês por tipo de apólice. Sabe-seque a meta a ser atingida é a de negociação de 1.500 apólices no mês.

Gráfico A   Gráfico B

(Escriturário – BB – 2013.1 – FCC) O número de negociações, ainda necessárias, da apólice V, para alcançar exatamente a meta prevista para ela, é:

(A) 75.
(B) 163.
(C) 124.
(D) 62.
(E) 225.

A meta da apólice V são 15 % de 1500 apólices vendidas, ou seja 0,15 x 1500 = 225 apólices. Nos primeiros 20 dias do mês foram vendidas 5% de 1240, ou seja, 0,05 x 1240 = 62. Desta forma, ainda são necessárias 225 – 62 = 163 negociações para se alcançar a meta.
Gabarito B.

(Escriturário – BB – 2013.1 – FCC) O tipo de apólice que deve ser menos negociada, no tempo que ainda falta, para que a meta seja exatamente atingida, é a apólice

(A) IV.
(B) II.
(C) III.
(D) I.
(E) V.

A apólice I tem meta de 0,1 x 1500 = 150 e já foram negociadas 0,1 x 1240 = 124, restando ainda 150 – 124 = 26 para cumprir a meta. A apólice II tem meta de 0,15 x 1500 = 225 e já foram negociadas 0,15 x 1240 = 186, restando, portanto, 225 – 186 = 39 a serem negociadas. A apólice III tem meta de 0,25 x 1500 = 375 e já foram negociadas 0,3 x 1240 = 372, restando 375 – 372 = 3 para a meta. A apólice IV tem meta de 0,35 x 1500 = 525 e já se negociou 0,4 x 1240 = 496, restando, portanto, 525 – 496 = 29 para a conclusão. Finalmente a apólice V necessita 163 para cumprir a meta, conforme item anterior. Logo, a apólice mais próxima da meta é a III.
Gabarito C.

(Escriturário – BB – 2013.1 – FCC)Considere que os preços de negociação das apólices sejam1 unidade monetária para a apólice I, 2 unidades monetárias para a apólice II, 3 unidades monetárias para a apólice III, 4 unidades monetárias para a apólice IV e 5 unidades monetárias para a apólice V. Se a meta mensal de 1.500 negociações, com participação conforme descrito no gráfico B, for atingida, a participação da apólice IV na arrecadação total das negociações realizadas nesse mês, em porcentagem aproximada, é igual a

(A) 48.
(B) 40.
(C) 35.
(D) 45.
(E) 42.

A partir dos resultados dos exercícios anteriores, podemos obter a porcentagem da participação da apólice IV como sendo 4 x 525 / (1 x 150 + 2 x 225 + 3x375 + 4x525 + 5x225) = 2100 / 4950 = 0,424 ou 42,4%.
Gabarito E.

6. SEQUÊNCIAS NUMÉRICAS

(Escriturário – BB – CESGRANRIO – 2018) Uma sequência numérica tem seu termo geral representado por an, para n ≥ 1. Sabe-se que a1 = 0 e que a sequência cujo termo geral é bn = an+1 - an, n ≥ 1, é uma progressão aritmética cujo primeiro termo é b1 = 9 e cuja razão é igual a 4.

O termo a1000 é igual a

(A) 2.002.991
(B) 2.002.995
(C) 4.000.009
(D) 4.009.000
(E) 2.003.000

Inicialmente, temos que o termo genérico da sequência b pode ser obtida por:

$$b_n = 9 + 4(n-1)$$

Observamos que, ao somarmos os elementos da sequência b_n, obtemos

$$\sum_{i=1}^{999} b_n = b_{999} + b_{998} + \cdots + b_2 + b_1$$

$$= (a_{1000} - a_{999}) + (a_{999} - a_{998}) + \cdots + (a_3 - a_2) + (a_2 - a_1) = a_{1000} - a_1 = a_{1000}$$

Assim, para calcular a_{1000}, basta obter a soma dos 999 primeiros termos de b_n. Relembramos também a fórmula da soma do termos de uma PA:

$$S(n) = \frac{n}{2}(b_1 + b_n)$$

No caso em particular

$$S(999) = \frac{999}{2}(b_1 + b_{999}) = \frac{999}{2}(9 + 9 + 4 \times 998) = \frac{999}{2} \times 4010 = 2002995$$

Gabarito: B

(Escriturário – BB – CESGRANRIO – 2018) Para obter uma amostra de tamanho 1.000 dentre uma população de tamanho 20.000, organizada em um cadastro em que cada elemento está numerado sequencialmente de 1 a 20.000, um pesquisador utilizou o seguinte procedimento:

I. calculou um intervalo de seleção da amostra, dividindo o total da população pelo tamanho da amostra: 20.000/1.000 = 20;
II. sorteou aleatoriamente um número inteiro, do intervalo [1, 20]. O número sorteado foi 15; desse modo, o primeiro elemento selecionado é o 15º;
III. a partir desse ponto, aplica-se o intervalo de seleção da amostra: o segundo elemento selecionado é o 35º (15+20), o terceiro é o 55º (15+40), o quarto é o 75º (15+60), e assim sucessivamente.

O último elemento selecionado nessa amostra é o

(A) 19.997º
(B) 19.995º
(C) 19.965º
(D) 19.975º
(E) 19.980º

A fórmula do n-ésimo termo desta seleção é $f(n) = 15 + (n-1) \times 20$. Podemos observar que o primeiro, o segundo, o terceiro e o quarto elementos selecionados são facilmente calculáveis como $f(1)$, $f(2)$, $f(3)$, $f(4)$ respectivamente. Desta forma,

$$f(1000) = 15 + 999 \times 20 = 19995.$$

Gabarito: B

(Escriturário – BB – 2010.2 – FCC) Uma pessoa abriu uma caderneta de poupança com um primeiro depósito de R$ 200,00 e, a partir dessa data, fez depósitos mensais nessa conta. Se a cada mês depositou R$ 20,00 a mais do que no mês anterior, ao efetuar o 15º depósito, o total depositado por ela era

(A) R$ 4 700,00.
(B) R$ 4 800,00.
(C) R$ 4 900,00.
(D) R$ 5 000,00.
(E) R$ 5 100,00.

Observe que o 2º depósito foi de 200 + 1x20 = 220,00 reais, o 3º depósito de 200 + 2x20 = 240,00 reais e, portanto, o 15º depósito foi de 200 + (15-1)x20 = 480,00 reais. Esta sequência de depósitos forma uma progressão aritmética. A soma dos 15 primeiros termos de uma PA é dado por S15 = (a1 + a15).(15/2) = 680x15/2 = R$ 5.100,00.

Gabarito: E.

(Escriturário – BB – 2010.1 – CESGRANRIO) Segundo dados do Instituto Internacional de Pesquisa da Paz de Estocolmo (Simpri), os gastos militares dos Estados Unidos vêm crescendo nos últimos anos, passando de 528,7 bilhões de dólares, em 2006, para 606,4 bilhões de dólares, em 2009. Considerando que este aumento anual venha acontecendo de forma linear, formando uma progressão aritmética, qual será, em bilhões de dólares, o gasto militar dos Estados Unidos em 2010?

(A) 612,5
(B) 621,3
(C) 632,3
(D) 658,5
(E) 684,1

Para X > 2006, o gasto militar, em bilhões de dólares, é dado pela função f(X) = 528,7 + [(606,4 – 528,7) / 3] x (X – 2006). Logo, f(2010) = 528,7 + 25,9 x 4 = 632,3.

Gabarito: C.

(Escriturário – BB – 2011.2 – FCC) Considere que os termos da sequência seguinte foram sucessivamente obtidos segundo determinado padrão:

(3, 7, 15, 31, 63, 127, 255, ...)

O décimo termo dessa sequência é

(A) 1537.
(B) 1929.
(C) 1945.
(D) 2047.
(E) 2319.

Observamos que obtemos a sequência dobrando o elemento anterior e somando 1. Desta forma, A(n) = 2A(n-1) + 1. Podemos iterar os valores para descobrir o 10º termo, mas se torna mais simples perceber que A(n) = 2n+1 - 1, ou seja, o termo de ordem n é a (n+1) potência de 2 subtraído de 1 unidade. Logo A(10) = 211 - 1 = 2048 - 1 = 2047.

Gabarito: D.

(Escriturário – BB – 2011.3 – FCC) Considere que os termos da sequência seguinte foram obtidos segundo determinado critério:

$$\left(\frac{1}{1}, \frac{5}{4}, \frac{3}{3}, \frac{15}{12}, \frac{13}{11}, \frac{65}{44}, \frac{63}{43}, \ldots \right)$$

Se x/y é o nono termo dessa sequência, obtido de acordo com esse critério, então a soma x + y é um número

(A) menor que 400.
(B) múltiplo de 7.
(C) ímpar.
(D) quadrado perfeito.
(E) maior que 500.

A sequência do numerador é obtida alternado multiplicação por 5 e subtração por 2. A sequência do denominador é obtida alternando multiplicação por 4 e subtração por 1. Assim, como temos o 7º termo, podemos obter o 9º facilmente como sendo (63*5 - 2) / (43 * 4 - 1) = 313 / 171. Logo, a soma do numerador e do denominador resulta em 484, que pode ser escrito como o quadrado de 22.

Gabarito: D.

(Escriturário – BB – 2012 – CESGRANRIO) Uma sequência numérica infinita (e1, e2, e3,..., en,...) é tal que a soma dos n termos iniciais é igual a n2+ 6n. O quarto termo dessa sequência é igual a

(A) 9
(B) 13
(C) 17
(D) 32
(E) 40

O primeiro termo é igual à soma do primeiro termo, logo, e1 = 12 + 6x1 = 7. O segundo termo é igual à soma dos 2 primeiros termos menos o primeiro termo, logo e2 = 22 + 6x2 – 7 = 4 + 12 – 7 = 9. O terceiro termo é a soma dos 3 primeiros termos menos a soma dos 2 primeiros termos, ou seja, e3 = 32 + 6x3 – 9 – 7 = 9 + 18 – 9 – 7 = 11. Finalmente, o quarto termo é a soma dos 4 primeiros termos menos a soma dos 3 primeiros termos, e, portanto, e4 = 42 + 6x4 – 11 – 9 – 7 = 16 + 24 – 27 = 13.

Gabarito: B.

7. NOÇÕES DE PROBABILIDADE E ESTATÍSTICA

(Técnico Bancário – CEF – CESGRANRIO – 2024) A Carteira de Finanças Sustentáveis da Caixa Econômica Federal contém iniciativas por meio das quais a instituição visa contribuir para uma sociedade mais justa e sustentável. Na apresentação de resultados do terceiro trimestre de 2023, a Caixa Econômica Federal divulgou que o valor total dessa carteira era de R$ 720,7 bilhões, conforme descrito a seguir.

Produto	Valor da carteira (em bilhões de reais)
Comercial	31,9
FIES	51,7
Habitação	523,8
Minha Casa Minha Vida (Faixa 1)	9,5
Rural	8,4
Saneamento e Infraestrutura	95,4

A mediana dos valores da carteira dos produtos, em bilhões de reais, é, aproximadamente,

(A) 120
(B) 62
(C) 52
(D) 42
(E) 31

Para se obter a mediana, necessitamos inicialmente dos valores ordenados dos valores da carteira, ou seja, em bilhões de reais, {8,4; 9,5; 31,9;

51,7; 95,4; 523,8}. Dado que o conjunto possui 6 elementos, a mediana é calculada como o valor médio entre o 3º e o 4º elemento do conjunto ordenado. Neste caso, a mediana é dada por $\frac{31,9+51,7}{2} = 41,8$.

Gabarito D

(Técnico Bancário – CEF – CESGRANRIO – 2024) A Caixa Econômica Federal exerce a gestão e a distribuição centralizada de diversos programas sociais, podendo inclusive desempenhar o papel de administradora do benefício, em alguns casos. Em 2023, esses programas sociais representaram quase R$ 283 bilhões em benefícios pagos à população, entre janeiro e setembro. O destaque foi para o Bolsa Família, responsável por aproximadamente R$ 118 bilhões, beneficiando cerca de 24 milhões de famílias no mesmo período. Considere que esses 24 milhões de famílias foram beneficiados pelo programa durante todo o período considerado, ignorando a saída de famílias beneficiadas ou a entrada de novas famílias ao rol de beneficiados.

O valor médio dos benefícios, em reais, recebidos por família durante todo o período é, aproximadamente, de

(A) 5.000,00
(B) 7.000,00
(C) 10.000,00
(D) 11.000,00
(E) 12.000,00

Do enunciado, sabemos que aproximadamente R$ 118.000.000.000,00 do Bolsa Família atenderam 24.000.000,00 famílias durante o período considerado. Desta forma, o benefício médio durante o período foi de $\frac{118.000.000.000,00}{24.000.000,00} = 4.916,67$ reais.

Gabarito A

(Técnico Bancário – CEF – CESGRANRIO – 2024) Uma pesquisa da Associação Brasileira das Entidades dos Mercados Financeiro e de Capitais (Anbima) mostrou que a probabilidade de um brasileiro adulto investir o seu dinheiro é de apenas 36%. Para esses, o investimento mais popular é a poupança, investimento realizado por 1 a cada 4 investidores brasileiros.

Com base nessa pesquisa e considerando-se uma população brasileira de 140 milhões de brasileiros adultos, quantos milhões de brasileiros adultos investem na poupança?

(A) 12,6
(B) 35,0
(C) 50,4
(D) 54,0

Dado que a população brasileira é de 140 milhões de adultos, e 36% fazem investimentos, então $140 \times \frac{36}{100} = 50,4$ milhões de brasileiros investem. Se, dos investidores, 1 a cada 4 investem em poupança, então $50,4 \times \frac{1}{4} = 12,6$ milhões de brasileiros investem nesta modalidade.

Gabarito A

(Técnico Bancário – CEF – CESGRANRIO – 2024) A Caixa Econômica Federal é um dos maiores financiadores de habitação no país. A cada dia, são feitas cerca de 200 mil simulações de financiamentos habitacionais e 2.000 contratos novos são assinados.

A probabilidade de que um par aleatório de simulações independentes resulte em pelo menos um novo contrato assinado é

(A) 50,00%
(B) 2,00%
(C) 1,99%
(D) 1,98%
(E) 0,01%

A cada 200 mil simulações temos 2.000 contratos assinados. Desta forma, a cada simulação, temos $\frac{2.000}{200.000} = 0,01 = 1\%$ de chance do contrato ser assinado e $0,99 = 99\%$ de chance de o contrato não ser assinado.

Visto que a probabilidade de um par aleatório independente resultar em pelo menos um novo contrato assinado é a probabilidade complementar do evento dos dois contratos não serem assinados, a probabilidade procurada é $1 - 0,99 \times 0,99 = 1 - 0,9801 = 0,0199 = 1,99\%$

Gabarito C

(Técnico Bancário – CEF – CESGRANRIO – 2024) O gerente de um banco possui apenas quatro contas sob sua gestão, uma com saldo de R$ 30 mil, duas com saldo de R$ 50 mil e uma com saldo de R$ 70 mil.

O coeficiente de variação dos saldos das contas sob a responsabilidade desse gerente é, aproximadamente,

Dado
√2=1,414

(A) 14,14%
(B) 28,28%
(C) 44,44%
(D) 58,58%
(E) 64,64%

Para o cálculo do coeficiente de variação, necessitamos tanto da média (μ) e do desvio padrão (σ) da amostra.

Para a média:
$\mu = \frac{30+50+50+70}{4} = 50$ mil reais.

O desvio padrão pode ser calculado por

$\sigma = \sqrt{\frac{(30-50)^2+(50-50)^2+(50-50)^2+(70-50)^2}{4}} = \sqrt{\frac{800}{4}} = \sqrt{200} = 10 \times \sqrt{2} \approx 14,14$ mil reais

Portanto, o coeficiente de variação (CV) é:

$CV = \frac{\sigma}{\mu} = \frac{14.140,00}{50.000,00} = 0,2828 = 28,28\%$

Gabarito B

(Escriturário – BB – CESGRANRIO – 2018) Em um jogo, os jogadores escolhem três números inteiros diferentes, de 1 a 10. Dois números são sorteados e se ambos estiverem entre os três números escolhidos por um jogador, então ele ganha um prêmio. O sorteio é feito utilizando-se uma urna com 10 bolas numeradas, de 1 até 10, e consiste na retirada de duas bolas da urna, de uma só vez, seguida da leitura em voz alta dos números nelas presentes.

Qual é a probabilidade de um jogador ganhar um prêmio no sorteio do jogo?

(A) 1/90
(B) 1/30
(C) 1/5
(D) 1/15

(E) 1/20

Como o sorteio é feito sem reposição, a probabilidade do primeiro número (de um total de 10) estar entre os três números que o jogador escolheu é $\frac{3}{10}$, e a probabilidade do segundo número (de um total de 9) estar entre os dois números restantes é $\frac{2}{9}$. Desta forma, a probabilidade de o jogador ganhar o prêmio é:

$$p = \frac{3}{10} \times \frac{2}{9} = \frac{1}{5 \times 3} = \frac{1}{15}$$

Gabarito: D.

(Técnico Bancário – CEF – CESGRANRIO – 2021) Seis candidatos, aprovados para a penúltima etapa de um processo seletivo, foram submetidos a um teste de conhecimentos gerais com 10 itens do tipo "verdadeiro/falso". Os dois primeiros candidatos acertaram 8 itens cada, o terceiro acertou 9, o quarto acertou 7, e os dois últimos, 5 cada. Pelas regras do concurso, passariam, para a etapa final da seleção, os candidatos cujo número de acertos fosse maior ou igual à mediana do número de acertos dos seis participantes.

Quantos candidatos passaram para a etapa final?

(A) 2
(B) 3
(C) 4
(D) 5
(E) 6

Ordenando os resultados obtidos pelos candidatos, temos a seguinte sequência: 5, 5, 7, 8, 8, 9. A mediana neste caso é igual à média do 3º e do 4º resultado ordenado, ou seja, é igual a $\frac{7+8}{2}$ = 7.5. Portanto, existem 3 candidatos com notas maiores ou iguais à mediana.

Gabarito: B.

(Técnico Bancário – CEF – CESGRANRIO – 2021) Os alunos de certa escola formaram um grupo de ajuda humanitária e resolveram arrecadar fundos para comprar alimentos não perecíveis. Decidiram, então, fazer uma rifa e venderam 200 tíquetes, numerados de 1 a 200. Uma funcionária da escola resolveu ajudar e comprou 5 tíquetes. Seus números eram 75, 76, 77, 78 e 79. No dia do sorteio da rifa, antes de revelarem o ganhador do prêmio, anunciaram que o número do tíquete sorteado era par.

Considerando essa informação, a funcionária concluiu acertadamente que a probabilidade de ela ser a ganhadora do prêmio era de

(A) 1,0%
(B) 2,0%
(C) 3,0%
(D) 4,0%
(E) 5,0%

Sabendo que o número sorteado é par, a funcionária possui 2 bilhetes que ainda podem estar premiados (76 e 78) dentro dos 100 números pares que existem entre 1 e 200. Desta forma, a chance de ela ter sido sorteada é de $\frac{2}{100}$ = 2%.

Gabarito: B.

(Técnico Bancário – BASA – CESGRANRIO – 2022) Em outubro de 2021, segundo dados do Banco Central, os saques nas cadernetas de poupança superaram os depósitos em cerca de R$7,4 bilhões. Foram R$278 bilhões em depósitos e R$285,4 bilhões em saques, aproximadamente, no período.

Disponível em: <https://g1.globo.com/economia/noticia/2021/11/05/saques-na-poupanca-superam-depositos-em--r-743-bilhoes-em-outubro.ghtml>. Acesso em: 12 nov. 21. Adaptado.

Tomando-se como base o valor total dos depósitos, a diferença percentual entre os totais de retirada e de depósitos, no mês de outubro de 2021,

(A) foi de menos de 2%.
(B) ficou entre 2% e 8%.
(C) ficou entre 8% e 14%.
(D) ficou entre 14% e 20%.
(E) foi superior a 20%.

Sabendo que a diferença foi de 7.4 bilhões de reais, e que o total de depósito foi de 278 bilhões de reais, então a razão pedida por ser calculada por

$$R = \frac{7{,}4}{278} \times 100\% \approx 2{,}66\%$$

Gabarito: B.

(Técnico Bancário – BANESTES – FGV – 2023) Uma caixa continha apenas bolas pretas e brancas. 80% das bolas eram pretas. Foram então retiradas da caixa 5 bolas de cada cor, o que fez com que a porcentagem de bolas pretas remanescentes em seu interior subisse para 87,5%.

Com base nessas informações, pode-se afirmar que, antes da retirada, o número de bolas brancas na caixa estava entre

(A) 4 e 14.
(B) 14 e 24.
(C) 24 e 34.
(D) 34 e 44.
(E) 44 e 54.

Denominando por x o número de bolas pretas e por y o número de bolas brancas inicialmente na caixa, temos que:

$$\frac{x}{x+y} = 0.8 \rightarrow 0.2x = 0.8y \rightarrow x = 4y$$

$$\frac{(x-5)}{(x-5)+(y-5)} = 0.875 \rightarrow x - 5 = 0.875x + 0.875y - 8.75$$

Substituindo o valor de x na segunda equação, temos:

$4y - 5 = 0.875 \times 4y + 0.875y - 8.75 \rightarrow 0.375y = 3.75 \rightarrow y = 10$

Logo, antes da retirada, o número de bolas brancas na caixa era 10.

Gabarito: A.

(Técnico Bancário – CEF – CESGRANRIO – 2021) Recentemente, a Organização Mundial da Saúde (OMS) mudou suas diretrizes sobre atividades físicas, passando a recomendar que adultos façam atividade física moderada de 150 a 300 minutos por semana. Seguindo as recomendações da OMS, um motorista decidiu exercitar-se mais e, durante os sete dias da última semana, exercitou-se, ao todo, 285 minutos.

Quantos minutos diários, em média, o motorista dedicou a atividades físicas na última semana?

(A) Mais de 46 min

(B) Entre 44 e 46 min
(C) Entre 42 e 44 min
(D) Entre 40 e 42 min
(E) Menos de 40 min

Em média, o motorista se exercitou por $\frac{285}{7} \approx 40.71$ minutos por dia durante a última semana.

(Gabarito: D)

(Técnico Bancário – CEF – CESGRANRIO – 2021) Um analista de investimentos acredita que o preço das ações de uma empresa seja afetado pela condição de fluxo de crédito na economia de um certo país. Ele estima que o fluxo de crédito na economia desse país aumente, com probabilidade de 20%. Ele estima também que o preço das ações da empresa suba, com probabilidade de 90%, dentro de um cenário de aumento de fluxo de crédito, e suba, com probabilidade de 40%, sob o cenário contrário.

Uma vez que o preço das ações da empresa subiu, qual é a probabilidade de que o fluxo de crédito da economia tenha também aumentado?

(A) 1/2
(B) 1/5
(C) 2/9
(D) 9/25
(E) 9/50

Para encontrar a probabilidade de que o fluxo de crédito da economia tenha aumentado, devemos calcular a razão entre a probabilidade de que simultaneamente o preço das ações da empresa subiu e o fluxo de crédito tenha aumentado pela probabilidade de que o preço das ações tenha subido. Desta forma:

$$P = \frac{0.2 \times 0.9}{0.2 \times 0.9 + 0.8 \times 0.4} = \frac{36}{100} = \frac{9}{25}$$

(Gabarito: D)

(Técnico Bancário – CEF – CESGRANRIO – 2021) Por estudos estatísticos, estima-se que um cliente de um certo banco tem 75% de probabilidade de ir para atendimento de caixa eletrônico, e 25% de ir para um atendimento personalizado.

Em uma amostra de quatro clientes entrando no banco, qual é a probabilidade de que a maioria deles se dirija ao atendimento personalizado?

(A) 1/64
(B) 5/256
(C) 3/64
(D) 13/256
(E) 27/64

Dois casos podem ocorrer para que a maioria se dirija ao atendimento personalizado

Os quatro clientes vão ao atendimento personalizado. Este evento ocorre com probabilidade $p_4 = \left(\frac{1}{4}\right)^4 = \frac{1}{256}$

Três clientes vão ao atendimento personalizado e um ao atendimento de caixa eletrônico. Este evento ocorre com probabilidade

$$p_3 = 4 \times \left(\frac{1}{4}\right)^3 \times \left(\frac{3}{4}\right) = 4 \times \frac{1}{64} \times \frac{3}{4} = \frac{12}{256}$$

Desta forma, a maioria dos clientes se dirigem ao atendimento personalizado com probabilidade $p = p_4 + p_3 = \frac{1}{256} + \frac{12}{256} = \frac{13}{256}$

(Gabarito: D)

(Escriturário – BB – CESGRANRIO – 2018) A Tabela a seguir mostra a distribuição de pontos obtidos por um cliente em um programa de fidelidade oferecido por uma empresa.

Pontos	0	2	3	4	6	8	9
Frequência	1	2	4	1	1	5	1

A mediana da pontuação desse cliente é o valor mínimo para que ele pertença à classe de clientes "especiais".

Qual a redução máxima que o valor da maior pontuação desse cliente pode sofrer sem que ele perca a classificação de cliente "especial", se todas as demais pontuações forem mantidas?

(A) cinco unidades
(B) quatro unidades
(C) uma unidade
(D) duas unidades
(E) três unidades

Somando os elementos da linha de frequência, observamos que este cliente possui 15 elementos na tabela. Desta forma, a mediana pode ser calculada como a média entre o 7º e o 8º termos ordenados. Da mesma tabela, vemos que o 7º termo ordenado é equivalente a 3 pontos, e o 8º termo ordenado equivalente a 4 pontos, e, portanto, a mediana é $\frac{3+4}{2} = 3.5$ pontos.

Desta forma, devemos reduzir o valor máximo (9 pontos) em até 5 unidade para que este se mantenha acima da mediana, visto que $9 - 5 = 4 > 3.5$

(Gabarito: A)

(Escriturário – BB – CESGRANRIO – 2018) Os jogadores X e Y lançam um dado honesto, com seis faces numeradas de 1 a 6, e observa-se a face superior do dado. O jogador X lança o dado 50 vezes, e o jogador Y, 51 vezes.

A probabilidade de que o jogador Y obtenha mais faces com números ímpares do que o jogador X, é:

(A) 1
(B) 3/4
(C) 1/4
(D) 1/2
(E) 1/6

Vamos inicialmente considerar o momento em que o jogador X lançou o dado 50 vezes, e assim terminou seu jogo, e o jogador Y também lançou o dado 50 vezes, e assim ainda tem uma jogada a mais a fazer. Neste momento, temos que

$p(X_{50} > Y_{50}) + p(X_{50} < Y_{50}) + p(X_{50} = Y_{50}) = 1$

Onde $p(X_{50} > Y_{50})$ representa a probabilidade de que a quantidade de lançamentos em 50 jogadas do jogador X onde a face resultante é um número ímpar é maior do que o mesmo em 50 lançamentos do jogador Y. Observamos também que, como os jogadores lançam o mesmo dado, por simetria, que

$p(X_{50} > Y_{50}) = p(X_{50} < Y_{50}) \rightarrow p(X_{50} = Y_{50}) = 1 - 2 \times p(X_{50} < Y_{50})$

Observamos agora que, para calcular $p(Y_{51} > X_{50})$, podemos dividir em dois casos.

$p(Y_{50} > X_{50})$, ou

$p(Y_{50} = X_{50})$ e o 51º lançamento de Y resulta em um número ímpar. Portanto

$p(Y_{51} > X_{50}) = p(Y_{50} > X_{50}) + \frac{1}{2}p(Y_{50} = X_{50}) = p(Y_{50} > X_{50}) + \frac{1}{2}(1 - 2 \times p(X_{50} < Y_{50})) = \frac{1}{2}$

Gabarito D.

(Escriturário – BB – CESGRANRIO – 2018) Um pesquisador utilizou-se de um modelo de regressão linear simples para estudar a relação entre a variável dependente Y, expressa em reais, e a variável independente X, expressa em dias.

Posteriormente, ele decidiu fazer uma transformação na variável dependente Y da seguinte forma:

$$\frac{Y_i - \text{media}(Y)}{\text{desvio padrão}(Y)}, \quad i = 1, 2, \ldots, n$$

Após a referida transformação, o coeficiente angular ficou

(A) aumentado da média e multiplicado pelo desvio padrão
(B) diminuído da média e dividido pelo desvio padrão
(C) inalterado
(D) diminuído da média
(E) dividido pelo desvio padrão

O coeficiente angular de uma regressão linear simples pode ser calculado por:

$\beta = \frac{\sum_{i=1}^{n}(x-\overline{x})(y-\overline{y})}{\sum_{i=1}^{n}(x-\overline{x})^2}$, onde $\overline{x}, \overline{y}$ são os valores médios de X e Y, respectivamente.

Chamamos a variável transformada de y_2, de tal forma que $y_2 = \frac{y-\overline{y}}{\sigma_y}$, onde σ_y é o desvio padrão de Y. Fica evidente que $\overline{y_2} = 0$, e, portanto, o novo coeficiente angular é,

$\beta_2 = \frac{\sum_{i=1}^{n}(x-\overline{x})(y_2-\overline{y_2})}{\sum_{i=1}^{n}(x-\overline{x})^2} = \frac{\sum_{i=1}^{n}(x-\overline{x})y_2}{\sum_{i=1}^{n}(x-\overline{x})^2} = \frac{\sum_{i=1}^{n}(x-\overline{x})\left(\frac{y-\overline{y}}{\sigma_y}\right)}{\sum_{i=1}^{n}(x-\overline{x})^2} = \frac{\sum_{i=1}^{n}(x-\overline{x})(y-\overline{y})}{\sigma_y \sum_{i=1}^{n}(x-\overline{x})^2} = \frac{\beta}{\sigma_y}$

Gabarito E.

(Escriturário – BB – CESGRANRIO – 2018) Há dez anos a média das idades, em anos completos, de um grupo de 526 pessoas era de 30 anos, com desvio padrão de 8 anos.

Considerando-se que todas as pessoas desse grupo estão vivas, o quociente entre o desvio padrão e a média das idades, em anos completos, hoje, é

(A) 0,45
(B) 0,42
(C) 0,20
(D) 0,27
(E) 0,34

Ao se passar 10 anos, se todas as pessoas estão vivas ainda, a média aumenta em 10 anos e o desvio padrão não se altera. Desta forma, o quociente procurado é:

$Q = \frac{8}{30 + 10} = 0.20$

Gabarito C.

(Escriturário – BB – CESGRANRIO – 2018) Define-se como desvio interquartílico a distância entre o 1° e o 3° Quartis. É usado para avaliar a existência de possíveis valores atípicos em um conjunto de dados. Valores aquém ou além de limites estabelecidos com base nessa medida devem ser investigados quanto à sua tipicidade em relação à distribuição. Geralmente o limite inferior é estabelecido como 1 vez e meia o valor desse desvio, abaixo do primeiro Quartil, enquanto o limite superior, como 1 vez e meia acima do terceiro Quartil.

Considere os resumos estatísticos das três distribuições de consumo de energia elétrica, em kW, dos 50 apartamentos com mesma planta, de um edifício, em três períodos diferentes ao longo de um ano, conforme abaixo:

Consumo de Energia (kW)	PERÍODOS		
	Janeiro-Abril	Maio-Agosto	Setembro-Dezembro
Média	87	70	80
Mediana	85	75	80
Moda	83	77	80
1° Quartil	80	68	75
3° Quartil	90	80	85
Menor Valor	75	49	62
Maior Valor	102	92	99
Número de Apartamentos	50	50	50

Conclui-se, a partir desses resumos, que

(A) um período apresenta pelo menos um apartamento com consumo abaixo, e dois períodos apresentam pelo menos um apartamento com consumo acima da tipicidade estabelecida.
(B) um período apresenta pelo menos um apartamento com consumo abaixo, e um período apresenta pelo menos um apartamento com consumo acima da tipicidade estabelecida.
(C) em nenhum período foram observados possíveis consumos atípicos.
(D) apenas um período apresenta pelo menos um apartamento com consumo abaixo da tipicidade estabelecida.
(E) apenas um período apresenta pelo menos um apartamento com consumo acima da tipicidade estabelecida.

A partir da definição dada no enunciado, o desvio interquartílico do período de Jan-Abr é $D_1 = 90 - 80 = 10$, do período de Mai-Ago é $D_2 = 80 - 68 = 12$, e do período entre Set-Dez é $D_3 = 85 - 75 = 10$. Desta forma, os limites inferiores e superiores destes períodos são, respectivamente:

$(I_1, S_1) = (80 - 1.5 \times 10, 90 + 1.5 \times 10) = (65, 105)$

$(I_2, S_2) = (68 - 1.5 \times 12, 80 + 1.5 \times 12) = (50, 98)$

$(I_3, S_3) = (75 - 1.5 \times 10, 85 + 1.5 \times 10) = (60, 100)$

Novamente da tabela, observamos que, tanto no primeiro quanto no terceiro período, ambos o menor e o maior valor se encontram entre os limites calculados. No segundo período, o menor valor está abaixo do respectivo limite inferior.

Gabarito: D

(Escriturário – BB – CESGRANRIO – 2018) Três caixas eletrônicos, X, Y e Z, atendem a uma demanda de 50%, 30% e 20%, respectivamente, das operações efetuadas em uma determinada agência bancária. Dados históricos registraram defeitos em 5% das operações realizadas no caixa X, em 3% das realizadas no caixa Y e em 2% das realizadas no caixa Z.

Com vistas à melhoria no atendimento aos clientes, esses caixas eletrônicos passaram por uma revisão completa que:
I. reduziu em 25% a ocorrência de defeito;
II. igualou as proporções de defeitos nos caixas Y e Z; e
III. regulou a proporção de defeitos no caixa X que ficou reduzida à metade da nova proporção de defeitos do caixa Y.

Considerando-se que após a conclusão do procedimento de revisão, sobreveio um defeito, a probabilidade de que ele tenha ocorrido no caixa Y é

(A) 40%
(B) 35%
(C) 20%
(D) 25%
(E) 30%

Inicialmente, as taxas de defeito dos caixas X, Y, e Z eram, respectivamente, $(X, Y, Z) = (5\%, 3\%, 2\%)$ Após o fim da revisão I, temos $(X_I, Y_I, Z_I) = 0.75 \times (5\%, 3\%, 2\%) = (3.75\%, 2.25\%, 1.5\%)$

Após o fim da revisão II, temos $(X_{II}, Y_{II}, Z_{II}) = (3.75\%, 1.5\%, 1.5\%)$

Após o fim da revisão III, temos $(X_{III}, Y_{III}, Z_{III}) = (0.75\%, 1.5\%, 1.5\%)$
Assim, se um defeito ocorreu, a probabilidade de que ele tenha sigo originado no caixa Y é:

$$P = \frac{0.015 \times 0.3}{0.0075 \times 0.5 + 0.015 \times 0.3 + 0.015 \times 0.2} = \frac{0.0045}{0.00375 + 0.0045 + 0.003} = \frac{45}{112.5} = 0.4$$

Gabarito: A.

(Escriturário – BB – CESGRANRIO – 2018) Dentre as atribuições de um certo gerente, encontra-se o oferecimento do produto A, de forma presencial e individualizada, aos seus clientes. A probabilidade de o gerente efetuar a venda do produto A em cada reunião com um cliente é 0,40. Em 20% dos dias de trabalho, esse gerente não se reúne com nenhum cliente; em 30% dos dias de trabalho, ele se reúne com apenas 1 cliente; e em 50% dos dias de trabalho, ele se reúne, separadamente, com exatos 2 clientes.

Em um determinado dia de trabalho, a probabilidade de esse gerente efetuar pelo menos uma venda presencial do produto A é

(A) 0,54
(B) 0,46
(C) 0,20
(D) 0,26
(E) 0,44

Podemos dividir a probabilidade de o gerente efetuar uma venda presencial em cada um dos possíveis casos:
Se ele não se reúne com nenhum cliente, então a probabilidade de ele realizar uma venda presencial é 0%.
Se ele se reúne com um cliente, então a probabilidade de o gerente realizar uma venda presencial é 40%.
Se ele se reúne com dois clientes, a probabilidade de o gerente realizar pelo menos uma venda presencial é $1 - 0.6^2 = 1 - 0.36 = 0.64$ ou 64%.
Desta forma, a probabilidade de em um determinado dia de trabalho, este gerente realizar pelo menos uma venda presencial é:

$$P = 0.2 \times 0 + 0.3 \times 0.4 + 0.5 \times 0.64 = 0 + 0.12 + 0.32 = 0.44$$

Gabarito: E.

(Escriturário – BB – CESGRANRIO – 2018) Os analistas de uma seguradora estimam corretamente que a probabilidade de um concorrente entrar no mercado de seguro de fiança locatícia é de 30%. É certo que se, de fato, o concorrente entrar no mercado, precisará aumentar seu quadro de funcionários. Sabe-se que, caso o concorrente não pretenda entrar no mercado desse segmento, existem 50% de probabilidade de que ele aumente o quadro de funcionários.

Se o concorrente aumentou o quadro de funcionários, a probabilidade de que ele entre no mercado de seguro de fiança locatícia é de:

(A) 13/20
(B) 7/13
(C) 3/10
(D) 7/20
(E) 6/13

Podemos construir a seguinte árvore de probabilidades a partir dos dados do enunciado:

Desta forma, com o aumento do quadro de funcionários, somente dos galhos desta árvore se tornam factíveis. Para calcular a probabilidade de o concorrente entrar no mercado, basta encontrar a razão da probabilidade desejada por toda as factíveis, ou seja:

$$P = \frac{0.3 \times 1}{0.3 \times 1 + 0.7 \times 0.5} = \frac{0.3}{0.65} = \frac{30}{65} = \frac{6}{13}$$

(Escriturário – BB – CESGRANRIO – 2018) Uma escola de Ensino Médio decide pesquisar o comportamento de seus estudantes quanto ao número de refrigerantes consumidos semanalmente por eles. Para isso, uma amostra aleatória de 120 estudantes foi selecionada, e os dados foram sintetizados no histograma abaixo, em classes do tipo [0, 5), [5, 10), [10, 15), [15, 20), [20, 25) e [25, 30].

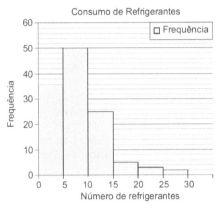

Qual o valor da amplitude interquartílica, obtido por meio do método de interpolação linear dos dados agrupados em classes?

(A) 15
(B) 15/2
(C) 29/5
(D) 47/7
(E) 10

A amplitude interquartílica é dada pela diferença entre o primeiro e o terceiro quartis. Dado que o estudo foi realizado com 120 pessoas, o valor procurado é a diferença entre a 90ª resposta ordenada e a 30ª resposta ordenada.
Observamos que no primeiro agrupamento [0,5) temos 35 respostas. Assim, por interpolação linear, número de refrigerantes da 30ª pessoa é
$$R(30) = 0 + \frac{30}{35} \times 5 = \frac{30}{7}$$
Por sua vez, a 90ª resposta é a 5ª resposta do grupo [10,15). Assim
$$R(90) = 10 + \frac{5}{25} \times 5 = 11$$
Portanto, a distância procurada pode ser calculada por:
$$D = R(90) - R(30) = 11 - \frac{30}{7} = \frac{77 - 30}{7} = \frac{47}{7}$$

(Escriturário – BB – CESGRANRIO – 2018) Uma amostra aleatória de tamanho 5 é retirada de uma população e observa-se que seus valores, quando postos em ordem crescente, obedecem a uma Progressão Aritmética.
Se a variância amostral não viciada vale 40, qual é o valor da razão da Progressão Aritmética?

(A) 3
(B) $5\sqrt{2}$
(C) 4
(D) $2\sqrt{5}$
(E) 1

Dado que os cinco elementos desta amostra, quando ordenados, formam uma progressão geométrica, podemos descrevê-los como $(x - 2r, x - r, x, x + r, x + 2r)$, onde x é termo central da sequência e r a razão da progressão. Desta forma, fica claro que x também é o valor médio da sequência. Portanto, a variância amostral não viciada deste conjunto de elementos é:
$$\sigma^2 = \frac{1}{4}((-2r)^2 + (-r)^2 + 0^2 + r^2 + (2r)^2) = \frac{1}{4} 10r^2 = 2.5r^2 \rightarrow r^2 = \frac{40}{2.5} = 16 \rightarrow r = 4$$

(Escriturário – BB – 2010.2 – FCC) Em um banco, qualquer funcionário da carreira de Auditor é formado em pelo menos um dos cursos: Administração, Ciências Contábeis e Economia. Um levantamento forneceu as informações de que

I. 50% dos Auditores são formados em Administração, 60% são formados em Ciências Contábeis e 48% são formados em Economia.
II. 20% dos Auditores são formados em Administração e Ciências Contábeis.
III. 10% dos Auditores são formados em Administração e Economia.
IV. 30% dos Auditores são formados em Ciências Contábeis e Economia.

Escolhendo aleatoriamente um Auditor deste banco, a probabilidade de ele ser formado em pelo menos dois daqueles cursos citados é

(A) 58%
(B) 56%
(C) 54%
(D) 52%
(E) 48%

Seja P(A) a probabilidade do auditor ter um diploma em Administração, P(B) em Ciências Contábeis e P(C) em Economia. Definimos P(A+B) como sendo a probabilidade do auditor ter o diploma de Administração ou Ciências Contábeis e P(AB) de ter simultaneamente estes dois diplomas, e, de forma equivalente, para as outras combinações. Sabemos que P(A+B+C) = 1. Através das propriedades de conjuntos, que podem ser observadas através de um diagrama de Venn, temos que P(A+B+C) = P(A) + P(B) + P(C) - P(AB) - P(AC) - P(BC) + P(ABC), ou seja, 1 = 0,5 + 0,6 + 0,48 - 0,2 - 0,1 - 0,3 + P(ABC) e, portanto, P(ABC) = 0,02. Ou seja, 2% dos auditores têm os 3 diplomas. Finalmente, para o cálculo do proposto, precisamos de P(AB + AC + BC). Aplicando novamente a mesma regra, P(AB + AC + BC) = P(AB) + P(AC) + P(BC) - P(ABAC) - P(ABBC) - P(ACBC) + P(ABACBC) = P(AB) + P(AC) + P(BC) - 2P(ABC) = 0,2 + 0,1 + 0,3 - 2x0,02 = 0,56.
Gabarito: B.

(Escriturário – BB – 2011.2 – FCC) Palmira faz parte de um grupo de 10 funcionários do Banco do Brasil cuja média das idades é 30 anos. Se Palmira for excluída do grupo, a média das idades dos funcionários restantes passa a ser 27 anos. Assim sendo, a idade de Palmira, em anos, é

(A) 60.
(B) 57.
(C) 54.
(D) 52.
(E) 48.

Seja x a idade de Palmira e y a soma das idades dos outros 9 funcionários. Sabemos que (x + y) / 10 = 30, ou seja, x + y = 300. Sabemos também que y/9 = 27, ou seja, y = 243. Portanto x = 300 - 243 = 57 anos.
Gabarito: B.

Atenção: Para responder às próximas 2 questões, considere as informações abaixo:

Suponha que certa Agência do Banco do Brasil tenha 25 funcionários, cujas idades, em anos, são as seguintes:

24 – 24 – 24 – 25 – 25 – 30 – 32 – 32 – 32
35 – 36 – 36 – 40 – 40 – 40 – 40 – 46 – 48
48 – 50 – 54 – 54 – 60 – 60 – 65

(Escriturário – BB – 2011.3 – FCC) A média das idades dos funcionários dessa Agência, em anos, é igual a

(A) 36.
(B) 38.
(C) 40.
(D) 42.
(E) 44.

A média é a soma das idades dividido pelo número de funcionário, ou seja, (24 + 24 + 24 + ... + 65) / 25 = 1000/25 = 40.
Gabarito: C.

(Escriturário – BB – 2011.3 – FCC) A probabilidade de que, ao escolher-se aleatoriamente um desses funcionários, a sua idade seja superior a 48 anos é de

(A) 28%.
(B) 27,4%.
(C) 27%.
(D) 25,8%.
(E) 24%.

Da tabela de idades vemos que apenas 6 funcionários têm mais de 48 anos. Assim, a probabilidade em questão é 6/25 = 0,24.
Gabarito: E.

(Escriturário – BB – 2011.1 – FCC) Para disputar a final de um torneio internacional de natação, classificaram-se 8 atletas: 3 norte-americanos, 1 australiano, 1 japonês, 1 francês e 2 brasileiros. Considerando que todos os atletas classificados são ótimos e têm iguais condições de receber uma medalha (de ouro, prata ou bronze), a probabilidade de que pelo menos um brasileiro esteja entre os três primeiros colocados é igual a:

(A) 5/14
(B) 3/7
(C) 4/7
(D) 9/14
(E) 5/7

A chance de pelo menos 1 brasileiro receber uma medalha é igual ao complementar de nenhum brasileiro receber uma medalha. Esta probabilidade é dada por (6/8)x(5/7)x(4/6) = 120/336 = 15/42 = 5/14. Logo, a probabilidade procurada é 1 - 5/14 = 9/14, ou seja, pouco menos de 65%.
Gabarito: D.

(Escriturário – BB – 2012 – CESGRANRIO) Numa pesquisa sobre acesso à internet, três em cada quatro homens e duas em cada três mulheres responderam que acessam a rede diariamente. A razão entre o número de mulheres e de homens participantes dessa pesquisa é, nessa ordem, igual a ½. Que fração do total de entrevistados corresponde àqueles que responderam que acessam a rede todos os dias?

(A) 5/7
(B) 8/11
(C) 13/18
(D) 17/24
(E) 25/36

Seja H o número de homens e M o número de mulheres que responderam esta pesquisa. A fração procurada, ou seja, daqueles que acessam a rede todo dia, é dada pela expressão ((3/4)H + (2/3)M)/

(H+M). Sabemos também que M/H = ½, ou seja, 2M = H. Substituindo H na primeira expressão, temos, ((3/4)2M + (2/3)M)/(2M+M) = ((3/2 + 2/3)M)/(3M) = (13/6)/3 = 13/18.

(Escriturário – BB – 2012 – CESGRANRIO) Uma moeda não tendenciosa é lançada até que sejam obtidos dois resultados consecutivos iguais. Qual a probabilidade de a moeda ser lançada exatamente três vezes?

(A) 1/8
(B) 1/4
(C) 1/3
(D) 1/2
(E) 3/4

Não importando o resultado do 1º lançamento, a probabilidade de conseguir 2 consecutivos em 2 lançamentos é exatamente 1/2, pois deve-se apenas repetir o resultado obtido no 1º lançamento. Logo, a probabilidade de conseguir dois resultados consecutivos no 3º lançamento é igual à probabilidade de não se conseguir 2 consecutivos em 2 lançamentos vezes a probabilidade de conseguir no 3º. Para não se conseguir em 2 lançamentos temos a probabilidade 1 – 1/2 = 1/2. Neste caso, não importando o resultado do 2º lançamento, a repetição acontece no 3º lançamento com probabilidade 1/2. Desta forma, a probabilidade procurada é 1/2 x 1/2 = 1/4.

Escriturário – BB – 2014 – CESGRANRIO) Em uma determinada agência bancária, para um cliente que chega entre 15 h e 16 h, a probabilidade de que o tempo de espera na fila para ser atendido seja menor ou igual a 15 min é de 80%. Considerando que quatro clientes tenham chegado na agência entre 15 h e 16 h, qual a probabilidade de que exatamente três desses clientes esperem mais de 15 min na fila?

(A) 0,64%
(B) 2,56%
(C) 30,72%
(D) 6,67%
(E) 10,24%

A probabilidade de um ser atendido em mais de 15 minutos é de 1 – 0,8 = 0,2 ou 20%. Logo a probabilidade de que três dos quatro sejam atendidos em mais de 15 minutos é dada por 4 x 0,8 x 0,2³ = 4 x 0,8 x 0,008 = 0,0256 ou 2,56%.

(Escriturário – BB – 2014 – CESGRANRIO) Um grupo de analistas financeiros composto por 3 especialistas – X, Y e Z – possui a seguinte característica: X e Y decidem corretamente com probabilidade de 80%, e Z decide corretamente em metade das vezes.

Como as decisões são tomadas pela maioria, a probabilidade de o grupo tomar uma decisão correta é:

(A) 0,16
(B) 0,64
(C) 0,48
(D) 0,32
(E) 0,80

A decisão será correta se os 3 acertarem, o que ocorre com probabilidade 0,8 x 0,8 x 0,5 = 0,32 ou X e Y acertarem, com Z errando, o que ocorre com probabilidade 0,8 x 0,8 x 0,5 = 0,32, ou X e Z acertando com Y errando, o que ocorre com probabilidade 0,8 x 0,2 x 0,5 = 0,08 ou finalmente com Y e Z acertando e X errado, o que ocorre com probabilidade 0,2 x 0,8 x 0,5 = 0,08. Portanto, a maioria acerta em 0,32 + 0,32 + 0,08 + 0,08 = 0,8 ou 80% dos casos.

(Escriturário – BB – 2014.1 – CESGRANRIO) Sejam X o número de contratos realizados, e Y o número de contratos cancelados em uma determinada agência, por dia.

A distribuição conjunta de X e Y é dada por

P(X=x; Y=y)		0	1	2	X 3	4	5	6	P(Y=y)
	0	0,01	0,04	0,04	0,04	0,02	0,02	0,01	0,20
	1	0,02	0,03	0,06	0,09	0,04	0,02	0	0,30
Y	2	0	0,03	0,05	0,07	0,04	0,04	0,02	0,25
	3	0	0	0,05	0,05	0,03	0,03	0	0,20
	4	0	0	0	0	0,02	0,03	0	0,05
P(X=x)		0,05	0,10	0,20	0,25	0,15	0,15	0,10	1

Dado que pelo menos quatro contratos novos foram fechados, a probabilidade de que três contratos sejam cancelados no mesmo dia é:

(A) 2/3
(B) 1/3
(C) 1/10
(D) 1/8
(E) 1/4

Pela regra da probabilidade condicional, sabemos que P(Y=3 | X >= 4) = P(Y=3, X>=4) / P(X >= 4) = (0,05 + 0,03 + 0,02) / (0,15 + 0,15 + 0,1) = 0,1/0,4 = 1/4.

(Escriturário – BB – 2013.2 – FCC) Ao final do atendimento por telefone, o usuário de um serviço é convidado a atribuir nota de 1 a 5 para o atendimento, sendo 1 a nota atribuída ao péssimo atendimento e 5 anota ao atendimento excelente. Ao final de um dia de atendimentos, os seguintes dados foram tabulados:

Retorno do usuário (notas)	Total de usuários	Cálculos auxiliares
1	12	1 × 12 = 12
2	30	2 × 30 = 60
3	48	3 × 48 = 144
4	21	4 × 21 = 84
5	9	5 × 9 = 45
Não responderam à pesquisa	80	Total = 345
TOTAL	200	

A média de notas dadas pelos usuários que responderam à pesquisa foi

(A) 2,945.
(B) 3,225.
(C) 3,125.
(D) 2,875.
(E) 2,625.

Da tabela, sabemos que 200 – 80 = 120 pessoas responderam à pesquisa, e o total de pontos foi de 345. Logo, a média dos que responderam foi 345 / 120 = 2,875.

(Escriturário – BB – 2013.1 – FCC) Nos quatro primeiros dias úteis de uma semana o gerente de uma agência bancária atendeu 19, 15, 17 e 21 clientes. No quinto dia útil dessa semana esse gerente atendeu n clientes. Se a média do número diário de clientes atendidos por esse gerente nos cinco dias úteis dessa semana foi 19, a mediana foi

(A) 19.
(B) 18.
(C) 20.
(D) 23.
(E) 21.

Se a média de atendimentos em 5 dias foi 19, logo ele atendeu, ao longo da semana, um total de 19 x 5 = 95 clientes. Desta forma, no 5º dia, o gerente atendeu 95 – 19 – 15 – 17 – 21 = 23 clientes. Ordenando de forma crescente o número de clientes atendidos na semana, temos (15, 17, 19, 21, 23), de onde a mediana, ou valor central, é 19.

Gabarito: A.

8. JUROS SIMPLES E COMPOSTOS: CAPITALIZAÇÃO E DESCONTOS

Em resumo, a planilha de pagamentos é:

Prestação	Saldo Devedor (Inicial)	Juros	Amortização	Taxa	Total Pago	Saldo Devedor (Final)
1	R$ 482.400,00	R$ 2.400,00	R$ 2.000,00	R$ 100,00	R$ 4.500,00	R$ 478.000,00
2	R$ 480.390,00	R$ 2.390,00	R$ 2.000,00	R$ 100,00	R$ 4.490,00	R$ 476.000,00
3	R$ 478.380,00	R$ 2.380,00	R$ 2.000,00	R$ 100,00	R$ 4.480,00	R$ 474.000,00
4	R$ 476.370,00	R$ 2.370,00	R$ 2.000,00	R$ 100,00	R$ 4.470,00	R$ 472.000,00
5	R$ 474.360,00	R$ 2.360,00	R$ 2.000,00	R$ 100,00	R$ 4.460,00	R$ 470.000,00
6	R$ 472.350,00	R$ 2.350,00	R$ 2.000,00	R$ 100,00	R$ 4.450,00	R$ 468.000,00
7	R$ 470.340,00	R$ 2.340,00	R$ 2.000,00	R$ 100,00	R$ 4.440,00	R$ 466.000,00
8	R$ 468.330,00	R$ 2.330,00	R$ 2.000,00	R$ 100,00	R$ 4.430,00	R$ 464.000,00
9	R$ 466.320,00	R$ 2.320,00	R$ 2.000,00	R$ 100,00	R$ 4.420,00	R$ 462.000,00
10	R$ 464.310,00	R$ 2.310,00	R$ 2.000,00	R$ 100,00	R$ 4.410,00	R$ 460.000,00
11	R$ 462.300,00	R$ 2.300,00	R$ 2.000,00	R$ 100,00	R$ 4.400,00	R$ 458.000,00
12	R$ 460.290,00	R$ 2.290,00	R$ 2.000,00	R$ 100,00	R$ 4.390,00	R$ 454.000,00

(Técnico Bancário – CEF – CESGRANRIO – 2024) Em um certo país, a lei exige que sejam exibidas a taxa mensal e a taxa anual equivalente, no regime de juros compostos, junto ao preço do produto que será financiado.

Considerando-se que um estabelecimento cobra uma taxa de juro mensal de 5% ao mês, essa taxa anual é, aproximadamente, de

Dado

$1,05^6 = 1,34$

(A) 34%
(B) 48%
(C) 60%
(D) 80%
(E) 96%

A taxa anual equivalente é de: $\left(1 + \frac{5}{100}\right)^{12} - 1 = 1,05^{12} - 1 = 1,05^6 \times 1,05^6 - 1 \approx 1,34 \times 1,34 - 1 = 0,7956$, ou, aproximadamente, 80%.

Gabarito: D.

(Técnico Bancário – CEF – CESGRANRIO – 2024) Uma empresa investiu R$ 300.000,00 em uma aplicação com prazo de 50 dias, a uma taxa de juro de 0,9% ao mês, no regime de juros simples. Considere mês comercial (30 dias) para essa operação, em todo o período. Em seguida, investiu todo o montante da operação anterior, em outra aplicação, a uma taxa de juro composto de 1,0% ao mês, durante dois meses, resgatando todo o montante dessa segunda aplicação. Considere que ambas as operações são livres de impostos.

Considerando-se o valor inicial da 1ª aplicação e o valor final da 2ª aplicação, o valor, em reais, que mais se aproxima do total de juros obtidos pela empresa é igual a

(A) 10.620,00
(B) 10.840,00
(C) 11.420,00
(D) 12.151,00
(E) 12.440,00

Ao final da primeira operação, realizada no regime de juros simples, o montante total da empresa era, em reais, $300.000,00 + 300.000,00 \times \left(\frac{50}{30} \cdot \frac{0,9}{100}\right) = 304.500,00$. Aplicando este montante por dois meses a juros compostos de 1,0% ao mês faz com que o montante final seja de $304.500,00 \times \left(1 + \frac{1}{100}\right)^2 = 310.620,45$ reais.

Gabarito: A

(Técnico Bancário – BASA – CESGRANRIO – 2022) Uma loja anuncia uma geladeira cujo preço à vista é de R$ 3.500,00. Não dispondo deste capital, um cliente se propõe a pagar a geladeira, com juros compostos de 4% a.m., em quatro prestações mensais, de mesmo valor, sendo a primeira no ato da compra.

Qual o valor aproximado da prestação que o cliente está se propondo a pagar em reais?

(A) 875,00
(B) 910,00
(C) 927,13
(D) 964,22
(E) 1.023,63

O cliente propôs o pagamento de parcelas constantes. Assim, trazendo a valor presente todos os pagamentos do cliente, devemos encontrar o valor à vista. Portanto, em reais, temos:

$3500 = PMT(1 + 1,04^{-1} + 1,04^{-2} + 1,04^{-3}) \approx PMT \times 3,775091 \rightarrow PMT \approx 927,13$

Gabarito: C

(Escriturário – BB – CESGRANRIO – 2023) O capital de um cliente do segmento ultraespecial ficou aplicado durante 50 dias a uma taxa de juros simples de 1,5% ao mês. Ao final desse prazo, o cliente resgatou tudo e pagou R$ 4.500,00, referentes a 22,5% de imposto de renda sobre os juros proporcionados pelo investimento.

Considerando-se o mês com 30 dias, o valor aplicado nessa operação, em R$, foi

(A) 450.000,00
(B) 700.000,00
(C) 750.000,00
(D) 800.000,00
(E) 950.000,00

Sabendo que R$ 4.500,00 equivalem a 22,5% dos juros do investimento, os juros totais obtidos foram:

$\frac{4500}{0,225} = 20000$ reais.

Este retorno de R$ 20.000,00 corresponde ao retorno da aplicação (em juros simples) de 50 dias. Desta forma, o retorno do mesmo investimento em um período de 30 dias seria de:

$\frac{20000}{50} \times 30 = 12000$ reais

Por fim, o montante que rende, a uma taxa de juros simples de 1,5% ao mês, o retorno mensal de R$ 12.000,00 é:

$\frac{12000}{0,015} = 800000$ reais.

Gabarito: D

(**Escriturário – BANRISUL – CESGRANRIO – 2023**) O diretor financeiro de uma agência de veículos fez um empréstimo de 300 mil reais, em janeiro de 2022, junto a um banco que cobrava uma taxa de 4% ao mês, no sistema de juros compostos. Após exatos dois meses da data do primeiro empréstimo, em março de 2022, o diretor financeiro pegou mais 200 mil reais emprestado, com a mesma taxa e sistema de juro. Em maio de 2022, exatamente dois meses após o último empréstimo, liquidou as duas dívidas, zerando o seu saldo devedor.

O valor pago pela agência de veículos, em milhares de reais, foi de, aproximadamente,

Dados

$1,04^2 = 1,0816$;

$1,04^4 = 1,1698$;

$1,04^6 = 1,2653$

(A) 497
(B) 528
(C) 567
(D) 614
(E) 684

O empréstimo pode ser dividido nas duas parcelas, um de 300 mil reais e prazo de 4 meses e outro de 200 mil reais e prazo de 2 meses. Desta forma, o valor pago pelo empréstimo foi de, em milhares de reais:

$FV = 300 \times (1 + 0.04)^4 + 200 \times (1 + 0.04)^2 = 300 \times 1.1698 + 200 \times 1.0816 = 567.26$

Gabarito: C.

(**Escriturário – BANRISUL – CESGRANRIO – 2023**) Um investidor planeja ter um montante superior a 600 mil reais e, para isso, aplicou uma única quantia de 200 mil reais, em janeiro de 2023, a uma taxa fixa de 12% ao ano, no regime de juros compostos, conforme orientação do consultor financeiro indicado pelo gerente do banco.

Supondo-se que ele não faça mais nenhum aporte no investimento, o número mínimo de anos, para ser atingida a meta, por meio, exclusivamente, desse investimento, é igual a

Dado:

$\log 1,12 = 0,049$;

$\log 3 = 0,477$

(A) 8
(B) 10
(C) 12
(D) 14
(E) 17

O valor de investimento, em regime de juros compostos, em um determinado ano (N) é $P = 200000 \times (1 + 0.12)^N$. Desejamos encontrar N de forma que o valor do investimento seja 600 mil reais. Para isso, devemos resolver:

$200000 \times 1.12^N = 600000 \rightarrow 1.12^N = 3$

Aplicando o logaritmo dos dois lados da equação, e utilizando as aproximações fornecidas

$\log(1.12^N) = \log(3) \rightarrow N \times \log(1.12) = \log(3) \rightarrow N = \frac{\log(3)}{\log(1.12)} = \frac{0.477}{0.049} = 9.73$ anos.

Desta forma, o cliente deverá aguardar, no mínimo, 10 anos para ter o retorno desejado.

Gabarito: B.

(**Escriturário – BANRISUL – CESGRANRIO – 2023**) Devido a uma queda nas vendas de uma loja em um determinado mês, o setor de pagamentos de uma empresa vai precisar quitar duas duplicatas vencidas, em uma mesma data, sendo uma no valor de face de R$ 30.000,00, com atraso de 10 dias, e outra no valor de face de R$ 15.000,00, com atraso de 20 dias. Nesse caso, para pagamentos com até 30 dias após o vencimento, são cobrados juros simples à taxa de 4,5% ao mês, mais uma multa de 2% sobre o valor de face.

Considerando-se um mês com 30 dias, o valor total pago, em reais, pelas duas duplicatas, será igual a,

(A) 45.675,00
(B) 45.825,00
(C) 45.900,00
(D) 46.500,00
(E) 46.800,00

A loja deverá pagar o valor principal das duas duplicatas, que totalizam $30000 + 15000 = 45000$ reais, acrescido da multa de 2% e dos juros.

O valor da multa é o mesmo para as duas duplicatas, e somam o valor de $45000 \times 0.02 = 900$ reais.

Os juros da primeira duplicata possuem valor de $30000 \times 0.045 \times \frac{1}{3} = 450$ reais.

Os juros da segunda duplicata valem $15000 \times 0.045 \times \frac{2}{3} = 450$ reais. Desta forma, o total a ser pago no dia de quitação é
$45000 + 900 + 450 + 450 = 46800$ reais.

Gabarito: E.

(Escriturário – BANRISUL – CESGRANRIO – 2023) Um cliente tem duas opções de empréstimo no valor de R$ 70.000,00, para prazos de até dois meses, considerando-se sempre meses com 30 dias.

- 1ª opção: taxa de juro de 4% ao mês, em regime de juros compostos.
- 2ª opção: taxa de juro de 4,2% ao mês, em regime de juros simples.

Se o cliente tomar essa quantia emprestada e pagar 15 dias após, escolhendo a opção mais econômica, dentre as duas oferecidas, economizará

Dado: $\sqrt{1,04} = 1,0198$

(A) R$ 12,00
(B) R$ 21,20
(C) R$ 84,00
(D) R$ 121,20
(E) R$ 198,00

O cliente quita o empréstimo após 0.5 meses.
Desta forma, no regime de juros compostos, o valor pago para a quitação da dívida é igual a
$D_c = (1 + 0.04)^{0.5} \times 70000.00 = 1.0198 \times 70000.00 = 71386.00$
No regime de juros simples, o valor pago para a quitação da dívida é igual a
$D_s = \left(1 + \frac{0.042}{2}\right) \times 70000.00 = 71470.00$
Assim, a diferença das duas formas é de $71470 - 71386 = 84$ reais.

Gabarito: C.

(Técnico Bancário – CEF – CESGRANRIO – 2021) Para ampliar o capital de giro de um novo negócio, um microempreendedor tomou um empréstimo no valor de R$20.000,00, em janeiro de 2021, a uma taxa de juros de 5% ao mês, no regime de juros compostos. Exatamente dois meses depois, em março de 2021, pagou 60% do valor do empréstimo, ou seja, dos R$20.000,00, e liquidou tudo o que devia desse empréstimo em abril de 2021.

A quantia paga, em abril de 2021, que liquidou a referida dívida, em reais, foi de

(A) 11.352,50
(B) 11.152,50
(C) 10.552,50
(D) 10.452,50
(E) 10.152,50

A dívida em março de 2021, antes do pagamento, era, em reais, de:
$V_{março} = 20000 \times (1 + 0.05)^2 = 22050$

Após o pagamento de 60% do empréstimo (12 mil reais), a dívida em março se reduziu a

$V'_{março} = 22050 - 12000 = 10050$

Assim, a dívida em abril, ou seja, um mês após estes eventos, é, em reais
$V_{abril} = V'_{março} \times (1 + 0.05) = 10552.5$

Gabarito: C.

(Técnico Bancário – CEF – CESGRANRIO – 2021) Um cliente pagou, via internet banking, quatro duplicatas vencidas com exatamente 12 dias de atraso, cujos valores de face são de R$4.200,00; R$3.800,00; R$2.600,00 e R$7.400,00. Nesse caso, para pagamentos até 30 dias após o vencimento, são cobrados juros simples à taxa de 6% ao mês, mais uma multa de 2% sobre o valor de face de cada duplicata.

Considerando-se o mês comercial (30 dias), o valor total pago, em reais, por essas quatro duplicatas vencidas foi de

(A) 18.432,00
(B) 18.792,00
(C) 18.872,00
(D) 18.912,00
(E) 18.982,00

O total das duplicatas vencidas é, em reais, igual a
$V = 4200 + 3800 + 2600 + 7400 = 18000$
Os juros e multa dos 12 dias de atraso (sistema de juros simples) pode ser calculado como
$i = 0.02 + 0.06 \times \frac{12}{30} = 0.044$
Portanto, o valor total pago, em reais, foi de
$V_{pago} = V \times (1 + i) = 18000 \times 1.044 = 18792$

Gabarito: B.

(Técnico Bancário – CEF – CESGRANRIO – 2021) Uma pessoa tem uma dívida no valor de R$2.000,00, vencendo no dia de hoje. Com dificuldade de quitá-la, pediu o adiamento do pagamento para daqui a 3 meses.

Considerando-se uma taxa de juros compostos de 2% a.m., qual é o valor equivalente, aproximadamente, que o gerente do banco propôs que ela pagasse, em reais?

(A) 2.020,40
(B) 2.040,00
(C) 2.080,82
(D) 2.120,20
(E) 2.122,42

Considerando o sistema de juros compostos, o valor da dívida daqui três meses será, em reais, igual a:
$FV = 2000 \times (1 + 0.02)^3 = 2000 \times 1.061208 = 2122.416$

Gabarito: E.

(Escriturário – BB – CESGRANRIO – 2021) Devido às oscilações de receita em seu negócio durante a pandemia, um cliente vai precisar pagar um boleto, cujo principal (até a data de vencimento) é de R$ 25.000,00, com 12 dias de atraso. Nesse caso, são cobrados adicionalmente, sobre o valor do principal, dois encargos: 2% de multa, mais juros simples de 0,2% ao dia. Por causa dos juros altos, o cliente procurou seu gerente, que não conseguiu uma solução menos custosa.

Com isso, nas condições dadas, o cliente deverá pagar nessa operação um valor total de

(A) R$ 25.600,00
(B) R$ 25.800,00
(C) R$ 26.100,00
(D) R$ 26.300,00
(E) R$ 26.500,00

Os encargos adicionais, por 12 dias de atraso, é de $2\% + 12 \times 0.2\% = 4.4\%$

Portanto, o valor total do boleto é, em reais,

$25000 \times \left(1 + \frac{4.4}{100}\right) = 26100$

Gabarito C.

(Escriturário – BB – 2010.2 – FCC) Um capital é aplicado, durante 8 meses, a uma taxa de juros simples de 15% ao ano, apresentando um montante igual a R$ 13.200,00 no final do prazo. Se este mesmo capital tivesse sido aplicado, durante 2 anos, a uma taxa de juros compostos de 15% ao ano, então o montante no final deste prazo seria igual a

(A) R$ 15.606,50.
(B) R$ 15.870,00.
(C) R$ 16.531,25.
(D) R$ 17.192,50.
(E) R$ 17.853,75.

Sendo a taxa de juros simples de 15% ao ano, em 8 meses temos uma taxa de 0,15*(8/12) = 0,1 ou 10%. Assim sendo, o montante inicial M é tal que M x 1,1 = 13.200, ou seja, M = 12.000,00. Aplicados a uma taxa de 15% composta por 2 anos, o montante final será de 12.000 x (1 + 0,15)2 = 15.870,00 reais.
Gabarito B.

(Escriturário – BB – 2010.2 – FCC) Um título descontado 2 meses antes de seu vencimento, segundo uma operação de desconto racional simples e com a utilização de uma taxa de desconto de 18% ao ano, apresenta um valor atual igual a R$ 21.000,00. Um outro título de valor nominal igual ao dobro do valor nominal do primeiro título é descontado 5 meses antes de seu vencimento, segundo uma operação de desconto comercial simples e com a utilização de uma taxa de desconto de 2% ao mês. O valor atual deste segundo título é de

(A) R$ 42.160,80.
(B) R$ 41.529,60.
(C) R$ 40.664,40.
(D) R$ 39.799,20.
(E) R$ 38.934,00.

Considerando o primeiro título, e o desconto racional simples, temos que Pv = Fv / (1 + i x n), onde Pv é o valor descontado, Fv o valor nominal, i a taxa de desconto e n o prazo antecipado. Logo 21.000 = Fv / (1 + 0,18 x (2/12)), e portanto, Fv = R$ 21.630,00. O 2º título tem valor nominal então de 2 x 21.630 = R$ 43.260,00. O valor descontado deste segundo título, por sem operação comercial, é de Pv = Fv(1 - i x n) = 43.260 x (1 - 0.02 x 5) = R$ 38.934,00.
Gabarito E.

(Escriturário – BB – 2010.1 – CESGRANRIO) Uma empresa oferece aos seus clientes desconto de 10% para pagamento no ato da compra ou desconto de 5% para pagamento um mês após a compra. Para que as opções sejam indiferentes, a taxa de juros mensal praticada deve ser, aproximadamente,

(A) 5,6%.
(B) 5,0%.
(C) 4,6%.
(D) 3,8%.
(E) 0,5%.

Para que as opções sejam indiferentes, então (1 – 0,1) x (1 + i) = (1 – 0,05). Logo i = 0,0555.
Gabarito A.

(Escriturário – BB – 2010.1 – CESGRANRIO) Um título com valor de face de R$ 1.000,00, faltando 3 meses para seu vencimento, é descontado em um banco que utiliza taxa de desconto bancário, ou seja, taxa de desconto simples "por fora", de 5% ao mês. O valor presente do título, em reais, é

(A) 820,00
(B) 830,00
(C) 840,00
(D) 850,00
(E) 860,00

O valor presente do título é 1000,00 x (1 – 3 x 0,05) = 1000,00 x 0,85 = 850,00.
Gabarito D.

(Escriturário – BB – 2011.2 – FCC) Um capital de R$ 10 500,00 foi aplicado a juros simples. Sabendo que a taxa de juros contratada foi de 42% ao ano, então, não tendo sido feito qualquer depósito ou retirada, o montante de R$ 11 725,00 estará disponível a partir de quanto tempo da data de aplicação?

(A) 4 meses.
(B) 3 meses e 20 dias.
(C) 3 meses e 10 dias.
(D) 3 meses.
(E) 2 meses e 20 dias.

Os juros i a serem aplicados ao montante inicial de 10.500 para obtermos 11.725 é tal que 10.500 x (1 + i) = 11.725, ou seja, i = 0,1167, ou 11,67%. Por regra de 3, temos que 42% estão para 12 meses assim como 11,67% estão para x meses e, portanto, x = 3,33 meses, ou 3 meses e 10 dias.
Gabarito C.

(Escriturário – BB – 2011.2 – FCC) Uma duplicata no valor de R$ 6 900,00 foi resgatada 3 meses antes de seu vencimento. Considerando que a taxa anual de desconto comercial simples foi de 48%, então, se o valor atual dessa duplicata era X reais, é correto afirmar que

(A) X ≤ 5 700.
(B) 5 700 < X ≤ 5 800.
(C) 5 800 < X ≤ 5 900.
(D) 5 900 < X ≤ 6 000.
(E) X > 6 000.

A taxa de 48% ao ano determina a taxa de 48 x 3 / 12 = 12 % em 3 meses. Desta forma, o desconto concedido foi de 6.900 x 0,12 = R$ 828,00, e portanto, o valor atual da duplicata é de 6.900 - 828 = R$ 6.072,00.
Gabarito E.

(Escriturário – BB – 2011.3 – FCC) Faustino dispõe de R$ 22.500,00 e pretende aplicar esta quantia a juros simples, do seguinte modo: 3/5 do total à taxa mensal de 2,5% e, na mesma ocasião, o restante à taxa de 1,8% ao mês. Supondo que durante 8 meses sucessivos Faustino não faça qualquer retirada, ao término desse período o montante que ele obterá das duas aplicações será igual, em R$, a

(A) 25 548,00.
(B) 26 496,00.
(C) 26 864,00.
(D) 27 586,00.
(E) 26 648,00.

Devemos dividir o montante nas duas aplicações que Faustino fez. Do total investido, (3/5) x 22.500 = 13.500,00 foram aplicados na primeira aplicação e (2/5) x 22.500 = 9.000,00 na segunda. A aplicação a juros simples de 2,5% ao mês garante um rendimento de 0,025 x 8 = 0,2 = 20% no fim dos 8 meses e, o investimento a 1,8% ao mês tem como retorno 0,018 x 8 = 14,4% em 8 meses. Assim, o montante final será de 13.500 x (1 + 0,2) + 9.000 x (1 + 0,144) = R$ 26.496,00.
Gabarito: B.

(Escriturário – BB – 2011.1 – FCC) Um capital foi aplicado a juros simples, à taxa anual de 36%. Para que seja possível resgatar-se o quádruplo da quantia aplicada, esse capital deverá ficar aplicado por um período mínimo de:

(A) 7 anos, 6 meses e 8 dias.
(B) 8 anos e 4 meses.
(C) 8 anos, 10 meses e 3 dias.
(D) 11 anos e 8 meses.
(E) 11 anos, 1 mês e 10 dias.

Para se resgatar o quádruplo, o rendimento deverá ser de 300%. Logo, sendo n o período de espera, temos que 0,36n = 3, ou seja, n = 8,333, portanto, 8 + 4/12 anos = 8 anos e quatro meses.
Gabarito: B.

(Escriturário – BB – 2011.1 – FCC) Uma duplicata foi descontada em R$ 700,00, pelos 120 dias de antecipação. Se foi usada uma operação de desconto comercial simples, com a utilização de uma taxa anual de desconto de 20%, o valor atual do título era de:

(A) R$ 7 600,00.
(B) R$ 8 200,00.
(C) R$ 9 800,00.
(D) R$ 10 200,00.
(E) R$ 10 500,00.

No desconto comercial simples, temos que d = N * i * n, onde d é o desconto, N o valor nominal do título, i a taxa de desconto e n o tempo de antecipação. Logo, N = d/(i * n) = 700 / (0,2 x (120/360)) = 700/ (0,2 x (1/3)) = R$ 10.500,00. Portanto, o valor descontado comercial é de Vc = N − d = 10.500 − 700 = R$9.800,00.
Gabarito: C.

(Escriturário – BB – 2014.1 – CESGRANRIO) Considerando-se a mesma taxa de juros compostos, se é indiferente receber R$ 1.000,00 daqui a dois meses ou R$ 1.210,00 daqui a quatro meses, hoje, esse dinheiro vale

(A) R$ 909,09
(B) R$ 826,45
(C) R$ 466,51

(D) R$ 683,01
(E) R$ 790,00

Primeiramente necessitamos encontrar a taxa de juros i. Para tanto, observamos que 1.000 x (1 + i)2 = 1.210,00, ou seja, (1+i)2 = 1,21, 1+i = 1,1 e, portanto, i = 0,1 ou 10%. Trazendo este valor ao tempo presente, temos V = 1.000 / 1,12 = 1.000/1,21 = R$ 826,45.
Gabarito: B.

(Escriturário – BB – 2013.2 – FCC) Uma pessoa resolveu investir a quantia de R$ 200.000,00 em três investimentos diferentes. No investimento F, ela aplicou R$ 80.000,00. No investimento G, ela aplicou R$ 50.000,00 e no investimento H ela aplicou R$ 70.000,00. Após um período de tempo, os investimentos apresentaram os seguintes resultados:

– investimento F com ganho líquido de 5%.
– investimento G com ganho líquido de 3%.
– investimento H com perda de 2%.

O valor atualizado do total investido é, em reais, igual a

(A) 200.500,00.
(B) 204.100,00.
(C) 198.500,00.
(D) 201.500,00.
(E) 206.900,00.

O valor atualizado do total investido é de 80.000 x (1 + 0,05) + 50.000 x (1 + 0,03) + 70.000 x (1 − 0,02) = 84.000 + 51.500 + 68.600 = R$ 204.100,00.
Gabarito: B.

(Escriturário – BB – 2013.2 – FCC) O preço de uma mercadoria subiu 25% e, depois de uma semana, subiu novamente 25%. Para voltar ao preço inicial, vigente antes dessas duas elevações, o preço atual deve cair um valor, em porcentagem, igual a

(A) 20.
(B) 64.
(C) 44.
(D) 50.
(E) 36.

Seja y o valor em porcentagem que o produto deverá cair para voltar ao preço original. Temos então que (1 + 0,25) x (1 + 0,25) x (1 − y) = 1, ou seja, 1,5625 x (1 − y) = 1, 1,5625y = 0,5625, y = 0,36 ou 36%.
Gabarito: E.

9. TAXAS DE JUROS: NOMINAL, EFETIVA, EQUIVALENTES, PROPORCIONAIS, REAL E APARENTE

(Técnico Bancário – CEF – CESGRANRIO – 2024) Uma determinada quantia foi emprestada a um cliente em janeiro de 2024, a uma taxa de 20% ao mês, no regime de juros compostos. Em fevereiro de 2024, não houve pagamentos. Em março de 2024, exatamente dois meses após a data do empréstimo, o cliente pagou R$ 1.440,00. E um mês após, em abril de 2024, pagou R$ 1.728,00, quitando a dívida.

O valor do empréstimo realizado em janeiro de 2024, em reais, foi igual a

(A) 1.800,00

(B) 1.900,00
(C) 2.000,00
(D) 2.100,00
(E) 2.200,00

Trazendo todos os pagamentos ao valor presente encontramos a quantia desejada. Desta forma, temos:

$\frac{1.440,00}{\left(1+\frac{20}{100}\right)^2} + \frac{1.728,00}{\left(1+\frac{20}{100}\right)^3} = 1.000,00 + 1.000,00 = 2.000,00$ reais.

Gabarito: C.

(Técnico Bancário – CEF – CESGRANRIO – 2024) Para compor o capital de giro de sua empresa, um empresário tomou um empréstimo de R$ 100.000,00, em janeiro de 2024, a uma taxa de juro composto de 4% ao mês. Em março de 2024, após exatos 2 meses, efetuou o primeiro pagamento da dívida, pagando metade do saldo devedor. Em abril não efetuou qualquer pagamento, mas pretende quitar toda a dívida em maio de 2024, após exatos 4 meses.

Considerando-se esse fluxo de capitais, o valor mais próximo, em reais, do saldo devedor desse empréstimo, em maio de 2024, é de

(A) 57.934,00
(B) 58.193,00
(C) 58.493,00
(D) 58.943,00
(E) 59.806,00

Em março de 2024, antes do primeiro pagamento, a dívida corrigida era de $100.000,00 \times \left(1+\frac{4}{100}\right)^2 = 108.160,00$ reais. Neste momento, a empresa quitou metade da dívida, de forma que o restante foi de R$54.080,00. Em maio de 2024, o valor deste restante da dívida, corrigido conforme os detalhes do empréstimo, é de $54.080,00 \times \left(1+\frac{4}{100}\right)^2 = 58.492,93$ reais.

Gabarito: C.

(Técnico Bancário – BASA – CESGRANRIO – 2022) Um banco oferece um financiamento utilizando uma taxa de juros simples de 6% a.a.

Qual a taxa trimestral equivalente à taxa oferecida pelo banco?

(A) 0,0147 a.t.
(B) 0,15 a.t.
(C) 0,50% a.t.
(D) 1,47% a.t.
(E) 1,50% a.t.

Como a taxa de juros segue o esquema simples, e um ano possui 4 trimestres, então a taxa equivalente trimestral é dada por

$i_3 = \frac{i_{12}}{4} = \frac{6\%}{4} = 1.5\%$ ao trimestre.

Gabarito: E.

(Escriturário – BB – CESGRANRIO – 2023) Um banco oferece para um cliente um investimento que lhe proporcionará uma taxa de juros de 1% ao mês, no regime de juros compostos. Esse mesmo banco também disponibiliza, para o mesmo cliente, uma linha de crédito de fácil acesso chamada cheque especial, cobrando uma taxa de juros de 4% ao mês, no regime de juros compostos.

Para esse cliente, a diferença entre a taxa anual da operação financeira disponível no cheque especial e a taxa anual da operação financeira disponível no investimento oferecido é

Dado:
$1,01^{12} = 1,1268$;
$1,04^{12} = 1,6010$

(A) 12,68%
(B) 36,00%
(C) 47,42%
(D) 48,68%
(E) 60,10%

O retorno anual do investimento pode ser calculado como $i_{inv} = (1+0.01)^{12} - 1 = 1.1268 - 1 = 0.1268$, ou 12,68%
Por outro lado, a taxa anual do cheque especial é:
$i_{ce} = (1+0.04)^{12} - 1 = 1.6010 - 1 = 0.6010$ ou 60,10%
Desta forma, a diferença das taxas é de $60.10 - 12.68 = 47.42\%$
Gabarito: C.

(Escriturário – BANRISUL – CESGRANRIO – 2023) Um cliente aplicou R$ 100.000,00 em um tipo de investimento, no início de 2021, e, no final de 2022, resgatou todo o montante, pagando 15% de Imposto de Renda (IR) sobre os juros proporcionados pelo investimento, antes da aplicação do IR. No primeiro ano do investimento, a taxa de juro foi positiva, mas no segundo ano foi negativa, conforme se mostra na Tabela a seguir.

Ano	2021	2022
Taxa anual de juro proporcionada pelo investimento na comparação com o ano anterior	20%	-5%

Considere que as taxas apresentadas representam variações sucessivas, ou seja, incidam sobre o acumulado anterior.

Assim, a taxa de juro líquida proporcionada pelo investimento (em todo o período do investimento), comparando o valor investido com o valor resgatado após descontado o IR, foi igual a

(A) 11,9%
(B) 12,8%
(C) 13,6%
(D) 14,0%
(E) 15,0%

O rendimento do investimento, antes da incidência do IR, no período completo foi de:
$i = (1+0.2)(1-0.05) - 1 = 1.2 \times 0.95 - 1 = 0.14$ ou 14%
Para obter o rendimento líquido, precisamos descontar o imposto de renda:
$i_{liq} = 0.14 \times (1-0.15) = 0.14 \times 0.85 = 0.119$ ou 11,9%
Gabarito: A.

(Técnico Bancário – CEF – CESGRANRIO – 2021) Um banco possui, atualmente, um modelo de financiamento em regime de juros compostos, em que as parcelas são pagas, mensalmente, a uma taxa de juros de 2% ao mês. Para um certo perfil de clientes, o banco pretende possibilitar o pagamento da dívida a cada três meses, a uma taxa de juros trimestral equivalente à praticada no modelo atual.

A melhor aproximação para o valor da taxa de juros trimestral desse novo modelo de financiamento é:

(A) 2,48%
(B) 6,00%
(C) 6,12%
(D) 7,28%
(E) 8,00%

A taxa de juros trimestral, equivalente a uma taxa de 2% ao mês, é de:
$i_3 = (1 + 0.02)^3 - 1 = 1.061208 \rightarrow i_3 = 0.061208$
ou, aproximadamente, 6.12%.

(Escriturário – BB – 2010.1 – CESGRANRIO) Um investimento obteve variação nominal de 15,5% ao ano. Nesse mesmo período, a taxa de inflação foi 5%. A taxa de juros real anual para esse investimento foi

(A) 0,5%.
(B) 5,0%.
(C) 5,5%.
(D) 10,0%.
(E) 10,5%.

Se i for a taxa de juros real, então (1 + 0,05) x (1 + i) = (1 + 0,155). Portanto, 1+i = 1,155/1,05, e logo i = 0,1.\

(Escriturário – BB – 2012 – CESGRANRIO) Um investimento rende a taxa nominal de 12% ao ano com capitalização trimestral.

A taxa efetiva anual do rendimento correspondente é, aproximadamente,

(A) 12%
(B) 12,49%
(C) 12,55%
(D) 13%
(E) 13,43%

A cada três meses o investimento rende 12/4 = 3%. Desta forma, a taxa efetiva anual é de (1 + 0,03)4 – 1 = 1,034 – 1 = 1,1255 – 1 = 0,1255 ou 12,55%.

(Escriturário – BB – 2014 – CESGRANRIO) Um microempresário precisa aumentar seu capital de giro e resolve antecipar 5 cheques de 10.000 reais cada um, todos com data de vencimento para dali a 3 meses. O gerente do banco informa que ele terá exatamente dois custos para realizar a antecipação, conforme descritos a seguir.

Custo 1 – Um desconto sobre o valor dos cheques a uma taxa de 4% ao mês. Esse desconto será diretamente proporcional ao valor dos cheques, ao tempo de antecipação e à taxa de desconto anunciados.

Custo 2 – Custos operacionais fixos de 500 reais para antecipações de até 100 mil reais.

Assim, comparando o valor de fato recebido pelo microempresário e o valor a ser pago após 3 meses (valor total dos cheques), o valor mais próximo da taxa efetiva mensal cobrada pelo banco, no regime de juros compostos, é de

Dados	
X	X^3
1,042	1,131
1,045	1,141
1,047	1,148
1,049	1,154
1,052	1,164

(A) 5,2%
(B) 4,5%
(C) 4,7%
(D) 5,0%
(E) 4,3%

O desconto aplicado sobre o montante é de d = 50.000 x 3 x 0,04 + 500 = 6000 + 500 = R$ 6.500,00. Logo, o valor recebido é de 50.000 – 6.500 = R$ 43.500,00. Para descobrir a taxa efetiva mensal, devemos encontrar i tal que 43.500 * (1 + i)3 = 50.000, ou seja, (1 + i)3 = 50.000/43.500 = 1,1494. Da tabela, temos que 1 + i = 1,047, ou seja, i = 0,047 ou 4,7%.

(Escriturário – BB – 2014 – CESGRANRIO) Uma conta de R$ 1.000,00 foi paga com atraso de 2 meses e 10 dias. Considere o mês comercial, isto é, com 30 dias; considere, também, que foi adotado o regime de capitalização composta para cobrar juros relativos aos 2 meses, e que, em seguida, aplicou-se o regime de capitalização simples para cobrar juros relativos aos 10 dias.

Se a taxa de juros é de 3% ao mês, o juro cobrado foi de

(A) R$ 64,08
(B) R$ 79,17
(C) R$ 40,30
(D) R$ 71,51
(E) R$ 61,96

Nos dois primeiros meses, temos juros compostos. Logo, neste período, o saldo devedor foi para 1.000 x (1 + 0,03)2 = R$ 1.060,90. Nos últimos 10 dias aplicou-se juros simples, ou seja, 10/30 * 0,03 = 0,01. Portanto, o saldo devedor final é de 1.060,90 x 1,01 = R$ 1.071,51, e portanto os juros cobrados foram de R$ 71,51.

(Escriturário – BB – 2014 – CESGRANRIO) Em um período no qual a inflação acumulada foi de 100%, R$ 10.000,00 ficaram guardados em um cofre, ou seja, não sofreram qualquer correção.

Nessas condições, houve uma desvalorização dos R$ 10.000,00 de

(A) 1/4
(B) 1/2
(C) 2/3
(D) 3/4
(E) 1

O valor atual V dos 10.000 reais é tal que V * (1 + i) = 10.000, ou seja, 2V = 10.000, V = R$ 5.000,00. Portanto, a desvalorização foi de (10.000 – 5.000)/10.000 = 1/2.

(Escriturário – BB – 2013.1 – FCC) Certo capital foi aplicado por um ano à taxa de juros de 6,59% a.a. Se no mesmo período a inflação foi de 4,5% a,a taxa real de juros ao ano dessa aplicação foi, em %, de

(A) 2,2.
(B) 1,9.
(C) 2,0.
(D) 2,1.
(E) 1,8.

A taxa de juros real "i" pode ser obtida a partir dos juros aparentes e da taxa de inflação através do cálculo (1 + 0,045) x (1 + i) = 1 + 0,0659, ou seja, 1,045i = 1,0659 – 1,045. Portanto, i = 0.02 ou 2%.
Gabarito C.

(Escriturário – BB – 2015 – CESGRANRIO) Um cliente foi a um banco tomar um empréstimo de 100 mil reais, no regime de juros compostos, a serem pagos após 3 meses por meio de um único pagamento. Para conseguir o dinheiro, foram apresentadas as seguintes condições:

I. taxa de juros de 5% ao mês, incidindo sobre o saldo devedor acumulado do mês anterior;
II. impostos mais taxas que poderão ser financiados juntamente com os 100 mil reais.

Ao fazer a simulação, o gerente informou que o valor total de quitação após os 3 meses seria de 117.500 reais.

O valor mais próximo do custo real efetivo mensal, ou seja, a taxa mensal equivalente desse empréstimo, comparando o que pegou com o que pagou, é de

(A) [(1,175$^{1/3}$ - 1) x 100]%
(B) [(1,193$^{1/3}$ - 1) x 100]%
(C) [(1,05$^{1/3}$ - 1) x 100]%
(D) [(1,158$^{1/3}$ - 1) x 100]%
(E) [(1,189$^{1/3}$ - 1) x 100]%

Os juros reais "i" são tais que 100.000 x (1 + i)3 = 117.500, ou seja, (1 + i)3 = 1,175, e assim i = (1,175)1/3 – 1.
Gabarito A.

(Escriturário – BB – 2015 – CESGRANRIO) Um cliente fez um investimento de 50 mil reais em um Banco, no regime de juros compostos. Após seis meses, ele resgatou 20 mil reais, deixando o restante aplicado. Após um ano do início da operação, resgatou 36 mil reais, zerando sua posição no investimento.

A taxa semestral de juros proporcionada por esse investimento pertence a que intervalo abaixo?

> Dado
> $\sqrt{76} = 8{,}7$

(A) 7,40% a 7,89%
(B) 8,40% a 8,89%
(C) 6,40% a 6,89%
(D) 6,90% a 7,39%
(E) 7,90% a 8,39%

Seja "i" a taxa semestral de juros do investimento. O valor do investimento após 6 meses, antes da 1ª retirada, era 50.000 x (1 + i). Ou seja, após a retirada, o saldo do investimento era 50.000 x (1 + i) – 20.000. Seis meses depois, o saldo da aplicação passou a (50.000 x (1 + i) – 20.000) x (1 + i) = 36.000, pois este valor liquidou o investimento. Assim sendo, chamando (1 + i) = y, e dividindo a equação por 10.000, temos 5y2 – 2y – 3,6 = 0. As raízes deste polinômio são dadas por y = (2 ± (4 + 4x5x3,6)1/2) / 10 = (2 ± 761/2)/10 = (2 ± 8,7)/10 = 1,07 para a única solução positiva. Assim sendo, i = 0,07, ou 7%.
Gabarito D.

(Escriturário – BB – 2015 – CESGRANRIO) Um investimento rende à taxa de juros compostos de 12% ao ano com capitalização trimestral.

Para obter um rendimento de R$ 609,00 daqui a 6 meses, deve-se investir, hoje, em reais,

(A) 6.460
(B) 10.000
(C) 3.138
(D) 4.852
(E) 7.271

A taxa de juros de 12% ao ano corresponde a 12/4 = 3% ao trimestre. Desta forma, o rendimento de 609,00 reais em dois períodos exige um investimento "C" tal que C x (1 + 0,03)2 = C + 609, ou seja, 1,0609C – C = 609, o que resulta em C = R$ 10.000,00.
Gabarito B.

(Escriturário – BB – 2015 – CESGRANRIO) Uma instituição financeira efetua o desconto de um título de valor de face de R$ 25.000,00 dois meses antes do vencimento, utilizando taxa de desconto simples bancário (por fora) de 9% ao mês. A instituição exige o pagamento de 2% do valor de face do título como taxa de administração no momento de desconto do título.

A taxa bimestral de juros realmente cobrada é de

(A) 20%
(B) 25%
(C) 11%
(D) 16%
(E) 22,5%

Por se tratar de desconto simples bancário, então o desconto d = 0,09 x 2 x 25.000 = R$ 4.500,00. Além disso, a taxa de administração é de 0,02 x 25.000 = 500,00 reais. Portanto, o valor antecipado é 25.000 – 4.500 – 500 = R$ 20.000,00. Assim sendo, a taxa bimestral efetiva é tal que 20.000 x (1 + i) = 25.000, ou seja, 1 + i = 1,25, ou seja, i = 25%.
Gabarito B.

---

10. PLANOS DE AMORTIZAÇÃO DE EMPRÉSTIMOS E FINANCIAMENTOS

(Técnico Bancário – CEF – CESGRANRIO – 2024) Um cliente comprou um imóvel no valor de R$ 600.000,00. Para isso, pagou 20% desse valor de entrada, em dezembro de 2023, e financiou o restante em prestações mensais no Sistema de Amortização Constante (SAC), a uma taxa de 0,5% ao mês, em um prazo de 20 anos, com a primeira prestação para janeiro de 2024 e a última para dezembro de 2043. Considere que a prestação mensal será composta de juros, amortização e uma taxa fixa de R$ 100,00 mensais (no ano de 2024) referente ao seguro. Considere também que todas as prestações desse financiamento sejam pagas dentro do prazo.

A soma das 12 primeiras prestações (referentes ao período de janeiro de 2024 a dezembro de 2024) a serem pagas, em reais, por esse cliente nesse financiamento será igual a

(A) 53.080,00
(B) 53.340,00
(C) 53.760,00
(D) 53.900,00
(E) 53.960,00

O cliente financiou o total de $600.000,00 \times \left(1 - \frac{20}{100}\right) = 480.000,00$ reais. Desta forma, pelo sistema SAC, a amortização mensal será de $\frac{480.000,00}{20 \times 12} = 2.000,00$ reais. Portanto, o total amortizado nos primeiros 12 meses é de $2.000,00 \times 12 = 24.000,00$ reais, além de $100,00 \times 12 = 1.200,00$ de taxas. Os juros pagos na primeira prestação são de $480.000,00 \times \frac{0,5}{100} = 2.400,00$ reais. Como, em cada prestação, amortizamos R$ 2.000,00, a cada prestação reduzimos $2.000,00 \times \frac{0,5}{100} = 10,00$ reais de juros, e, portanto, na segunda prestação pagamos R$2.390,00 de juros, na terceira pagamos R$2.380,00, e assim sucessivamente, até que na 12ª prestação pagamos $2.400,00 - 11 \times 10,00 = 2.290,00$ reais de juros. Portanto, o total de juros pagos no período forma uma progressão aritmética, e sua soma pode ser calculada por $\frac{(2.400,00 + 2.290,00)}{2} \times 12 = 28.140,00$ reais. Assim, o total pago nas doze primeiras parcelas é de $24.000,00 + 1.200,00 + 28.140,00 = 53.340,00$ reais.

Gabarito: B.

(Escriturário – BB – CESGRANRIO – 2023) Uma empresa tomou um empréstimo de R$ 50.000,00 em janeiro de 2022, a uma taxa de juros compostos de 5% ao mês. Para amortizar parte da dívida, a empresa pagou R$ 30.000,00 em março de 2022, e R$ 20.000,00 em abril de 2022.

No que se refere a esse empréstimo, o valor, em R$, do saldo devedor dessa empresa, em maio de 2022, era, aproximadamente,

(A) 3.625,00
(B) 3.806,00
(C) 6.381,00
(D) 6.700,00
(E) 7.201,00

Considerando que os pagamentos foram efetuados no final do período de apuração dos juros no mês correspondente, temos que, o saldo devedor da empresa nos referidos meses, foi de:

Janeiro: R$ 50.000,00

Fevereiro = $50000 \times 1,05$ = R$ 52.500,00

Março = $52500 \times 1,05 - 30000$ = R$ 25.125,00

Abril = $25125 \times 1,05 - 20000$ = R$ 6.381,25

Maio = $6381,25 \times 1,05$ = R$ 6.700,31

Gabarito: D.

(Escriturário – BB – CESGRANRIO – 2023) A empresa XYZ planeja comprar um equipamento em janeiro de 2023, cujo preço à vista é R$ 300.000,00, pagando com uma entrada e mais duas parcelas. A entrada, correspondente à primeira parcela, será paga em janeiro de 2023 (no ato da compra); a segunda parcela, em janeiro de 2024, no valor de R$ 150.000,00; e a terceira parcela, em janeiro de 2025, também no valor de R$ 150.000,00.

Considerando-se a equivalência financeira a juros compostos, se a taxa de juros cobrada pelo vendedor é de 10% ao ano, o valor da entrada (primeira parcela no ato da compra), em R$, será, aproximadamente,

(A) 20.000,00
(B) 39.670,00
(C) 48.750,00
(D) 54.280,00
(E) 63.000,00

Denominando por V_E o valor pago de entrada, e trazendo a valor presente os fluxos equivalentes de caixa, temos que

$300000 = V_E + \frac{150000}{1,1} + \frac{150000}{1,1^2} \rightarrow V_E = 300000 - 136363,36 - 123966,94 = 39669,70$

Ou seja, a parcela inicial é de aproximadamente R$ 39.670,00.

Gabarito: B.

(Escriturário – BANRISUL – CESGRANRIO – 2023) Para fugir dos riscos da pandemia, uma família comprou um terreno na serra, por meio de um financiamento realizado em 120 parcelas mensais, no sistema SAC (Sistema de Amortização Constante), a uma taxa de juro de 0,8% ao mês, sendo a primeira prestação paga um mês após a assinatura do contrato. Do valor do terreno, a família optou por financiar 240 mil reais.

Assim, considerando-se apenas as premissas fornecidas, o saldo devedor da família, imediatamente após as 12 primeiras prestações pagas, será, em reais, de, aproximadamente,

(A) 215.000,00
(B) 216.000,00
(C) 228.000,00
(D) 238.000,00
(E) 239.000,00

No sistema de amortização constante, podemos calcular a quantidade amortizada por cada parcela simplesmente dividindo-se o empréstimo pelo número de parcelas, no caso,

$A = \frac{240000}{120} = 2000$ reais.

Portanto, após 12 parcelas pagas, o total amortizado é de $2000 \times 12 = 24000$ reais, e o saldo devedor é de $240000 - 24000 = 216000$ reais.

Gabarito: B.

(Escriturário – BANRISUL – CESGRANRIO – 2023) Um casal acaba de ter um filho e resolve iniciar uma poupança programada para a criança. Para isso, pretende realizar 120 depósitos de 1.500 reais, um em cada mês, durante 10 anos, começando em janeiro/2023, e terminando em dezembro de 2032. Assim, essa poupança funciona como se o casal estivesse pagando, pelo sistema PRICE, um bem em 120 prestações mensais e iguais. Considere que o investimento renda a uma taxa de juro 1% ao mês sobre o saldo acumulado no mês anterior, ou seja, o dinheiro cresce no regime de juros compostos.

Se o casal agir conforme o planejado, o valor total, em reais, que ele terá em dezembro de 2032, imediatamente após efetuar o último depósito, será de, aproximadamente,

Dado:

$1,01^{120} = 3,3$

(A) 180.000,00
(B) 240.000,00
(C) 285.000,00
(D) 345.000,00
(E) 594.000,00

Através da fórmula da prestação do sistema Price, podemos encontrar o valor presente do investimento.

$PMT = \frac{PV \times i}{1 - \frac{1}{(1+i)^n}} \rightarrow PV = \frac{PMT}{i} \times \left(1 - \frac{1}{(1+i)^n}\right) = \frac{1500}{0.01} \times \left(1 - \frac{1}{1.01^{120}}\right)$

$= 150000 \times \left(1 - \frac{1}{3.3}\right) = 104545.45$ reais.

O enunciado pede, porém, o valor futuro deste investimento. Portanto

$FV = (1 + 0.01)^{120} \times 104545.45 = 3.3 \times 104545.45 = 345000$ reais.

Gabarito: D.

(Escriturário – BANRISUL – CESGRANRIO – 2023) Um empresário pegou um empréstimo de 500 mil reais, a uma taxa de juro de 5% ao mês, no sistema de juros compostos. Após 6 meses, sem pagar absolutamente nada do empréstimo, resolveu renegociar a dívida com o banco, que lhe concedeu um desconto de 10% sobre o saldo devedor, financiando os 90% restantes em 24 prestações mensais e iguais, com a primeira a ser paga um mês após a data da renegociação, a uma taxa de juro de 3% ao mês.

O valor da prestação mensal, em milhares de reais, que o empresário devedor vai pagar, nessa nova negociação, é de, aproximadamente,

Dado:

$1,05^6 = 1,34$;

$1,03^{24} = 2,03$

(A) 35,6
(B) 37,8
(C) 39,6
(D) 40,8
(E) 42,8

Precisamos encontrar inicialmente o valor da dívida que foi renegociada. Para isso, calculamos o valor do empréstimo corrigido:

$P = 500000 \times (1 + 0.05)^6 = 500000 \times 1.34 = 670000$ reais.

Visto que o banco concedeu um desconto sobre o saldo devedor de 10%, o valor renegociado é de

$PV = 0.9 \times 670000 = 603000$ Reais.

O valor da parcela do sistema francês de amortização (Price) para este empréstimo pode ser calculada por

$PMT = \frac{PV \times i}{1 - \frac{1}{(1+i)^n}} = \frac{603000 \times 0.03}{1 - \frac{1}{1.03^{24}}} = \frac{18090}{1 - \frac{1}{2.03}} = \frac{18090 \times 2.03}{1.03} = 35653.10$ reais.

Gabarito: A.

4. MATEMÁTICA E RACIOCÍNIO LÓGICO   113

(Escriturário – BANRISUL – CESGRANRIO – 2023) Um equipamento no valor de R$ 3.680.000,00 será financiado em 4 parcelas, à taxa de juro de 10% ao ano, no regime de juros compostos. A primeira parcela, no valor de R$ 1.000.000,00, será paga no ato da compra; as segunda e terceira parcelas serão iguais entre si, pagas 1 e 2 anos após a compra, respectivamente. A última parcela, no valor de R$ 1.331.000,00, será paga 3 anos após a compra.

Considerando-se os fluxos de pagamentos apresentados e a equivalência financeira no regime de juros compostos, o valor, em reais, de cada uma das parcelas intermediárias (2ª e 3ª parcelas), será de, aproximadamente,

(A) 900.000,00
(B) 950.000,00
(C) 970.000,00
(D) 980.000,00
(E) 990.000,00

Denominando por p o valor das parcelas pagas no 1º e 2º anos, temos, igualando os fluxos de caixa, que (em unidades de mil reais):

$3680 = 1000 + \frac{p}{(1+0.1)^1} + \frac{p}{(1+0.1)^2} + \frac{1331}{(1+0.1)^3} \rightarrow \frac{p}{1.1} + \frac{p}{1.21} = 3680 - 1000 - 1000 = 1680$

Multiplicando ambos os lados por $1.1^2 = 1.21$

$1.1p + p = 1680 \times 1.21 \rightarrow p = \frac{1680 \times 1.21}{2.1} = 968$

Desta forma, o valor das parcelas do 1º e 2º ano é de R$ 968 mil.

Gabarito: C.

(Técnico Bancário – CEF – CESGRANRIO – 2021) Um banco oferece a um cliente um empréstimo de financiamento imobiliário pelo sistema SAC, no valor de R$120.000,00, pelo prazo de 12 meses, com taxa de juros de 1% ao mês.

Qual é o valor da segunda prestação, em reais, a ser paga pelo cliente?

(A) 10.000,00
(B) 10.500,00
(C) 10.900,00
(D) 11.100,00
(E) 11.200,00

Pelo sistema SAC, o cliente amortiza, por mês, $\frac{120000}{12} = 10000$ reais. Desta forma, a dívida logo após o pagamento da primeira parcela, é de $120000 - 10000 = 110000$ reais. Assim o valor da 2ª prestação será o valor da amortização adicionado dos juros da dívida restante, ou seja, em reais:

$PMT(2) = 10000 + 110000 \times 0.01 = 11100$

Gabarito: D.

(Técnico Bancário – CEF – CESGRANRIO – 2021) Um imóvel pode ser comprado à vista pelo valor de R$240.000,00 ou pode ser financiado em 24 prestações mensais, a serem pagas de acordo com o sistema Price de amortização. Um potencial comprador, ciente da taxa de juros do financiamento, calculou quanto seria a soma das 24 prestações, encontrando, corretamente, o valor de R$272.331,64.

A melhor aproximação para o valor da terceira parcela do financiamento, em reais, é de

(A) 10.200,00
(B) 10.240,00
(C) 10.460,08
(D) 11.124,12
(E) 11.347,15

No sistema Price, o valor das parcelas é constante durante todo o financiamento. Desta forma, o valor da qualquer parcela é, em reais.

$PMT = \frac{272331.64}{24} = 11347.15$

Gabarito: E.

(Técnico Bancário – CEF – CESGRANRIO – 2021) Um cliente de um banco está tentando simular o valor de financiamento imobiliário que pode conseguir para adquirir uma casa. Fazendo seu orçamento, estabeleceu que poderia pagar uma prestação inicial (1º mês) de R$2.669,33.

Sabendo-se que o banco utiliza o sistema Price em seus financiamentos, uma taxa de juros de 1% a.m., um prazo de 60 meses e uma amortização inicial (1º mês) de R$1.469,33, qual o valor máximo aproximado, em reais, que ele pode receber?

(A) 120.000,00

(B) 146.933,00
(C) 160.159,80
(D) 266.933,00
(E) 413.866,00

Da fórmula do sistema Price, temos que

$$PV = PMT \times \frac{(1+i)^n - 1}{(1+i)^n \times i}$$

Sabendo que PMT está limitado a R$2.669,33, n é 60 (meses), e i é de 1% a.m,. podemos calcular o valor máximo de seu financiamento, em reais, por

$$PV = 2669.33 \times \frac{(1+0.01)^{60} - 1}{(1+0.01)^{60} \times 0.01} \approx 2669.33 \times 44.95504 \approx 119999.83$$

Gabarito A.

(Escriturário – BB – 2010.2 – FCC) Um empréstimo no valor de R$ 80.000,00 deverá ser pago por meio de 5 prestações mensais, iguais e consecutivas, vencendo a primeira um mês após a data da concessão do empréstimo. Sabe-se que foi utilizado o Sistema Francês de Amortização (Tabela Price) com uma taxa de juros compostos de 3% ao mês, encontrando-se R$ 17.468,00 para o valor de cada prestação. Imediatamente após o pagamento da primeira prestação, se S representa o percentual do saldo devedor com relação ao valor do empréstimo, então

(A) 77% ≤ S < 78%
(B) 78% ≤ S < 79%
(C) 79% ≤ S < 80%
(D) 80% ≤ S < 81%
(E) 81% ≤ S < 82%

Após o 1º mês, o total da dívida acumulada é de 80.000 x (1 + 0.03) = R$ 82.400,00. Com o pagamento da parcela, o saldo devedor se torna 82.400 - 17.468 = R$ 69.432,00. Logo S = 69.432 / 80.000 = 0.8116.
Gabarito E.

(Escriturário – BB – 2010.1 – CESGRANRIO) Considere um financiamento de R$ 100.000,00, sem entrada, a ser pago em 100 prestações mensais, pelo Sistema de Amortização Constante (SAC). Sabendo-se que a taxa de juros, no regime de juros compostos, é de 1% ao mês, a prestação inicial, se o prazo de pagamento for duplicado, será reduzida em

(A) 100%.
(B) 50%.
(C) 25%.
(D) 10%.
(E) 5%.

A parcela inicial em 100 prestações é igual aos juros somado a (1/100) do valor do financiamento. Portanto, a primeira parcela é 1000,00 + 1000,00 = 2000,00. Dobrando o prazo de pagamento, a primeira parcela é de 1000,00 + 500,00 = 1500,00. Logo a parcela é reduzida de (2000,00 – 1500,00) / 2000,00 = 25%.
Gabarito C.

(Escriturário – BB – 2012 – CESGRANRIO) João tomou um empréstimo de R$ 900,00 a juros compostos de 10% ao mês. Dois meses depois, João pagou R$ 600,00 e, um mês após esse pagamento, liquidou o empréstimo.

O valor desse último pagamento foi, em reais, aproximadamente,

(A) 240,00
(B) 330,00

(C) 429,00
(D) 489,00
(E) 538,00

A dívida após um mês era de 900 x 1,1 = 990 reais, e após o segundo mês, antes dos pagamentos, de 990 x 1,1 = 1089,00 reais. Ao pagar 600 reais, a dívida passou a 1089 – 600 = 489,00 reais. Após um mês, esta dívida está em 489 x 1,1 = R$ 537,90, que é justamente o valor a ser pago para liquidar o empréstimo.
Gabarito E.

(Escriturário – BB – 2014 – CESGRANRIO) Arthur contraiu um financiamento para a compra de um apartamento, cujo valor à vista é de 200 mil reais, no Sistema de Amortização Constante (SAC), a uma taxa de juros de 1% ao mês, com um prazo de 20 anos. Para reduzir o valor a ser financiado, ele dará uma entrada no valor de 50 mil reais na data da assinatura do contrato. As prestações começam um mês após a assinatura do contrato e são compostas de amortização, juros sobre o saldo devedor do mês anterior, seguro especial no valor de 75 reais mensais fixos no primeiro ano e despesa administrativa mensal fixa no valor de 25 reais.

A partir dessas informações, o valor, em reais, da segunda prestação prevista na planilha de amortização desse financiamento, desconsiderando qualquer outro tipo de reajuste no saldo devedor que não seja a taxa de juros do financiamento, é igual a

(A) 2.087,25
(B) 2.218,75
(C) 2.175,25
(D) 2.125,00
(E) 2.225,00

O prazo de 20 anos equivale a 20 x 12 = 240 meses. Logo, a amortização mensal deverá ser de (200.000 – 50.000) / 240 = R$ 625,00. Após a 1ª prestação, o saldo devedor era de 150.000 – 625 = R$ 149.375,00. Portanto, a segunda parcela é dada pela amortização de R$ 625,00, dos juros de 1% sobre o saldo devedor, ou seja, 0,01 x 149.375 = 1.493,75, do seguro de 75 reais e da despesa administrativa de 25 reais, totalizando 625 + 1493,75 + 75 + 25 = R$ 2.218,75.
Gabarito B.

(Escriturário – BB – 2014.1 – CESGRANRIO) Uma empresa contraiu um financiamento para a aquisição de um terreno junto a uma instituição financeira, no valor de dois milhões de reais, a uma taxa de 10% a.a., para ser pago em 4 prestações anuais, sucessivas e postecipadas.

A partir da previsão de receitas, o diretor financeiro propôs o seguinte plano de amortização da dívida:

Ano 1 – Amortização de 10% do valor do empréstimo;

Ano 2 – Amortização de 20% do valor do empréstimo;

Ano 3 – Amortização de 30% do valor do empréstimo;

Ano 4 – Amortização de 40% do valor do empréstimo.

Considerando as informações apresentadas, os valores, em milhares de reais, das prestações anuais, do primeiro ao quarto ano, são, respectivamente,

(A) 700, 650, 600 e 500
(B) 700, 600, 500 e 400
(C) 200, 400, 600 e 800

(D) 400, 560, 720 e 860
(E) 400, 580, 740 e 880

A parcela no Ano 1 será dos juros de 2.000.000 x 0,1 = 200.000,00 mais amortização de 10%, ou seja, 2.000.000 x 0,1 = 200.000,00 reais. Portanto, a parcela no Ano 1 é de R$ 400.000,00, e o saldo devedor de 2.000.000 – 200.000 = 1.800.000,00 reais. A parcela no Ano 2 será de juros de 1.800.000 x 0,1 = 180.000 reais mais amortização de 20%, ou seja, 2.000.000 x 0,2 = 400.000,00 reais. Logo a parcela do Ano 2 será de 180.000 + 400.000 = 580.000,00 reais e o saldo devedor de 1.800.000 – 400.000 = 1.400.000,00 reais. No Ano 3, os juros são da ordem de 1.400.000 x 0,1 = 140.000,00 reais e a amortização de 2.000.000 x 0,3 = 600.000,00 reais, totalizando parcela de 740.000,00 reais e saldo devedor atualizado de 800.000,00 reais. Finalmente, no Ano 4, o saldo devedor de 800.000 x 1,1 = 880.000,00 reais é liquidado.

(Escriturário – BB – 2014.1 – CESGRANRIO) Um cliente contraiu um empréstimo, junto a um banco, no valor de R$ 20.000,00, a uma taxa de juros compostos de 4% ao mês, com prazo de 2 trimestres, contados a partir da liberação dos recursos. O cliente quitou a dívida exatamente no final do prazo determinado, não pagando nenhum valor antes disso.

Qual o valor dos juros pagos pelo cliente na data da quitação dessa dívida?

Dados
$1,04^2 \cong 1,082$
$1,04^3 \cong 1,125$
$1,04^4 \cong 1,170$
$1,04^5 \cong 1,217$
$1,04^6 \cong 1,265$
$1,04^7 \cong 1,316$

(A) R$ 5.300,00
(B) R$ 2.650,00
(C) R$ 1.250,00
(D) R$ 1.640,00
(E) R$ 2.500,00

Ao final do empréstimo, o saldo devedor era de 20.000 x (1 + 0.4)6 = 20.000 x 1,265 = 25.300. Assim, os juros pagos foram de 25.300 – 20.000 = R$ 5.300,00.

(Escriturário – BB – 2013.1 – FCC) Um empréstimo de R$ 800.000,00 deve ser devolvido em 5 prestações semestrais pelo Sistema de Amortizações Constantes (SAC) à taxa de 4% ao semestre. O quadro demonstrativo abaixo contém, em cada instante do tempo (semestre), informações sobre o saldo devedor (SD), a amortização (A), o juro (J) e a prestação (P) referentes a esse empréstimo. Observe que o quadro apresenta dois valores ilegíveis.

Semestre	SD (em R$)	A (em R$)	J (em R$)	P (em R$)
0	800.000,00	–	–	–
1	640.000,00	160.000,00	32.000,00	192.000,00
2	480.000,00	160.000,00	25.600,00	185.600,00
3	320.000,00	160.000,00	19.200,00	179.200,00
4	160.000,00	160.000,00	12.800,00	172.800,00
5	–	160.000,00	#######	#######

Se o quadro estivesse com todos os valores legíveis, o valor correto da prestação P, no último campo à direita, na linha correspondente ao semestre 5, da tabela, seria de

(A) 167.500,00.
(B) 166.400,00.
(C) 162.600,00.
(D) 168.100,00.
(E) 170.300,00.

Os juros podem ser calculados pela taxa de 4% aplicada ao saldo devedor do período anterior, ou seja, J = 0,04 x 160.000 = R$ 6.400,00. Desta forma, a parcela P = 160.000 + 6.400 = R$ 166.400,00.

(Escriturário – BB – 2015 – CESGRANRIO) A empresa ALFA tomou um empréstimo no valor de 100 mil reais, em janeiro de 2015, a uma taxa de juros de 12% ao ano, no regime de juros compostos, a serem pagos em 3 parcelas anuais, consecutivas e postecipadas. A primeira parcela, a ser paga em janeiro de 2016, corresponderá a 20% do valor do empréstimo; a segunda parcela, um ano após a primeira, será igual a 30% do valor do empréstimo, e a terceira parcela a ser paga, em janeiro de 2018, liquidará a dívida.

A quantia, em milhares de reais, que mais se aproxima do valor da terceira parcela é igual a

(A) 72,0
(B) 90,5
(C) 56,0
(D) 64,2
(E) 81,8

O valor atualizado do empréstimo no momento do pagamento da 1ª parcela era de 100.000 x 1,12 = 112.000,00 reais. Neste momento, a empresa pagou 20% do valor do empréstimo, ou seja 0,2 x 100.000 = R$ 20.000,00, ficando a dívida no valor de 112.000 – 20.000 = R$ 92.000,00. Antes do pagamento da 2ª parcela, o valor atualizado do empréstimo após incidência de juros era de 92.000 x 1,12 = R$ 103.040,00. A empresa amortizou 30% do valor do empréstimo, ou seja, 0,3 x 100.000 = R$ 30.000,00. Desta forma, o valor atualizado neste momento era de 103.040 – 30.000 = R$ 73.040,00. A última parcela encerra o empréstimo, cujo valor é então de 1,12 x 73.040,00 = R$ 81.804,80.

11. AVALIAÇÃO DE ALTERNATIVAS DE INVESTIMENTO.

(Escriturário – BB – CESGRANRIO – 2023) Um cliente tem duas opções para investir R$ 100.000,00 em um prazo de 2 anos. A primeira opção oferece um retorno de 12% ao ano no regime de juros compostos, mas há cobrança de 15% de imposto sobre os juros proporcionados pelo investimento. Já a segunda opção oferece um retorno de 10% ao ano no regime de juros compostos, mas sem qualquer cobrança de imposto.

Ao escolher a opção mais lucrativa, ao final de exatos dois anos de investimento, esse cliente receberá a mais, em relação à opção menos lucrativa, uma quantia, em R$, igual a

(A) 624,00
(B) 824,00
(C) 1.524,00
(D) 2.940,00
(E) 4.440,00

Considerando a primeira opção de investimento, o retorno nos dois anos, antes da cobrança do imposto, é de

$i_1 = (1 + 0.12)^2 - 1 = 0.2544$, ou 25.44%

Após a cobrança do imposto, este retorno se reduz a

$i_{1f} = i_1(1 - 0.15) = 0{,}21624$, ou 21.624%

Na segunda opção de investimento, o retorno total (livre de imposto) é

$i_{2f} = (1 + 0.1)^2 - 1 = 0.21$ ou 21%

Portanto, o investimento 1 é mais vantajoso, e a diferença financeira será de

$\Delta FV = (i_{1f} - i_{2f}) \times 100000 = 624$ reais

Gabarito: A.

(Técnico Bancário – CEF – CESGRANRIO – 2021) Na semana da renda fixa promovida por um determinado banco, o cliente X fez um investimento de 150 mil reais em um banco que paga 8% ao ano, com prazo de vencimento de 1 ano. Nesse mesmo dia, o cliente Y aplicou 150 mil reais na poupança, cuja taxa esperada é de 5% ao ano. Um ano depois, os dois sacaram o montante de cada operação. Considere que o cliente X pagou 20% de imposto de renda sobre os juros obtidos com a aplicação, enquanto o cliente Y não pagou imposto algum, e que nenhum dos dois sacou qualquer valor antes desse resgate.

A partir dessas informações, verifica-se que a diferença entre o ganho de capital do cliente X e o ganho de capital do cliente Y, comparando-se apenas as operações apresentadas, em reais, foi de

(A) 2.100,00
(B) 2.400,00
(C) 3.500,00
(D) 4.100,00
(E) 4.500,00

A taxa equivalente do investimento do cliente X, após o pagamento dos impostos, é de

$i_{eq} = 0.08 \times (1 - 0.2) = 0.064$, ou 6.4%.

Portanto, a diferença do rendimento efetivo entre os dois clientes foi de:
$\Delta = 6.4\% - 5\% = 1.4\%$

Esta diferença, aplicada ao montante original, representa uma diferença, em reais, de

$D = 150000 \times 0.014 = 2100$

Gabarito: A.

(Técnico Bancário – CEF – CESGRANRIO – 2021) Um empréstimo deve ser pago pelo sistema SAC em 5 parcelas mensais com juros de 3% ao mês.

Se a terceira parcela paga no financiamento do empréstimo for igual a R$26.160,00, o valor total do empréstimo, em reais, será de

(A) 120.000,00
(B) 124.000,00
(C) 128.500,00
(D) 132.800,00
(E) 135.600,00

Sendo PV o valor do empréstimo a ser pago, no sistema SAC, em 5 parcelas com juros de 3% ao mês, o saldo devedor logo após o pagamento da 2ª parcela é de $PV - \frac{2}{5}PV = \frac{3}{5}PV$. Desta forma, o valor da 3ª parcela, em reais, é de:

$PMT(3) = \frac{1}{5}PV + 0.03 \times \frac{3}{5}PV = 0.218PV = 26160 \rightarrow PV = 120000$

Gabarito: A.

(Escriturário – BB – 2011.1 – FCC) Saulo aplicou R$ 45.000,00 em um fundo de investimento que rende 20% ao ano. Seu objetivo é usar o montante dessa aplicação para comprar uma casa que, na data da aplicação, custava R$ 135.000,00 e se valoriza à taxa anual de 8%. Nessas condições, a partir da data da aplicação, quantos anos serão decorridos até que Saulo consiga comprar tal casa?

Dado:
(Use a aproximação: log. 3 = 0,48)

(A) 15.
(B) 12.
(C) 10.
(D) 9.
(E) 6.

Temos um problema de juros compostos, onde os dois montantes (do saldo e do valor atual da casa) devem ser iguais. Portanto, temos que 45000 x (1 + 0,2)n = 135000 x (1 + 0,08)n, ou seja, 45000x1,2n = 135000x1,08n. Portanto (1,2/1,08)n = (1/0,9)n = 135000/45000 = 3. Aplicando o log. dos dois lados, temos que n.(log.(1) – log.(0,9)) = log.(3). Observe que log.(1) = 0 e log.(0,9) = log.(9/10) = log.(9) – log.(10) = 2log(3) – 1 = 0,96 – 1 = -0,04. Assim 0,04n = 0,48, ou seja, n = 12.

Gabarito: B.

(Escriturário – BB – 2012 – CESGRANRIO) Uma loja oferece um aparelho celular por R$ 1.344,00 à vista. Esse aparelho pode ser comprado a prazo, com juros de 10% ao mês, em dois pagamentos mensais iguais: um, no ato da compra, e outro, um mês após a compra.

O valor de cada um dos pagamentos mensais é, em reais, de

(A) 704,00
(B) 705,60

(C) 719,00
(D) 739,20
(E) 806,40

Este tipo de financiamento, onde as parcelas são iguais, é conhecido como Price. Podemos, portanto, utilizar as expressões para o cálculo das parcelas. Mas, por se tratar de um período curto, podemos obter o mesmo resultado através de argumentos simples. Seja P o valor de cada parcela que desejamos calcular. Como pagamos P a vista, de fato, o valor financiado é de 1344,00 − P. Como os juros são de 10% ao mês, após 1 mês, a dívida referente a este financiamento é de 1,1(1344,00 − P). Mas este valor tem que ser quitado, ou seja, este valor é exatamente igual à parcela, ou seja, 1,1(1344,00 − P) = P. Logo 1478,40 = 2,1P, e assim, P = 704,00.

12. TAXAS DE RETORNO

(Escriturário – BANRISUL – CESGRANRIO – 2023) Um banco contrata uma empresa de manutenção para um serviço no sistema de ar-condicionado. O valor do serviço ficou em 100 mil reais e poderá ser pago à vista, com um desconto de 20%, ou a prazo, em duas parcelas, sendo 50 mil reais de entrada (na assinatura do contrato) e 54 mil reais para um mês após a assinatura do contrato.

A taxa mensal de juro cobrada pela prestadora do serviço ao banco, comparando-se o valor à vista de R$ 80.000,00 com o parcelado em 2 vezes, nas condições apresentadas, é igual a

(A) 24%
(B) 40%
(C) 60%
(D) 80%
(E) 124%

Devemos calcular a taxa interna de retorno para que os dois fluxos de caixa tenham o mesmo valor presente. Desta forma:

$80000 = 50000 + \frac{54000}{(1+i)} \rightarrow (1+i) = \frac{54000}{30000} \rightarrow i = 0.8$ ou 80%

(Escriturário – BB – CESGRANRIO – 2021) Um cliente fez um investimento de R$ 100.000,00 em janeiro de 2019, comprando cotas de um fundo imobiliário, o que lhe proporcionou uma taxa de retorno de 21%, ao final de 12 meses de aplicação. Em janeiro de 2020, buscando maior rentabilidade, procurou um especialista financeiro indicado pelo seu gerente, que lhe recomendou aplicar todo o montante da operação anterior em renda variável. O cliente fez conforme recomendado, o que lhe proporcionou um retorno de 96% em 12 meses, resgatando o novo montante em janeiro de 2021.

Considerando-se um sistema de juros compostos, a taxa de retorno equivalente, obtida em cada período de 12 meses pelo cliente, de janeiro de 2019 a janeiro de 2021, foi igual a

(A) 54%
(B) 56%
(C) 58%
(D) 60%
(E) 62%

O rendimento total dos investimentos do cliente, no período de dois anos, pode ser calculado como

$i_{total} = (1 + 0.21) \times (1 + 0.96) - 1 = 1.3716$

Desta forma, a taxa de retorno equivalente i_r é tal que
$(1 + i_r)^2 - 1 = i_{total}$
Logo
$(1 + i_r)^2 = 2.3716 \rightarrow 1 + i_r = 1.54 \rightarrow i_r = 0.54$
ou 54%.

(Escriturário – BB – 2010.2 – FCC) Uma máquina com vida útil de 3 anos é adquirida hoje (data 0) produzindo os respectivos retornos: R$ 0,00 no final do primeiro ano, R$ 51.480,00 no final do segundo ano e R$ 62.208,00 no final do terceiro ano. O correspondente valor para a taxa interna de retorno encontrado foi de 20% ao ano. Então, o preço de aquisição da máquina na data 0 é de

(A) R$ 71.250,00.
(B) R$ 71.500,00.
(C) R$ 71.750,00.
(D) R$ 78.950,00.
(E) R$ 86.100,00.

O valor de aquisição da máquina pode ser obtido trazendo ao presente os valores dos retornos corrigidos pela taxa interna de retorno. Desta forma, sendo P o preço de aquisição da máquina, e i = 0,2 a taxa interna de retorno, temos que P = 0,00 / (1 + i) + 51.480,00 / (1 + i)2 + 62.208,00 / (1 + i)3. Efetuando os cálculos, obtemos que P = 0,00 + 35.500,00 + 36.000,00 = 71.750,00 reais.

(Escriturário – BB – 2012 – CESGRANRIO) O investimento necessário para montar uma pequena empresa é de R$ 10.000,00. Esse investimento renderá R$ 6.000,00 no final do primeiro ano, e R$ 5.500,00 no final do segundo. Depois desses dois anos, o dono dessa empresa pretende fechá-la.

A taxa interna de retorno (TIR), anual, desse projeto é

(A) 1%
(B) 1,5%
(C) 5%
(D) 10%
(E) 15%

Sendo i a taxa interna de retorno, temos que 10.000 = 6.000 / (1 + i) + 5.500 / (1+i)2. Multiplicando a equação por (1+i)2, temos que 10.000 * (1 + 2i + i2) − 6.000 * (1 + i) − 5500 = 0, ou seja, 10.000 * i2 + i * (20.000 − 6.000) + 10.000 − 6.000 − 5.500 = 0 e, portanto, dividindo a equação por 10.000, temos, i2 + 1,4i − 0,15 = 0. Encontrando as raízes deste polinômio de 2º grau encontramos i = 0,1 ou i = −1,5. Descartando a 2ª solução por ser negativa, temos que i = 0,1, ou seja, 10%.

RACIOCÍNIO LÓGICO

1. LÓGICA SENTENCIAL E DE PRIMEIRA ORDEM

(Escriturário – BB – CESGRANRIO – 2023) As 2023 assertivas a seguir estão escritas em um caderno.

1) Só 1 assertiva é falsa neste caderno.
2) Só 2 assertivas são falsas neste caderno.
3) Só 3 assertivas são falsas neste caderno.
.
n) Só n assertivas são falsas neste caderno.
.
2022) Só 2022 assertivas são falsas neste caderno.
2023) Só 2023 assertivas são falsas neste caderno.

Considerando-se essas 2023 assertivas, o número de assertivas verdadeiras é

(A) 2023
(B) 2022
(C) 1011
(D) 1
(E) 0

Por eliminação, temos que:
a) Se 2023 (todas) as assertivas são verdadeiras, então nenhuma assertiva deveria ser falsa. Mas isso contradiz todas as outras assertivas.
b) Se 2022 assertivas são verdadeiras, então apenas uma assertiva deveria ser falsa. Mas isso contradiz com todas as assertivas a partir da segunda, indicando que 2022 assertivas são falsas.
c) Se 1011 assertivas são verdadeiras, então 1013 assertivas deveriam ser falsas. Mas isso contradiz com todas as assertivas salvo a número 1011, indicando que 2022 assertivas são falsas.
d) Se 1 assertiva é verdadeira, então 2022 assertivas deveriam ser falsas. Isto de fato corresponde à realidade, visto que somente a assertiva de número 2022 é verdadeira, e todas as outras são falsas.
e) Se 0 assertivas são verdadeiras, então 2023 assertivas deveriam ser falsas. Mais isso contradiz com a assertiva de número 2023 (que se torna verdadeira), indicando que, na verdade, 2022 assertivas são falsas.
Gabarito: D.

(Técnico Bancário – BANESTES – FGV – 2023) Sejam A e B dois conjuntos finitos tais que A∪B = {1, 2, 3, 4, 5, 6, 7} e {1, 2, 5} é o conjunto de elementos que estão em A e não estão em B.

O conjunto dos elementos que não estão em A ou estão em B é

(A) {3, 4}.
(B) {3, 6}.
(C) {3, 4, 6}.
(D) {4, 6, 7}.
(E) {3, 4, 6, 7}.

A partir do enunciado, podemos construir o diagrama de Venn a seguir, onde sabemos que os elementos {1,2,5} se encontram em A mas não em B.

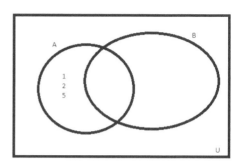

Sabemos também que a união de A com B possui os elementos {1,2,3,4,5,6,7}, portanto, os elementos {3,4,6,7} se encontram ou na interseção de A com B, ou então em B mas não em A. Assim sendo, sabemos que B = {3,4,6,7}, porém, não é possível saber a partir dos dados fornecidos, quais desses elementos de B também se encontram em A (e, portanto, se localizam na interseção destes dois conjuntos). Assumindo que não exista nenhum elemento externo a A e B simultaneamente (ou seja, do diagrama de Venn, elementos que estejam em U mas não na união de A com B), os elementos que não estão em A ou estão em B são, precisamente, os elementos de B.
Gabarito: E.

(Técnico Bancário – BANESTES – FGV – 2023) Sejam p, q e r proposições simples e ~p, ~q e ~r, respectivamente, as suas negações. As seguintes proposições compostas têm valor lógico verdadeiro:

p∨q
q∨ ~r
r∨ ~p

Pode-se concluir que o conjunto de proposições simples logicamente verdadeiras é dado por

(A) {p}.
(B) {q}.
(C) {r}.
(D) {p, q}.
(E) {q, r}.

Construímos inicialmente a tabela verdade das proposições compostas fornecidas:

p	q	r	p∨q	q∨~r	r∨~p
F	F	F	F	V	V
F	F	V	F	F	V
F	V	F	V	V	V
F	V	V	V	V	V
V	F	F	V	V	F
V	F	V	V	F	V
V	V	F	V	V	F
V	V	V	V	V	V

Do enunciado, sabemos que as três proposições compostas são verdadeiras. Assim, observando as linhas onde isto ocorre, temos:

p	q	r	p∨q	q∨~r	r∨~p
F	V	F	V	V	V
F	V	V	V	V	V
V	V	V	V	V	V

De onde podemos verificar que a única proposição simples logicamente verdadeira é q.

(Escriturário – BB – CESGRANRIO – 2021) Antes de iniciar uma campanha publicitária, um banco fez uma pesquisa, entrevistando 1000 de seus clientes, sobre a intenção de adesão aos seus dois novos produtos. Dos clientes entrevistados, 430 disseram que não tinham interesse em nenhum dos dois produtos, 270 mostraram-se interessados no primeiro produto, e 400 mostraram-se interessados no segundo produto.

Qual a porcentagem do total de clientes entrevistados que se mostrou interessada em ambos os produtos?

(A) 10%
(B) 15%
(C) 20%
(D) 25%
(E) 30%

Sejam P_1, P_2 os conjuntos de clientes interessados no primeiro e no segundo produto, respectivamente. Do enunciado, temos que:

$n(P_1) = n(P_1 - P_2) + n(P_1 \cap P_2) = 270$

$n(P_2) = n(P_2 - P_1) + n(P_1 \cap P_2) = 400$

$n(P_1 \cup P_2) = n(P_1 - P_2) + n(P_2 - P_1) + n(P_1 \cap P_2) = 1000 - 430 = 570$

Somando as duas primeiras equações e subtraindo a terceira, temos que

$n(P_1 \cap P_2) = 270 + 400 - 570 = 100$

Portanto, a porcentagem de clientes que mostrou interesse nos dois produtos é $\frac{100}{1000} = 0.1$ ou 10%.

(Escriturário – BB – CESGRANRIO – 2018) Uma pesquisa foi encomendada para saber as condições de funcionamento das escolas de um município. O Gráfico I mostra a distribuição das escolas pelas quantidades de alunos, e o Gráfico II mostra a presença ou não de cantina e ginásio nas escolas com mais de 500 alunos.

Gráfico I

Gráfico II

O número de escolas, com mais de 500 alunos, que não possuem cantina nem ginásio é

(A) 15
(B) 12
(C) 2
(D) 4
(E) 6

A partir dos dados do gráfico II, podemos construir o seguinte diagrama de Venn:

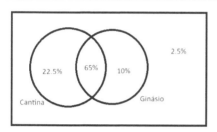

Desta forma, observamos que 2.5% das escolas não possuem cantina nem ginásio. Do Gráfico I, sabemos que $45 + 35 = 80$ escolas desta pesquisa possuem 500 alunos ou mais. Portanto, $80 \times \frac{2.5}{100} = 2$ escolas estão nessa categoria.

Gabarito 'C'.

(Escriturário – BB – 2010.2 – FCC) Sejam: X o conjunto dos municípios brasileiros; Y o conjunto dos municípios brasileiros que têm Agências do Banco do Brasil; Z o conjunto dos municípios brasileiros que têm mais de 30 000 habitantes. Supondo que $Y \cap Z \neq \emptyset$, é correto afirmar que:

(A) Pode existir algum município brasileiro que não tem Agência do Banco do Brasil e que tem mais de 30 000 habitantes.
(B) Se um município brasileiro tem Agência do Banco do Brasil, então ele tem mais de 30 000 habitantes.
(C) Se um município brasileiro tem menos de 30 000 habitantes, então ele não tem Agência do Banco do Brasil.
(D) Todo município brasileiro que não tem Agência do Banco do Brasil tem menos de 30 000 habitantes.
(E) Todo município brasileiro que tem menos de 30 000 habitantes não tem Agência do Banco do Brasil.

A expressão apresentada indica que existe pelo menos um município brasileiro com mais de 30.000 habitantes que contém uma agência do Banco do Brasil. Observe que b, c, d, e não podem ser deduzidas diretamente desta expressão. Por outro lado, é correto afirmar 'a', pois a expressão 'pode existir' não é eliminada da relação dada.

Gabarito 'A'.

(Escriturário – BB – 2010.1 – CESGRANRIO) Qual a negação da proposição "Algum funcionário da agência P do Banco do Brasil tem menos de 20 anos"?

(A) Todo funcionário da agência P do Banco do Brasil tem menos de 20 anos.
(B) Não existe funcionário da agência P do Banco do Brasil com 20 anos.
(C) Algum funcionário da agência P do Banco do Brasil tem mais de 20 anos.
(D) Nem todo funcionário da agência P do Banco do Brasil tem menos de 20 anos.
(E) Nenhum funcionário da agência P do Banco do Brasil tem menos de 20 anos.

A negação da frase é "Todo funcionário da agência P do Banco do Brasil tem 20 anos ou mais", que é equivalente a "Nenhum funcionário da agência do Banco do Brasil tem menos de 20 anos".

Gabarito 'E'.

(Escriturário – BB – 2010.1 – CESGRANRIO) A proposição funcional "Para todo e qualquer valor de n, tem-se " será verdadeira, se n for um número real

(A) menor que 8.
(B) menor que 4.
(C) menor que 2.
(D) maior que 2.
(E) maior que 3.

O polinômio $n^2 - 6n + 8 = 0$ tem raízes 2 e 4. Dado que esta parábola tem concavidade para cima, a desigualdade $n^2 - 6n + 8 > 0$ ocorre antes da primeira raiz ou após a segunda. Assim sendo, a desigualdade é verificada para todos os valores menores que 2 e também para valores maiores que 4.

Gabarito 'C'.

(Escriturário – BB – 2011.3 – FCC) Dos 36 funcionários de uma Agência do Banco do Brasil, sabe-se que: apenas 7 são fumantes, 22 são do sexo masculino e 11 são mulheres que não fumam. Com base nessas afirmações, é correto afirmar que o

(A) número de homens que não fumam é 18.
(B) número de homens fumantes é 5.
(C) número de mulheres fumantes é 4.
(D) total de funcionários do sexo feminino é 15.
(E) total de funcionários não fumantes é 28.

Dos 36 funcionários, 22 são do sexo masculino. Portanto, 36-22 = 14 são mulheres. Como 11 mulheres não fumam, temos que 14-11 = 3 mulheres fumam. Do total de 7 fumantes, temos que 7 - 3 = 4 homens fumam, o que resulta em 22 - 4 = 18 homens que não são fumantes.

Gabarito 'A'.

(Escriturário – BB – 2011.1 – FCC) Um jornal publicou a seguinte manchete:

"Toda Agência do Banco do Brasil tem déficit de funcionários."

Diante de tal inverdade, o jornal se viu obrigado a retratar-se, publicando uma negação de tal manchete. Das sentenças seguintes, aquela que expressaria de maneira correta a negação da manchete publicada é:

(A) Qualquer Agência do Banco do Brasil não têm déficit de funcionários.
(B) Nenhuma Agência do Banco do Brasil tem déficit de funcionários.
(C) Alguma Agência do Banco do Brasil não tem déficit de funcionários.
(D) Existem Agências com déficit de funcionários que não pertencem ao Banco do Brasil.
(E) O quadro de funcionários do Banco do Brasil está completo.

A negação de uma expressão é o mínimo necessário para contradizê-la. Logo, se alguma agência do Banco do Brasil não tiver déficit de funcionários, então a expressão apresentada originalmente é falsa.

Gabarito 'C'.

2. ENUMERAÇÃO POR RECURSO

(Técnico Bancário – BANESTES – FGV – 2023) Um material didático usado para ensinar crianças sobre sólidos é composto por 30 peças entre esferas, cubos e cilindros. Cada uma dessas peças tem cor única.

A distribuição de peças e cores é apresentada no quadro a seguir.

	AZUL	VERMELHO	AMARELO
ESFERAS	2	6	2
CUBOS	3	4	5
CILINDROS	4	1	3

A quantidade de peças que não são vermelhas ou são cilindros é

(A) 19.
(B) 20.
(C) 23.
(D) 24.
(E) 27.

A quantidade de peças que não são vermelhas é igual a $2+3+4+2+5+3 = 19$.

A quantidade de cilindros são $4+1+3 = 8$

Finalmente, precisamos descontar os cilindros não vermelhos, pois estes foram contabilizados duas vezes: $4+3=7$

Assim, o total de peças que não são vermelhas ou são cilindros é igual a $19+8-7=20$.

De uma maneira mais direta, podemos contar apenas a quantidade de peças que não são vermelhas com os cilindros vermelhos, conforme a marcação da tabela a seguir:

	AZUL	VERMELHO	AMARELO
ESFERAS	2 °	6	2 °
CUBOS	3 °	4	5 °
CILINDROS	4 °	1 °	3 °

Gabarito: B.

(Técnico Bancário – CEF – CESGRANRIO – 2021) Preocupado com sua saúde, um professor decidiu começar a correr. O profissional que o orientou estabeleceu como meta correr 5 km por dia. Entretanto, como o professor está fora de forma, terá de seguir um programa de treinamento gradual. Nas duas primeiras semanas, ele correrá, diariamente, 1 km e caminhará 4 km; na terceira e na quarta semanas, correrá 1,5 km e caminhará 3,5 km por dia. A cada duas semanas, o programa será alterado, de modo a reduzir a distância diária caminhada em 0,5 km e a aumentar a corrida em 0,5 km.

Desse modo, se o professor não interromper o programa de treinamento, ele começará a correr 5 km diários na

(A) 9ª semana
(B) 12ª semana
(C) 17ª semana
(D) 18ª semana
(E) 20ª semana

Podemos descrever o programa de corrida do professor de acordo com a tabela a seguir:

Semanas	Kms corridos
1-2	1
3-4	1.5
5-6	2
7-8	2.5
9-10	3
11-12	3.5
13-14	4
15-16	4.5
17-18	5

Gabarito: C.

(Escriturário – BB – CESGRANRIO – 2018) Considere o conjunto A cujos 5 elementos são números inteiros, e o conjunto B formado por todos os possíveis produtos de três elementos de A.

Se B = {-30, -20, -12, 0, 30}, qual o valor da soma de todos os elementos de A?

(A) 5
(B) 3
(C) 12
(D) 8
(E) -12

Decompondo os números de B em produtos de primos, temos que $B = \{-2 \times 3 \times 5, \ -2 \times 2 \times 5, \ -2 \times 2 \times 3, \ 0, \ 2 \times 3 \times 5\}$

Observamos que obrigatoriamente 0 é um elemento de A. Por observação, os outros são (-2, 2, 3, 5). Logo $A = \{-2, 0, 2, 3, 5\}$. Logo, a soma dos elementos é $-2 + 0 + 2 + 3 + 5 = 8$.

Gabarito: D.

(Escriturário – BB – 2014.1 – CESGRANRIO) Em uma caixa há cartões. Em cada um dos cartões está escrito um múltiplo de 4 compreendido entre 22 e 82. Não há dois cartões com o mesmo número escrito, e a quantidade de cartões é a maior possível. Se forem retirados dessa caixa todos os cartões nos quais está escrito um múltiplo de 6 menor que 60, quantos cartões restarão na caixa?

(A) 12
(B) 11
(C) 3
(D) 5
(E) 10

Os múltiplos de 4 no intervalo dado são (24, 28, 32, 36, 40, 44, 48, 52, 56, 60, 64, 68, 72, 76, 80). Retirando os múltiplos de 6 menores que 60 resulta em (28, 32, 40, 44, 52, 56, 60, 64, 68, 72, 76, 80), ou seja, 12 cartões.

Gabarito: A.

(Escriturário – BB – 2013.2 – FCC) Para recepcionar os 37 novos funcionários de uma agência, foi criada uma brincadeira na qual os novos funcionários deveriam ser divididos em grupos iguais (mesmo número de integrantes) que poderiam ter ou 5, ou 7, ou 8, ou 9, ou 10 integrantes. Das cinco opções de tamanhos dos grupos, a que deixa menos funcionários sem grupo é aquela em que os grupos têm número de integrantes igual a

(A) 7.
(B) 9.
(C) 5.
(D) 10.
(E) 8.

Necessitamos calcular o resto da divisão de 37 pelos tamanhos possíveis de grupo. 37 dividido por 7 resulta em 5 resto 2. 37 dividido por 9 resulta em 4 resto 1. 37 dividido por 5 resulta em 7 resto 2. 37 dividido por 10 resulta em 3 resto 7. Finalmente, 37 dividido por 8 resulta em 4 resto 5. Logo, o menor valor de resto, e, portanto, o tamanho de grupo que deixa o menor número de funcionários sem grupo, é 9.

Gabarito "B".

3. CONTAGEM: PRINCÍPIO ADITIVO E MULTIPLICATIVO

(Escriturário – BB – CESGRANRIO – 2018) Um professor elaborou 10 questões diferentes para uma prova, das quais 2 são fáceis, 5 são de dificuldade média, e 3 são difíceis. No momento, o professor está na fase de montagem da prova. A montagem da prova é a ordem segundo a qual as 10 questões serão apresentadas. O professor estabeleceu o seguinte critério de distribuição das dificuldades das questões, para ser seguido na montagem da prova:

Questão	Dificuldade
1	Fácil
2	Fácil
3	Média
4	Média
5	Média
6	Média
7	Média
8	Difícil
9	Difícil
10	Difícil

De quantas formas diferentes o professor pode montar a prova seguindo o critério estabelecido?

(A) 2520
(B) 128
(C) 6
(D) 1440
(E) 252

A quantidade de provas distintas que o professor pode montar pode ser calculado pelo produto das permutações das questões de cada grupo. Relembrando que a permutação de n elementos pode ser calculada via $n!$, então:

$R = 2! \times 5! \times 3! = 2 \times 120 \times 6 = 1440$ formas distintas

Gabarito "D".

(Escriturário – BB – CESGRANRIO – 2023) Um investidor muito supersticioso escolhe, mensalmente, um conjunto de três tipos de investimento para aplicar alguma quantia. Ele toma por regra dispor apenas dos mesmos nove tipos de investimentos e nunca repetir, em um mesmo mês, o mesmo conjunto de três tipos já usados em qualquer mês anterior. Por exemplo, se no 1º mês ele escolheu os investimentos de tipos A, B e C; no 2º mês, A, B e D; e no 3º mês, E, F e G, então ele não poderá investir novamente, num mesmo mês, por exemplo, no conjunto dos investimentos de tipos A, B e C, por já tê-lo usado no 1º mês.

Considerando-se as condições descritas, o número máximo de meses em que o investidor poderá fazer esses investimentos é

(A) 84
(B) 60
(C) 56
(D) 48
(E) 35

Desconsiderando inicialmente a regra de não repetição, o investidor teria a possibilidade de, a cada mês, fazer $C(9,3) = \frac{9!}{3! \times 6!} = \frac{9 \times 8 \times 7}{3 \times 2 \times 1} = 84$ possíveis combinações de investimentos.

Com a regra de não se repetir, o investidor diminui em 1 a quantidade possível de investimentos a cada mês. Desta forma, ele possui 84 possibilidades no 1º mês, 83 no 2º mês, 82 o terceiro mês, e assim sucessivamente. Portanto, este investidor terá apenas 1 possibilidade no 84º mês, e não conseguirá mais utilizar esta regra deste ponto em diante.

Gabarito "A".

(Escriturário – BANRISUL – CESGRANRIO – 2023) Sete clientes de um banco devem ser colocados em fila única para atendimento. Sabe-se que há três clientes com idade igual ou superior a 65 anos, que devem ocupar as primeiras três posições da fila, necessariamente, sem qualquer restrição adicional de ordenação entre eles. Os clientes com menos de 65 anos deverão ocupar as 4 últimas posições da fila, também sem qualquer restrição adicional de ordenação entre eles.

Atendendo às restrições colocadas, até quantas filas distintas poderiam ser montadas?

(A) 12
(B) 24
(C) 144
(D) 2520
(E) 5040

Os três primeiros clientes da fila podem se organizar de 3! = 6 formas distintas. De maneira análoga, os quatro últimos clientes da fila podem se organizar de 4! = 24 formas distintas. Assim, podem ser montadas até 6 x 24 = 144 filas distintas.

Gabarito "C".

(Escriturário – BB – CESGRANRIO – 2018) Uma professora do jardim da infância entregou um mesmo desenho para cada um de seus 10 alunos e distribuiu vários lápis de cor entre eles. A tarefa era pintar o desenho, que possuía diversas regiões. Cada uma dessas regiões apresentava a cor com a qual deveria ser pintada. Todos os alunos receberam a mesma quantidade de lápis de cor, mas nenhum aluno recebeu todas as cores necessárias para pintar todo o desenho e, portanto, eles precisavam se agrupar para conseguir completar a tarefa. Formando qualquer grupo de 6 alunos, uma região não poderia ser pintada, mas qualquer grupo de 7 alunos conseguiria completar a tarefa. Todas as regiões deveriam receber cores diferentes, e a professora distribuiu o menor número de lápis de cor para cada aluno.

Quantos lápis de cor cada aluno recebeu?

(A) 42
(B) 63
(C) 210
(D) 105
(E) 84

Existem várias informações no enunciado que serão importantes para a solução do problema. Em especial:
Qualquer grupo de 6 alunos não é capaz de pintar completamente o desenho, pois falta uma cor para pintar uma região do desenho.
Adicionando qualquer um dos outros 4 alunos sobrando em um grupo de 6 alunos permite que o desenho seja completado
A professora distribuiu o menor número possível de lápis de cor
Considerando um grupo qualquer de 6 alunos, sabemos então que falta uma cor para completar o desenho. Sabemos também que qualquer um dos outros 4 alunos possui o lápis desta cor. Considerando também que a professora distribuiu o menor número possível de lápis de cor, então cada um dos 4 alunos possui 1 lápis desta cor faltante, e, portanto, existem, entre todos os alunos, 4 lápis de cor desta cor faltante. Observe que este mesmo raciocínio pode ser feito para qualquer grupo de 6 alunos, de forma que nos permite concluir que, para cada cor no desenho, o grupo total de alunos possui 4 lápis desta cor. Precisamos descobrir agora quantas cores existem no desenho. Para isso, observamos que cada grupo distinto de 6 alunos define uma cor distinta faltante. Como existem $C(10,6) = \frac{10!}{6! \times 4!} = \frac{10 \times 9 \times 8 \times 7}{4 \times 3 \times 2 \times 1} = 210$ grupos distintos de 6 alunos em um conjunto de 10 alunos, então o desenho possui 210 cores, e como cada cor possui 4 lápis desta cor, temos no total $210 \times 4 = 840$ lápis de cor, ou seja, $\frac{840}{10} = 84$ lápis por aluno.

Gabarito: E.

(Escriturário – BB – 2010.2 – FCC) Na sala de reuniões de uma empresa há uma mesa de formato retangular com 8 cadeiras dispostas da forma como é mostrado na figura abaixo.

Sabe-se que, certo dia, seis pessoas reuniram-se nessa sala: o Presidente, o Vice-Presidente e 4 Membros da Diretoria. Considerando que o Presidente e o Vice-Presidente sentaram-se nas cabeceiras da mesa, de quantos modos podem ter se acomodado nas cadeiras todas as pessoas que participaram da reunião?

(A) 720
(B) 360
(C) 120
(D) 72
(E) 36

Existem 2 formas do Presidente e Vice-Presidente ocuparem as cadeiras das cabeceiras. Com relação aos membros da Diretoria, o 1o tem 6 opções, o 2º 5 opções, o 3º possui 4 cadeiras vazias e o último 3. Desta forma, o número de modos possíveis é $2 \times 6 \times 5 \times 4 \times 3 = 720$.

Gabarito: A.

(Escriturário – BB – 2010.1 – CESGRANRIO) Uma loja vende barras de chocolate de diversos sabores. Em uma promoção, era possível comprar três barras de chocolate com desconto, desde que estas fossem dos sabores ao leite, amargo, branco ou com amêndoas, repetidos ou não. Assim, um cliente que comprar as três barras na promoção poderá escolher os sabores de n modos distintos, sendo n igual a

(A) 20
(B) 16
(C) 12
(D) 10
(E) 4

Seja A o número de barras de chocolate ao leite, B amargo, C branco e D com amêndoas. Precisamos encontrar o número de soluções distintas de A+B+C+D = 3 com (A,B,C,D) ≥ 0. Existem 4 soluções do tipo (3,0,0,0), 12 soluções do tipo (2,1,0,0) e 4 soluções do tipo (1,1,1,0). Portanto, o total de modos distintos é 4 + 12 + 4 = 20.

Gabarito: A.

(Escriturário – BB – 2010.1 – CESGRANRIO) João, Pedro, Celso, Raul e Marcos foram aprovados em um concurso. Cada um trabalhará em uma unidade diferente da empresa: P, Q, R, S ou T. Considerando que João já foi designado para trabalhar na unidade P, de quantos modos distintos é possível distribuir os demais aprovados pelas unidades restantes?

(A) 12
(B) 24
(C) 48
(D) 90
(E) 120

O número de modos distintos é $4! = 4 \times 3 \times 2 \times 1 = 24$.

Gabarito: B.

(Escriturário – BB – 2010.1 – CESGRANRIO) Uma artesã de bijuterias fabrica um colar de contas no qual utiliza 16 contas pequenas e duas contas grandes, cujo modelo é apresentado abaixo.

Os critérios que ela utiliza para montar cada colar são os seguintes:
- as contas pequenas são todas da mesma cor;
- contas grandes devem ter cores diferentes;
- se as contas pequenas forem da cor "x", nenhuma conta grande pode ser da cor "x".

Sabendo-se que a artesã dispõe de contas pequenas brancas, pretas, azuis e laranjas e de contas grandes brancas, vermelhas, verdes, azuis e rosas, de quantos modos distintos ela pode escolher as cores das contas que irão compor um colar?

(A) 28
(B) 30
(C) 32
(D) 40
(E) 42

Para o caso em que a artesã escolha as contas pequenas brancas ou azuis, 4 cores das contas grandes podem ser escolhidas, de forma que o número de combinações neste caso são $2 \times 4 \times 3 / 2 = 12$. Para as contas pequenas pretas ou laranjas, 5 cores das contas grandes estão disponíveis, formando $2 \times 5 \times 4 / 2 = 20$ opções. Temos, no total, 12 + 20 = 32 escolhas

Gabarito: C.

(Escriturário – BB – 2011.1 – FCC) Suponha que, para sacar certa quantia de sua conta em um caixa eletrônico, um correntista do Banco do Brasil deve lembrar-se de uma senha numérica de seis dígitos e de um código de três letras. Florêncio, cliente do Banco do Brasil, pretendia usar o caixa eletrônico para fazer um saque, entretanto, lembrava-se apenas de algumas características de sua senha numérica e do respectivo código de letras:

– os três primeiros dígitos eram 455 e os três últimos correspondiam a um número ímpar de três algarismos distintos entre si;
– o código de letras era composto das letras H, J e K, não necessariamente nessa ordem.

O total de senhas que têm essas características é:

(A) menor que 1 000.
(B) ímpar.
(C) quadrado perfeito.
(D) divisível por 7.
(E) maior que 2 000.

Com relação à senha numérica, sabemos que o último dígito é ímpar (ou seja, 5 possibilidades), o penúltimo tem 9 possibilidades e o antepenúltimo 8 possibilidades, pois não podem ser repetidos. Logo temos 5x9x8 = 360 combinações. Com relação ao código de letras, existem 3 x 2 x 1 = 6 possíveis combinações destas três letras. Logo, o número total de senhas que têm tais características é 360 x 6 = 2.160.

Gabarito: E.

5. Atendimento

Roberta Densa, Cecília Dantas e Flávio Benetti

1. DIREITO DO CONSUMIDOR

(Técnico Bancário – CEF – CESGRANRIO – 2024) Certa instituição financeira convidou seus correntistas para cursos de atualização em finanças e proteção à natureza e foi questionada por alguns clientes sobre essa medida. A instituição respondeu que cumpria os comandos legais pertinentes. Nos termos da Lei nº 8.078/1990, a Política Nacional das Relações de Consumo tem por objetivos o atendimento das necessidades dos consumidores, o respeito à sua dignidade, saúde e segurança, a proteção de seus interesses econômicos, a melhoria da sua qualidade de vida, bem como a transparência e a harmonia das relações de consumo, atendidos alguns princípios.

Dentre os princípios a serem atendidos está a(o)

(A) conscientização do papel financeiro das organizações para preservar a lucratividade almejada.
(B) implementação de instrumentos para diminuir o nível de endividamento das famílias mais vulneráveis.
(C) verificação de medidas protetivas ao crédito para aquisição de bens duráveis da linha doméstica.
(D) fomento de ações direcionadas à educação financeira e ambiental dos consumidores.
(E) incentivo à poupança da população para propiciar vida melhor na aposentadoria.

O Código de Defesa do Consumidor estabelece no art. 4º a Política Nacional das Relações de Consumo, que visa atender as necessidades dos consumidores, respeitando sua dignidade, saúde e segurança, protegendo seus interesses econômicos, melhorando sua qualidade de vida, além de promover a transparência e harmonia nas relações de consumo. Nesse sentido, dentre diversas outras medidas, o inciso IV do dispositivo determina "a educação e informação de fornecedores e consumidores, quanto aos seus direitos e deveres, com vistas à melhoria do mercado de consumo", fomentando ações direcionadas à educação financeira e ambiental dos consumidores, conforme mencionado na alternativa D. As demais alternativas não contemplam nenhuma medida estabelecida pelo art. 4º do CDC.

Gabarito: D.

(Técnico Bancário – BASA – CESGRANRIO – 2022) Uma pessoa realiza contrato de financiamento bancário no qual consta cláusula que obriga o mutuário a celebrar seguro com determinada companhia seguradora.

Nos termos da adequada interpretação do Código de Defesa do Consumidor, a cláusula

(A) deve ser cumprida se houver sanção.
(B) deve ser considerada abusiva.
(C) deve ser lida como facultativa.
(D) é tradicional e deve ser mantida.
(E) é considerada essencial para o financiamento.

A contratação do seguro é obrigatória para o financiamento imobiliário, pois é uma exigência legal presente no Sistema Financeiro da Habitação (Lei 4.380/64) que rege a maioria dos financiamentos imobiliários no país. A cláusula se torna abusiva, nos ditames do art. 39, I do CDC, quando a Instituição Financeira determina a seguradora com a qual o cliente deveria contratar. Nesse sentido, cabe ao cliente escolher a empresa que considera mais adequada.

Gabarito: B.

(Escriturário – BB – Cesgranrio – 2014) O superintendente de vendas do Banco A, submetido a regime de metas, determina a suas equipes que, em todos os contratos de empréstimos, vinculem o fechamento da operação à realização de contrato de seguro. Com tal determinação, as metas impostas são realizadas, com reflexo financeiro positivo na remuneração dos empregados.

Nos termos do Código de Defesa e Proteção ao Consumidor, tal operação é

(A) admitida, por ser inerente às relações de mercado.
(B) permitida, por ser integrante de regime de remuneração por metas.
(C) vedada, por caracterizar prática abusiva.
(D) vedada, por não ser possível a conjugação prática das operações.
(E) permitida, por configurar habitualidade das relações.

Na forma do art. 39, III, do Código de Defesa do Consumidor, é prática comercial abusiva "enviar ao consumidor, sem solicitação prévia, qualquer produto, ou fornecer qualquer serviço". No mesmo sentido é a Resolução Bacen n. 3.919/2010, que proíbe a prestação de serviços sem autorização ou pedido expresso do consumidor. Sobre as operações financeiras, o Superior Tribunal de Justiça emitiu a Súmula 532 com o seguinte teor: "Constitui prática comercial abusiva o envio de cartão de crédito sem prévia e expressa solicitação do consumidor, configurando-se ato ilícito indenizável e sujeito à aplicação de multa administrativa".

Gabarito: C.

(Escriturário – BB – Cesgranrio – 2015) Uma cidadã, por dificuldades financeiras momentâneas, deixou de pagar em dia as suas dívidas, vindo, por força de sua mora e do seu inadimplemento, a ser inscrita em cadastro de devedores. Com o passar do tempo, a sua situação foi melhorando e, após muito sacrifício pessoal, conseguiu quitar as suas dívidas. Em determinado momento, no entanto, foi surpreendida com negativa de crédito, em estabelecimento comercial, por estar o seu nome inscrito no cadastro de devedores inadimplentes.

A melhor interpretação do Código de Defesa do Consumidor indica que

(A) caberia à devedora buscar o cancelamento dos registros nos cadastros de inadimplentes.
(B) é ônus do credor, após a constatação do pagamento efetivo da dívida, retirar o nome do devedor do cadastro de inadimplentes.

(C) deve ocorrer a retirada do registro de inadimplente somente cinco anos após o ingresso, mesmo no caso de pagamento.
(D) ocorrerá a manutenção do registro no cadastro de inadimplentes como forma de proteção ao comércio.
(E) será retirada a inscrição do registro no cadastro de inadimplentes somente se houver medida judicial.

A: incorreta. Cabe ao credor (fornecedor) a retirada do nome do consumidor do cadastro de proteção ao crédito, no prazo de 5 dias úteis, contados a partir do integral e efetivo pagamento do débito (vide Súmula 548 do STJ). **B:** correta. Conforme entendimento do Superior Tribunal de Justiça, cabe ao credor/fornecedor a retirada do nome do devedor/consumidor do cadastro de proteção ao crédito. **C:** incorreta. O prazo para retirada do nome do consumidor é de cinco dias contados a partir do efetivo pagamento do débito. **D:** incorreta. Após o pagamento da dívida o nome do consumidor inadimplente deve ser retirado do cadastro negativo, no prazo de 5 dias úteis, sob pena de ser configurada a inscrição indevida e a consequente possibilidade de o consumidor pleitear a retirada do nome do cadastro e os danos morais pelo abalo a sua honra. **E:** incorreta. Configurado o pagamento, o nome do consumidor deve ser retirado do cadastro independentemente de ação judicial. **RD**

Gabarito "B".

(Escriturário – BB – FCC – 2013) As operações denominadas Crédito Direto ao Consumidor são caracterizadas

(A) pela não incidência de IOF para contratos com pessoa física.
(B) por destinação ao financiamento de bens e serviços para pessoas físicas ou jurídicas.
(C) pela dispensa da informação do Custo Efetivo Total para clientes correntistas dos bancos.
(D) pela impossibilidade de antecipação de pagamento de parcelas.
(E) pela ausência de gravame no caso de financiamento de veículos usados.

A: Incorreta. O Imposto sobre Operações Financeiras incide nos contratos de pessoa física e jurídica. **B:** Correta. O Crédito Direito ao Consumidor é caracterizado pela destinação ao financiamento de bens e serviços para pessoas físicas ou jurídicas. **C:** incorreta. O Custo Efetivo Total da operação deve ser informado ao consumidor, conforme Resolução Bacen 3.517/2007. **D:** incorreta. O art. 52 do Código de Defesa do Consumidor garante ao tomador do financiamento o direito de quitar antecipadamente a dívida, com redução proporcional dos juros. **E:** incorreta. As garantias bancárias podem ser exigidas no Crédito Direito ao Consumidor. **RD**

Gabarito "B".

2. MARKETING E TELEMARKETING

(Técnico Bancário – CEF – CESGRANRIO – 2024) O marketing de relacionamento percebe o grau de lealdade do cliente como uma escada, que demonstra a progressão dos graus da relação que os clientes podem estabelecer com uma organização. Considerando esse modelo, imagine dois clientes com os seguintes perfis:

Cliente P: alguém que a organização acredita que pode ser persuadido a negociar com a instituição; e

Cliente Q: alguém que recomenda ativamente a organização para terceiros, mas não tem um relacionamento de parceria.

Considerando-se a escala de lealdade de Payne, os clientes P e Q são respectivamente denominados

(A) defensor e adepto
(B) comprador e parceiro
(C) comprador e potencial
(D) parceiro e prospectivo
(E) potencial e defensor

A escala de lealdade de Payne, desenvolvida por Adrian Payne, é uma ferramenta utilizada para medir a lealdade da clientela de um negócio. Nesse sentido, a escala é baseada na premissa de que é possível se avaliar a lealdade do cliente com base em diversos critérios, dentre eles, a disposição do cliente em comprar novamente, a disposição de pagar um preço mais alto, a disposição em recomendar a marca. Dessa forma, através desses parâmetros, Payne dividiu a clientela nas seguintes classes: **potenciais** – clientes que ainda não compraram mas que estão dentro do público-alvo da empresa; **experimentais** – clientes que adquiriram um produto e agora estão na fase de teste; **regulares** – clientes que compram com frequência, muito embora sejam consumidores de concorrentes; **defensores** – clientes que compram e propagam a marca e os produtor e **preferenciais** – clientes que normalmente preferem a marca, mas podem ser seduzidos por ofertas de concorrentes.

Dessa forma, a alternativa que melhor se enquadra nestas definições é a alternativa E, já que o cliente P é um cliente potencial e o cliente Q, um defensor. **CD**

Gabarito "E".

(Técnico Bancário – CEF – CESGRANRIO – 2024) Para implementar uma estratégia de Inbound Marketing, o vendedor de uma empresa oferece um material rico disponibilizado pela sua empresa ao cliente, esperando que o consumidor que recebeu o serviço sinta-se comovido com tal gentileza, a ponto de querer fechar negócio ou priorizar a empresa na contratação de um serviço só pelo sentimento de benevolência que foi criado com a ação.

Essa situação exemplifica a aplicação de um gatilho mental denominado

(A) escassez
(B) reciprocidade
(C) aprovação social
(D) autoridade e afeição
(E) compromisso e coerência

A: Incorreta. Pelo gatilho da escassez, o cliente passa a valorizar algo raro ou de difícil obtenção. Como exemplo, podemos citar os produtos colocados no mercado em quantidade limitada ou as ofertas por tempo determinado. **B:** Correta. O gatilho da reciprocidade tem como princípio a ideia de que as pessoas tendem a retribuir quando recebem algo. Assim, quando o vendedor oferece algo rico e valioso ao cliente, este deve se sentir motivado para retribuir a gentileza, contratando com o vendedor, exatamente como narra a questão. **C:** Incorreta. O gatilho da aprovação social diz respeito ao comportamento humano tendencioso a seguir as ações e comportamento de outras pessoas. Ele pode ser manifestado através do depoimento de clientes, avaliações e quantidades de pessoas contratando o serviço. **D:** Incorreta. O gatilho da autoridade e afeição baseia-se na tendência social humana de seguir conselhos e direções de especialistas e autoridades. Já o gatilho da afeição, demonstra a propensão humana em ser influenciado por aqueles com que temos uma conexão emocional. **E:** Incorreta. O gatilho do compromisso e coerência refere-se à tendência que as pessoas têm em seguir uma linha de ação coerente com seus compromissos já estabelecidos. **CD**

Gabarito "B".

(Técnico Bancário – BASA – CESGRANRIO – 2022) Um banco comercial lançou uma campanha publicitária em mídia televisiva, usando, de forma lúdica, desenhos animados para a comunicação com os clientes. Nas mensagens passadas pelos personagens, é nítida a preocupação desse banco com questões intrínsecas às variáveis do composto de marketing de serviços. Os vídeos veiculados falam da gentileza e da competência dos gerentes, da adequação do valor das taxas de juros, do programa de Redução de Tarifas, das diversas opções para interagir com o banco (Agências, Internet Banking, Telefone de Atendimento e Caixas Automáticos), da confiabilidade dos serviços de Telefone de Atendimento, e fornecem todas as informações sobre os produtos de Investimento (Poupança, Fundos e CDB's).

Se for feito um paralelo dessas mensagens com os "P" do composto de marketing de serviços, identifica-se que se enfatiza a importância

(A) do preço, quando se apresenta a confiabilidade dos serviços de telefone de atendimento.

(B) das praças, quando se apresentam as diversas opções para interagir com o banco (Agências, Internet Banking, Telefone de Atendimento e Caixas Automáticos).

(C) dos processos, quando se ressalta a gentileza e a competência dos gerentes, que conhecem as necessidades do cliente.

(D) dos pedidos, quando se fornecem todas as informações sobre os produtos de Investimento (Poupança, Fundos e CDB's).

(E) do posicionamento, quando se enfatiza a adequação do valor das taxas de juros e do programa de Redução de Tarifas.

O Marketing conta com 4 conceitos fundamentais para o sucesso de estratégias publicitárias. São os 4 Ps. do marketing: produto, preço, praça e promoção. Nesse sentido, o **produto** é o objeto ou serviço vendido; o **preço** o seu valor monetário; a **praça**, o local onde é comercializado e a **promoção** como se atrai e informa o público sobre o produto vendido. Assim, a campanha publicitária em questão enfatiza, entre outras coisas, a importância das praças, quando apresenta aos consumidores os diversos locais onde estes podem encontrar o serviço das agências.

(Técnico Bancário – BASA – CESGRANRIO – 2022) As propagandas de um determinado banco falam de atendimento de alta qualidade e produtos financeiros que atendem a todas as necessidades dos clientes. O banco investiu muito em equipamentos e no treinamento dos funcionários, de forma que a entrega do serviço de alta qualidade é esperada por todos os diretores da instituição.

Com base no triângulo de serviços, o momento da verdade, quando ocorre a interação entre cliente e organização, e o serviço é produzido e consumido, está relacionado ao marketing

(A) interno
(B) externo
(C) dimensional
(D) hierárquico
(E) interativo

Com base no triangulo de serviços (empresa, clientes e funcionários), existem três processos igualmente importantes na criação de valor para o cliente, são eles: o **marketing externo (gerar a promessa)**, que trata das ações necessárias da marca para despertar no cliente o desejo de adquirir o produto ou serviço ofertado; o **marketing interno (entregar a promessa)**, que trata da formação e preparação de seus funcionários, com a finalidade de muni-los com todas as ferramentas necessárias na representação da empresa; e, por fim, o **marketing interativo (tornar possível a promessa)**, um conjunto de práticas e técnicas que visa a interação do público com a empresa, aumentando o engajamento dos clientes e incentivando a fidelização. Dessa forma, com base no triângulo de serviços, o momento da verdade conceito que descreve qualquer interação do cliente com a marca que pode formar a opinião do consumidor sobre seus produtos e serviços, acontece dentro do marketing interativo.

(Técnico Bancário – CEF – CESGRANRIO – 2021) No ano de 2020, uma família italiana, dona de um tradicional restaurante de elite de uma importante capital do país, perdeu sua matriarca. Ela pertencia à terceira geração da família que atua desde 1905 na cena gastronômica. A empresária era conhecida pelo sorriso gentil com que iluminava os salões de seu restaurante e pelo modo como tratava seus funcionários, capacitando-os a elaborar as secretas receitas de família. Ao longo dos últimos anos, foi entregando, paulatinamente, a gestão da "locomotiva" a seu filho, gerenciando sua aprendizagem, por ele possuir o talento da família para o ramo.

Esse caso revela que a estratégia do restaurante familiar se sustenta em função de sua

(A) aquisição de concorrentes
(B) barreiras à entrada
(C) competência essencial
(D) integração vertical
(E) liderança em custo

O caso narrado revela que a estratégia do restaurante familiar se sustenta em função de sua competência essencial. Esta pode ser compreendida como um conjunto de conhecimentos e habilidades traduzidos de forma individualizada nos produtos e serviços. Esse recurso estratégico traz autenticidade à organização, que desenvolve diferenciais em relação aos concorrentes. Nesse sentido, o restaurante demonstra uma competência essencial relacionada às receitas secretas de família, transmitidas entre as gerações, que agregam valor aos seus produtos e serviços. Assim, estas receitas são vistas como uma marca de tradição e identidade da empresa, uma vez que são de difícil imitação e representam o negócio familiar.

(Técnico Bancário – CEF – CESGRANRIO – 2021) Um gerente de contas de determinada instituição financeira atende diversos segmentos de clientes, incluindo pessoas jurídicas. Sabedor de que vários dos clientes possuem residências em locais cujo acesso é vinculado a pedágios, resolve enviar, para alguns, um novo produto, corporificado num cartão que permite o pagamento on-line do pedágio, evitando, dessa forma, as longas filas nos dias de feriados prolongados.

De acordo com o Código de Defesa do Consumidor, enviar ou entregar ao consumidor, sem solicitação prévia, qualquer produto, ou fornecer qualquer serviço, caracteriza

(A) quebra de sigilo

(B) concorrência desleal
(C) prática abusiva
(D) vício do serviço
(E) defeito no produto

Conforme art. 39, III do Código de Defesa do Consumidor configura-se a prática comercial o envio de produto ou serviço sem solicitação, nos seguintes termos: "é vedado ao fornecedor de produtos ou serviços, dentre outras práticas abusivas, enviar ou entregar ao consumidor, sem solicitação prévia, qualquer produto, ou fornecer qualquer serviço". **CD**
Gabarito "C".

(Técnico Bancário – CEF – CESGRANRIO – 2021) A propaganda de um banco diz que cada cliente é atendido rapidamente e que todas as suas solicitações são resolvidas de forma ágil e personalizada, em agências confortáveis e modernas. No entanto, ao chegar à agência, o cliente encontra instalações degradadas, e uma grande quantidade de pessoas aguardando atendimento e reclamando da dificuldade de resolver seus problemas.

Nesse caso, o cliente se sentirá insatisfeito porque

(A) o desempenho das atividades não alcança suas expectativas, reforçadas pela propaganda.
(B) o desempenho dos serviços bancários apresentados alcança as expectativas criadas pela propaganda.
(C) o resultado das atividades realizadas naquela agência vai além das suas expectativas.
(D) as percepções a respeito do resultado apresentado pelo banco superam as suas expectativas.
(E) os serviços bancários são ofertas intangíveis, não sendo possível satisfazer clientes nesse quesito.

O cliente está insatisfeito porque o desempenho das atividades não alcança suas expectativas, reforçadas e prometidas pela publicidade. Nesse sentido, embora os serviços, por definição, sejam intangíveis, existem aspectos tangíveis, como as instalações degradadas e a demora no atendimento, que impactam a percepção do cliente. **CD**
Gabarito "A".

(Técnico Bancário – CEF – CESGRANRIO – 2021) Os diretores de um banco procuraram influenciadores digitais para lhes apresentar os fundos de investimento do banco. Eles sabem que os influenciadores digitais divulgam informalmente produtos bancários e oferecem conselhos ou informações sobre investimentos financeiros, dizendo, por exemplo, quais, dentre as diversas opções de aplicações financeiras, são as melhores para o tipo de audiência que o acompanha.

Os influenciadores digitais, portanto, funcionam como

(A) fontes de intervenção
(B) grupo de afinidade
(C) referências primárias
(D) líderes de opinião
(E) grupo de dissociação

Os influenciadores digitais podem ser considerados como **líderes de opinião** à medida que influenciam o comportamento de seus seguidores. Dessa maneira, por serem credíveis por um determinado grupo de pessoas, exercem seu poder de influência sobre elas. Nesse sentido, ao fornecer orientações financeiras aos seus seguidores em suas redes sociais, os influenciadores digitais desempenham um papel significativo na divulgação de produtos bancários, crucial para as instituições financeiras que desejam alcançar um público específico através desses intermediários. **CD**
Gabarito "D".

(Escriturário – BB – 2015 – CESGRANRIO) Um banco que atua no varejo está buscando ampliar a sua carteira de cliente e, para isso, estabeleceu uma nova estratégia de atuação visando a fidelizar seus clientes e captar novos, no mercado em que opera.

Uma estratégia a ser utilizada pelo banco para atingir seus objetivos é

(A) ampliar a automação de suas atividades, diminuindo a interação do banco com seus clientes e possibilitando um relacionamento formal e impessoal.
(B) estabelecer metas ambiciosas de curto prazo aos vendedores, para que estes contatem o maior número de clientes apenas na ocasião da venda.
(C) atuar em nichos de mercado, oferecendo seus produtos e serviços ao mercado, de maneira geral, por intermédio de seu serviço de *telemarketing*, atraindo, assim, um maior número de clientes.
(D) manter um sistema de análise mercadológica que possibilite compreender as necessidades dos clientes e, dessa forma, oferecer produtos e serviços que atendam às suas expectativas.
(E) possibilitar que o vendedor de seus produtos e serviços os adapte, durante o processo de vendas, focando no atendimento aos objetivos do banco.

A: incorreta. Diminuindo a interação do banco com seus clientes, a probabilidade de fidelizar seus clientes e captar novos, é menor. **B:** incorreta. Metas ambiciosas podem estimular a venda de determinados produtos ou serviços, mas não garantem fidelização de clientes ou captação de novos. **C:** incorreta. Oferecer serviços ao mercado, de modo geral, pode gerar um investimento alto, frente ao retorno de fidelização ou captação de clientes. **D:** correta. Manter um sistema que analise a necessidade dos clientes, oferecendo produtos e serviços relevantes para cada tipo de cliente, pode não só fidelizar, como captar novos clientes – principalmente, com a ajuda da propaganda boca a boca, feita pelos clientes fidelizados e satisfeitos. **E:** incorreta. Possibilitar que o vendedor dos produtos ou serviços os adapte durante o processo de vendas nem sempre garantirá a fidelização de clientes ou a captação de novos. **FB**
Gabarito "D".

(Escriturário – BB – 2015 – CESGRANRIO) Três estagiários que haviam entrado no banco há pouco tempo estavam conversando sobre o composto de *marketing* adotado na instituição.

O primeiro estagiário disse que a estratégia de *marketing* do banco é de preço, tendo em vista que as taxas cobradas, referentes aos serviços bancários, são divulgadas nas agências e estão disponíveis, afixadas em locais visíveis, para que os clientes delas tomem ciência.

O segundo estagiário argumentou dizendo que o composto de *marketing*, no que se refere a preços, está relacionado, dentre outros elementos, à concessão de descontos, condições de pagamento e crédito para os produtos e serviços oferecidos pela instituição.

O terceiro estagiário, refletindo sobre o que os outros dois haviam falado, explicou que o composto de *marketing*-preço não é aplicável ao setor bancário porque os produtos e serviços oferecidos pelas instituições desse setor não oferecem produtos tangíveis.

Diante dos elementos acima, em relação ao composto de *marketing*-preço, tem-se que

(A) a afirmação do primeiro estagiário está correta, e as afirmativas do segundo e terceiro estagiários estão erradas.

(B) os três estagiários estão errados em suas afirmativas.

(C) os dois primeiros estagiários estão corretos em suas afirmativas, e o terceiro está errado.

(D) os dois primeiros estagiários estão errados em suas afirmativas, e o terceiro está correto.

(E) a afirmação do primeiro e a do terceiro estagiários estão erradas, e a afirmativa do segundo estagiário está correta.

A letra "E" está correta. A afirmativa do segundo estagiário está correta, ao dizer que a estratégia de preço é muito mais ampla que a exposição das taxas cobradas dos clientes, contemplando outros elementos, como descontos, condições de pagamentos, créditos para produtos e serviços, entre outros. O terceiro estagiário está errado em dizer que o composto de marketing-preço não é aplicável ao setor bancário, pelo simples fato dos produtos não serem tangíveis. Gabarito E.

(Escriturário – BB – 2015 – CESGRANRIO) Dos elementos que compõem o *marketing mix* de um banco, os seguintes representam o "P" de praça:

(A) equipe de atendimento, gerentes e marca
(B) poupança, seguros e empréstimos
(C) agências, caixa eletrônico e internet
(D) clientes, *software* de gestão e equipamentos
(E) lucro operacional, taxas e volume captado

A: incorreto. Equipe de atendimento e gerentes fazem parte do "P" de praça. O item de marca, não diz respeito ao "P" de praça. B: incorreta. Os itens em questão, dizem respeito ao "P" de produto. C: correta. Os itens dizem respeito ao "P" de praça. D: incorreta. Os itens apresentados não dizem respeito ao "P" de praça. E: incorreta. Os itens não dizem respeito ao "P" de praça. Gabarito C.

(Escriturário – BB – 2015 – CESGRANRIO) Segundo dados recentes, a contratação de seguros pessoais no Brasil — incluindo seguro de vida, de viagem, contra acidentes pessoais, bem como seguro educacional — somou R$ 6,9 bilhões em prêmios no primeiro trimestre de 2015. Esse montante representa elevação de 11,6%, em comparação com o mesmo período de 2014, e se deve, segundo especialistas do setor, à mudança da visão dos brasileiros a respeito de suas responsabilidades no futuro. Segundo os especialistas, os brasileiros passam por um momento de mudança de valores e se preocupam mais com o futuro.

Do ponto de vista da análise do macroambiente de *marketing*, o mercado de seguros foi afetado por mudanças no ambiente

(A) tecnológico
(B) sociocultural
(C) natural
(D) econômico
(E) demográfico

A: incorreta. O ambiente tecnológico não tem nenhuma relação com a mudança comportamental apresentada no enunciado. B: correta. A mudança sociocultural diz respeito a essa alteração de valores da população frente a preocupação com o futuro. C: incorreta. O ambiente natural também não tem nenhuma relação com essa mudança cultural. D: incorreta. Apesar de parecer que o ambiente econômico seja um grande motivador para as mudanças comportamentais da população, no caso apresentado pelo enunciado, ele não é o principal. E: incorreta. O fator demográfico não possui relação direta com a mudança comportamental. Gabarito B.

(Escriturário – BB – 2015 – CESGRANRIO) O setor bancário tem como prática utilizar o serviço de *telemarketing* para a oferta de produtos e serviços aos seus clientes atuais e potenciais. Em uma análise sobre essa prática, correlacionando as informações existentes sobre o processo de vendas e as reclamações dos clientes, foi identificado que estes têm rejeição a serem contatados pelo banco via *telemarketing*. Eles preferem que o canal de comunicação com o banco esteja disponível para que possam entrar em contato quando sentirem necessidade ou desejo de fazê-lo.

Com base na análise feita, verifica-se que os clientes preferem, como canal de comunicação com o banco, o(a)

(A) *marketing* ativo
(B) comunicação proativa
(C) *marketing* direto
(D) *telemarketing* receptivo
(E) *marketing* de resposta

A: incorreta. Marketing ativo, por definição, consiste na busca de clientes via telefonemas, redes sociais, entre outros. B: incorreta. Comunicação proativa visa iniciar ou estabelecer uma conversa com os clientes, com objetivo comercial, que parte da empresa para o consumidor. C: incorreta. Marketing direto é um sistema que usa uma ou mais ferramentas de comunicação, para obter uma resposta positiva dos consumidores, frente às ações comerciais e/ou de relacionamento. D: correta. Telemarketing receptivo é formado por um backoffice de atendentes, disponíveis para atender aos clientes e suas necessidades, porém, de forma receptiva – ou seja, o cliente entra em contato com a instituição, não o contrário. E: incorreta. Marketing de resposta, por definição, é planejado para provocar uma resposta imediata e levar os clientes a realizar alguma ação específica estipulada pela instituição. Gabarito D.

(Escriturário – BB – 2015 – CESGRANRIO) Ao selecionar um determinado banco para abrir uma conta, um empresário analisou os benefícios que a instituição lhe proporcionaria em relação aos custos que lhe seriam cobrados pelos serviços prestados. Entre os atributos de sua análise constavam a solidez do banco, as conveniências proporcionadas, a qualidade dos serviços prestados e o relacionamento interpessoal estabelecido.

Essa análise realizada pelo empresário compõe o que se denomina

(A) lealdade do cliente
(B) valor percebido pelo cliente
(C) benevolência
(D) análise de *marketing*
(E) potencial de mercado

A: incorreta. A lealdade de um cliente, pode ser dar após o indivíduo se tornar um cliente. No caso apresentado pelo enunciado, o empresário está selecionando determinado banco para abrir sua conta. **B:** correta. O valor percebido pelo cliente, é a percepção que o mesmo tem em relação ao custo-benefício de um produto, serviço ou instituição, sendo uma preocupação relevante entre o relacionamento dos mesmos, influenciando as estratégias de preços e serviços nos quais serão repassados aos clientes. **C:** incorreta. Benevolência, que é bondade frente a algo ou alguém, não tem relacionamento nenhum com a proposta do enunciado. **D:** incorreta. Análise de marketing, que por definição significa o processo de obtenção de informações relacionadas ao mix de marketing da empresa, não diz respeito a situação descrita no enunciado da questão. **E:** incorreta. Potencial de mercado é quanto um dado segmento do mercado pode gastar com determinado produto ou serviço, não possuindo nenhuma relação com a situação do enunciado.

(Escriturário – BB – 2015 – CESGRANRIO) O setor bancário, caracteristicamente de prestação de serviços, oferece também ao mercado uma grande quantidade de produtos. Um grande aliado desse setor é o *marketing* bancário que utiliza diversas ferramentas para captar informações sobre seus clientes atuais e potenciais, possibilitando, assim, de forma diferenciada e específica, ofertar novos produtos e serviços, conceder benefícios e segmentar os clientes, visando à ampliação da carteira do banco.

Uma ferramenta muito utilizada pelos bancos com esse propósito é a(o)

(A) CRM
(B) ERP
(C) BtoB
(D) BtoE
(E) E-*Business*

A: correta. CRM, também conhecido como Customer Relationship Management, é um termo utilizado para o gerenciamento do relacionamento com o cliente, que reúne vários processos/tarefas de uma forma organizada e integrada – e, que pode captar informações importantes de consumidores atuais e futuros, visando à ampliação da carteira do banco. **B:** incorreta. ERP é uma sigla derivada do nome Enterprise Resource Planning que, traduzido ao pé da letra, significa "Planejamento dos recursos da empresa" – softwares que integram todos os dados e processos de uma organização em um único sistema. **C:** incorreta. BtoB ou Business To Business, é o termo utilizado para definir transações comerciais entre empresas, onde negócios de todos os tipos comercializam seus produtos para outras empresas. **D:** incorreta. BtoE ou Business To Employee, é a vertente do BtoC e BtoB, voltada para dentro das organizações, onde com o advento da internet/intranet, deu aos colaboradores a mesma agilidade de acesso às informações que dá aos compradores. **E:** incorreta. Por definição, E-Business, são todos os negócios feitos através da internet, desde contatos diretos com consumidores, fornecedores como também análise de mercado, análises de investimentos, busca de informações, pesquisas de mercado, entre outros.

(Escriturário – BB – 2015 – CESGRANRIO) Um banco estabeleceu como ação obrigatória em seu relacionamento com clientes corporativos a retomada de contato com esses clientes nas seguintes ocasiões: um mês, seis meses e um ano após a venda de qualquer serviço ou produto. Dessa forma, seria possível não só mensurar o nível de satisfação dos clientes e, em função desse resultado, oferecer-lhes a possibilidade de orientação, como também acolher sugestões de melhoria em relação ao que foi adquirido.

Essa ação implantada pelo banco refere-se à(ao)
(A) *lean marketing*
(B) serviço de pós-venda
(C) venda programada
(D) reversão de demanda declinante
(E) individual *marketing*

A: incorreta. Lean marketing é promove um conceito mais interativo no desenvolvimento de produtos até o seu lançamento. **B:** correta. Pós-venda é um conjunto de atividades de marketing realizada após a venda do produto ou serviço e que abrangem pesquisas de satisfação, serviços de manutenção, promoções especiais e outras formas de atendimento, tendo por objetivo a fidelização do cliente. **C:** incorreta. Venda programada se caracteriza como a entrega de um produto ou serviço, após o pagamento de algumas parcelas – também conhecido como consórcio –, ou um sistema de assinatura, que o cliente recebe em intervalos específicos de tempo, o produto ou serviço contratado. **D:** incorreta. Reversão de demanda declinante, são ações realizadas com o foco de reverter o estado no qual uma demanda para um produto ou serviço é menor. **E:** incorreta. Marketing individual, pode ser considerado como último nível de segmentação, customizado – onde as empresas personalizam suas condições de oferta, logística, comunicação e financeira conforme cada grande conta ou cliente.

(Escriturário – BB – 2015 – CESGRANRIO) Uma instituição financeira pretende implantar um treinamento para aumentar as vendas sugestivas junto aos clientes cadastrados no seu banco de dados. Um exemplo de ação de venda sugestiva é o(a)

(A) orientação às operadoras de *telemarketing* para não ofertarem novos produtos para clientes que tiverem declarado expressamente esse desejo.
(B) utilização de dados sobre a movimentação da conta-corrente para envio de propostas oportunas para empréstimos.
(C) monitoramento dos hábitos de consumo dos clientes para dar-lhes informações sobre as vantagens de empresas parceiras.
(D) oferecimento de informações sobre a cobrança de impostos que impactam os investimentos da família.
(E) revisão dos financiamentos dos clientes preferenciais quando os juros baixam, informando-lhes os novos valores a serem pagos.

A: incorreta. A venda sugestiva, conta com o bom senso do vendedor em oferecer o produto/serviço certo, no momento certo – um consumidor pode se declarar sem interesse por determinado produto/serviço em momento – mas, isso não quer dizer que ele nunca estará aberto a uma nova proposta, que se adeque à sua necessidade. **B:** correta. Por definição, a venda sugestiva, estimula a participação dos vendedores nas decisões de compra dos clientes – sendo muito importante no processo de venda e, até mesmo, um diferencial. Para isso, sugestões, dicas e opiniões devem ser usadas de forma sutil e direcionadas ao exato perfil do cliente, contribuindo para sua satisfação e para a realização de uma venda. **C:** incorreta. O monitoramento dos hábitos do consumidor pode ajudar no processo de venda sugestiva, mas não necessariamente para apresentar vantagens de empresas parceiras. **D:** incorreta. O oferecimento de informações sobre cobrança de impostos não tem relação direta com as ações de venda sugestiva. **E:** incorreta. Revisão de financiamentos é um serviço de pós-venda, que não tem relação direta com vendas sugestivas.

3. VENDAS, SATISFAÇÃO E RETENÇÃO DE CLIENTES

(Técnico Bancário – CEF – CESGRANRIO – 2024) Um cliente de um Banco procurou a Ouvidoria da instituição para buscar a solução de uma demanda e recebeu como resposta que a Ouvidoria não poderia atendê-lo naquele caso, por estar fora das finalidades para as quais a Ouvidoria foi constituída. Segundo a Resolução CMN nº 4.860/2020, a Ouvidoria constituída pelas instituições financeiras tem por finalidade

(A) realizar o atendimento habitual, em qualquer ponto ou canal de atendimento, às demandas dos clientes e usuários de produtos e serviços da instituição.

(B) atender e solucionar, em primeira instância, as demandas dos clientes e usuários de produtos e serviços da instituição.

(C) atuar como canal de comunicação entre o Banco Central e os clientes e usuários de produtos e serviços, inclusive na arbitragem de conflitos.

(D) atuar como canal de comunicação entre o Banco Central e os clientes e usuários de produtos e serviços, inclusive na conciliação de conflitos.

(E) atuar como canal de comunicação entre a instituição e os clientes e usuários de produtos e serviços, inclusive na mediação de conflitos.

De acordo com artigo 3º da Resolução CMN nº 4.860/2020, a ouvidoria tem por finalidade: "I – atender em última instância as demandas dos clientes e usuários de produtos e serviços que não tiverem sido solucionadas nos canais de atendimento primário da instituição e II – atuar como canal de comunicação entre a instituição e os clientes e usuários de produtos e serviços, inclusive na mediação de conflitos". Dessa forma, a alternativa E imprime as atribuições da ouvidoria dispostas no inciso II do referido artigo. **Gabarito "E".**

(Técnico Bancário – CEF – CESGRANRIO – 2024) No setor bancário, com tanta similaridade entre os produtos e serviços ofertados, o diferencial para o cliente passa a ser a qualidade com que os serviços são prestados. Assim sendo, para um indivíduo escolher em qual banco pediria um financiamento, ele foi a uma agência bancária fortemente recomendada por amigos e, depois de longa espera em uma fila interminável, a qualidade do atendimento face a face caracterizou-se por falta de informação, mau humor e tratamento grosseiro. Diante dessa experiência, ele formou uma imagem negativa da organização e decidiu que não usará os serviços dela.

A situação descrita ilustra um exemplo de

(A) gargalo
(B) deserção
(C) incidente crítico
(D) flor de serviço
(E) momento de verdade

A: Incorreta. O gargalo é um ponto de congestionamento de um processo. A questão traz um problema relacionado ao conceito de gargalo, entretanto, outras adversidades também foram mencionadas. **B:** Incorreta. A deserção pode ser definida pela perda de um cliente após uma experiência negativa com o produto ou serviço. A questão refere-se ao abandono do cliente após sua insatisfação, mas foca mais nas experiências que o levaram a essa decisão. **C:** Incorreta. O incidente crítico pode ser considerado como um acontecimento importante que altera a percepção do cliente em relação ao serviço. Embora a situação descrita possa ser considerada um incidente crítico, esse termo é mais abrangente e não capta especificamente o conceito central da questão, que é a formação da percepção negativa do cliente durante um ponto de contato importante. **D:** Incorreta. A flor de serviço é um conceito que define todas as características do serviço oferecido ao cliente, desde o produto principal, até os demais serviços de apoio. A questão em comento não reflete sobre a estrutura de serviços do banco, mas sim a experiência negativa específica do cliente. **E:** Correta. O momento de verdade é um conceito que define o ponto crítico importante em que o cliente forma uma opinião pessoal do nível de esforço prestado pela organização. É no momento da verdade que o cliente confronta o que ele esperava de um atendimento com a realidade sobre o serviço já prestado. A questão em comento trata exatamente das diversas experiências que o cliente teve ao longo de seu atendimento, até a formação da percepção negativa que obteve ao final do serviço. **Gabarito "E".**

(Técnico Bancário – CEF – CESGRANRIO – 2024) A população de clientes de um banco certamente contém indivíduos que podem não estar satisfeitos ou que nunca serão lucrativos, considerando seu uso de recursos em relação à receita que propiciam. Assim sendo, uma instituição bancária que visava apenas os clientes cujas necessidades ela poderia atender melhor do que seus concorrentes optou, na aplicação do Marketing Digital, pela personalização de conteúdo e pela publicidade direcionada, gerando um aumento da relevância da mensagem para públicos específicos.

Esse banco aplicou ao Marketing Digital o conceito de

(A) fidelidade
(B) reposicionamento
(C) recuperação do serviço
(D) segmentação de mercado
(E) vantagem competitiva sustentável

A: Incorreta. O conceito de fidelidade está atrelado ao grau de lealdade dos clientes em relação a uma empresa. Nesse sentido, ainda que a personalização de conteúdo e publicidade direcionada possam aumentar a fidelidade do cliente, a questão narra uma estratégia de segmentação do marketing e não de fidelidade em si. **B:** Incorreta. O reposicionamento refere-se a mudança de opinião dos consumidores em relação à empresa. Nesse sentido, a questão em comento não faz referência a um interesse do banco em mudar sua imagem ou posição no mercado, mas sim de atender melhor seus clientes existentes. **C:** Incorreta. A recuperação do serviço pode ser compreendida como um conjunto de ações tomados com a intenção de corrigir problemas ou falhas de serviço, melhorando o nível de satisfação de seus clientes. Entretanto, a questão não menciona nenhuma medida corretiva dos seus serviços, mas sim uma iniciativa de marketing. **D:** Correta. A segmentação do mercado refere-se a divisão do mercado de consumo em diferentes nichos de necessidades, características e comportamentos, levando a uma maior facilidade de direcionar os esforços de marketing de forma mais específica. Desta forma, a questão trata exatamente de uma segmentação de mercado para um melhor direcionamento do marketing. **E:** Incorreta. A vantagem competitiva sustentável é relacionada à vantagem de uma empresa em relação a outras, mantida em um período maior. Embora a personalização e a publicidade direcionada possam contribuir para uma vantagem competitiva, o conceito central descrito na questão é a segmentação de mercado. **Gabarito "D".**

(Técnico Bancário – CEF – CESGRANRIO – 2024) Após o final da apresentação sobre um serviço, um profissional de venda escutou do cliente potencial as seguintes frases:

(I) "DEIXE-ME PENSAR A RESPEITO POR ALGUM TEMPO."
(II) "TENHO QUE FALAR SOBRE ISSO COM MEU CHEFE."
(III) "DEVO AGUARDAR ATÉ O PRÓXIMO PERÍODO DE ORÇAMENTO."

Para superar essas objeções de adiamento, a estratégia adequada a ser adotada pelo profissional de vendas é

(A) convencer o cliente da importância do problema e do valor da solução, retornando à etapa de determinação de necessidades e mudando a percepção do comprador quanto ao valor ou ao preço do serviço.
(B) confrontar o cliente, pedindo que ele repita e esclareça as objeções e dê mais informações, ou fornecer informações adicionais para esclarecer algum mal-entendido que o cliente tenha a respeito do serviço.
(C) reconhecer que seu serviço não atende ao fim específico e tentar aumentar o valor perceptível desse serviço, enfatizando aquelas necessidades importantes que podem ser atendidas.
(D) solicitar um compromisso em relação a alguma ação futura que vá impulsionar a venda, como, por exemplo, solicitar um encontro com o cliente e seu chefe, ou com quem possa ter influência sobre a decisão.
(E) encarar o potencial cliente como um oponente, criando um clima de intimidade e camaradagem, e tirar o foco da venda da questão financeira, apresentando os melhores benefícios do serviço.

A: Incorreta. Essa abordagem não resolve a principal objeção do cliente: o tempo e a necessidade de consultar outras partes interessadas na contratação. B: Incorreta. Confrontar o cliente nunca é uma opção para cativar um cliente à contratação e não resolve as objeções deste cliente. C: Incorreta. Reconhecer que seu serviço não atende às necessidades específicas do cliente pode afastar ainda mais uma possível contratação, além de não resolver as demandas específicas desse cliente, ligadas ao tempo e à necessidade de consultar outras partes. D: Correta. Essa alternativa demonstra compreensão do profissional sobre a necessidade de avançar na contratação com as necessidades demonstradas pelo cliente, mantendo o processo em andamento e mostrando proatividade do vencedor. E: Incorreta. Encarar o cliente como um oponente não é uma abordagem recomendada em vendas. Além disso, focar nos benefícios do serviço não resolve a objeção de adiamento deste cliente. Gabarito "D".

(Técnico Bancário – CEF – CESGRANRIO – 2024) Em 28 de fevereiro de 2024, o presidente da Caixa Econômica Federal, Carlos Vieira, afirmou que o banco está reorientando sua atuação para colocar os clientes no centro das decisões e, para tanto, está mudando suas estruturas internas em busca de um maior foco nos clientes.

Disponível em: https://exame.com/brasil/estamos-trazendo-o-cliente-para-a-centralidade-das-nossas-decisoes-diz-presidente-da-caixa/. Acesso em: 8 abr. 2024. Adaptado.

As organizações que adotam o clientecentrismo podem usufruir de vários benefícios, mas também precisam gerenciar desafios.

Na criação de um *mindset* clientocêntrico, o maior desafio é a

(A) coleta de dados demográficos para o entendimento das necessidades e dos desejos do cliente.
(B) falta de uma cultura organizacional centrada no cliente e de líderes que estimulem essa cultura e a disseminem.
(C) personalização e a customização de soluções mediante gatilhos de incentivo na primeira compra, para que o consumidor queira fornecer seus dados de cadastro.
(D) cocriação de valor com os clientes, para criar serviços ou experiências que ofereçam valor adicional.
(E) medição da satisfação e da fidelização do cliente, com o intuito de destacar áreas que necessitam de melhorias.

A: Incorreta. A coleta de dados demográficos é uma etapa importante na compreensão dos clientes. Entretanto, este não é o maior desafio, uma vez que se trata de um processo bastante direto e técnico, com muitas ferramentas tecnológicas para tal finalidade, desde que os critérios legais sejam cumpridos. B: Correta. A criação de um *mindset* clientocêntrico envolve a mudança da mentalidade dos funcionários e das práticas internas, levando a uma nova cultura organizacional, o que requer tempo, esforço e compromisso de toda a organização, em especial da liderança. C: Incorreta. A personalização e customização de soluções é importante, mas essas, tais como as ações da alternativa A, são processos muito mais técnicos e diretos e envolvem menos desafios que a criação e a conservação de uma cultura organizacional clientocêntrica. D: Incorreta. A cocriação de valor com os clientes requer uma base já existente de cultura clientocêntrica. Ou seja, esta é uma prática que só pode ser criada uma vez que implantada tal cultura. E: Incorreta. Assim como a coleta de dados, a medição de satisfação e fidelização do cliente é uma tarefa técnica e direta, e ainda que seja importante para o processo, não pode ser considerada o maior desafio do processo de criação do *mindset* clientocêntrico. Gabarito "B".

(Técnico Bancário – BASA – CESGRANRIO – 2022) D é um cliente de renomada instituição financeira e foi atingido por criminosos digitais que entraram em sua conta-corrente e realizaram várias operações financeiras, incluindo saques, transferências, pagamentos e empréstimos, gerando vultoso prejuízo para o correntista. Cumprindo os protocolos, D dirigiu-se à agência bancária onde possuía sua conta-corrente e efetuou contestações às operações, bem como comunicou a fraude ao serviço de atendimento. A instituição comunicou que analisaria as contestações no prazo de trinta dias. Inconformado com o prazo que considerou longo e tendo em vista possuir contas a pagar, D apresentou reclamação à Ouvidoria.

Nos termos da Resolução CMN nº 4.860, de 23 de outubro de 2020, é atribuição da Ouvidoria, quando as demandas dos clientes e usuários de produtos e serviços não tiverem sido solucionadas nos canais de atendimento primário da instituição, prestar atendimento de

(A) urgência
(B) recurso
(C) última instância
(D) previsibilidade
(E) excepcionalidade

Conforme o art. 3º, I da Resolução CMN nº 4.860 de 23 de outubro de 2020, "a ouvidoria tem por finalidade atender em última instância as demandas dos clientes e usuários de produtos e serviços que não tiverem sido solucionadas nos canais de atendimento primário da instituição".

(Técnico Bancário – BASA – CESGRANRIO – 2022) Um correntista do Banco J é corriqueiramente atendido pelo gerente. Além do salário, esse correntista recebe diversos depósitos decorrentes de atividades negociais privadas. Em determinado período, a conta-corrente passou a receber saques desproporcionais ao movimento normal.

Nos termos da Carta-Circular Bacen nº 4001/2020, tais operações passam a ser consideradas suspeitas, tendo em vista sua

(A) atipicidade
(B) conveniência
(C) imprevisibilidade
(D) organicidade
(E) solvência

Conforme o art. 1º, I, a, da Carta-Circular Bacen nº 4001/2020, as ações de depósitos, aportes, saques, pedidos de provisionamento para saque ou qualquer outro instrumento de transferência de recursos em espécie, que apresentem **atipicidade** em relação à atividade econômica do cliente ou incompatibilidade com a sua capacidade financeira, são indícios de suspeita para fins dos procedimentos de monitoramento e seleção previstos na Circular nº 3.978. Gabarito: A.

(Técnico Bancário – BASA – CESGRANRIO – 2022) Um estudo de campo em uma agência bancária revelou que, na percepção dos clientes, alguns bancários eram muito atenciosos, outros nem tanto.

Para equilibrar a qualidade do atendimento aos clientes nessa agência, deve-se

(A) ampliar a vigilância sobre os bancários e o controle dos clientes.
(B) reforçar as campanhas promocionais do banco perante o público.
(C) treinar a equipe com base em protocolos e padrões de atendimento.
(D) aumentar a divulgação dos diferenciais do banco nas mídias sociais.
(E) usar a verba gasta em pesquisas de satisfação dos clientes em outras ações mercadológicas.

A: Incorreta. A vigilância sobre os bancários e o controle dos clientes não têm relação direta com a melhoria no atendimento e podem levar ao assédio moral, a depender do tipo de vigilância. **B:** Incorreta. Campanhas promocionais podem cativar novos clientes, mas não estão diretamente ligadas à qualidade do atendimento. **C:** Correta. A implementação de treinamentos para padronizar o atendimento pode resultar na melhora da atenção dispensada aos clientes, deixando-os mais satisfeitos. **D:** Incorreta. Mais uma vez, o aumento da divulgação dos diferenciais do banco nas mídias sociais pode cativar novos clientes, mas não melhora a qualidade do atendimento da instituição financeira. **E:** Incorreta. Redirecionar a verba das pesquisas de satisfação para outras ações não resolve as questões de qualidade dos serviços do banco. Gabarito: C.

(Técnico Bancário – BASA – CESGRANRIO – 2022) Uma vez que o banco identificou seu segmento de mercado e desenvolveu serviços de qualidade, o gerente criou um programa de fidelidade que estimula os clientes a contratarem mais serviços do banco. A cada serviço contratado, uma quantidade de pontos é creditada ao cliente, que pode trocar esses pontos por descontos em tarifas ou compras em um site de vendas.

Essa estratégia de retenção de clientes é denominada estratégia de laços

(A) sociais
(B) afetivos
(C) financeiros
(D) interpessoais
(E) de Customização

A estratégia de retenção de clientes conta com 4 níveis na construção de laços com o consumidor. O primeiro nível de relacionamento trata-se dos **laços financeiros** criados com o cliente, que passa a ter benefícios financeiros por manter uma relação com a empresa. Nesse sentido, a premiação por volume e frequência são muito comuns. O segundo nível trata dos **laços sociais**, construídos através do contato contínuo com o cliente, permitindo que a empresa entenda melhor suas necessidades. O terceiro nível trata dos **laços de customização**, em que a empresa, conhecendo o comportamento e a necessidade de seus consumidores, passa a oferecer-lhes produtos e serviços customizados. Por fim, o quarto e último nível da relação com o consumidor trata-se dos **laços estruturais**, nível que envolve todos os níveis anteriores e que são criados através do fornecimento de serviços agregados ao serviço principal. Nesse sentido, a questão narra uma estratégia atrelada à construção do primeiro nível de laços com o consumidor (laços financeiros), concretizados através do acúmulo de pontos, que culmina no desconto em tarifas dos serviços do banco. Gabarito: C.

(Técnico Bancário – BASA – CESGRANRIO – 2022) Visando a melhorar a qualidade dos serviços prestados nas agências sob sua direção, o diretor de atendimento de um banco contratou um consultor. Após realizar visitas a todas as agências desse banco, o consultor verificou que os funcionários estavam trabalhando em sintonia, o que demonstrava que o treinamento era correto, e o atendimento do pessoal da recepção, dos caixas e dos gerentes era cordial e atencioso. Alguns clientes que apresentavam necessidades específicas eram tratados de maneira individualizada. Os clientes estavam satisfeitos e afirmavam que as promessas que constavam nos anúncios do banco eram entregues nessas agências. Entretanto, foi observado que o estado de conservação de todas as agências era ruim, a climatização era inadequada, e os equipamentos de autoatendimento apresentavam defeitos constantemente.

Nesse caso, o consultor aponta problemas com a dimensão da qualidade de serviços denominada

(A) empatia
(B) tangíveis
(C) segurança
(D) confiabilidade
(E) responsividade

Existem cinco dimensões da qualidade do serviço. A dimensão dos tangíveis diz respeito aos equipamentos e instalações das empresas, que devem ser modernas, com boa aparência e apelo visual. A dimensão da empatia estabelece que as empresas devem ser empáticas e entender as necessidades básicas dos clientes, proporcionando-lhes atenção individual e personalizada. A dimensão da garantia da qualidade dos serviços diz respeito ao nível de confiança e segurança que a empresa transmite. A dimensão da rapidez nas respostas determina um compromisso de fornecer serviços em tempo hábil aos clientes, com respostas

ágeis durante a comunicação com estes, e, por fim, a dimensão da confiabilidade reflete o nível de comprometimento da empresa em cumprir com suas promessas. Nesse sentido, a alternativa demonstra problemas nas instalações da empresa, refletindo a necessidade de melhorias na dimensão da tangibilidade do negócio.
Gabarito "B".

(Técnico Bancário – CEF – CESGRANRIO – 2021) Com a introdução no Brasil, nos anos de 1990, dos primeiros caixas automáticos ou terminais bancários ou ATM, o processo de prestação de serviços se modificou. Desde então, os clientes passaram a integrar uma parte desse processo, realizando um conjunto de atividades que antes eram feitas pelo prestador do serviço.

ASSIM, O CLIENTE PASSOU A SER PARTE DA SOLUÇÃO DO SERVIÇO, QUE TEM COMO CARACTERÍSTICA A

(A) coopetição
(B) coprodução
(C) estocagem
(D) homogeneidade
(E) simultaneidade

A: Incorreta, uma vez que coopetição relaciona-se à competição cooperativa entre empresas concorrentes. B: Correta. A coprodução é caracterizada pela participação ativa do cliente na produção do serviço. Nesse sentido, ao realizar uma transação num caixa automático de forma autônoma, o cliente passa a assumir condutas que antes eram realizadas com o auxílio dos colaboradores da instituição financeira, como realizar consultas de saldo e extratos, transações financeiras, entre outros. C: Incorreta. A estocagem é relacionada ao armazenamento de produtos de uma empresa. D: Incorreta. A homogeneidade é relacionada à uniformidade dos serviços prestados pela empresa. E: Incorreta, uma vez que a simultaneidade se refere à habilidade de atendimento simultâneo de vários clientes.
Gabarito "B".

(Técnico Bancário – CEF – CESGRANRIO – 2021) Um analista de investimentos precisa vender ao seu cliente os benefícios de um determinado fundo. Ele sabe que tem uma oportunidade, quando estiver frente a frente com o cliente, durante o atendimento, e, assim, poder explicar as vantagens e qualidades do fundo. Ele também sabe que, se o cliente deixar a agência, essa oportunidade não se repetirá tão cedo, e sua meta de vendas não será alcançada.

Na avaliação da qualidade de serviços, essa oportunidade é denominada

(A) tangíveis visíveis
(B) prontidão de recuperação
(C) qualidade de projeto
(D) momento da verdade
(E) técnica de design

Momento da Verdade, termo criado por Jan Carslon, refere-se aos momentos de interação entre uma empresa e seus clientes, em que a qualidade do serviço é avaliada e a percepção do cliente é formada. Esse momento pode ocorrer em diversas etapas do processo de compra ou uso do serviço/produto e é crucial para a fidelização do cliente e a formação da imagem da empresa.
Gabarito "D".

(Técnico Bancário – CEF – CESGRANRIO – 2021) Um funcionário de determinado banco é o responsável pelo guichê de caixa da agência onde exerce suas funções. Com a transformação do banco em digital, ele é transferido para outras funções, mas percebe que, apesar disso, vários clientes ainda buscam o atendimento no guichê de caixa.

Nos termos da Resolução CMN nº 3.694/2009, a digitalização dos serviços bancários acarreta a

(A) modificação dos serviços de investimentos
(B) manutenção de serviços convencionais
(C) exclusão dos clientes inadaptados
(D) realização de treinamento para os clientes
(E) extinção dos contratos físicos

A resolução CMN nº 3.694/2009 foi revogada pela Resolução CMN nº 4.949 de 30/09/2021. Entretanto, a nova norma continua dispondo da mesma forma. De acordo com o art 5º da referida Resolção é vedado às instituições financeiras impedir o acesso, recusar, dificultar ou impor restrição ao atendimento presencial em suas dependências, inclusive em guichês de caixa, a clientes ou usuários de produtos e de serviços, mesmo quando disponível o atendimento em outros canais. Logo, o banco deve continuar disponibilizando atendimento presencial aos seus clientes.
Gabarito "B".

(Técnico Bancário – CEF – CESGRANRIO – 2021) Ao analisar o mercado de uma região, o gerente identificou três tipos de clientes bancários. O primeiro grupo de clientes decide o banco que contrata, com base na rapidez de atendimento às suas demandas. O segundo grupo reúne os consumidores que consideram mais importante o custo dos serviços bancários cobrados na hora de escolher um banco. O terceiro grupo é formado por indivíduos que consideram mais importante a segurança que o banco pode oferecer ao patrimônio dos investidores.

Nesse caso, a base para segmentação do mercado é denominada segmentação

(A) comportamental
(B) demográfica
(C) psicográfica
(D) geográfica
(E) terciária

A questão narra base para segmentação comportamental. Nesse sentido, esta divide o mercado em grupos, de acordo com os comportamentos e atitudes de seus consumidores. No caso narrado, os grupos decidem de acordo com suas preferências em relação a fatores como rapidez no atendimento, custo de serviços bancários e segurança. Tais fatores permitem segmentar o mercado e direcionar estratégias específicas para cada grupo.
Gabarito "A".

(Técnico Bancário – CEF – CESGRANRIO – 2021) O vendedor de equipamentos de informática sai de uma agência bancária contrariado. Um colega de trabalho, que o esperava para almoçar, nota o seu desconforto e lhe pergunta o que houve. Ele diz que o gerente do banco havia-lhe proposto que virasse cliente da agência e contratasse um seguro, para que, então, esse gerente sugerisse à direção a compra dos equipamentos oferecidos pelo vendedor.

O conflito ético de vendas observado nesse caso é denominado

(A) propina
(B) suborno
(C) reciprocidade

(D) falsidade ideológica
(E) conflito de interesses

A: Incorreta. A propina (ou suborno) é uma das formas mais comuns de conflitos éticos de vendas observadas em empresas. Nesse sentido, ela pode ser considerada como a oferta de um benefício indevido ao comprador, com o objetivo de influenciar seu julgamento numa venda, direcionando sua conduta. A presente questão não narra um conflito ético relacionado à propina ou suborno. **B:** Incorreta. Propina tem um conceito sinônimo ao suborno. Logo, alternativa incorreta pelas mesmas razões expostas na alternativa anterior. **C:** Correta. A reciprocidade é um termo que se refere à prática de oferecer vantagem ao cliente, esperando que este se sinta obrigado a retribuir o gesto, geralmente realizando uma compra. Dessa maneira, o conceito descreve perfeitamente a situação narrada pela questão. **D:** Incorreta. A falsidade ideológica pode ser compreendida como a alteração ou criação indevida de documento com o objetivo de obter vantagem em detrimento de terceiro. **E:** Incorreta. O conflito de interesses ocorre quando os interesses pessoais do vendedor são colocados à frente da organização que ele representa, com a finalidade de se obter vantagens em detrimento do negócio. No caso narrado, a vantagem visada não se relaciona a um interesse pessoal do gerente, mas sim, uma vantagem à organização em que trabalha.

Gabarito C.

(Técnico Bancário – CEF – CESGRANRIO – 2021) Um banco decidiu criar um departamento on-line específico para atender a clientes pessoa física com grandes volumes de investimento. Esse departamento foi nomeado Agência VIP. A estratégia de atração de novos clientes envolveu o lançamento de uma campanha publicitária, que apresentava a seguinte mensagem: "Focado nos melhores negócios, o Banco Z criou as agências VIP. Somente para 100 clientes."

A ideia, claramente, era gerar a sensação de perda para aqueles que não se tornassem clientes da Agência VIP e, nesse caso, utilizar o gatilho mental da

(A) Urgência
(B) Surpresa
(C) Escassez
(D) Ancoragem
(E) Prova Social

A: Incorreta. A **urgência** é um gatilho relacionado ao tempo. Dessa forma, são utilizadas mensagens como "últimas horas para aproveitar" e "oferta válida somente hoje" para demonstrar urgência ao consumidor, incentivando-o a comprá-lo antes do fim da oferta. **B:** Incorreta. A **surpresa**, como o nome sugere, refere-se aos gatilhos gerados pela oferta de elementos novos, que fogem dos padrões observados pela sociedade consumidora. **C:** Correta. O gatilho de **escassez** é relacionado a quantidade ou disponibilidade de um produto. Dessa forma, mensagens como "últimas unidades restantes" são utilizadas para demonstrar a escassez de um produto ou serviço, estimulando o consumidor a garanti-lo antes que se esgote. **D:** Incorreta. A **ancoragem** é uma prática do marketing que explora a criação de parâmetros de preço mais elevado na mente dos consumidores, para que estes passem a vê-los como uma âncora. **E:** Incorreta. O gatilho da **prova social** é utilizado como forma de demonstrar que existem outros consumidores aproveitando a oferta do fornecedor.

Gabarito C.

(Técnico Bancário – CEF – CESGRANRIO – 2021) O Banco P oferece a possibilidade de clientes acessarem seus serviços através de vários canais, como telefone, internet ou agência física. Um cliente queria desbloquear seu cartão de crédito e fez isso pelo telefone. Ao tentar sacar dinheiro na agência, lhe foi perguntado se havia desbloqueado o cartão, tendo que dar a informação de que já o havia feito por telefone.

Como ficou claro, não há integração entre os sistemas utilizados pelo Banco P, o que mostra que esse Banco utiliza o modelo de negócios denominado

(A) Multinível
(B) Multicanal
(C) Interseções
(D) Omnichannel
(E) Plurissistemas

A: Incorreta. O termo **multinível** é relacionado à estratégia de marketing em que participantes são incentivados a recrutar outras pessoas para a empresa em troca de bônus ou comissões. Este termo não é aplicável ao contexto dos serviços bancários através de canais. **B:** Correta. O modelo **multicanal** é relacionado ao oferecimento de um atendimento ao cliente e outros serviços por meio de diferentes canais de comunicação e interação. Entretanto, não existe uma integração entre esses canais, o que dificulta a transmissão de informação entre eles, o que leva a problemas como os mencionados na alternativa. **C:** Incorreta. O termo interseções se relaciona diretamente com as relações entre si relativas aos serviços prestados. **D:** Incorreta. O modelo **Omnichannel** também oferta serviços de atendimento ao cliente por meio de múltiplos canais, assim como o modelo Multinível. Entretanto, o primeiro apresenta uma busca pela integração dos canais de atendimento, o que permite ao cliente transitar entre elas sem que informações sejam perdidas ou problemas de comunicação. **E:** Incorreta. O termo **Plurissistemas** não é amplamente utilizado em modelos de negócio e não se relaciona com a oferta de serviços bancários através de canais de comunicação diversos.

Gabarito B.

(Escriturário – BB – 2015 – CESGRANRIO) As diversas etapas da venda devem ser consideradas no planejamento dos serviços bancários.

Uma delas, a pré-venda, engloba uma série de atividades relacionadas diretamente com os escriturários, na medida em que é uma etapa planejada para

(A) definir o valor a ser cobrado pelos serviços do banco.
(B) pesquisar as necessidades e desejos dos correntistas.
(C) analisar o ambiente mercadológico no momento.
(D) aumentar o conhecimento dos produtos comercializados.
(E) levantar os fatores externos que interferem nas negociações.

A: incorreta. A definição do valor a ser cobrado pelos serviços do banco não é uma etapa de pré-venda. **B:** incorreta. Pesquisas as necessidades e desejos dos correntistas também não é uma atividade costumeira da pré-venda. **C:** incorreta. Analisar o ambiente mercadológico também não é uma etapa a ser realizada na pré-venda do produto, mas sim durante a sua definição. **D:** correta. Quanto mais os escriturários conhecem seus produtos, mas argumentos de venda terá no momento da verdade, frente a frente com o cliente. **E:** incorreta. Levantar fatores externos que interferem nas negociações são importantes, mas não necessariamente fazem parte apenas do processo de pré-venda.

Gabarito D.

(Escriturário – BB – 2015 – CESGRANRIO) Apesar de ainda não poder ser caracterizado tecnicamente como um oligopólio, o mercado bancário brasileiro apresenta uma tendência crescente de concentração, e os bancos que operam no varejo não apresentam diferenciação de seus produtos e serviços.

Considerando uma situação em que os correntistas pessoas físicas têm informações plenas a respeito do mercado de serviços bancários, a equipe de vendas deve ter em vista que a disposição de o comprador individual pagar por um bem ou um serviço é definida com base em

(A) preços de mercado praticados para o bem ou serviço
(B) informações apresentadas em peças publicitárias do próprio banco
(C) históricos de compras e contratos anteriores
(D) comparações subjetivas em termos de benefícios
(E) avaliações a respeito de suas próprias necessidades e desejos

A: correta. Mesmo com características de oligopólio, ainda existe um mínimo de diferenciação entre as principais instituições presentes no mercado. Com isso, é inevitável que os clientes comparem os preços praticados dos bens ou serviços. **B: incorreta.** Cada vez mais, nos dias de hoje, informações em peças publicitárias têm influenciado pouco a decisão de compra dos consumidores – a propaganda boca a boca nunca foi tão importante para as empresas. **C: incorreta.** O histórico de compras e contratos de um cliente não impactam diretamente na sua disposição por pagar ou não por um bem ou serviço. **E: incorreta.** Mesmo analisando suas próprias necessidades e desejos, dificilmente um cliente tomará a decisão de pagar por um bem sem antes analisar os preços praticados no mercado. FB
Gabarito: A.

(Escriturário – BB – 2015 – CESGRANRIO) Roupas adequadas para o trabalho demonstram uma postura profissional no atendimento aos clientes porque o modo como o escriturário se veste

(A) é um elemento da comunicação não verbal com o cliente.
(B) significa um dos fatores da pré-abordagem ao correntista.
(C) amplia as possibilidades de encerramento da venda.
(D) convence o cliente em caso de alguma objeção à venda.
(E) reforça os benefícios do produto para o cliente.

A: correta. As formas como as pessoas se vestem, gesticulam e se expressam corporalmente são elementos da comunicação não verbal com os clientes. **B: incorreta.** Roupas adequadas não são fatores de pré-abordagem ao correntista. **C: incorreta.** O uso de roupas adequadas pouco tem a ver com a ampliação ou não, das possibilidades de encerramento da venda. **D: incorreta.** O uso de roupas adequadas não está diretamente relacionada ao convencimento de um cliente frente a alguma objeção à venda. **E: incorreta.** A utilização de roupas adequadas não reforça diretamente os benefícios de um produto para o cliente. FB
Gabarito: A.

(Escriturário – BB – 2014.1 – CESGRANRIO) O processo de vendas tem-se transformado, ao longo do tempo, em função da crescente competição existente no mercado entre empresas de mesmo setor. Em função disso, o foco da administração de vendas também mudou.

Hoje, em função do mercado, o foco dessa área é no(a)

(A) produção, estabelecendo metas de vendas que ultrapassem sua capacidade produtiva.
(B) orçamento, proporcionando a expectativa de ganhos futuros em função das vendas a serem realizadas.
(C) cliente, avaliando suas necessidades e expectativas em relação aos produtos ofertados.
(D) território de vendas, delimitando assim a atuação de cada vendedor, que concentrará seus esforços na área para ele determinada.
(E) vendedor, visando a aumentar os ganhos do profissional, já que seu salário é a comissão sobre as vendas realizadas.

De forma geral, a administração de venda presta suporte à diferentes áreas de uma instituição. Todavia, sem dúvida, seu principal papel está voltado ao cliente, avaliando suas necessidades e expectativas em relação aos produtos ofertados pela empresa. E, com isso, direcionando os esforços de vendas e marketing das instituições. FB
Gabarito: C.

(Escriturário – BB – 2014.1 – CESGRANRIO) Um funcionário de um banco, preocupado em atingir as metas estabelecidas pela sua gerência, precisava vender alguns produtos bancários em pouco tempo.

Tentando atingir a meta estabelecida, ele procurou algumas informações sobre como melhorar seu desempenho no processo de vendas.

A informação de como proceder no processo de vendas, que contribuirá positivamente para a melhoria de seu desempenho, é

(A) minimizar as informações passadas aos clientes sobre os riscos envolvidos em cada um dos produtos oferecidos.
(B) oferecer os produtos aos clientes, independentemente de seus perfis já que, ao categorizar os clientes, estaria discriminando-os.
(C) falar mais do que ouvir, durante a abordagem inicial, exaltando os benefícios de cada um dos produtos.
(D) mostrar conhecimento em relação aos produtos, porém não mencionar a política do banco e as formas de cobrança referentes aos produtos, já que esses detalhes tomam o tempo do cliente.
(E) buscar informações essenciais sobre os clientes com perspectiva de negócios, antes e durante a interação no processo de compra e venda.

Todas as alternativas apresentadas, exceto a E, oferecem alternativas que não contribuirão positivamente para que o funcionário em questão melhore seu desempenho nas vendas. Por isso, é correto afirmar que ao buscar informações essenciais sobre seus clientes que possuem perspectivas e potenciais de negócio, antes e durante a interação no processo de compra e venda, é uma das alternativas mais assertivas para quem quer vender mais. FB
Gabarito: E.

(Escriturário – BB – 2014.1 – CESGRANRIO) O setor bancário, de maneira geral, tem investido na criação de novos produtos para atender a um mercado emergente nos últimos anos, em função do aumento da renda per capita no país – as camadas mais populares da população brasileira.

Com base nesse pressuposto, os bancos, para avaliar se valeria a pena ou não investir na criação desses novos produtos, em seu planejamento de vendas, iniciaram seu processo de planejamento de vendas, analisando o(a)

(A) potencial de mercado, que é um processo em que é estimada a capacidade do mercado brasileiro no ramo da atuação da empresa – estimativa que vai refletir a situação econômica do momento.

(B) potencial de vendas, que é um processo em que é calculado, a partir da análise da empresa e de seu ambiente, da concorrência e de outros fatores pertinentes ao processo, o mercado existente.

(C) mix de marketing, que pode ser utilizado pela empresa para influenciar a resposta dos consumidores.

(D) campanha de marketing, procurando entender o comportamento do consumidor visando a estabelecer os objetivos e as metas de cada produto para que a campanha atinja o público-alvo.

(E) previsão de vendas, que é um processo em que a capacidade de vendas da empresa e do mercado parte da análise da demanda total do mercado para definir o público-alvo em que vai atuar.

De forma geral, todas as alternativas apresentam formas de incrementar positivamente um processo de planejamento de vendas – todavia, a alternativa A é um importante item que visa analisar o potencial de mercado, ou seja, estimar a capacidade do mercado perante o ramo de atuação da instituição. Por exemplo: quanto o mercado de São Paulo tem capacidade de consumir seguro residenciais – e, esse potencial de mercado, pode ser determinado tanto por unidades, quanto por valores. Gabarito "A".

(Escriturário – BB – 2014.1 – CESGRANRIO) A carteira de clientes é o principal ativo de uma agência bancária.

Portanto, na relação com os clientes, é essencial nortear-se pelo seguinte princípio:

(A) A responsabilidade pelo bom atendimento bancário é unicamente da área comercial da agência bancária.

(B) Os clientes que necessitam de crédito bancário devem ter um atendimento bancário inferior aos clientes que têm investimentos nas agências bancárias.

(C) Todos os clientes devem ter o mesmo tipo de atendimento bancário, mesmo possuindo diferentes solicitações de serviços bancários.

(D) Qualquer tipo de agência bancária deve dar mais importância ao atendimento aos clientes pessoas físicas do que aos clientes pessoas jurídicas.

(E) O bom relacionamento com todos os clientes deve ser feito independentemente do retorno financeiro que esses clientes proporcionam à agência bancária.

Analisando as questões apresentadas do ponto de vista de relacionamento com os clientes, é correto afirmar que o bom relacionamento com todos os clientes deve ser feito independentemente do retorno financeiro que esses clientes proporcionem à agência bancária. Afinal, o principal diferencial do marketing de relacionamento é estabelecer uma proximidade maior com os consumidores, oferecendo produtos e serviços alinhados às suas necessidades e, por consequência, fidelizá-los. Gabarito "E".

(Escriturário – BB – 2014.1 – CESGRANRIO) As empresas, diante da concorrência existente no mercado, procuram medir a satisfação de seus clientes, buscando identificar possibilidades para sua fidelização.

A satisfação do cliente em relação ao produto adquirido é representada pelo(a)

(A) diminuição dos custos de produção.

(B) proximidade entre as suas expectativas e o desempenho percebido do produto.

(C) atendimento da empresa ao Código de Defesa do Consumidor.

(D) turnover dos empregados da empresa que atuam no processo produtivo.

(E) volume de estoque de produtos acabados da empresa, para atender ao cliente.

A satisfação de cliente é claramente representada quando a proximidade entre as suas expectativas e o desempenho percebido do produto é pequena, ou seja, o consumidor entende que o valor que está sendo pago por determinado produto ou serviços condiz com os benefícios que o mesmo está oferecendo. Gabarito "B".

(Escriturário – BB – 2014.1 – CESGRANRIO) O relacionamento que os bancos mantêm com seus clientes é um fator que contribui para sua captação e sua fidelização. Pensando nisso, os bancos têm utilizado diferentes ferramentas e estratégias no desenvolvimento de sua liderança no mercado.

De maneira geral, o *marketing* de relacionamento é conceituado como o processo pelo qual uma empresa constrói alianças com clientes atuais e potenciais de tal forma que ambos, vendedor e comprador, trabalhem em busca de um conjunto específico de objetivos comuns.

Os objetivos do *marketing* de relacionamento são atingidos quando

(A) é estabelecida uma relação distante, formal e profissional com o cliente.

(B) é estabelecido o relacionamento unilateral e satisfatório de curto prazo com o cliente.

(C) é assegurado que a empresa busque relacionar-se com os clientes a cada ocasião de compra.

(D) é assegurado que os funcionários satisfaçam às necessidades dos clientes.

(E) é estabelecido um relacionamento satisfatório entre a empresa e o cliente, não havendo necessidade de compatibilidade entre a empresa e outras partes.

Como citado no enunciado da questão, o marketing de relacionamento é um processo pelo qual a empresa constrói alianças com clientes atuais e pontuais de tal forma que vendedor e comprador trabalhem em busca de objetivos comuns. Dessa forma, é correto afirmar que os funcionários assegurem a satisfação das necessidades de seus clientes. Gabarito "D".

(Escriturário – BB – 2014.1 – CESGRANRIO) Os produtos bancários têm certas características que os diferenciam dos demais produtos comercializados no mercado.

Uma de suas características é determinada pela ausência de clareza ou precisão quando de sua oferta, que repercute na falta de compreensão e na dificuldade de o cliente elaborar mentalmente aquele produto que está sendo a ele ofertado.

Essa característica está relacionada à (ao) sua(seu)

(A) risco percebido
(B) imaterialidade
(C) tangibilidade
(D) automação
(E) invariabilidade

Uma das principais características dos serviços bancários, que impactam diretamente na forma como os clientes os percebem é a imaterialidade, ou seja, esses tais serviços são prestados via trabalho da instituição e seus funcionários, porém, não assumem uma forma material e tangível – o que prejudica a percepção do consumidor frente ao produto/serviço oferecido. **FB**

(Escriturário – BB – 2014.1 – CESGRANRIO) A motivação da força de vendas é um fator fundamental para o sucesso na área comercial, sendo então necessário respeitar a seguinte premissa:

(A) A motivação financeira sempre será o aspecto motivacional mais importante em um time comercial.
(B) Uma equipe motivada sempre conseguirá alcançar e superar as metas da área comercial.
(C) O gasto financeiro da empresa em motivação é um fator essencial para manter a equipe de vendas constantemente motivada.
(D) A motivação está diretamente ligada à valorização do funcionário.
(E) A questão motivacional não tem relação com um ambiente propício ao desenvolvimento pessoal e professional de seu colaborador.

Foi-se o tempo que funcionário era visto apenas como uma peça em meio ao tabuleiro das vendas. Nos dias de hoje, e cada vez mais, a motivação está diretamente ligada à valorização dos funcionários. Estando a força de vendas motivada, as perspectivas de sucesso na área comercial são mais eminentes. **FB**
Gabarito: D.

(Escriturário – BB – 2014.1 – CESGRANRIO) No momento da venda, ao apresentar um serviço bancário, o funcionário deve levar em conta o conceito de custo total para o cliente.

Esse conceito envolve, além das condições financeiras do serviço que se pretende adquirir, outros fatores, tais como:

(A) tempo e energia física e psicológica
(B) prazo e condições de pagamento
(C) vantagens esperadas
(D) necessidades e desejos
(E) imagem funcional e psicológica

Pela teoria, o custo total para o cliente, é o conjunto de benefícios que os clientes esperam de um determinado produto ou serviço. Sendo assim, o CTC é um conjunto de custos em que os consumidores esperam incorrer para avaliar, obter, utilizar e descartar um determinado produto o serviço. Sendo assim, esse conceito também envolve o tempo e a energia física e psicológica do cliente em adquirir tal produto ou serviço. **FB**
Gabarito: A.

(Escriturário – BB – 2014.1 – CESGRANRIO) Campanhas de propaganda são instrumentos eficientes para aumentar o *share of mind* de uma marca, aumentando a confiança dos consumidores nos serviços bancários contratados.

Por intermédio de pesquisa, um banco pode medir o nível de *share of mind* de sua marca, solicitando aos clientes que

(A) respondam a questões relacionadas aos fatores psicográficos.
(B) marquem o índice de satisfação com os serviços e benefícios recebidos.
(C) citem a primeira marca que lhes vêm à cabeça nesse segmento.
(D) demonstrem as percepções mentais relacionadas com a marca.
(E) indiquem o grau de concordância com afirmações a respeito dos serviços.

Todas as alternativas apresentadas, de certa forma, mensuram informações importantes para que qualquer instituição financeira possa tomar importantes decisões sobre seus produtos, serviços ou marca. Mas, tratando especificamente de *share of mind*, a metodologia prevê que as marcas mais lembradas pelos consumidores em determinados segmentos, são as primeiras citadas em uma abordagem. **FB**
Gabarito: C.

(Escriturário – BB – 2014.1 – CESGRANRIO) A gestão de *marketing* de um banco tem de lidar com variáveis incontroláveis, compreendidas como fatores que interferem na condução dos negócios e que não são determinados pela administração.

Um exemplo de uma variável incontrolável é(são)

(A) as campanhas institucionais
(B) a página da empresa na internet
(C) o composto de *marketing*
(D) a localização das agências
(E) a situação econômica do país

A análise PFOA é uma das principais ferramentas para que uma empresa análise tanto suas potencialidades e fragilidades – que estão relacionadas ao ambiente interno da empresa, ou seja, que estão sob seu domínio -, quanto as oportunidades e ameaças, que estão relacionadas ao ambiente externo da empresa, ou seja, fora de seu domínio. Por isso, é correto afirmar que uma variável incontrolável, frente as alternativas apresentadas, é a situação econômica do país. **FB**
Gabarito: E.

4. QUESTÕES COMBINADAS E OUTROS TEMAS

(Técnico Bancário – CEF – CESGRANRIO – 2024) Após processo seletivo, determinada instituição financeira escolheu, para compor o quadro de funcionários, diversas pessoas com deficiência. Para definir o campo de atuação desses novos colaboradores, criou, no Departamento de Recursos Humanos, um grupo de análise.

Nos termos da Lei nº 13.146/2015, a avaliação da deficiência, quando necessária, será

(A) indicativa
(B) vinculada
(C) histórica
(D) presumida
(E) biopsicossocial

O § 1º do artigo 2º da Lei 13.146/2015 (Estatuto da Pessoa com Deficiência) determina que a avaliação da deficiência, quando necessária, será biopsicossocial, realizada por equipe multiprofissional e interdisciplinar, considerando os impedimentos nas funções e nas estruturas do corpo; os fatores socioambientais, psicológicos e pessoais; a limitação no desempenho de atividades; e a restrição de participação. **CD**
Gabarito: E.

(Técnico Bancário – CEF – CESGRANRIO – 2024) O gerente de agência de uma instituição financeira, ao receber muitas reclamações com relação à demora no serviço presencial prestado pela instituição, decidiu estruturar melhorias no atendimento. Para isso, ele iniciou o atendimento prioritário aos clientes e usuários, a fim de contemplar todas as situações previstas nas legislações vigentes.

Conforme a Lei nº 10.741/2003 e a Lei nº 10.048/2000, ambas com suas respectivas alterações, os funcionários da agência deverão garantir atendimento prioritário

(A) para pessoas a partir dos 65 anos.
(B) para as pessoas com crianças de até 10 anos de idade.
(C) para os acompanhantes ou atendentes pessoais de pessoas idosas, atendidos junta e acessoriamente aos titulares.
(D) especial a partir de 85 anos, preferencialmente em relação às demais pessoas idosas.
(E) especial aos maiores de 75 anos, preferencialmente em relação às demais pessoas idosas.

A: Incorreta. De acordo com o art. 1º do Estatuto do Idoso (Lei 10.741/2003), são consideradas idosas pessoas com 60 anos ou mais, e têm direito ao atendimento prioritário. **B:** Incorreta. O *caput* do art. 1º da Lei 10.048/2000 traz o rol de pessoas com atendimento prioritário. Dentre elas: pessoas com deficiência, pessoas com transtorno do espectro autista, idosos, gestantes, lactantes, pessoas com crianças de colo, obesos, pessoas com mobilidade reduzida e os doadores de sangue. Dessa forma, não há menção no rol de pessoas protegidas com atendimento prioritário crianças de até 10 anos de idade. **C:** Correta. De acordo com o § 1º do já mencionado art. 1º da Lei 10.048/2000, os acompanhantes ou atendentes pessoais das pessoas referidas no *caput* serão atendidos junta e acessoriamente aos titulares da prioridade trazida pela lei. Dessa forma, existe atendimento prioritário para os acompanhantes ou atendentes de pessoas idosas, uma vez que estas são protegidas pelo *caput* do referido artigo. **D:** Incorreta. O § 2º do art. 3º do Estatuto do Idoso estabelece prioridade especial aos maiores de 80 anos, atendendo-se suas necessidades sempre preferencialmente em relação aos demais idosos. **E:** Incorreta. Conforme mencionado na alternativa anterior, a prioridade especial é reservada às pessoas com mais de 80 anos de idade.

Gabarito: C.

(Técnico Bancário – BASA – CESGRANRIO – 2022) Um servidor público federal deseja mudar os rumos de sua carreira para integrar instituição financeira pública. Sabedor dos rígidos critérios de seleção, inicia seu preparo estudando as características das instituições.

Nos termos das normas em vigor, a Caixa Econômica Federal é uma instituição financeira sob a forma de

(A) sociedade de economia mista com capital público
(B) empresa pública, de natureza jurídica de direito privado
(C) autarquia sob regime de sociedade anônima
(D) fundação especial para prestação de serviços financeiros
(E) organização social para implementação de políticas públicas

Conforme art. 1º do Estatuto Social da Caixa Econômica Federal, a instituição é uma Empresa Pública, dotada de personalidade jurídica de direito privado, com patrimônio próprio e autonomia administrativa, vinculada ao Ministério da Economia.

Gabarito: B.

(Técnico Bancário – CEF – CESGRANRIO – 2021) No primeiro semestre de 2021, o câmbio do dólar fechou acima de R$5,90, no maior patamar dos últimos anos, devido à pandemia e ao cenário de recessão. Suponha que o administrador de produtos bancários cambiais de um grande banco deve entregar um relatório, analisando as forças macroambientais que impactam o produto.

Diante desse contexto, o administrador deve considerar a valorização do dólar na dimensão do ambiente

(A) econômico
(B) político
(C) tecnológico
(D) cultural
(E) demográfico

Para compreender o ambiente de negócios em que uma empresa está inserida é necessário analisar o microambiente e o macroambiente empresarial. O primeiro trata dos fatores externos que afetam de forma direta e imediata o desempenho da empresa, como os fornecedores, clientes e concorrentes do negócio. O segundo trata dos fatores mais abrangentes, que afetam a empresa de maneira indireta e que fogem de seu controle. Nesse sentido, podemos citar os fatores políticos, legais, econômicos e socioculturais do ambiente em que está inserida.

No caso em tela, o administrador precisa analisar o macroambiente empresarial e a valorização do dólar, que apesar de fugir do controle da empresa, tem relação direta com as condições econômicas de um país, e podem mudar com o surgimento de uma pandemia, afetando seu mercado cambial.

Gabarito: A.

(Técnico Bancário – CEF – CESGRANRIO – 2021) Desde 2013, o setor bancário tradicional vem sendo afetado pela concorrência das Fintechs. No início, muitas delas abalaram a estabilidade de grandes bancos, por oferecer serviços completos de um banco, porém sem agências físicas e com operações de baixo custo. Essa estratégia lhes deu capacidade de praticar baixas tarifas e, ainda assim, gerar uma lucratividade considerável.

Desse modo, verifica-se que a estratégia genérica de posicionamento das Fintechs foi de

(A) diferenciação de produto
(B) diversificação de indústria
(C) expansão de mercados
(D) extensão de marca
(E) liderança em custo

A liderança em custo é uma estratégia que visa oferecer produtos e serviços com preços mais baixos do que o concorrentes, mantendo a qualidade e eficiência aos clientes. Nesse sentido, a estratégia genérica de posicionamento das Fintechs foi de liderança em custo, uma vez que oferecem serviços completos de um banco, com tarifas baixas, mantendo uma lucratividade considerável e tornando alta a competitividade com os bancos tradicionais.

Gabarito: E.

(Técnico Bancário – CEF – CESGRANRIO – 2021) Um jovem trabalha em uma empresa de prestação de serviços, sendo responsável pela equipe de atendimento. Em um determinado dia, sua equipe recebe um cliente que é considerado uma pessoa com deficiência.

Nos termos da Lei nº 13.146/2015, o atendimento em todas as instituições e serviços de atendimento ao público a pessoas com deficiência deve ser

(A) prioritário
(B) exclusivo
(C) normal
(D) ordenado
(E) adequado

De acordo com o art. 9º, II da Lei nº 13.146/2015 "a pessoa com deficiência tem direito a receber atendimento prioritário, sobretudo com a finalidade de atendimento em todas as instituições e serviços de atendimento ao público".

Gabarito: A.

(**Escriturário – BB – 2015 – CESGRANRIO**) Ao chegar à sua agência, um cliente percebe que há muitas filas nos caixas. Enquanto aguarda o gerente, ouve reclamações de outros dois clientes que também esperam atendimento. Ambos comentam que, em dias de forte movimento, o serviço prestado na agência fica péssimo. Ele tem a sensação de que a atenção recebida não é a mesma de outras experiências naquele banco. Um dos motivos é que, apesar de cortês, o gerente é direto e rápido em seu atendimento, sem conversar tanto como nas vezes anteriores. A experiência desse cliente é um exemplo de como as características dos serviços influenciam o atendimento bancário, pois demonstra que a

(A) percepção do cliente é afetada pela variabilidade dos serviços, causada pela irregularidade da demanda.
(B) simultaneidade do atendimento e do recebimento dos serviços provoca o aumento da demanda nas agências.
(C) agência foi influenciada pelo gerente, que não administrou o atendimento de maneira eficaz e eficiente.
(D) intangibilidade dos serviços é um fator que dificulta o atendimento aos clientes em dias de movimento.
(E) perecibilidade dos serviços sempre provocará impactos negativos na visão dos clientes bancários.

A: correta. A percepção do cliente sobre determinada prestação de serviço está suscetível a inúmeros fatores influenciadores, tanto negativos, quanto positivos. Ainda mais nos tempos atuais, que tomamos decisões individuais, oriundas de uma Inteligência coletiva – onde as pessoas têm acesso às informações e percepções de outras pessoas por meio de plataformas virtuais colaborativas. **B:** incorreta. A alternativa só apresenta motivos que fazem a demanda nas agências aumentar e, consequentemente, impactar na satisfação do cliente em relação ao serviço prestado pelo seu gerente. **C:** incorreta. Assim como na alternativa B, quando se aumenta a demanda nas agências, é compreensível que o nível de serviço diminua, para que todos os clientes possam ser atendidos e/ou orientados. **D:** incorreta. De nada tem a ver a intangibilidade dos serviços, frente a experiência do cliente na agência bancária. **E:** incorreta. De nada tem a ver a perecibilidade dos serviços, frente a percepção do nível de serviço da agência pelos clientes bancários.

Gabarito: A.

(**Escriturário – BB – 2015 – CESGRANRIO**) A análise mercadológica auxilia a gestão dos bancos na definição de suas estratégias e também no direcionamento das ações executadas no dia a dia nas agências. Nesse contexto, são analisadas as forças e fraquezas da empresa, assim como as ameaças e oportunidades de mercado.

Quais fatores dessa avaliação, ligados ao ambiente interno do Banco do Brasil, podem ser utilizados no atendimento ao cliente, destacando-se como um ponto forte da instituição?

(A) Número de agências e comportamento dos correntistas
(B) Tempo de mercado e atuação dos concorrentes
(C) Ampliação dos serviços financeiros e retração do consumo no país
(D) Ascensão das classes econômicas e características da população
(E) Posicionamento de solidez e tradição da marca

A: incorreta. O número de agências é um ponto forte do ambiente interno, mas o comportamento dos correntistas é algo externo, que foge do controle da instituição. **B:** incorreta. Tempo de mercado é um ponto forte do ambiente interno, todavia, a atuação dos concorrentes é fator externo, independente da instituição. **C:** incorreta. Ampliação dos serviços é algo interno, retração do consumo é algo externo. **D:** incorreta. Tanto a ascensão das classes, como a característica da população, são fatores externos, que fogem do controle das instituições. **E:** correta. Posicionamento de solidez e tradição da marca são fatores internos, ligado ao ambiente interno do Banco do Brasil – sendo possível destacá-los como diferenciais da instituição.

Gabarito: E.

6. CONHECIMENTOS BANCÁRIOS

Cecíla Dantas e Samantha Alice De Freitas Silva

1. GARANTIAS BANCÁRIAS

(Técnico Bancário – CEF – CESGRANRIO – 2024) Considere a hipótese de a Caixa Econômica Federal aceitar, no contrato de um empréstimo concedido a determinado cliente, o depósito de um conjunto de joias valiosas como garantia pela amortização total da dívida contraída.

Esse tipo de garantia é denominado

(A) aval
(B) penhor
(C) fiança
(D) hipoteca
(E) alienação fiduciária

A: Incorreta. O **aval** uma é um instrumento de **garantia pessoal** regulamentada pelo Direito Civil (art. 897 e seguintes). Nesse sentido, uma pessoa (física ou jurídica) se compromete a honrar o pagamento de um título de crédito, assumido por outra parte, caso o devedor principal não cumpra a obrigação. **B:** Correta. O **penhor é uma garantia real** que recai sobre **bens móveis** (como joias, veículos e máquinas) e que tem como objetivo assegurar uma obrigação assumida pelo devedor. Em caso de inadimplência, o credor deve vender o bem penhorado como forma de satisfação da obrigação. **C:** Incorreta. A **fiança**, assim como o aval, é uma **garantia pessoal**. Entretanto, a fiança é um contrato acessório à obrigação principal, regulamentado pelo Código Civil (Art. 818 e seguintes), em que o fiador se compromete a pagar a dívida do devedor caso este não o faça. Nesse sentido, é aplicável a uma ampla gama de obrigações civis, incluindo contratos de locação, empréstimos, entre outros. **D:** Incorreta. A **hipoteca** é instrumento de **garantia real**, que recai sobre um bem imóvel (ou móvel equiparado, como um navio ou aeronave). Em caso de inadimplência, o credor deve vender o imóvel como forma de garantir o cumprimento da obrigação. **E:** Incorreta. A alienação fiduciária é uma modalidade de garantia real na qual o devedor (fiduciante) transfere ao credor (fiduciário) a propriedade resolúvel de um bem móvel ou imóvel, com o objetivo de garantir o cumprimento de uma obrigação. Embora a propriedade seja transferida ao credor, o devedor mantém a posse direta e o uso do bem. Quando a dívida é quitada, a propriedade é automaticamente reconvertida ao devedor. Em caso de inadimplemento, o credor tem o direito de vender o bem para satisfazer o seu crédito.

(Escriturário – BANRISUL – CESGRANRIO – 2023) O aval é uma garantia dada pelo banco de que determinado título de crédito, emitido pelo seu cliente, será honrado.

Assim, pode haver aval em uma operação na qual há uma obrigação de pagar um(a)

(A) prejuízo causado por um possível acidente.
(B) aluguel a ser pago mensalmente.
(C) empréstimo concedido por uma pessoa física.
(D) título da dívida pública estadual.
(E) dívida trabalhista da empresa, determinada pelos tribunais.

O aval bancário é uma garantia especial das obrigações do cliente titular de títulos de crédito. Neste caso em particular, o item que corresponde a um título de crédito é o título da dívida pública estadual.

(Técnico Bancário – BASA – CESGRANRIO – 2022) Uma pessoa realiza operação mercantil que redunda na emissão de título de crédito que, além do emitente, possui avalista. Nos termos do Código Civil, para a validade do aval dado no anverso do título, é suficiente a simples

(A) assinatura do avalista
(B) emissão pelo avalista
(C) comunicação pelo avalista
(D) confirmação do avalista
(E) referência pelo avalista

De acordo com o art. 898, § 1º, do Código Civil, para a validade do aval, dado no anverso do título, é suficiente a simples assinatura do avalista.

(Técnico Bancário – CEF – CESGRANRIO – 2021) A principal característica do crédito direto ao consumidor (CDC) é que esse instrumento de financiamento dispensa

(A) avalista
(B) análise cadastral do cliente
(C) limite de prazo de pagamento
(D) limite de crédito
(E) identificação do cliente

A principal característica do Crédito Direto ao Consumidor (CDC) é que ele dispensa a necessidade de um avalista. O CDC é uma modalidade de crédito que permite ao consumidor financiar a compra de bens e serviços de forma parcelada, diretamente com a loja ou instituição financeira. Os demais itens acima listados são requeridos.

(Técnico Bancário – CEF – CESGRANRIO – 2021) Nos contratos de financiamento de automóveis, a garantia de pagamento da dívida é o próprio bem, isto é, o automóvel adquirido pelo devedor.

Nesse caso, trata-se de

(A) aval
(B) fiança
(C) hipoteca
(D) alienação fiduciária
(E) penhor mercantil

Alienação fiduciária é um tipo de garantia real, que é o mesmo que transferir a propriedade de um bem como garantia de uma linha de crédito, neste caso, o automóvel. O aval e a fiança são considerados garantias pessoais. O aval é uma garantia que está diretamente ligada aos títulos de crédito. Previsto no artigo 897 do Código Civil, ele é prestado por alguém que assume o risco do negócio realizado, dessa forma, ele cumprirá com o pagamento caso o devedor originário não o faça. O instituto da fiança está assentado nos artigos 818 e seguintes do Código Civil de 2002 (CC/02), sendo compreendido como um contrato celebrado por terceiro que se obriga a assumir obrigações firmadas pelo devedor face ao credor. A hipoteca é uma garantia real que consiste em colocar um imóvel como garantia para conseguir uma linha de crédito. O penhor civil ocorre quando você transfere algo para um terceiro, chamado credor, na intenção deste objeto servir de garantia no caso da não quitação de uma dívida. O penhor mercantil deve ficar registrado no Cartório de Registro de Imóveis da localidade em que estiverem os objetos alvos dessa ação; é permitida a penhora de itens pessoais, mercadorias e produtos. O que não pode são imóveis de estabelecimentos comerciais e marcas, que são impenhoráveis; neste penhor, os itens permanecem em poder do devedor, que deve preservá-los, diferentemente dos modelos tradicionais, em que o bem fica apreendido para sua conservação durante o processo. **SA**

Gabarito: D.

(Escriturário – BB – CESGRANRIO – 2021) O anúncio seguinte constava no site do Banco do Brasil no dia 8 de fevereiro de 2021:

Financiamento de veículos

Financie o seu veículo, novo ou usado, com as melhores opções e taxas reduzidas até 28 de fevereiro.

Durante a promoção, é possível financiar* carros novos e seminovos (até 2 anos de fabricação) com condições diferenciadas. Você pode fazer tudo sem precisar comparecer a uma agência. Basta acessar o App BB para simular as condições, escolher a opção que se encaixa no seu orçamento e finalizar a contratação com o envio dos documentos.

*Crédito sujeito à aprovação cadastral e demais condições do produto.

Banco do Brasil. Disponível em: <https://www.bb.com.br/pbb/pagina-inicial/voce/produtos-e-servicos/financiamentos/financiar-veiculos#/>. Acesso em: 8 fev. 2021.

A nota descrita em asterisco (*) destaca que, além da análise cadastral, a aprovação do crédito está sujeita às "demais condições do produto". Uma dessas condições diz respeito à garantia do financiamento que, no caso supramencionado, será o próprio veículo a ser comprado pelo devedor.

Trata-se de uma forma de garantia denominada

(A) alienação fiduciária
(B) aval
(C) penhor mercantil
(D) fiança
(E) hipoteca

A: Correta. Na alienação fiduciária, o bem financiado se transfere ao credor como garantia da satisfação da dívida, sendo que o devedor continua com a posse do bem, que só é transferida ao credor caso não haja cumprimento da obrigação. Nesse caso, o próprio veículo (o bem financiado) serve como garantia do financiamento para o banco (credor). **B:** Incorreta. O aval é uma forma de garantia utilizada em títulos de crédito, como cheques ou notas promissórias. Nesse sentido, o avalista se compromete a pagar a dívida caso o devedor principal não o faça. **C:** Incorreta. O penhor mercantil é uma garantia de dívidas sobre bens móveis e mercadorias, em que o devedor entrega o bem em garantia ao credor, que fica com sua posse até o pagamento da dívida. A questão em comento descreve uma situação em que não há alteração de posse do devedor ao credor. **D:** Incorreta. A fiança é uma forma de garantia pessoal em que uma terceira pessoa (o fiador) se compromete a pagar a dívida caso o devedor não consiga fazê-lo. No caso de financiamento de veículos, a garantia é o próprio bem. **E:** Incorreta. A hipoteca é uma garantia real utilizada geralmente em bens imóveis. No caso de veículos, não é o instrumento mais adequado ou comum. **CD**

Gabarito: A.

(Técnico Bancário – BASA – CESGRANRIO – 2022) O titular da propriedade de inúmeros bens desenvolve, também, várias atividades mercantis e tem necessidade de garantir por hipoteca um determinado contrato. Nos termos do Código Civil, podem ser objeto de hipoteca

(A) animais de estimação
(B) criações exóticas
(C) gado de corte
(D) navios
(E) obras de arte

De acordo com o art. 1.473, VI, do Código Civil, os navios são objeto de hipoteca. Vale dizer que o navio é considerado bem imóvel para os fins da Lei Civil. As demais alternativas, por serem bens móveis, não são previstas pelo dispositivo. **CD**

Gabarito: D.

2. FUNDO GRANTIDOR

(Técnico Bancário – BANESTES – FGV – 2023) Um cliente do Banestes quer fazer uma aplicação financeira, mas exige que a aplicação conte com proteção do Fundo Garantidor de Crédito (FGC).

As opções a seguir apresentam aplicações que podem ser oferecidas a esse cliente, à exceção de uma. Assinale-a.

(A) Depósito de poupança.
(B) Recibo de Depósito Bancário (RDB).
(C) Certificado de Depósito Bancário (CDB).
(D) Fundos de Investimento.
(E) Letras de câmbio.

O FGC é uma entidade privada, sem fins lucrativos, que administra o mecanismo de proteção aos depositantes e investidores no âmbito do Sistema Financeiro Nacional, até os limites estabelecidos pela regulamentação, contra instituições financeiras a ele associadas. Os fundos de investimento não se encaixam nessa condição, pois são entidades constituídas sob a forma de condomínios abertos, em outras palavras, uma comunhão de recursos arrecadados de clientes para aplicação em carteira diversificada de ativos financeiros, cujos regulamentos são registrados em cartórios de títulos e documentos, portanto não contam com a garantia do FGC. **SA**

Gabarito: D.

(Técnico Bancário – BASA – CESGRANRIO – 2022) Um banco sofreu intervenção do Banco Central e teve os ativos indisponibilizados. Um de seus correntistas, preocupado com os valores dos seus depósitos, constata que o sistema possui o denominado Fundo Garantidor de Crédito (FGC) que protege a maior parte das aplicações financeiras das instituições associadas. A natureza do FGC é de

(A) cooperativa econômica
(B) entidade privada sem fins lucrativos
(C) organização múltipla
(D) pessoa confessional
(E) sociedade empresarial

Fundo Garantidor de Créditos (FGC) garante recursos depositados em bancos múltiplos, bancos comerciais, bancos de investimento, bancos de desenvolvimento, sociedades de crédito, financiamento e investimento, sociedades de crédito imobiliário, companhias hipotecárias, associações de poupança e empréstimo e Caixa Econômica Federal. Vale dizer se trata de uma instituição privada, sem fins lucrativos, que atua em busca da harmonia e fluidez de todo sistema bancário e financeiro nacional, protegendo correntistas, poupadores e investidores em caso de problemas com as instituições financeiras. **Gabarito: B**.

3. SISTEMA FINANCEIRO NACIONAL

(Técnico Bancário – CEF – CESGRANRIO – 2024) Um gerente, responsável por uma administradora de consórcio, empresa pertencente a uma instituição financeira, deve enviar periodicamente informações contábeis sobre as operações de consórcios ao(à)

(A) Banco Central do Brasil (BCB)
(B) Conselho Nacional de Previdência e Consórcio (CNPC)
(C) Conselho Monetário Nacional (CMN)
(D) Comissão de Valores Mobiliários (CVM)
(E) Superintendência de Seguros Privados (Susep)

As administradoras de consórcio são instituições pertencentes ao Sistema Financeiro Nacional e é regulada, supervisionada e fiscalizada pelo Banco Central do Brasil, conforme competência estabelecida pelo art. 5º da Lei 11.795/2008. Além disso, o Banco Central do Brasil também estabelece normas para o setor e exige o envio periódico de informações contábeis e operacionais dessas empresas. **Gabarito: A**.

(Técnico Bancário – CEF – CESGRANRIO – 2024) Na estrutura organizacional do Sistema Financeiro Nacional (SFN), cada uma das instituições exerce uma função específica. Tendo em vista sua forma de atuação, a Caixa Econômica Federal deve ser enquadrada, no âmbito do SFN, como uma instituição cuja função principal é

(A) operadora
(B) reguladora
(C) supervisora
(D) normativa
(E) de autoridade monetária

O Sistema Financeiro Nacional (SFN) é formado por um conjunto de entidades e instituições que promovem a intermediação financeira, isto é, a administração de bens dos credores e intermediação para a tomada de recursos. É por meio do sistema financeiro que as pessoas, as empresas e o governo circulam parte dos seus ativos, pagam suas dívidas e realizam seus investimentos. O SFN é organizado por agentes normativos, supervisores e operadores, nos termos da Lei 4.595/64. Nesse sentido, temos:
A: Correta. A função de uma instituição operadora baseia-se na atuação direta da execução de operações financeiras tais como empréstimos, financiamentos, investimentos, entre outros. Nesse sentido, a Caixa Econômica Federal pode ser considerada uma instituição operadora, uma vez que tem como função principal o oferecimento de produtos e serviços financeiros para a sociedade, como empréstimo bancário, financiamento residencial ou estudantil, poupança, entre outros. **B:** Incorreta. Os órgãos reguladores têm como objetivo criar normas e regulamentos com a finalidade de orientar o funcionamento do SFN. São órgãos reguladores o Banco Central do Brasil (BACEN) e a CVM (Comissão de Valores Mobiliários). **C:** Incorreta. As instituições supervisoras têm como função a fiscalização e a proteção do cumprimento de normas e regulamentos estabelecidos pelas autoridades reguladoras, como o já referido BACEN. A Caixa Econômica Federal não desempenha nenhuma função supervisora. **D:** Incorreta. O Conselho Monetário Nacional (CMN) é um exemplo de órgão normativo e desempenha um papel de elaboração de normas e diretrizes no funcionamento do Sistema Financeiro Nacional. A Caixa Econômica Federal não define normas para o SFN. **E:** Incorreta. A instituição de Autoridade Monetária é responsável por formular a política da moeda e do crédito, controlando a oferta de moeda e as taxas de juros. Seu objetivo é a estabilidade da moeda e o desenvolvimento econômico e social do país. No Brasil, o Conselho Monetário Nacional (CMN) e o Banco Central do Brasil (BC) desempenham tal função. A Caixa Econômica Federal, por sua vez, não tem competência para desempenhar tal função. **Gabarito: A**.

(Técnico Bancário – BANESTES – FGV – 2023) Sobre o sistema financeiro nacional e o mercado bancário, assinale a instituição listada a seguir que é considerada uma instituição bancária.

(A) Caixa Econômica Federal.
(B) Associação de poupança e empréstimo.
(C) Sociedade de crédito, financiamento e investimento.
(D) Sociedade de crédito imobiliário.
(E) Sociedade de arrendamento mercantil.

Instituições bancárias ou também conhecidas como instituições monetárias são organizações que operam com depósitos à vista, ou seja, depósitos em conta-corrente. Dentre as opções, a Caixa Econômica Federal é a única que se enquadra nessa condição, as demais são consideradas instituições não bancárias. **Gabarito: A**.

(Escriturário – BB – CESGRANRIO – 2023) O Conselho Monetário Nacional (CMN) é um órgão importante do Sistema Financeiro Nacional.

As atribuições do CMN são inúmeras, entre as quais

(A) regular os serviços de compensação de cheques e outros papéis.
(B) autorizar a emissão de papel moeda.
(C) determinar, via Comitê de Política Monetária, a taxa de juros Selic.
(D) autorizar o funcionamento das instituições financeiras operando no país.
(E) emitir títulos do CMN, responsabilizando-se pelo seu resgate.

O Conselho Monetário Nacional (CMN) é o órgão superior do Sistema Financeiro Nacional e tem a responsabilidade de formular a política da moeda e do crédito, objetivando a estabilidade da moeda e o desenvolvimento econômico e social do País. Dentre as demais funções do CMN estão: adaptar o volume dos meios de pagamento às reais necessidades da economia; regular o valor interno e externo da moeda e o equilíbrio do balanço de pagamentos; orientar a aplicação dos recursos das instituições financeiras; propiciar o aperfeiçoamento das instituições e dos instrumentos financeiros; zelar pela liquidez e solvência das instituições financeiras; coordenar as políticas monetária, creditícia, orçamentária e da dívida pública interna e externa, entre outras. **Gabarito: B**.

(Escriturário – BB – CESGRANRIO – 2018) No Brasil, a fixação das diretrizes e normas concernentes às políticas monetária, creditícia e cambial, é da competência do

(A) Ministério do Planejamento, Orçamento e Gestão

(B) Ministério da Fazenda
(C) Conselho Monetário Nacional
(D) Banco Central do Brasil
(E) Banco do Brasil

De acordo com o art. 4°, V da Lei da Reforma do Sistema Financeiro Nacional (Lei 4.595/84), compete ao Conselho Monetário Nacional a fixação de diretrizes e normas da política cambial, inclusive quanto a compra e venda de ouro e quaisquer operações em Direitos Especiais de Saque em moeda estrangeira. Nesse sentido ainda, a Lei Complementar n° 179 que define os objetivos do Banco Central do Brasil e dispõe sobre sua autonomia estabelece em seu art. 2° que as metas de política monetária são estabelecidas pelo Conselho Monetário Nacional, competindo privativamente ao Banco Central conduzir a política monetária necessária para cumprimento das metas estabelecidas. Dessa forma, a fixação das diretrizes e normas concernentes às políticas monetária, creditícia e cambial, é da competência do Conselho Monetário Nacional, conforme alternativa C.

(Técnico Bancário – BASA – CESGRANRIO – 2022) Na estrutura do Sistema Financeiro Nacional, algumas instituições funcionam com o objetivo principal de prover recursos necessários para financiar, a curto e a médio prazos, o comércio, a indústria, as empresas prestadoras de serviços, as pessoas físicas e terceiros em geral.

Tal objetivo envolve tarefas típicas dos bancos

(A) de investimento
(B) de desenvolvimento
(C) centrais
(D) múltiplos
(E) comerciais

A questão descreve uma instituição financeira que provê recursos para financiar o comércio, a indústria, as empresas prestadoras de serviços, pessoas físicas e terceiros, a curto e médio prazos. Esse tipo de atividade é típico dos bancos comerciais, que têm como função principal fornecer crédito e serviços financeiros para empresas e indivíduos, visando o financiamento de suas atividades econômicas.

(Técnico Bancário – BASA – CESGRANRIO – 2022) O Sistema Financeiro Nacional abarca diferentes tipos de mercado, definidos pelos objetivos e características de cada um deles. O tipo de mercado que permite às empresas em geral captar recursos de terceiros e compartilhar os ganhos e riscos envolvidos nos negócios é denominado mercado

(A) de capitais
(B) de trabalho
(C) de crédito
(D) de câmbio
(E) monetário

A: Correta. O mercado de capitais é o ambiente onde empresas captam recursos de investidores por meio da emissão de ações (mercado de ações) ou de títulos de dívida, como debêntures (mercado de renda fixa). Ao emitirem ações, as empresas compartilham os ganhos e os riscos de seus negócios com os acionistas, que podem lucrar com dividendos ou com a valorização das ações. Esse mercado permite às empresas obter capital sem precisar recorrer a empréstimos bancários tradicionais. Essa é a resposta correta, pois o mercado de capitais é o que melhor se encaixa na definição da questão. B: Incorreta. O mercado de trabalho refere-se à relação entre empregadores e trabalhadores, onde a oferta e a demanda por empregos determinam salários e condições de trabalho. Não tem relação direta com a captação de recursos por empresas ou o compartilhamento de ganhos e riscos com investidores. C: Incorreta. O mercado de crédito envolve a concessão de empréstimos por instituições financeiras a empresas e indivíduos. Embora empresas possam captar recursos através de crédito bancário, essa operação envolve o pagamento de juros e não o compartilhamento de riscos e lucros. No mercado de crédito, o risco é geralmente assumido pelo credor, que cobra uma taxa de juros pelo empréstimo. D: Incorreta. O mercado de câmbio é onde ocorrem as transações de compra e venda de moedas estrangeiras. Esse mercado permite a conversão de uma moeda para outra, facilitando o comércio internacional, mas não tem relação com a captação de recursos pelas empresas ou o compartilhamento de riscos e lucros. E: Incorreta. O mercado monetário é o ambiente onde são negociados títulos de curto prazo, como títulos públicos, com o objetivo de controlar a liquidez da economia. É usado por governos e grandes instituições financeiras para gerenciar a oferta de dinheiro no sistema financeiro, mas não é o local onde empresas captam recursos de terceiros para compartilhar ganhos e riscos.

(Técnico Bancário – BASA – CESGRANRIO – 2022) Na composição do Sistema Financeiro Nacional no Brasil, o órgão normativo responsável pela fixação das metas para a inflação, pelas diretrizes da política cambial e pelas normas inerentes ao funcionamento das instituições financeiras é o(a)

(A) Banco Central do Brasil
(B) Banco do Brasil
(C) Conselho Monetário Nacional
(D) Caixa Econômica Federal
(E) Comissão de Valores Mobiliários

Segundo o site do Banco Central do Brasil, o Conselho Monetário Nacional (CMN) é o órgão normativo responsável pela formulação da política da moeda e do crédito, ou seja, é a instância de coordenação da política macroeconômica do governo federal. É no CMN que se decide a meta para a inflação, as diretrizes para o câmbio e as normas principais para o funcionamento das instituições financeiras, entre outras atribuições. Ainda de acordo com a instituição, compete ao Banco Central do Brasil garantir o cumprimento das normas do CMN, monitorando e fiscalizando o sistema financeiro e executando as políticas monetária, cambial e de crédito.

(Escriturário – BB – CESGRANRIO – 2021) No Brasil, o órgão responsável pela fiscalização do Sistema Financeiro Nacional é o

(A) Conselho Monetário Nacional
(B) Ministério da Economia
(C) Banco Central do Brasil
(D) Banco do Brasil
(E) Banco Nacional de Desenvolvimento Econômico e Social (BNDES)

O órgão responsável pela fiscalização do Sistema Financeiro Nacional no Brasil é o Banco Central do Brasil. De acordo com a Lei n° 4.595/196, o BACEN supervisiona as instituições financeiras, garantindo que estas operem de acordo com as leis e regulamentos estabelecidos, além de promover a estabilidade econômica e financeira no país. As diversas funções do órgão estão estabelecidas no art. 10 da referida lei.

(Técnico Bancário – BANESTES – FGV – 2023) Quanto a noções do mercado de câmbio, analise os itens a seguir.

I. O mercado de câmbio é regulamentado e fiscalizado pelo Banco Central do Brasil (BCB) em conjunto com a Comissão de Valores Mobiliários (CVM).
II. As taxas de compra e venda de moeda estrangeira no mercado de câmbio brasileiro são livremente pactuadas entre as partes.
III. As pessoas físicas e as pessoas jurídicas podem comprar e vender moeda estrangeira, sem limitação de valor, desde que observada a legislação, as diretrizes estabelecidas pelo Conselho Monetário Nacional (CMN) e a regulamentação editada pelo Banco Central do Brasil (BCB).

Está correto o que se afirma em

(A) III, apenas.
(B) I e II, apenas.
(C) I e III, apenas.
(D) II e III, apenas.
(E) I, II e III.

I: Falso, o mercado de câmbio é regulamentado e fiscalizado pelo Banco Central e compreende as seguintes operações: compra e venda de moeda estrangeira; pagamentos e transferências internacionais realizadas por meio de serviço de pagamento ou transferência internacional (eFX). II: Verdadeiro, a taxa de câmbio no Brasil é flutuante, definida a partir da oferta e demanda. III: Verdadeiro, não há limitação de valor para compra e venda de moeda estrangeira no Brasil. Gabarito D.

(Técnico Bancário – BANESTES – FGV – 2023) Em relação ao Banco Central do Brasil (BCB), assinale (V) para a afirmativa verdadeira e (F) para a falsa.

( ) A partir da Lei Complementar nº 179/2021, o BCB passou a ter autonomia para contratar servidores e definir salários.
( ) O BCB tem a missão institucional de garantir a estabilidade do poder de compra da moeda, zelar por um sistema financeiro sólido, eficiente e competitivo, e fomentar o bem-estar econômico da sociedade.
( ) O BCB se submete a auditoria independente.

As afirmativas são, respectivamente,

(A) F, F e F.
(B) F, V e V.
(C) F, F e V.
(D) V, F e V.
(E) V, V e V.

I: Falso, a partir da Lei Complementar 179/2021, o Banco Central do Brasil (BCB) passou a ser autarquia de natureza especial, caracterizado pela ausência de vinculação a Ministério, além disso, confere ao BCB autonomia técnica, operacional, administrativa e financeira, em conjunto com a investidura a termo de seus dirigentes e a estabilidade durante seus mandatos, entre outras disposições. II: Verdadeiro, de acordo com o Plano Estratégico do Banco Central do Brasil para o período de 2020 a 2025, a missão da autarquia é garantir a estabilidade do poder de compra da moeda, zelar por um sistema financeiro sólido, eficiente e competitivo, e fomentar o bem-estar econômico da sociedade. III: Verdadeiro, o BCB se submete a auditoria independente, assim como às demandas da auditoria interna, da Controladoria Geral da União (CGU) e do Tribunal de Contas da União (TCU). Gabarito B.

4. AUTORREGULAÇÃO BANCÁRIA

(Técnico Bancário – BANESTES – FGV – 2023) Quanto à autorregulação bancária, analise os itens a seguir.

I. A autorregulação bancária vigente no Brasil constitui-se de um conjunto de compromissos básicos de adesão obrigatória, podendo ser complementado por outro conjunto de compromissos adicionais de adesão voluntária.
II. As sistemáticas de autorregulação bancária vigentes no Brasil têm eixos normativos de: relacionamento com o consumidor, prevenção a ilícitos e responsabilidade socioambiental.
III. As regras de autorregulação bancária são supervisionadas pelo Banco Central do Brasil (BCB).

Está correto o que se afirma em

(A) I, apenas.
(B) I e II, apenas.
(C) I e III, apenas.
(D) II e III, apenas.
(E) I, II e III.

I: Verdadeiro, a autorregulação bancária constitui um conjunto de normas, criado pelo próprio setor, com o propósito de buscar as melhores práticas do mercado bancário e criar um ambiente ainda mais favorável para os negócios, podendo ser complementado por outros compromissos adicionais de adesão voluntária. II: Verdadeiro, na FEBRABAN, as instituições associadas além de observar as normas de caráter principiológico do Código de Conduta Ética e Autorregulação, podem também aderir a um ou mais eixos Normativos da Autorregulação: relacionamento com o consumidor, prevenção a ilícitos e responsabilidade socioambiental. III: Falso, as regras de autorregulação bancária são normas adicionais às regulamentadas pelo órgão supervisor (Banco Central do Brasil), seguidas pelos seus associados. Gabarito B.

5. PIX, FINTECHS E "OPEN FINANCE"

(Técnico Bancário – BANESTES – FGV – 2023) Em relação à ruptura digital no SFN (Sistema Financeiro Nacional) promovida pelo "Open Finance" (sistema financeiro aberto); e pelo PIX, assinale a afirmativa correta.

(A) No "Open Finance", o compartilhamento de informações depende da concordância da instituição detentora dessas informações.
(B) No "Open Finance", o compartilhamento de informações só pode ser interrompido ao final do prazo estabelecido para o compartilhamento.
(C) O PIX funciona 24 horas por dia, sete dias por semana, exceto feriados.
(D) O PIX é o pagamento instantâneo brasileiro criado pelo Banco Central do Brasil (BCB) em que os recursos são transferidos entre contas em poucos segundos.
(E) No âmbito do PIX, aplicam-se aos microempreendedores individuais (MEI) e empresários individuais (EI) as mesmas regras de pessoa jurídica.

A: Falso, o compartilhamento de informações depende da concordância do cliente para compartilhamento de dados ou de serviços para finalidades determinadas. B: Falso, o consentimento dado pelo cliente deve ter prazo compatível com as finalidades do consentimento, limitado a 12 meses. C: Falso, o Pix funciona 24 horas por dia, sete dias por semana, incluindo feriados. **D:** Verdadeiro, o Pix é um meio de pagamento criado pelo Banco Central do Brasil (BCB) em que os recursos são transferidos entre contas em poucos segundos, a qualquer hora ou dia. **E:** Falso, no âmbito do Pix, aplicam-se aos microempreendedores individuais (MEI) e empresários individuais (EI) as mesmas regras de pessoas físicas.

Gabarito "D".

(Técnico Bancário – CEF – CESGRANRIO – 2021) A principal marca distintiva do Pix, em relação aos mecanismos de pagamento com cartões de débito automático, é que o Pix é um sistema de pagamento instantâneo criado pelo(s)

(A) Banco do Brasil
(B) Banco do Nordeste
(C) Banco Central do Brasil
(D) bancos comerciais
(E) bancos de investimento

O Pix é um modo de transferência monetária instantâneo e de pagamento eletrônico instantâneo em real brasileiro (R$), oferecido pelo Banco Central do Brasil a pessoas físicas e jurídicas, que funciona 24 horas, ininterruptamente, sendo o mais recente meio de pagamento do Sistema de Pagamentos Brasileiro. O Pix foi lançado no dia 5 de outubro de 2020, para o cadastramento de chaves.

Gabarito "C".

(Técnico Bancário – CEF – CESGRANRIO – 2024) O texto seguinte comenta sobre a entrada das chamadas fintechs no setor bancário:

Uma nova forma de fazer negócios, impulsionada pela geração habituada com a internet desde o nascimento, a partir dos anos 1980, elimina intermediários, busca a comparação exaustiva de produtos e preços, e valoriza o testemunho (ou reclamação) de outros consumidores. É nesse ambiente que sites e aplicativos criados por jovens recém-saídos das universidades fazem agora transações que, até pouco tempo, eram exclusividade das agências bancárias e outros canais de atendimento das instituições financeiras: pagamentos de contas, renegociação de dívidas, transferência de valores e contratações de seguros. As chamadas fintechs, startups de tecnologia do setor financeiro, têm desafiado as empresas tradicionais do setor [...]. Vistas como as "entrantes" do setor, as fintechs surgiram com a popularização dos smartphones e a digitalização da indústria e dos serviços [...]. Com estrutura enxuta e sem a pressão de reguladores e do compliance das grandes empresas, essas startups conseguem entregar com rapidez e transparência serviços que respondem a demandas bastante específicas dos clientes, como aprovar um empréstimo, fazer a cotação de um seguro ou escolher um investimento.

SCIARRETTA, T. Fintechs desafiam e atraem interesse dos bancos. Febraban Tech. Disponível em: https://febrabantech.febra- ban.org.br/temas/fintechs-e-startups/fintechs-desafiam-e-atraem- -interesse-de-bancos. Acesso em: 31 mar. 2024. Adaptado.

Tendo em vista as estratégias de competição concebidas por Michael Porter, de acordo com o texto, a principal força competitiva oriunda dos novos serviços oferecidos pelas fintechs e imposta aos bancos tradicionais provém do(a)

(A) poder de negociação dos fornecedores
(B) poder de negociação dos compradores
(C) monopólio dos novos entrantes
(D) ameaça de entrada ou entrada efetiva de novos concorrentes no setor
(E) rivalidade entre os concorrentes, tradicionalmente, estabelecidos no setor

Michael Porter trouxe o conceito conhecido como as Cinco Forças de Porter, que compõem um modelo estratégico e que permite analisar a competitividade de um determinado mercado. Segundo Porter, o entendimento destas cinco forças pode ajudar uma empresa a desenvolver estratégias eficazes no enfrentamento da concorrência e na melhora de sua posição no mercado. São forças elencadas pelo autor: 1) Poder de negociação dos fornecedores: observa que fornecedores fortes podem acabar exercendo poder sobre uma empresa, levando a um aumento de preço ou redução de qualidade dos produtos ou serviços oferecidos; 2) Poder de negociação dos compradores (ou clientes): observa que clientes fortes podem exigir preços mais baixos ou qualidade mais alta, o que pode levar a uma redução de lucratividade de uma empresa; 3) Ameaça de entrada ou entrada efetiva de novos concorrentes: trata do aumento da competitividade e da redução da participação de mercado de empresas existentes em relação a novas empresas no cenário econômico. Barreiras à entrada, como patentes, economias de escala e acesso a canais de distribuição, podem influenciar essa força; 4) Ameaça de produtos substitutos: analisa os produtos ou serviços que podem ser utilizados no lugar dos produtos e serviços oferecidos por uma empresa. Se os substitutos são fáceis de encontrar e têm um preço competitivo, isso pode limitar o poder de uma empresa de aumentar os preços e obter lucros; 5) Rivalidade entre os concorrentes existentes: trata-se da força da competição direta entre empresas que oferecem produtos e serviços semelhantes. Nesse modelo, a alta rivalidade está relacionada a uma dificuldade da empresa em se destacar e obter lucro.

Nesse sentido, a alternativa D é a que melhor se encaixa na descrição trazida pela questão, uma vez que as fintechs demonstram uma entrada efetiva de novos concorrentes aos bancos e instituições financeiras e diminuem a participação das antigas instituições, aumentando a competição entre eles.

Gabarito "D".

6. COMISSÃO DE VALORES MOBILIÁRIOS (CVM)

(Técnico Bancário – CEF – CESGRANRIO – 2024) O cliente de um banco solicitou uma recomendação de investimento a seu gerente, que atua na área de investimentos do banco. Ele recebeu uma recomendação com as seguintes características: título emitido por sociedade por ação, considerado crédito privado de renda fixa para captação de recursos no mercado de capitais, que as empresas utilizam para financiar seus projetos, cuja oferta pública é registrada na Comissão de Valores Mobiliários (CVM), e em que haja a expectativa de receber juros prefixados periódicos e o pagamento do principal no vencimento do título.

Considerando-se as informações apresentadas, o gerente indicou que o seu cliente investisse em

(A) Certificado de Depósito Bancário (CDB)
(B) Ação
(C) Tesouro Direto
(D) Debênture
(E) Fundo de Renda Fixa

A: Incorreta. O Certificado de Depósito Bancário (CDB) é um título de renda fixa emitido por bancos, não por sociedades por ações. Ele serve para captar recursos junto aos clientes de instituições bancárias, não sendo utilizado por empresas para financiar projetos. Além disso, o CDB não requer registro na Comissão de Valores Mobiliários (CVM), pois sua regulação é feita pelo Banco Central. **B:** Incorreta. Uma ação representa a participação no capital de uma empresa e é um ativo de renda variável, diferentemente do que é descrito na questão (renda fixa). Quem compra ações se torna sócio da empresa, esperando lucros a partir da valorização das ações ou da distribuição de dividendos, mas não há pagamentos periódicos de juros fixos, como é o caso das debêntures. **C:** Incorreta. Tesouro Direto refere-se aos títulos emitidos pelo governo brasileiro para captar recursos. Esses títulos são utilizados para financiar a dívida pública, e não projetos de empresas privadas. Embora o Tesouro Direto também ofereça juros prefixados ou pós-fixados, ele é emitido pelo governo, e não por uma sociedade por ações, como indicado na questão. **D:** Correta. A questão descreve investimento emitido por uma sociedade por ações, com crédito privado de renda fixo, utilizado para financiamento de projetos, registrado na CVM e com juros periódicos prefixados. Neste sentido, uma debênture é um título de dívida emitido por empresas (sociedades por ações) para captar recursos no mercado de capitais. Debêntures oferecem aos investidores o pagamento de juros fixos ou variáveis e a devolução do principal no vencimento, exatamente como a descrição da questão em comento. **E:** Incorreta. Um fundo de renda fixa é uma carteira composta por diversos ativos de renda fixa (como CDBs, títulos públicos e debêntures), mas ele não é um título de crédito privado específico. Além disso, os rendimentos de um fundo dependem do desempenho de todos os ativos que o compõem e não de um título isolado com pagamento fixo de juros.

Gabarito: D.

(Técnico Bancário – CEF – CESGRANRIO – 2024) Um gerente de uma instituição financeira está trabalhando em um projeto de Oferta Pública de Aquisição (OPA) de uma empresa cliente do banco que quer fechar o capital da empresa. O laudo de avaliação indicou diversos valores da companhia, utilizando diferentes critérios de valor por ação, como: patrimônio líquido contábil, patrimônio líquido avaliado a preço de mercado, fluxo de caixa descontado e múltiplos de mercado.

Visto que o preço oferecido em uma OPA é fundamental para garantir a eficiência, a transparência e a equidade do mercado de capitais, protegendo os interesses dos investidores e promovendo uma concorrência justa e eficiente, quais dos diferentes critérios a seguir são aceitos pela Comissão de Valores Monetários?

(A) Patrimônio líquido avaliado a preço de mercado, apenas
(B) Patrimônio líquido avaliado a preço de mercado e fluxo de caixa descontado, apenas
(C) Fluxo de caixa descontado e múltiplos de mercado, apenas
(D) Patrimônio líquido avaliado a preço de mercado, fluxo de caixa descontado e múltiplos de mercado, apenas
(E) Patrimônio líquido contábil, patrimônio líquido avaliado a preço de mercado, fluxo de caixa descontado e múltiplos de mercado

A Oferta Pública de Aquisição (OPA) é um processo que ocorre quando uma empresa deseja fechar seu capital, ou seja, deixar de ter ações negociadas na bolsa. No Brasil, tal processo é regulado pela CVM (Comissão de Valores Mobiliários), que determina critérios de avaliação para determinar o preço justo das ações em uma OPA. Nesse sentido, são avaliados: 1) patrimônio líquido contábil: valor da empresa com base em seu balanço contábil; 2) patrimônio líquido avaliado a preço de mercado: ajuste de valores contábeis aos preços de mercado; 3) fluxo de caixa descontado: avaliação do valor presente dos fluxos de caixa futuros da empresa; 4) múltiplos de mercado: comparação da empresa com outras do mesmo setor, usando indicadores como preço/lucro, preço/vendas, entre outros.

Gabarito: E.

(Técnico Bancário – BANESTES – FGV – 2023) No mercado de capitais, as seguintes instituições são reguladas pela Comissão de Valores Mobiliários (CVM), à exceção de uma. Assinale-a.

(A) Bolsa de Valores.
(B) Fundos de Investimento.
(C) Sociedades de Capitalização.
(D) Auditores Independentes.
(E) Agências Classificadoras de Risco (*Rating*).

A Comissão de Valores Mobiliários (CVM) é o órgão normativo voltado para o desenvolvimento do mercado de títulos e valores mobiliários. Neste sentido, as sociedades de capitalização não encaixam nas instituições reguladas pela CVM, mas sim nas instituições reguladas pela Superintendência de Seguros Privados (SUSEP), órgão responsável pelo controle e fiscalização dos mercados de seguro, previdência privada aberta, capitalização e resseguro.

Gabarito: C.

(Técnico Bancário – BANESTES – FGV – 2023) Sobre o Conselho Monetário Nacional (CMN) e o Comitê de Política Monetária (Copom), analise as afirmativas a seguir.

I. São objetivos do CMN a estabilidade da moeda e o desenvolvimento econômico e social do país.
II. São órgãos supervisores sob a esfera de competência do CMN: o Banco Central do Brasil (BCB), a Comissão de Valores Mobiliários (CVM) e a Superintendência de Seguros Privados (Susep).
III. A principal decisão de cada reunião do Copom é a definição da taxa de juros Selic pelo Banco Central do Brasil (BCB).

Está correto o que se afirma em

(A) I, apenas.
(B) I e II, apenas.
(C) I e III, apenas.
(D) II e III, apenas.
(E) I, II e III.

I: Correto, a principal atribuição do Conselho Monetário Nacional (CMN) é fixar diretrizes e normas da Política Cambial, Monetária e de Crédito do país, atuando com a ajuda dos órgãos supervisores Banco Central do Brasil (BCB) e Comissão de Valores Mobiliários (CVM). II: Incorreta, os órgãos supervisores sob a esfera de competência do CMN são Banco Central do Brasil (BCB) e Comissão de Valores Mobiliários (CVM). III: Correta, desde junho de 1999 o Brasil passou a adotar as metas de inflação (definida pelo CMN). Na reunião do COPOM (Comitê de Política Monetária) a principal decisão é a definição da "Selic Meta", taxa que representa o alvo a ser perseguido pela instituição para a Selic efetiva, que é a taxa média ponderada das operações de financiamento por um dia, lastreadas em títulos públicos federais na forma de operações compromissadas.

Gabarito: C.

(Técnico Bancário – BASA – CESGRANRIO – 2022) A Comissão de Valores Mobiliários (CVM) detém personalidade jurídica e patrimônio próprios, é dotada de autoridade administrativa independente, conta com mandato fixo, estabilidade de seus dirigentes e autonomia financeira e orçamentária.

A CVM funciona como

(A) empresa de economia mista
(B) autarquia em regime especial
(C) entidade sem vínculo governamental
(D) entidade governamental com fins lucrativos
(E) entidade privada

A Comissão de Valores Mobiliários (CVM) foi criada pela Lei 6.385/76, com o objetivo de fiscalizar, normatizar, disciplinar e desenvolver o mercado de valores mobiliários no Brasil, como uma entidade autárquica em regime especial, vinculada ao Ministério da Fazenda, com personalidade jurídica e patrimônio próprios, dotada de autoridade administrativa independente, ausência de subordinação hierárquica, mandato fixo e estabilidade de seus dirigentes, e autonomia financeira e orçamentária.
Gabarito: B.

7. CAIXA ECONÔMICA FEDERAL

(Técnico Bancário – CEF – CESGRANRIO – 2024) Considerando a estrutura organizacional da Caixa Econômica Federal, a decisão final relacionada à definição das linhas estratégicas de atuação, das diretrizes empresariais, da orientação geral dos negócios e do monitoramento e da avaliação dos resultados da empresa fica a cargo da(o)

(A) Diretoria executiva
(B) Presidência
(C) Corregedoria
(D) Ouvidoria
(E) Conselho de Administração

Conforme o art. 38, incisos I, IV e VI, do Estatuto da Caixa Econômica Federal, o Conselho de Administração é o órgão máximo de decisão da Caixa Econômica Federal no que diz respeito à definição das linhas estratégicas de atuação, diretrizes empresariais, orientação geral dos negócios e ao monitoramento e avaliação dos resultados da empresa.
Gabarito: E.

(Técnico Bancário – CEF – CESGRANRIO – 2021) Um gerente de um determinado banco participa de vários projetos de investimentos em tecnologias de ponta. Antes da divulgação dos editais para escolha dos projetos mais adequados, ele procura um parente e lhe apresenta todos os detalhes necessários para que esse parente possa apresentar uma candidatura ao financiamento.

Nos termos do Código de Conduta da Caixa Econômica Federal, caso esses fatos fossem vinculados a servidor da instituição, estaria caracterizado(a)

(A) ato de solidariedade
(B) empreendedorismo indevido
(C) conflito de interesses
(D) atividade paralela
(E) quebra de decoro

Conflito de interesses é a situação gerada pelo confronto entre interesses da CAIXA, inclusive quando atuando por mandato de terceiros, diverso do mandato de fundos de investimento/carteiras administradas, e interesse pessoal, que possa comprometer o interesse coletivo ou influenciar de maneira imprópria o desempenho da função pública. Ocorre sempre que interesses pessoais influenciam ou possam influenciar, direta ou indiretamente, nas análises e decisões tomadas quando do exercício das atividades na CAIXA ou na sua representação. O interesse pessoal é caracterizado pela vontade do agente público em obter qualquer vantagem, imediata ou não, material ou não, em favor próprio ou de parentes, amigos, ou outras pessoas com as quais tenham ou tiveram relações pessoais, comerciais ou políticas em detrimento da CAIXA ou de terceiros quando a CAIXA atue por mandato. A ocorrência de conflito de interesses independe da existência de lesão ao patrimônio público, bem como do alcance efetivo do benefício, econômico ou não, pelo agente público ou por terceiro.
Gabarito: C.

8. RESERVAS BANCÁRIAS

(Técnico Bancário – CEF – CESGRANRIO – 2024) O mercado de Reservas Bancárias reflete uma das mais importantes interrelações entre o Banco Central do Brasil (BCB) e os bancos comerciais. Nos respectivos balancetes consolidados, essas Reservas são lançadas como passivo do BCB, mas como ativo dos bancos comerciais.

As Reservas Bancárias formam uma parte expressiva do chamado mercado

(A) cambial
(B) monetário
(C) de crédito
(D) de capitais
(E) de criptomoedas

As Reservas Bancárias são fundos que os bancos comerciais mantêm no Banco Central do Brasil (BCB) para atender às suas obrigações de reserva e para realizar operações no mercado interbancário. Essas reservas são lançadas como um passivo no balanço do BCB e como um ativo no balanço dos bancos comerciais. Nesse sentido, analisemos as alternativas: **A:** Incorreta. O mercado cambial funciona através da compra e venda de moedas estrangeiras, o que determina o valor da moeda nacional em relação às estrangeiras. Nesse contexto, embora relacionadas à taxa de câmbio, as reservas bancárias não fazem parte do mercado cambial. **B:** Correta. O BCB atua no mercado monetário, com a finalidade de controlar a quantidade de dinheiro em circulação na economia do país, influenciando na taxa de juros e liquidez. Nesse sentido, as reservas bancárias são, de fato, um dos principais mecanismos de regulação utilizados pelo BCB. **C:** Incorreta. O mercado de crédito é relacionado à concessão de empréstimo pelas instituições financeiras. As reservas bancárias, por si só, não representam operações de créditos, ainda que possam influenciar na oferta de crédito por estas instituições. **D:** Incorreta. No mercado de capitais negociam-se títulos de renda variável (ações) e renda fixa (debêntures), visando financiar empresas e governos por meio da emissão de títulos de dívida e de capital. Nesse sentido, as reservas bancárias não fazem parte do mercado de capitais, uma vez que são ativos de curto prazo mantidos pelos bancos no Banco Central, com o objetivo de gestão de liquidez e política monetária. **E:** Incorreta. O mercado de criptomoedas é aquele em que negociações de ativos digitais, tais como Bitcoin, Ethereum, entre outras, são totalmente separados do Sistema Financeiro regido pelo Estado e das políticas monetárias realizadas pelo Banco Central. Nesse sentido, as reservas bancárias não se relacionam com ativos digitais.
Gabarito: B.

(Técnico Bancário – CEF – CESGRANRIO – 2024) As operações compromissadas são o instrumento mais utilizado pelo Banco Central do Brasil (BCB) para controlar a liquidez do sistema bancário e formar a taxa de juros de curto prazo.

Quando o BCB realiza uma operação compromissada de compra de títulos públicos no mercado aberto, ele

(A) eleva os preços dos títulos públicos e pressiona a taxa de juros de curto prazo para cima.

(B) aumenta a liquidez no mercado de reservas bancárias e pressiona a taxa de juros de curto prazo para cima.
(C) aumenta a liquidez no mercado de reservas bancárias e pressiona a taxa de juros de curto prazo para baixo.
(D) reduz a liquidez no mercado de reservas bancárias e pressiona a taxa de juros de curto prazo para baixo.
(E) reduz os preços dos títulos públicos e pressiona a taxa de juros de curto prazo para baixo.

Ao comprar títulos públicos no mercado aberto, por meio de uma operação compromissada, o Banco do Brasil injeta dinheiro na economia, aumentando a liquidez no mercado. Dessa forma, os bancos passam a ter mais recursos disponíveis em suas reservas, levando a uma tendência à diminuição da taxa de juros de curto prazo, uma vez que o aumento da oferta de dinheiro pressiona a taxa de juros para baixo. Logo, a alternativa que melhor expõe as consequências de uma operação compromissada de compra de títulos públicos no mercado aberto é a letra C, que determina que este aumenta a liquidez no mercado de servas bancárias e pressiona a taxa de juros de curto prazo para baixo.

Gabarito: C.

(Técnico Bancário – BANESTES – FGV – 2023) Entre as seguintes carteiras distribuídas entre as instituições do grupo Banestes, assinale a que é obrigatória para o Banestes ser classificado como um banco múltiplo.

(A) Investimento.
(B) Distribuidora de Títulos e Valores Mobiliários.
(C) Crédito, financiamento e investimento.
(D) Crédito imobiliário.
(E) Arrendamento mercantil.

Para que a instituição seja classificada com banco múltiplo, ela deve possuir pelo menos duas das carteiras abaixo mencionadas, sendo que uma delas deve ser obrigatoriamente a comercial ou de investimento. Carteiras: (i) comercial, (ii) investimentos, (iii) desenvolvimento, (iv) crédito imobiliário, (v) arrendamento mercantil, (vi) crédito, financiamento e investimento.

Gabarito: A.

9. POLÍTICA FISCAL

(Técnico Bancário – CEF – CESGRANRIO – 2024) Dentre as estratégias utilizadas por um governo para atuar na economia, tem-se a política monetária não convencional. Um exemplo de política monetária não convencional é a(o)

(A) compra recorrente, pelo Banco Central, de títulos de longo prazo do Tesouro Nacional.
(B) redução da taxa de redesconto do Banco Central.
(C) redução das reservas bancárias, mediante venda de títulos de curto prazo pelo Banco Central.
(D) aumento da taxa do depósito compulsório sobre depósitos à vista dos bancos comerciais.
(E) aumento da base monetária, mediante emissão primária de moeda.

A questão refere-se às políticas monetárias não convencionais, que são usadas pelos bancos centrais em emergências, como crises econômicas, quando as políticas monetárias tradicionais, como a mudança de taxas de juros, não são suficientes para estimular a economia. Nesse sentido, analisemos as alternativas: **A**: Correta. A alternativa trata da prática denominada "afrouxamento quantitativo", do inglês "quantitative easing" – QE. Tal política é realizada através da compra pelo banco central de ativos financeiros como títulos de longo prazo, com a finalidade de gerar melhor liquidez na economia, incentivando o crescimento econômico. O QE é bastante utilizado em momentos em que as taxas de juros estão baixas (próximas a zero) e a economia ainda precisa de estímulos. **B**: Incorreta. A taxa de redesconto é a taxa cobrada pelo Banco Central aos bancos comerciais que realizam empréstimos do próprio BC. A redução da taxa de redesconto é uma medida tradicional da política monetária que ajuda a aumentar a liquidez e a oferta de crédito. **C**: Incorreta. Reduzir as reservas bancárias que os bancos comerciais devem manter é uma prática tradicional da política monetária. Já a venda de títulos de curto prazo é uma política também tradicional que visa enxugar a liquidez da economia. **D**: Incorreta. O depósito compulsório é uma porcentagem dos depósitos dos clientes que os bancos comerciais devem manter no Banco Central. O aumento desta taxa é política convencional usada com o intuito de controlar a oferta de dinheiro na economia. **E**: Incorreta. O aumento da emissão de moeda, embora possa ter impactos inflacionários, é uma prática tradicional da política monetária para aumentar a base monetária.

Gabarito: A.

(Técnico Bancário – CEF – CESGRANRIO – 2024) Um dos maiores desafios da política fiscal é manter a razão entre a dívida bruta do setor público e o Produto Interno Bruto (PIB) em níveis baixos e estáveis no longo prazo. Considerando-se que todos os demais fatores permaneçam constantes, o seguinte fator contribui para o aumento da razão dívida pública/PIB:

(A) compromisso do governo com a obtenção de superávits fiscais primários
(B) redução dos gastos do governo
(C) aumento da taxa básica de juros de curto prazo (Selic)
(D) maior ritmo de arrecadação tributária governamental
(E) maiores taxas de crescimento econômico

A: Incorreta. Quando o governo consegue manter um superavit fiscal (ou seja, quando possui uma receita maior que a despesa, excluindo os juros), diminui a necessidade de se obter novos empréstimos, contribuindo para a redução da dívida pública. **B**: Incorreta. No mesmo sentido, a redução de gastos do governo resulta na geração de superavit e, por conseguinte, na redução da dívida pública. **C**: Correta. O aumento da taxa Selic encarece o serviço da dívida, uma vez que o governo precisa pagar mais juros em relação aos seus títulos já emitidos. Dessa forma, o custo da dívida aumenta e consequentemente a razão dívida pública/PIB tende a aumentar, se todos os outros fatores permanecerem constantes. **D**: Incorreta. O aumento da arrecadação aumenta a receita do governo, o que leva a menor necessidade de empréstimos, reduzindo a dívida pública. **E**: Incorreta. O aumento das taxas de crescimento econômico geralmente aumenta o PIB, o que leva a uma tendência de diminuição do ritmo de crescimento da dívida pública. Assim, se existe um aumento no PIB, ocorre uma diminuição da razão dívida pública/PIB.

Gabarito: C.

10. CÂMBIO

(Técnico Bancário – CEF – CESGRANRIO – 2024) As taxas de câmbio nominais referem-se aos preços relativos de duas moedas, enquanto as taxas reais de câmbio são definidas em termos de taxas nominais de câmbio e níveis de preços. Considerando-se apenas bens e serviços comercializáveis, uma desvalorização real da moeda brasileira com relação ao Dólar americano implica diretamente um(a)

(A) aumento do poder de compra do Dólar americano sobre os bens e serviços brasileiros.

(B) aumento dos déficits em transações correntes no Brasil.
(C) redução da competitividade das exportações brasileiras para os Estados Unidos.
(D) redução nos índices de preços no Brasil, em relação aos índices de preços nos Estados Unidos.
(E) redução da taxa nominal de câmbio Real/Dólar.

A questão trata da relação entre a taxa de câmbio real e o impacto sobre bens e serviços comercializáveis. Quando há uma desvalorização real da moeda brasileira em relação ao dólar americano, isso significa que o real perdeu poder de compra em relação ao dólar, o que tem implicações diretas no comércio internacional. A desvalorização real da moeda brasileira implica que os produtos brasileiros se tornam mais baratos para os estrangeiros (neste caso, americanos), enquanto os produtos estrangeiros (americanos) se tornam mais caros para os brasileiros. Como resultado, o poder de compra do dólar americano aumenta em relação aos bens e serviços brasileiros. Portanto, a desvalorização real da moeda brasileira em relação ao dólar americano aumenta o poder de compra do dólar sobre os bens e serviços brasileiros, tornando as exportações brasileiras mais competitivas.
Gabarito: A

(Técnico Bancário – CEF – CESGRANRIO – 2024) Diariamente, o Banco Central do Brasil (BCB) publica boletins informando as cotações de diversas moedas com relação ao Dólar americano e ao Real.

A taxa de referência entre o Real e o Dólar americano, divulgada pelo BCB em seus boletins e mais utilizada no mercado de câmbio brasileiro, é a taxa

(A) Selic
(B) Referencial
(C) cambial direta
(D) Ptax
(E) Swap

A: incorreta. A taxa Selic é a taxa de juros da economia brasileira, usada como referência nas operações de crédito e política monetária brasileira. Ela não tem relação direta com a cotação de moedas estrangeiras. **B:** incorreta. A taxa referencial (TR) é uma taxa referência (que se baseia em outras), utilizada principalmente para cálculos em investimentos, remuneração do saldo do FGTS e na atualização de financiamentos imobiliários. A TR não é usada como referência no mercado de câmbio para cotação de moedas. **C:** incorreta. A taxa cambial direta refere-se à apresentação dos valores da moeda estrangeira para uma unidade da moeda nacional. Entretanto, este não é um termo técnico específico utilizado pelo BCB como taxa de referência entre o Real e o Dólar americano. **D:** correta. A Ptax é a taxa de câmbio de parâmetro do Real por Dólares americanos, publicada pelo BCB e usada como referência no mercado de câmbio brasileiro, calculada com base em uma média das cotações de compra e venda do Dólar americano ao longo do dia. **E:** incorreta. O swap cambial é um contrato financeiro utilizado com o intuito de proteger os investidores da variação da taxa de câmbio. O swap não é uma taxa de referência de cotação entre o Real e o Dólar americano.
Gabarito: D

(Escriturário – BANRISUL – CESGRANRIO – 2023) As pessoas físicas e jurídicas que, em última análise, formam o mercado de câmbio, são os demandadores e os ofertadores de moeda estrangeira.

Assim, os(as)

(A) exportadores de bens e serviços, residentes no Brasil, demandam moeda estrangeira no mercado de câmbio.

(B) importadores de bens e serviços, residentes no Brasil, oferecem moeda estrangeira no mercado de câmbio.
(C) tomadores de empréstimos no exterior, residentes no Brasil, oferecem moeda estrangeira no mercado de câmbio ao repagarem seus empréstimos externos.
(D) turistas estrangeiros que vêm ao Brasil oferecem moeda estrangeira no mercado de câmbio.
(E) empresas no Brasil, com sócios estrangeiros, ao pagar dividendos aos seus sócios, oferecem moeda estrangeira no mercado de câmbio.

A: incorreta, exportadores de bens e serviços, residentes no Brasil, oferecem moeda estrangeira no mercado de câmbio. **B:** incorreta, importadores de bens e serviços, residentes no Brasil, demandam moeda estrangeira no mercado de câmbio. **C:** incorreta, tomadores de empréstimos no exterior, residentes no Brasil, demandam moeda estrangeira no mercado de câmbio ao repagarem seus empréstimos externos. **D:** correta, turistas estrangeiros que vêm ao Brasil oferecem moeda estrangeira no mercado de câmbio. **E:** incorreta, empresas no Brasil, com sócios estrangeiros, ao pagar dividendos aos seus sócios, demandam moeda estrangeira no mercado de câmbio.
Gabarito: D

(Escriturário – BANRISUL – CESGRANRIO – 2023) A principal diferença entre a taxa de câmbio nominal e a taxa de câmbio real é que a taxa de câmbio

(A) nominal determina a competitividade efetiva dos produtos exportados do país.
(B) nominal determina a competitividade efetiva dos produtos importados pelo país.
(C) real é determinada pela paridade real do poder de compra da moeda nacional em relação ao poder de compra da moeda estrangeira, pressupondo que os preços dos bens produzidos nos dois países sejam expressos numa mesma unidade monetária.
(D) real é o preço da moeda nacional relativamente ao preço da moeda estrangeira, de acordo com a cotação no mercado de câmbio.
(E) real não afeta a competitividade dos produtos produzidos no país.

A diferença entre taxa de câmbio nominal e taxa de câmbio real é que a taxa de câmbio nominal reflete o preço de uma moeda em relação a outra, enquanto a taxa de câmbio real leva em consideração a inflação e reflete o poder de compra das moedas.
Gabarito: C

(Escriturário – BB – CESGRANRIO – 2023) O comportamento das taxas de câmbio nominais e reais é fundamental para a tomada de decisões por parte de produtores e investidores. Enquanto as taxas de câmbio nominais são cotadas diariamente nos mercados de câmbio, as taxas de câmbio reais são determinadas pelas forças subjacentes à paridade real do poder de compra entre a moeda nacional e a moeda estrangeira.

Considere o conceito de paridade relativa real do poder de compra. Considere, também, que, no início de um determinado período, a taxa de câmbio nominal R$/US$ seja igual à paridade relativa real do poder de compra.

Nesse contexto, para que a paridade relativa real do poder de compra (ou seja, a taxa de câmbio real R$/US$) fique constante, entre o início e o final daquele período, será preciso que a taxa de desvalorização nominal do Real brasileiro em relação ao Dólar americano seja

(A) igual à diferença entre as taxas de inflação americana e brasileira, acumuladas no período.
(B) igual à diferença entre as taxas de inflação brasileira e americana, acumuladas no período.
(C) igual à taxa de inflação brasileira acumulada no período.
(D) igual à taxa de inflação americana acumulada no período.
(E) livremente cotada no mercado de câmbio, sem relação com as taxas de inflação brasileira e americana, acumuladas no período.

A diferença entre taxa de câmbio nominal e taxa de câmbio real é que a taxa de câmbio nominal reflete o preço de uma moeda em relação a outra, enquanto a taxa de câmbio real leva em consideração a inflação e reflete o poder de compra das moedas. Portanto, para que a paridade relativa real do poder de compra fique constante, entre o início e o final do período, será preciso que a taxa de desvalorização nominal do Real brasileiro em relação ao Dólar americano seja igual à diferença entre as taxas de inflação brasileira e americana, acumuladas no período. **Gabarito: B.**

(Escriturário – BB – CESGRANRIO – 2023) No caso de um regime de taxa de câmbio fixa entre o Real e o Dólar americano, verifica-se que as

(A) diferenças de taxa de inflação entre o Brasil e os Estados Unidos não alterariam a taxa de câmbio real entre as moedas desses dois países.
(B) políticas monetárias expansionistas nos Estados Unidos causariam recessão no Brasil.
(C) políticas monetárias no Brasil e nos Estados Unidos seriam sempre contracionistas.
(D) taxas de câmbio entre o Real e a moeda europeia seriam fixas.
(E) taxas de juros no Brasil e nos Estados Unidos seriam muito próximas, se houvesse muita mobilidade de capital financeiro entre esses dois países.

O câmbio fixo é um instrumento de política econômica que fixa a taxa de câmbio de um país e estabelece o valor de sua moeda nacional, tendo como referência o valor de uma moeda estrangeira. Para estabelecer uma taxa de câmbio fixa e evitar que o preço da moeda flutue, o Banco Central compra e vende sua própria moeda no mercado de câmbio em troca da moeda na qual se baseia. Por essa razão, para manter taxas de câmbio fixas, o Banco Central do país em questão deve ter armazenado em suas reservas grandes quantidades da moeda à qual está vinculado. **A:** incorreta, a taxa de câmbio real leva em consideração a inflação e portanto seria alterada. **B:** incorreta, uma política monetária expansionista nos Estados Unidos aumentaria a oferta de dinheiro na economia americana, o que tenderia a valorizar o Real. **C:** incorreta, não é o regime de taxa de câmbio que define a política monetária adotada pelo país. **D:** incorreta, a moeda europeia não teria relação com a questão aqui apresentada. **E:** correta, como o câmbio seria fixo, a tendência é que as taxas de juros no Brasil e nos Estados Unidos sejam muito próximas, caso houvesse muita mobilidade de capital financeiro entre os dois países. **Gabarito: E.**

(Técnico Bancário – BASA – CESGRANRIO – 2022) Uma casa de câmbio no Brasil apresentava a seguinte Tabela com relações entre o real e diversas moedas estrangeiras:

Moeda	R$
Dólar americano	5,5627
Euro	6,4477
Libra esterlina	7,5207
Yuan chinês	0,8673

Com base nestas informações, conclui-se que com um real pode-se comprar, aproximadamente

(A) 0,1330 euro
(B) 0,1327 dólar americano
(C) 1,1530 yuan chinês
(D) 0,1551 libra esterlina
(E) 0,1798 euro

Para resolver a questão, é preciso calcular quantas unidades de cada moeda estrangeira podem ser compradas com **1 real**, utilizando as cotações fornecidas na tabela. A fórmula para o cálculo é: Quantidade de moeda estrangeira =1 real dividido pela cotação da moeda estrangeira em reais. Dessa forma: 1 real equivale a 0,1551 euro; 1 real equivale a 0,1798 dólar americano; 1 real equivale a 1,1530 yuans, 1 real equivale a 0,1330 libra esterlina. **Gabarito: C.**

(Técnico Bancário – BASA – CESGRANRIO – 2022) Admita que a taxa de câmbio real de equilíbrio no Brasil seja estimada, num determinado dia, em R$4,20/US$.

Se, nesse mesmo dia, o Dólar for cotado a uma taxa de câmbio nominal de R$5,40/US$, é indicativo de que o Real brasileiro está

(A) sobrevalorizado
(B) subvalorizado
(C) nem subvalorizado nem sobrevalorizado
(D) em paridade real do poder de compra com o Dólar
(E) menos competitivo que o Dólar

A taxa de câmbio real de equilíbrio indica o valor estimado para que uma moeda esteja em equilíbrio em relação a outra. Se a taxa de câmbio nominal do dia (R$5,40/US$) está acima da taxa de equilíbrio estimada (R$4,20/US$), isso significa que o Real está valendo menos do que deveria, ou seja, está subvalorizado. **Gabarito: B.**

(Técnico Bancário – BASA – CESGRANRIO – 2022) O trecho seguinte alude a importante mercado em que são transacionados os títulos públicos no Brasil:

Todas as transações com títulos públicos se dão em seu âmbito. Ele é o mercado de dívida pública brasileiro e nele se encontram tanto o Banco Central do Brasil realizando a política monetária, quanto o Tesouro, responsável pela gestão da dívida pública e financiamento do governo. DORNELAS, L.N.D e TERRA, F.H.B. O Mercado Brasileiro de Dívida Pública. Campinas: Alínea, 2021, p.6, Adaptado. O trecho se refere ao mercado

(A) cambial
(B) acionário
(C) CETIP
(D) SELIC
(E) PTAX

A: Incorreta. O mercado cambial é um ambiente de comercialização global de moedas estrangeiras e um dos principais meios de investimento de ativos no mercado exterior. **B:** Incorreta. O mercado acionário é o ambiente onde ocorrem as negociações de títulos mobiliários, imobiliários e frações de patrimônio das empresas de capital aberto. As negociações de compra e venda ocorrem na bolsa de valores ou nos mercados de balcão. **C:** Incorreta. A CETIP (Central de Custódia e Liquidação Financeira de Títulos Privados) é uma instituição privada responsável por processar, registrar, guardar e liquidar os títulos financeiros privados do mercado. **D:** Correta. O Sistema Especial de Liquidação e de Custódia (SELIC) é uma estrutura pública do mercado financeiro brasileiro, administrada pelo Banco Central do Brasil (BCB). Ele é destinado à custódia de títulos escriturais de emissão do Tesouro Nacional (TN), bem como ao registro e à liquidação de operações com esses títulos. **E:** Incorreta. A PTAX é uma taxa que representa a taxa de câmbio, ou seja, o preço de uma moeda estrangeira em termos da moeda nacional. No caso específico da PTAX, ela representa a paridade entre o dólar americano e o real brasileiro. **Gabarito D.**

(Técnico Bancário – BASA – CESGRANRIO – 2022) Admita que, num mesmo dia, dólares sejam negociados para venda à taxa de câmbio de R$4,45/US$, em São Paulo, e de R$4,55/US$, em Recife. Um operador de câmbio que comprasse, naquele dia, determinada quantia de dólares em São Paulo para vender em Recife estaria fazendo uma operação denominada

(A) arbitragem
(B) especulação
(C) triangulação
(D) swap
(E) hedging

A: Correta. Arbitragem é a prática de aproveitar a diferença de preços de um mesmo ativo em diferentes mercados. O operador de câmbio compra dólares em São Paulo, onde estão mais baratos, e vende em Recife, onde estão mais caros, obtendo lucro pela diferença de preço. Essa operação é feita sem risco, pois o operador se beneficia de uma discrepância temporária nas cotações. Essa é a resposta correta, pois descreve exatamente a ação mencionada na questão. **B:** Incorreta. Especulação envolve assumir riscos para obter lucro com a variação futura de preços de um ativo. No entanto, na especulação, o operador estaria apostando que o preço do dólar vai subir ou descer, não se beneficiando de uma diferença imediata entre dois mercados. A questão não menciona nenhum risco futuro, o que torna essa alternativa incorreta. **C:** Incorreta. Triangulação é um tipo de operação financeira ou comercial que envolve três partes ou locais. Normalmente, envolve mais de duas moedas ou a negociação entre três mercados diferentes. No caso da questão, apenas dois mercados (São Paulo e Recife) estão envolvidos, o que elimina a possibilidade de triangulação. **D:** Incorreta. Swap é um contrato financeiro em que duas partes concordam em trocar fluxos de caixa futuros, geralmente para administrar riscos, como taxa de juros ou moeda. Um swap de câmbio, por exemplo, envolve a troca de moedas entre duas partes a uma taxa acordada. A operação descrita na questão é uma compra e venda imediata de dólares em dois mercados diferentes, sem um contrato futuro envolvido, o que descarta a possibilidade de ser um swap. **E:** Incorreta. Hedging é uma estratégia utilizada para proteger-se contra a flutuação de preços ou riscos financeiros. Um exemplo seria comprar contratos futuros para se proteger contra a variação da taxa de câmbio. No entanto, a questão não envolve proteção ou mitigação de risco, mas sim uma operação para lucrar com a diferença de preços, o que não caracteriza hedging. **Gabarito A.**

(Escriturário – BB – CESGRANRIO – 2021) A revista inglesa The Economist publica periodicamente o famoso Índice do Big Mac, que consiste em avaliar os preços, em dólares, do conhecido sanduíche em diferentes países na economia global. Os resultados são frequentemente replicados pela imprensa internacional, incluindo a brasileira. A metodologia de apuração é simples: com base nas taxas de câmbio nominais das moedas nacionais em relação ao dólar, cotadas num mesmo dia, converte-se o preço do Big Mac avaliado nessas moedas para o seu respectivo valor em dólares.

Considerando-se que na edição de 12 de janeiro de 2021, os cálculos da The Economist mostravam que o preço, em dólares, do Big Mac no Brasil estava cerca de 30% mais barato do que o sanduíche similar vendido e cotado, também em dólares, nos Estados Unidos, o resultado indicava que o real brasileiro estava

(A) valorizado em relação ao dólar
(B) sobrevalorizado em relação ao dólar
(C) subvalorizado em relação ao dólar
(D) com alinhamento nominal em relação ao dólar
(E) na paridade real do poder de compra em relação ao dólar

A questão refere-se ao Índice do Big Mac, uma medida informal criada pela revista The Economist para comparar o poder de compra entre diferentes países. A ideia por trás desse índice é avaliar o preço de um produto padronizado, o Big Mac, em diversos países e convertê-lo para dólares americanos usando a taxa de câmbio nominal. No enunciado, foi informado que o preço do Big Mac no Brasil, em dólares, estava cerca de 30% mais barato do que o preço do sanduíche nos Estados Unidos. Isso indica que, em termos de paridade de poder de compra, o real brasileiro estava subvalorizado em relação ao dólar americano, ou seja, a moeda brasileira estava "valendo menos" do que deveria, se os preços fossem equivalentes entre os dois países. **Gabarito C.**

(Técnico Bancário – CEF – CESGRANRIO – 2021) Embora as taxas de câmbio R$/US$, cotadas diariamente nos mercados de câmbio à vista, sejam expressas em valores nominais, ao longo do tempo essas taxas podem-se desviar de seus valores reais.

Contribui para a apreciação real da moeda brasileira, em relação ao dólar norte-americano, a(o)

(A) redução da produtividade média no Brasil, comparativamente à dos Estados Unidos
(B) queda dos preços das commodities exportadas pelo Brasil
(C) taxa de inflação no Brasil maior do que a taxa de inflação norte-americana
(D) compra de reservas internacionais pelo Banco Central do Brasil
(E) maior grau de incerteza no Brasil

Uma das formas mais eficazes de valorizar o real é fortalecer a economia interna. Isso pode ser feito através do estímulo ao consumo de produtos nacionais, valorização do empreendedorismo local e incentivo ao turismo interno. A cotação do dólar também varia de acordo com a lei da oferta e demanda. Quatro fatores explicam a valorização do real: a) aumento na taxa básica de juros que tem sido feito pelo Banco Central (BC) para conter a inflação; b) expectativa de alta gradual do juro nos Estados Unidos, outro fator que favorece o real; c) enfraquecimento de pautas políticas com impactos fiscais Brasil e d) em épocas de eleições com menos medo do mercado. **Gabarito C.**

(Técnico Bancário – CEF – CESGRANRIO – 2021) Desde 1999, o Brasil adota um regime de câmbio flutuante (ou flexível).

Considerando-se a prática brasileira desde então, nesse regime cambial, a

(A) taxa de câmbio é fixada pelo Banco Central do Brasil.
(B) taxa de câmbio é determinada pela oferta e demanda de moeda estrangeira.
(C) taxa de câmbio não sofre interferência do Banco Central do Brasil.
(D) taxa de câmbio não influencia a rentabilidade dos exportadores.
(E) fixação da taxa básica de juros (Selic) torna-se dependente da política cambial.

O câmbio flutuante é um sistema no qual a taxa de câmbio de uma determinada moeda é definida pela oferta e demanda de moeda estrangeira no mercado, sem intervenção do Banco Central. É uma maneira de os países equilibrarem a troca da moeda nacional com outras moedas. A dinâmica da oferta e da demanda faz com que a taxa de câmbio varie entre as moedas em função dos fatores que as influenciam, como crescimento econômico, inflação ou taxas de juros. Nesse caso, o Banco Central do país não intervém. Uma moeda que usa uma taxa de câmbio flutuante é conhecida como moeda flutuante.

Gabarito: B.

(Escriturário – BB – CESGRANRIO – 2018) A reação dos mercados de câmbio ontem deu uma boa sinalização de qual pode ser o caminho caso Washington intensifique o tom em relação às relações comerciais dos Estados Unidos com o restante do mundo. As moedas emergentes recuaram a mínimas em dez dias, segundo dados do Deutsche Bank, sob peso da queda de divisas correlacionadas às matérias-primas – como o rand sul-africano e o real brasileiro (...). No Brasil, o dólar fechou em alta de 0,90%, para R$3,290, no maior nível desde o último 9 de fevereiro. Na máxima, a cotação beirou os R$3,30 ao tocar R$3,2966.

CASTRO, J. Dólar deve subir no curto prazo, dizem analistas.
Valor Econômico, 15 mar. 2018, p.C2. Adaptado.

Em países que adotam o regime de câmbio flutuante, as mudanças diárias observadas nas taxas de câmbio estão relacionadas a diversos fatores.

Considerando-se, no entanto, exclusivamente, a matéria jornalística, o principal fator que explica a desvalorização do real brasileiro no movimento diário do mercado de câmbio descrito no texto foi a(o)

(A) aumento da oferta de divisas no mercado de câmbio
(B) forte intervenção do Banco Central do Brasil no mercado de câmbio
(C) situação política corrente no Brasil
(D) piora das condições macroeconômicas no Brasil
(E) incerteza futura e maior percepção de risco por parte dos investidores

A: Incorreta. O aumento da oferta de divisas (dólares) no mercado de câmbio teria como efeito a valorização do real em relação ao dólar, e não a desvalorização. Quando há mais dólares disponíveis no mercado, sua cotação tende a cair, o que faria o real se valorizar. No texto, o que ocorreu foi uma alta do dólar, o que indica um movimento contrário: aumento da demanda por dólares, não da oferta. **B:** Incorreta. O texto não menciona qualquer intervenção do Banco Central. No regime de câmbio flutuante, como o do Brasil, o valor do real em relação ao dólar é determinado pela oferta e demanda no mercado. O Banco Central pode intervir em momentos de alta volatilidade ou crise, mas isso não foi mencionado no texto. A desvalorização foi motivada por fatores externos (incertezas com as relações comerciais dos EUA), não por uma ação direta do Banco Central. **C:** Incorreta. Embora a situação política possa influenciar o câmbio, essa alternativa está incorreta porque o texto não faz referência a eventos políticos no Brasil como causa da desvalorização do real. O foco está na incerteza internacional e no impacto das relações comerciais dos EUA com o mundo. Em cenários de instabilidade política no Brasil, poderia haver desvalorização do real, mas não é o caso específico mencionado na matéria. **D:** Incorreta. O texto não aponta uma deterioração das condições macroeconômicas internas como causa da desvalorização. Embora fatores macroeconômicos, como inflação, dívida pública ou desemprego, possam afetar o câmbio, o texto se refere ao cenário internacional (tensões comerciais dos EUA) como o principal motivador. A desvalorização do real foi ligada à incerteza global, não a problemas internos. **E:** Correta. No regime de câmbio flutuante, como o do Brasil, a taxa de câmbio é determinada pela oferta e demanda de moeda estrangeira. A matéria jornalística menciona que a desvalorização do real foi influenciada por fatores externos, como a intensificação das tensões comerciais dos EUA, o que aumenta a percepção de risco por parte dos investidores. Assim, quando há incertezas no cenário internacional, como mudanças nas políticas comerciais dos EUA, os investidores tendem a buscar moedas mais seguras, como o dólar, e a se desfazer de moedas de países emergentes (como o real), elevando a demanda por dólar e desvalorizando o real.

Gabarito: E.

(Técnico Bancário – BANESTES – FGV – 2023) Quanto a noções do mercado de capitais ("mercado de valores mobiliários"), assinale (V) para afirmativa verdadeira e (F) para a falsa.

( ) No mercado de capitais, os títulos (valores mobiliários) resultantes do investimento que estabelecem uma relação de crédito e débito entre as partes tomadora e poupadora, constituem-se em títulos patrimoniais ou de capital.

( ) No mercado de capitais, o investidor que adquiriu uma ação pode, passado um prazo preestabelecido, solicitar o resgate do valor da ação diretamente à empresa.

( ) No mercado de capitais, os investidores não podem adquirir os títulos (valores mobiliários) indiretamente.

As afirmativas são, respectivamente,

(A) F, F e F.
(B) F, V e V.
(C) F, F e V.
(D) V, F e F.
(E) V, V e V.

I: Falso, no mercado de capitais, os títulos (valores mobiliários) resultantes do investimento que estabelecem uma relação de crédito e débito entre as partes tomadora e poupadora, constituem-se títulos de dívida. **II:** Falso, no mercado de capitais o investidor que adquiriu uma ação torna-se sócio da empresa, podendo vender a ação para outro investidor pelo valor de mercado. **III:** Falso, no mercado de capitais os investidores adquirem os títulos (valores mobiliários) por meio do sistema de distribuição de títulos ou valores mobiliários (bolsas de valores, corretoras, instituições financeiras, sociedades que tenham por objeto a subscrição ou intermediação de títulos ou valores mobiliários).

Gabarito: A.

11. BITCOIN

(Técnico Bancário – CEF – CESGRANRIO – 2024) A mineração de Bitcoin é um processo complexo, que envolve muitos competidores, demanda grande capacidade computacional e enorme gasto de energia elétrica.

Esse processo de mineração consiste em

(A) emitir novos Bitcoins, garantindo a crescente expansão da oferta da moeda.
(B) validar os registros eletrônicos das transações no blockchain.
(C) controlar a quantidade de Bitcoins emitidos para sustentar o valor da moeda.
(D) alterar os registros eletrônicos prévios no blockchain, em troca de recompensa.
(E) disputar a compra de Bitcoins na emissão a cotações menores do que as do mercado.

A mineração de Bitcoin é o processo pelo qual novos bitcoins são criados e transações são verificadas e registradas na blockchain do Bitcoin. Esse processo é essencial para a segurança e a operação da rede Bitcoin e envolve a resolução de problemas matemáticos complexos por meio de computadores especializados conhecidos como "mineradores". **A:** Incorreta. Ainda que haja emissão de novos bitcoins no processo de mineração, o objetivo não é a expansão infinita da oferta e sim a validação das transições. **B:** Correta. Como mencionado, o principal objetivo da mineração é o registro e confirmação das transações no blockchain, com a finalidade de garantir a segurança da rede. **C:** Incorreta. O controle de qualidade de Bitcoins emitidos é realizado automaticamente pelo protocolo, sem interferência dos mineradores. **D:** Incorreta. Alterar registros eletrônicos prévios no blockchain é um processo antiético, já que a imutabilidade dos registros é um princípio para a integridade do blockchain. **E:** Incorreta. O processo de mineração é um processo de criação de Bitcoins por recompensa do trabalho de validação de transações feito pelos mineradores e não um processo de compra. **Gabarito "B".**

12. FUNDO DE GARANTIA DO TEMPO DE SERVIÇO (FGTS)

(Técnico Bancário – CEF – CESGRANRIO – 2024) Um trabalhador, empregado de uma determinada empresa, com recursos depositados no Fundo de Garantia do Tempo de Serviço (FGTS), tem dúvidas sobre as situações em que poderá ter acesso a sua conta vinculada no FGTS. De acordo com a Lei nº 8.036/1990, o trabalhador poderá movimentar a sua conta vinculada no FGTS na seguinte situação:

(A) for despedido sem justa causa, excluídas a rescisão indireta, de culpa recíproca e de força maior.
(B) tiver idade igual ou superior a sessenta e cinco anos.
(C) permanecer dois anos ininterruptos fora do regime do FGTS.
(D) tiver aposentadoria concedida pela Previdência Social.
(E) for acometido, ou qualquer de seus dependentes, subitamente, de qualquer doença grave.

O art. 20 da Lei 8.036/1990 traz as hipóteses em que o empregado poderá ter acesso a sua conta vinculada no FGTS. Nesse sentido: **A:** Incorreta. Conforme inciso I do referido dispositivo: "despedida sem justa causa, inclusive a indireta, de culpa recíproca e de força maior". **B:** Incorreta. Conforme inciso XV do referido dispositivo: "quando o trabalhador tiver idade igual ou superior a setenta anos". **C:** Incorreta. Conforme inciso VIII do referido dispositivo: "quando o trabalhador permanecer três anos ininterruptos fora do regime do FGTS". **D:** Correta. Conforme inciso III do referido dispositivo: "tiver aposentadoria concedida pela Previdência Social". **E:** Incorreta. Conforme inciso XIV do referido dispositivo: "quando o trabalhador ou qualquer de seus dependentes estiver em estágio terminal, em razão de doença grave, nos termos do regulamento". **Gabarito "D".**

(Técnico Bancário – CEF – CESGRANRIO – 2021) Um trabalhador é regido pelas regras da CLT e tem conta vinculada ao FGTS. Curioso por saber as hipóteses de levantamento do FGTS, formula consulta ao órgão competente.

Nos termos da Lei nº 8.036/1990, a conta vinculada do trabalhador no FGTS poderá ser movimentada no caso de

(A) aquisição de imóvel comercial
(B) aposentadoria concedida pela Previdência Social
(C) desligamento por justa causa
(D) compra de automóvel
(E) aluguel de entidade familiar

O trabalhador pode ter acesso ao saldo da conta do FGTS por diversas hipóteses, prevista na Lei nº 8.036/1990, Art. 20º, cujas hipóteses de saque são: Saque contrato por prazo determinado; Saque Rescisão Contrato de Trabalho por Acordo entre Empregador e Trabalhador formalizada a partir de 11/11/2017; Saque Rescisão por Culpa Recíproca ou Força Maior; Saque Calamidade; Saque do FGTS trabalhador avulso; Saque por falecimento do titular da conta; Saque trabalhador com idade igual ou superior a 70 anos; Saque Doenças Graves; Saque do FGTS por conta inativa por 3 anos ininterruptos até 13/07/1990; Saque Órtese e Prótese; Saque Fundos Mútuos de Privatização – FMP; Saque do FGTS por três anos fora do Regime do FGTS a partir de 14/07/1990; Saque Conta Inativa até R$ 80,00; FGTS Garantia Consignado; Saque Determinação Judicial; Amortização, liquidação e pagamento de parcelas; Saque para trabalhadores com saída definitiva do Brasil. **Gabarito "B".**

13. SEGUROS E PREVIÊNCIA

(Técnico Bancário – BANESTES – FGV – 2023) Em relação a seguros e previdência, assinale a afirmativa correta.

(A) No seguro de acidentes pessoais, o suicídio, ou sua tentativa, não é equiparado a acidente pessoal, para fins de pagamento de indenização.
(B) No seguro prestamista que estabelece indenização para quitação, amortização ou pagamento de um determinado número de parcelas de uma dívida, podem estar incluídas coberturas de desemprego involuntário ou voluntário.
(C) O seguro de automóvel na modalidade de valor de mercado referenciado estabelece o pagamento de quantia fixa estipulada pelas partes no ato da contratação do seguro.
(D) Em seguro de automóveis, a seguradora não pode estabelecer um prazo máximo para o segurado comunicar o sinistro.
(E) O "seguro popular" é igual ao "microsseguro", ambos são direcionados para as necessidades específicas das famílias de baixa renda.

A: Falso, segundo o art. 2º, inciso I, da Resolução CNSP 439/2022, o suicídio ou sua tentativa será equiparado, para fins de indenização, a acidente pessoal. **B:** Falso, no seguro prestamista podem estar incluídas coberturas de desemprego involuntário, mas não voluntário. **C.** Falso, o seguro de automóvel na modalidade de valor de mercado referenciado estabelece o pagamento de quantia variável, determinada de acordo com a tabela de referência indicada na proposta do seguro, conjugada com fator de ajuste, em percentual, a ser aplicado sobre o valor de cotação do veículo, na data de liquidação do sinistro. **D:** Verdadeiro, é vedada a inclusão de cláusula que fixe prazo máximo para a comunicação de sinistro, mas o segurado deve ficar atento ao prazo de prescrição de um ano, contado a partir da data em que tomou ciência do fato gerador da indenização, conforme a alínea b do inciso II do § 1º do artigo 206 da Lei nº 10.406/2002 (Código Civil). **E:** Falso, o microsseguro é aquele que está direcionado para as necessidades específicas das famílias de baixa renda, enquanto seguro popular é para todos os tipos de consumidores e apenas significa seguro de pequenos valores.

Gabarito: D

(Técnico Bancário – BANESTES – FGV – 2023) Em relação à previdência e aos seguros, assinale a afirmativa correta.

(A) Todos os planos de previdência complementar aberta dão direito ao resgate antecipado.

(B) Os planos de previdência complementar aberta não são passíveis de portabilidade.

(C) No Vida Gerador de Benefício Livres (VGBL), o imposto de renda incide sobre o valor total a ser resgatado ou recebido sob a forma de renda; já no Plano Gerador de Benefício Livres (PGBL), o imposto de renda incide apenas sobre os rendimentos.

(D) Nos planos de fundos de pensão organizados por associações ou entidades de classe, estas associações ou entidades de classe têm de fazer contribuições conjuntamente às feitas pelos associados.

(E) Nos planos de benefícios de contribuição definida (CD) dos fundos de pensão, não se tem assegurado o valor do benefício que o participante vai receber no futuro.

A: Falso se o plano for estruturado no regime financeiro de repartição (maior parte dos planos de pecúlio, pensão e invalidez), não há o direito ao resgate. **B:** Falso, os planos de previdência aberta são passíveis de portabilidade. Importante apenas que eles sejam feitos entre planos da mesma modalidade (de PGBL para PGBL ou de VGBL para VGBL). **C:** Falso, é exatamente o contrário. No Plano Gerador de Benefício Livres (PGBL), o imposto de renda incide sobre o valor total a ser resgatado ou recebido sob a forma de renda, no Vida Gerador de Benefício Livres (VGBL), o imposto de renda incide apenas sobre os rendimentos. **D:** Falso, nos planos de fundos de pensão organizados por associações ou entidades de classe, conhecidos como planos instituídos, as contribuições são feitas apenas pelos associados que ingressarem nos planos. **E:** Verdadeiro, nos planos de benefícios de contribuição definida o que se conhece é o valor de contribuição durante a formação das reservas matemáticas, geralmente expressa em percentual do salário de contribuição ou participação, que será convertida em benefícios no futuro.

Gabarito: E

14. CRIMES DE LAVAGEM OU OCULTAÇÃO DE BENS, DIREITOS E VALORES

(Técnico Bancário – BANESTES – FGV – 2023) Quanto a noções básicas sobre os crimes de lavagem ou ocultação de bens, direitos e valores, assinale (V) para a afirmativa verdadeira e (F) para a falsa.

( ) O fato de um cliente do Banestes tentar fechar um câmbio de exportação no qual o preço do produto exportado está por um valor de 40% do preço internacional do produto constitui situação que precisa ser tratada para a prevenção à lavagem de dinheiro e ao financiamento do terrorismo (PLD/FT).

( ) O fato de ocorrerem saques em espécie da conta de um cliente do Banestes que recebeu diversos depósitos por transferência eletrônica de várias origens em curto período de tempo constitui situação que precisa ser tratada para a prevenção à lavagem de dinheiro e ao financiamento do terrorismo (PLD/FT).

( ) Um cliente brasileiro do Banestes que é diretor presidente de uma grande empresa privada precisa ser tratado como pessoa exposta politicamente (PEP) constante nas normas de prevenção à lavagem de dinheiro e ao financiamento do terrorismo (PLD/FT) editadas pelos órgãos reguladores e fiscalizadores.

As afirmativas são, respectivamente,

(A) F, F e F.
(B) F, F e V.
(C) V, F e F.
(D) V, V e F.
(E) V, V e V.

I: Verdadeiro, a discrepância significativa do preço de um produto em relação ao valor do mesmo produto negociado internacionalmente pode constituir situação que precisa ser analisada para mitigar o risco de lavagem de dinheiro ou financiamento ao terrorismo. **II:** Verdadeiro, com o intuito de dificultar a identificação da origem dos recursos, muitas vezes os criminosos utilizam práticas como saques em espécie de cliente que recebeu diversos depósitos por transferência eletrônica de várias origens em curto período de tempo, situação que pode configurar indício de ocorrência de crimes de lavagem ou ocultação de bens, direitos e valores de que trata a Lei 9.613/98, e de financiamento ao terrorismo previsto na Lei 13.260/16. **III:** Falso, pessoas expostas politicamente são aquelas ocupantes de cargos e funções públicas listadas nas normas de PLD/FTP, editadas por órgãos reguladores e fiscalizadores. O fato exclusivo do cliente ser presidente de uma grande empresa privada não o enquadra nessa situação.

Gabarito: D

(Técnico Bancário – BANESTES – FGV – 2023) Em relação à prevenção da utilização do sistema financeiro para os atos ilícitos, em conformidade com a Lei nº 9.613/1998, analise as afirmativas a seguir.

I. O Banestes, por ser considerado um banco de menor porte (segmento S3 da definição do Banco Central do Brasil), pode adotar políticas, procedimentos e controles internos para o cumprimento da obrigação de comunicação de atividades suspeitas proporcionalmente menores que os bancos maiores (S1 e S2).

II. As operações com indícios de ilicitudes devem ser comunicadas pelo Banestes ao Conselho de Controle de Atividades Financeiras (Coaf), atual Unidade de Inteligência Financeira (UIF), e ao cliente do Banestes a que se refira a operação.

III. Se o Banestes não cumprir com as obrigações relacionadas à lavagem ou à ocultação de bens, direitos e valores, poderá ter cassada ou suspensa sua autorização para funcionamento.

Está correto o que se afirma em

(A) II, apenas.
(B) I e II, apenas.
(C) I e III, apenas.
(D) II e III, apenas.
(E) I, II e III.

I: Verdadeiro, conforme art. 10, inciso III, da Lei 9.613/1998, os bancos deverão adotar políticas, procedimentos e controles internos, compatíveis com seu porte e volume de operações. II: Falso, conforme art. 11, inciso II, da Lei 9.613/1998, as operações com indícios de ilicitudes devem ser comunicadas pelo banco ao Coaf, abstendo-se de dar ciência de tal ato a qualquer pessoa, inclusive àquela a qual se refira a informação. III: Verdadeiro, conforme art. 12, inciso IV, da Lei 9.613/1998, o banco que deixar de cumprir com as obrigações relacionadas à lavagem ou à ocultação de bens, poderá ter cassada ou suspensa sua autorização para exercício de atividade, operação ou funcionamento.
Gabarito: C.

(Escriturário – BANRISUL – CESGRANRIO – 2023) Um gerente recém-contratado de uma instituição financeira coordena cerca de vinte funcionários que exercem a função de caixa, sendo auxiliado nessa tarefa por dois subgerentes. Em determinado dia, um dos clientes adentra a agência bancária portando uma mala, com expressiva soma de dinheiro em espécie, para depósito. Dirigindo-se ao caixa disponível, postula a operação.

Consoante a Carta Circular nº 4.001, de 29 de janeiro de 2020, existe a ocorrência de indícios de suspeita para fins dos procedimentos de monitoramento para as práticas de lavagem de dinheiro quando é(são)

(A) realizado depósito em dinheiro de valor considerado elevado.
(B) efetuadas operações diversas de pequeno valor monetário.
(C) transferidos valores sem relação com a capacidade econômica do cliente.
(D) recebidos depósitos com regular frequência.
(E) formalizados contratos com estabelecimentos comerciais pequenos.

De acordo com o art. 1º, inciso I, a, da Carta Circular 4.001/2020, depósitos, aportes, saques, pedidos de provisionamento para saque ou qualquer outro instrumento de transferência de recursos em espécie, que apresentem atipicidade em relação à atividade econômica do cliente ou incompatibilidade com a sua capacidade financeira, exemplificam a ocorrência de indícios de suspeita para fins dos procedimentos de monitoramento e seleção previstos na Circular 3.978/2020, que dispõe sobre a política, os procedimentos e os controles internos a serem adotados pelas instituições autorizadas a funcionar pelo Banco Central do Brasil visando à prevenção da utilização do sistema financeiro para a prática dos crimes de "lavagem" ou ocultação de bens, direitos e valores, de que trata a Lei 9.613/1998, e de financiamento do terrorismo, previsto na Lei 13.260/2016.
Gabarito: C.

(Escriturário – BB – CESGRANRIO – 2023) Um consultor financeiro capta clientela para investir em instituição financeira legalmente autorizada a funcionar pelo Banco Central do Brasil, sendo eficiente na sua atividade. Em determinado momento, é informado pelo seu contato na referida instituição de que um dos indivíduos indicados estaria realizando operações de aportes de recursos em descompasso com sua capacidade financeira.

Nos termos da Carta Circular nº 4.001, de 29 de janeiro de 2020, os fatos descritos pertinentes aos aportes constituem a ocorrência de indícios de suspeita de lavagem de dinheiro para fins dos procedimentos relacionados às suas atividades financeiras de

(A) monitoramento
(B) bloqueio
(C) interdição
(D) exclusão
(E) análise

De acordo com o art. 1º, inciso I, a, da Carta Circular 4.001/2020, depósitos, aportes, saques, pedidos de provisionamento para saque ou qualquer outro instrumento de transferência de recursos em espécie, que apresentem atipicidade em relação à atividade econômica do cliente ou incompatibilidade com a sua capacidade financeira, exemplificam a ocorrência de indícios de suspeita para fins dos procedimentos de monitoramento e seleção previstos na Circular 3.978/2020, que dispõe sobre a política, os procedimentos e os controles internos a serem adotados pelas instituições autorizadas a funcionar pelo Banco Central do Brasil visando à prevenção da utilização do sistema financeiro para a prática dos crimes de "lavagem" ou ocultação de bens, direitos e valores, de que trata a Lei 9.613/1998, e de financiamento do terrorismo, previsto na Lei 13.260/2016.
Gabarito: A.

(Técnico Bancário – BASA – CESGRANRIO – 2022) O gerente de recursos humanos de uma instituição financeira foi aconselhado pelo Departamento Jurídico a realizar treinamentos para evitar litígios de variada natureza. Nos termos da Circular Bacen nº 3.978/2020, as instituições devem contemplar, dentre as diretrizes, a promoção de cultura organizacional de

(A) adequação à lavagem de dinheiro
(B) ambientação à lavagem de dinheiro
(C) financiamento à lavagem de dinheiro
(D) prevenção de lavagem de dinheiro
(E) previsão de lavagem de dinheiro

A Circular Bacen nº 3.978/2020 contempla diretrizes e procedimentos a serem seguidos pelas instituições financeiras com o objetivo de combater a lavagem de dinheiro e o financiamento ao terrorismo. Desta forma: **A**: Incorreta. As instituições não devem se adequar à lavagem de dinheiro, mas sim preveni-la. **B**: Incorreta. Não há previsão de ambientar-se à lavagem de dinheiro, e sim, combatê-la. **C**: Incorreta. O objetivo da circular é combater a lavagem de dinheiro, jamais promover. **D**: Correta. Como mencionado, entre as medidas que as instituições devem adotar está a promoção de uma cultura organizacional voltada à prevenção da lavagem de dinheiro, garantindo que os funcionários estejam treinados e capacitados para identificar e prevenir atividades suspeitas. **E**: Incorreta. Não há, por óbvio, uma previsão sobre a lavagem de dinheiro, mas sim uma prevenção da prática.
Gabarito: D.

15. COMPLIANCE

(Técnico Bancário – BANESTES – FGV – 2023) Tendo por base as previsões do Guia de Conduta Ética do Banestes para o relacionamento com o cliente e os usuários, assinale (V) para afirmativa verdadeira e (F) para a falsa.

( ) É vedado induzir os clientes ou usuários a erro, assegurar ou sugerir a existência de garantia de resultados futuros ou a isenção de risco.

( ) Deve-se evitar a transferência de contas de clientes por motivo de movimentação no quadro de gerentes entre agências.

( ) Caso o cliente do Banestes seja cidadão dos Estados Unidos da América, o Banestes terá de fornecer dados da conta desse cliente ao Fisco norte americano (IRS) em cumprimento às regras do FATCA (Foreign Account TaxCompliance Act).

As afirmativas, são, respectivamente,

(A) F, F e F.
(B) F, F e V.
(C) V, F e F.
(D) V, V e F.
(E) V, V e V.

I: Verdadeiro, de acordo com o do Guia de Conduta Ética do Banestes, atualizado em 2020, item 6.1.2.1, é vedado induzir os clientes ou usuários a erro, assegurar ou sugerir a existência de garantia de resultados futuros ou a isenção de risco. II: Verdadeiro, de acordo com o do Guia de Conduta Ética do Banestes, atualizado em 2020, item 6.1.8, deve-se evitar a transferência de contas de clientes por motivo de movimentação no quadro de gerentes entre agências. III: Verdadeiro, de acordo com o do Guia de Conduta Ética do Banestes, atualizado em 2020, item 6.1.11, deve-se respeitar o acordo entre o Governo da República Federativa do Brasil e o Governo dos Estados Unidos da América para melhoria da observância tributária internacional e implementação do FATCA (ForeignAccount Tax Compliance Act).

16. TEMAS DIVERSOS

(Técnico Bancário – BANESTES – FGV – 2023) Em relação ao que a Resolução CMN nº 4.949, de 30/09/2021, estabelece para o Banestes, assinale (V) para a afirmativa verdadeira e (F) para a falsa.

( ) O Banestes deve adotar o previsto na Resolução nas fases de contratação e de pós-contratação de produtos e de serviços, estando desobrigado na fase de pré-contratação.

( ) A necessidade de o Banestes assegurar a identificação dos usuários finais beneficiários de pagamento ou transferência em demonstrativos e extratos de contas de depósitos não se aplica para contas de pagamento pré-pagas.

( ) O Banestes não pode recusar o recebimento de documentos mediante pagamento por meio de cheque.

As afirmativas são, respectivamente,

(A) F, F e F.
(B) V, V e F
(C) V, F e V
(D) F, V e V
(E) V, V e V.

I: Falso, conforme determina o art. 1º, parágrafo 2º, da Resolução CMN 4.949/21, o relacionamento com clientes e usuários abrange as fases de pré-contratação, de contratação e de pós-contratação de produtos e serviços. II: Falso, conforme determina o art. 4º, inciso V, da Resolução CMN 4.949/21, as instituições devem assegurar a identificação dos usuários finais beneficiários de pagamento ou transferência em demonstrativos e extratos de contas de depósitos e contas de pagamento pré-paga, inclusive nas situações em que o serviço de pagamento envolver instituições participantes de diferentes arranjos de pagamento. III: Falso, conforme determina o art. 5º, parágrafo 1º, inciso III, da Resolução CMN 4.949/21, as instituições podem recusar o recebimento de documentos mediante pagamento por meio de cheque.

(Escriturário – BANRISUL – CESGRANRIO – 2023) A base monetária da economia brasileira é definida de forma a incluir no seu total

(A) o montante de moeda manual emitida
(B) a dívida do setor público
(C) os empréstimos de curto prazo concedidos pelos bancos
(D) os títulos emitidos pelo Banco Central
(E) os depósitos à vista nos bancos comerciais

A base monetária da economia brasileira é definida como a soma do papel-moeda em poder do público com os encaixes voluntários e obrigatórios dos bancos comerciais, ou seja, é a moeda em circulação e as reservas bancárias.

(Escriturário – BANRISUL – CESGRANRIO – 2023) A Letra do Tesouro Nacional (LTN) é um título público federal, emitido com determinado valor nominal ou de face, que será pago ao seu detentor quando ocorrer o seu vencimento.

A LTN, portanto,

(A) mantém a remuneração real de seu comprador, se ocorrer uma inflação maior do que a inflação esperada na ocasião da emissão do título.
(B) figura comumente no passivo dos bancos comerciais.
(C) aumenta de valor, no mercado secundário de títulos, se houver uma queda na taxa de juros básica da economia.
(D) é um título de longo prazo, em geral superior a 20 anos.
(E) é inegociável no mercado secundário de títulos.

Importante ressaltar que as LTN (Letras do Tesouro Nacional) mudaram de nome e passaram a chamar Tesouro Prefixado XXXX (inclui-se depois do nome o ano de vencimento do título).
A: Falso, como a LTN é um título prefixado, se ocorrer uma inflação maior do que a inflação esperada, a remuneração real de seu comprador será menor em relação à expectativa inicial. B: Falso, a LTN geralmente figura como ativo dos bancos comerciais. C: Verdadeiro, como é um título prefixado, se houver uma queda na taxa de juros básica da economia, o valor do título irá aumentar no mercado secundário, tendo em vista a marcação a mercado. D: Falso, LTN é um título com vencimento de até 6 anos. E: Falso, LTN é frequentemente negociada no mercado secundário de títulos.

(Escriturário – BANRISUL – CESGRANRIO – 2023) O crédito direto ao consumidor é um empréstimo, concedido por uma instituição financeira, para pessoas que desejam, por exemplo,

(A) comprar um certificado de depósito bancário.
(B) comprar um veículo automotivo.
(C) aplicar seus recursos em moeda estrangeira.
(D) aumentar suas aplicações em títulos de renda variável.
(E) proteger seus recursos de variações cambiais.

O crédito direto ao consumidor (CDC) é um tipo de financiamento para pessoas que desejam comprar algum bem específico, como carro, equipamentos para um negócio, eletrodomésticos. O CDC é, portanto, diferente do empréstimo tradicional que pode ser utilizado para qualquer fim. SA

Gabarito "B".

(Escriturário – BANRISUL – CESGRANRIO – 2023) Se os preços das mercadorias produzidas por dois países forem expressos numa mesma unidade monetária e todos os demais fatores permanecerem constantes, uma apreciação real da moeda de um país X em relação à moeda de um país Y provoca

(A) encarecimento das mercadorias exportadas pelo país X ao país Y
(B) encarecimento das mercadorias exportadas pelo país Y ao país X
(C) preços idênticos das mercadorias exportadas por ambos os países
(D) redução dos salários reais no país X
(E) aumento dos lucros esperados no país X

A: correta, a apreciação da moeda do país X gerará um encarecimento de suas mercadorias. **B:** incorreta, a apreciação da moeda do país X gerará um encarecimento das mercadorias do país X. **C:** incorreta, a apreciação da moeda do país X gerará um encarecimento das mercadorias do país X. **D:** incorreta, os salários do país X não têm relação com a apreciação real da moeda. **E:** incorreta, os lucros esperados no país X não têm relação com a apreciação da moeda. SA

Gabarito "A".

(Escriturário – BANRISUL – CESGRANRIO – 2023) Um funcionário de uma instituição financeira responsável pelo setor de cartões de crédito recebe a solicitação de um cliente para a emissão de cartão para ele, titular, e para uma amiga, que ficaria como sua dependente econômica. Uma semana após o pedido, compareceu à agência a esposa do correntista, indagando sobre a emissão de cartões de crédito do seu esposo. Não sabendo o que fazer, o funcionário consulta a gerência.

Consoante a Lei nº 13.709, de 14 de agosto de 2018, o pedido da esposa deve ser indeferido, pois deve ser preservada ao correntista a sua

(A) negociação
(B) privacidade
(C) liberdade
(D) incomunicabilidade
(E) independência

Consoante a Lei 13.709/2018, toda pessoa natural tem assegurada a titularidade de seus dados pessoais e garantidos os direitos fundamentais de liberdade, de intimidade e de privacidade, nos termos da Lei. SA

Gabarito "B".

(Escriturário – BANRISUL – CESGRANRIO – 2023) Um bancário realiza cursos necessários para ocupar cargos gerenciais. Um deles diz respeito às práticas de compliance para proteger a estrutura empresarial dos prejuízos causados por atos ilícitos praticados no exercício de sua atividade. Exercendo sua atividade normal, recebe um cliente, com grandes investimentos na instituição financeira, preocupado com acusações de prática de atos lesivos contra a administração pública. Como esse foi um dos temas estudados no seu treinamento, sugeriu que o cliente buscasse solução administrativa prevista em lei e fosse assessorado por advogado especialista na matéria.

Consoante a Lei nº 12.846/2013, a autoridade máxima de cada órgão poderá celebrar, com as pessoas jurídicas responsáveis pela prática dos atos lesivos, um(a)

(A) termo de conciliação
(B) contrato de transação
(C) acordo de leniência
(D) procuração especial
(E) documento público

De acordo com o art. 16 da Lei 12.846/2013, a autoridade máxima de cada órgão ou entidade pública poderá celebrar acordo de leniência com as pessoas jurídicas responsáveis pela prática dos atos previstos nesta Lei que colaborem efetivamente com as investigações e o processo administrativo. SA

Gabarito "C".

(Escriturário – BB – CESGRANRIO – 2023) Uma funcionária de determinada instituição financeira segue religião de matriz africana, fato conhecido dos demais colegas de trabalho. Após reunião com a equipe da qual participa, é surpreendida com afirmações desairosas em relação aos que são integrantes da referida religião. Diante disso, formula reclamação ao Coordenador Geral do grupo de trabalho, assentando sua inconformidade com o evento.

Essa situação não ocorreria facilmente no Banco do Brasil, uma vez que, nos termos do seu Código de Ética, as relações devem ser pautadas pelo respeito a várias diferenças, dentre as quais figuram as diferenças

(A) pessoais
(B) religiosas
(C) cambiais
(D) preventivas
(E) alteradas

Nos termos do Código de Ética do Banco do Brasil, as relações devem ser pautadas pelo respeito às diferenças, sendo elas físicas, raciais, culturais, religiosas, de orientação sexual, sociais, linguístico-regionais, etárias, de ideias, de origem, de capacidade, de aparência, de classe, de estado civil ou de identidade de gênero. SA

Gabarito "B".

(Escriturário – BB – CESGRANRIO – 2023) Um pesquisador em ciências da informação busca descobrir como os vários sistemas financeiros nacionais tratam a proteção dos seus bancos de dados contra ataques cibernéticos que se tornaram comuns na contemporaneidade.

Nos termos da Resolução CMN nº 4.658, de 26 de abril de 2018, que dispõe sobre a política de segurança cibernética aplicável às instituições financeiras, devem ser observados, no mínimo, os controles específicos, incluindo os voltados para a rastreabilidade da informação, que busquem garantir a segurança das

(A) relações empresariais
(B) situações sigilosas
(C) bases financeiras
(D) questões litigiosas
(E) informações sensíveis

De acordo com o art. 3º, inciso III, da Resolução CMN 4.658/2018, devem ser contemplados na política de segurança cibernética, os controles específicos, incluindo os voltados para a rastreabilidade da informação, que busquem garantir a segurança das informações sensíveis. **SA**, "(vide art. 3º, III, da Resolução CMN 4.893/2021, que revogou a Resolução CMN 4.658/2018)".

Gabarito: E.

(Escriturário – BB – CESGRANRIO – 2023) Se os preços das mercadorias produzidas no Brasil e nos Estados Unidos forem calculados em uma mesma moeda comum (por exemplo, em Dólar americano) e, na pressuposição de que todos os demais fatores permaneçam constantes, uma desvalorização real da moeda brasileira em relação ao Dólar americano

(A) desestimulará as exportações brasileiras para os Estados Unidos.
(B) tornará relativamente mais baratas as viagens turísticas dos brasileiros para os Estados Unidos.
(C) encarecerá relativamente os produtos exportados do Brasil para os Estados Unidos.
(D) barateará relativamente os produtos exportados do Brasil para os Estados Unidos.
(E) manterá inalterados os preços dos produtos exportados do Brasil para os Estados Unidos.

A: incorreta, uma desvalorização real da moeda brasileira em relação ao Dólar americano estimulará as exportações brasileiras para os Estados Unidos. **B:** incorreta, uma desvalorização real da moeda brasileira em relação ao Dólar americano tornará relativamente mais caras as viagens turísticas dos brasileiros para os Estados Unidos. **C:** incorreta, uma desvalorização real da moeda brasileira em relação ao Dólar americano baratreará relativamente os produtos exportados do Brasil para os Estados Unidos. **D:** correta, uma desvalorização real da moeda brasileira em relação ao Dólar americano baratreará relativamente os produtos exportados do Brasil para os Estados Unidos. **E:** incorreta, uma desvalorização real da moeda brasileira em relação ao Dólar americano baratreará relativamente os produtos exportados do Brasil para os Estados Unidos. **SA**

Gabarito: D.

(Escriturário – BB – CESGRANRIO – 2023) A função principal das operações de Tesouraria bancária é

(A) aprimorar a qualidade de atendimento aos clientes.
(B) ampliar o uso de serviços digitais nas transações financeiras.
(C) administrar os fluxos de despesas e receitas da instituição financeira, visando a controlar os gastos e a maximizar os lucros.
(D) aumentar a carteira de serviços financeiros oferecidos aos clientes.
(E) gerenciar as atividades de *marketing*, publicidade e propaganda da instituição financeira.

A principal função da tesouraria de um banco é administrar o fluxo de entradas e saídas de recursos, gerenciando as despesas e as receitas, com o objetivo de organizar a situação financeira da instituição, além disso avalia oportunidades de investimento para maximizar o retorno financeiro dos excedentes de caixa. **SA**

Gabarito: C.

(Escriturário – BB – CESGRANRIO – 2023) A oferta da moeda (meios de pagamento M1) no Brasil tende a se expandir se as autoridades monetárias

(A) comprarem liquidamente títulos públicos em operações de mercado aberto.
(B) aumentarem a taxa de recolhimento de reserva compulsória sobre os depósitos nos bancos.
(C) aumentarem a taxa do redesconto dos empréstimos de liquidez.
(D) aumentarem os dividendos pagos pelas empresas públicas.
(E) diminuírem os impostos indiretos incidentes sobre os bens de investimento.

Definição de Meios de Pagamento M1: os haveres financeiros de liquidez imediata, correspondentes à soma dos depósitos à vista e da moeda em poder do público (como as reservas são uma fração dos depósitos, o M1 é sempre maior que a base monetária). A expansão do M1 está diretamente ligada à liquidez de sua composição. **SA**

Gabarito: A.

(Escriturário – BB – CESGRANRIO – 2023) Considerando-se o atual regime cambial brasileiro, uma redução pronunciada da taxa de juros dos Estados Unidos, relativamente à taxa de juros no Brasil, tenderia a fazer com que

(A) a moeda brasileira, o Real, se valorizasse cambialmente em relação ao Dólar americano.
(B) as exportações brasileiras para os Estados Unidos fossem cambialmente estimuladas.
(C) as reservas brasileiras de divisas em Dólar americano diminuíssem.
(D) os fluxos de capitais financeiros brasileiros para os Estados Unidos aumentassem.
(E) as importações brasileiras originárias dos Estados Unidos fossem cambialmente desestimuladas.

A redução da taxa de juros dos Estados Unidos torna as aplicações naquele país menos atraentes para os investidores, sendo o Brasil uma melhor alternativa para retorno, considerando o prêmio de risco dos títulos público federais. Assim, com uma migração de reservas dos Estados Unidos para o Brasil, faz com que o real se valorize perante o dólar. Com isso, as exportações brasileiras para os Estados Unidos também se tornariam menos atraentes, devido ao custo. Por outro lado, com o real forte, as importações brasileiras originárias dos Estados Unidos seriam cambialmente estimuladas. **SA**

Gabarito: A.

(Técnico Bancário – BASA – CESGRANRIO – 2022) Uma pessoa que atua em pequeno comércio localizado em município de porte médio necessita de capital de giro, tendo em vista que seus clientes são responsáveis por valores pagos a prazo. Nos termos do contrato de *factoring*, uma de suas características principais consiste na

(A) cessão de créditos
(B) existência de direito de regresso
(C) fiscalização por Associação Comercial
(D) inclusão como ato financeiro
(E) regulação pelo Banco Central

A faturização (ou *factoring*) é um contrato em que uma instituição financeira ou uma empresa especializada (faturizadora) adquire créditos faturados por um comerciante ou industrial, prestando a esses serviços de administração do movimento creditício e assumindo o risco de insolvência do consumidor ou comprador, sem direito de regresso contra o cedente (faturizado), recebendo uma remuneração ou comissão como contraprestação. Esse serviço pode ser considerado como uma cessão de crédito e não tem a necessidade de fiscalização ou regulação por entidades financeiras, como o Banco Central, já que não é considerado uma operação financeira e sim um serviço mercantil. Dessa maneira, a alternativa A está correta, uma vez que, como mencionado, o *factoring* é uma cessão de crédito – a empresa cede seus direitos creditórios à faturizadora, em troca de antecipação de recursos.

Gabarito: A.

(Técnico Bancário – BASA – CESGRANRIO – 2022) Uma advogada resolveu realizar mestrado em Mercado de Capitais. Em uma das disciplinas cursadas, ela estuda o funcionamento das bolsas de valores. Segundo a interpretação adequada, as ações negociadas em bolsa são consideradas títulos de renda

(A) especial
(B) fixa
(C) privada
(D) tabulada
(E) variável

As ações negociadas em bolsa são consideradas títulos de renda variável, uma vez que o retorno financeiro das ações depende do desempenho da empresa emissora e de diversas flutuações do mercado financeiro. Assim, não há remuneração fixa ou previamente definida.

Gabarito: E.

(Técnico Bancário – BASA – CESGRANRIO – 2022) Um engenheiro pretende enveredar pela carreira bancária, sendo seu foco bancos de desenvolvimento. Nos termos das normas aplicáveis ao tema, originadas do Banco Central e do Conselho Monetário Nacional, os Bancos de Desenvolvimento são instituições financeiras

(A) internacionais
(B) mistas
(C) privadas
(D) públicas
(E) sociais

Conforme o art. 1º da Resolução CMN 394/1976, os Bancos de Desenvolvimento são instituições financeiras públicas não federais, constituídas sob a forma de Sociedade Anônima com sede na Capital do Estado da Federação que detiver seu controle acionário. São criados com a finalidade de promover o desenvolvimento econômico e social, geralmente focados no financiamento de projetos de longos prazo e em setores estratégicos, além de serem controlados ou majoritariamente mantidos pelo governo, daí a razão para serem considerados instituições financeiras públicas.

Gabarito: D.

(Técnico Bancário – BASA – CESGRANRIO – 2022) Um gerente de instituição financeira é responsável por gerir os financiamentos imobiliários realizados durante longo período. Após realizar treinamento no Banco Central, fica curioso com a atuação das Sociedades de Crédito que, nos termos das normas aplicáveis, integra o

(A) Sistema de Apoio Popular
(B) Sistema Minha Casa Minha Vida
(C) Sistema Financeiro de Habitação
(D) Sistema de Poupança Nacional
(E) Sistema Garantidor de Crédito

As Sociedades de Crédito Imobiliário (SCI) são instituições financeiras especializadas no financiamento habitacional, que integram o Sistema Financeiro da Habitação (SHF). O foco das SCI consiste no financiamento da construção de habitações, abertura de crédito para compra ou construção de casa própria e financiamento de capital de giro a empresas incorporadoras, produtoras e distribuidoras de material de construção, levando ao acesso da classe média à casa própria.

Gabarito: C.

(Técnico Bancário – BASA – CESGRANRIO – 2022) N negocia determinado bem através de contrato de leasing. Nos termos dessa espécie contratual, é possível a aquisição do referido bem no final do contrato pelo

(A) custo médio calculado pelo credor
(B) percentual de prestações previsto
(C) preço residual avençado
(D) prêmio acordado pelas partes
(E) valor total do bem

No contrato de arrendamento mercantil (ou *leasing*), o arrendatário (aquele que utiliza o bem) tem a opção de, ao final do contrato, adquirir o bem arredado, por um valor denominado preço residual. Este valor é estipulado no início do contrato e é inferior ao preço original do bem, uma vez que considera a depreciação durante o período de arrendamento. Dessa forma, é possível que N consiga a aquisição do bem no final do contrato pelo preço residual avençado, conforme indicado pela alternativa C.

Gabarito: C.

(Técnico Bancário – BASA – CESGRANRIO – 2022) De acordo com a legislação brasileira, os bancos de investimento

(A) podem financiar a compra de bens de consumo duráveis.
(B) podem abrir contas-correntes para seus clientes.
(C) podem captar recursos via depósitos a prazo.
(D) não podem funcionar como instituições financeiras privadas.
(E) não podem administrar recursos de terceiros.

De acordo com a legislação brasileira, bancos de investimento estão voltados principalmente para operações de médio e longo prazo, como financiamentos de projetos, participação societária, fusões e aquisições além de operações dentro do mercado de capitais. Uma das características principais dos bancos de investimento é que eles podem captar recursos via depósitos a prazo, como Certificados de Depósito Bancário (CDBs), que são instrumentos de captação usados para financiar suas atividades. Dessa forma: **A:** Incorreta. Os bancos de investimento não têm como objetivo o financiamento de compra de bens de consumo duráveis e sim de operações do mercado de capitais e de financiamentos de longo prazo. **B:** Incorreta. A função de abrir contas-correntes para seus clientes é típica de bancos comerciais e não de bancos de investimento. **C:** Correta. Conforme justificativa inicial. **D:** Incorreta. Bancos de investimento podem ser instituições financeiras. **E:** Incorreta. Bancos de investimento podem administrar recursos de terceiros.

Gabarito: C.

(Técnico Bancário – BASA – CESGRANRIO – 2022) O técnico bancário pode participar das ações de marketing de relacionamento do banco em que trabalha.

Para isso, ele deve ser capaz de

(A) bater as metas definidas e incrementar suas comissões de vendas.
(B) induzir os clientes a investir em produtos de que não precisam.
(C) redigir mensagens publicitárias e criativas para os clientes.

(D) reduzir os custos operacionais da agência em que trabalha.
(E) satisfazer as necessidades dos clientes no longo prazo.

O marketing de relacionamento é um conjunto de ações tomadas pela empresa com a finalidade de criar e solidificar um relacionamento positivo com o cliente, reforçando uma relação de proximidade que garanta uma satisfação de suas necessidades de forma duradoura.
Gabarito: E.

(Técnico Bancário – BASA – CESGRANRIO – 2022) Na bolsa de valores brasileira (B3), os investidores interessados em negociar contratos futuros de cupom cambial, relativos a depósitos interfinanceiros, objetivam, fundamentalmente, buscar proteção contra flutuações dos(as)

(A) preços das ações negociadas em balcão
(B) preços das commodities negociadas em balcão
(C) preços dos títulos negociados no Tesouro direto
(D) taxas de juros referenciadas ao Dólar
(E) taxas de juros referenciadas ao Real

Os contratos futuros de cupom cambial, negociados na bolsa de valores brasileira (B3), são instrumentos financeiros utilizados para proteção (hedge) contra flutuações nas taxas de juros referenciadas ao Dólar. Esses contratos permitem que investidores se protejam contra variações nas taxas de juros dos depósitos interfinanceiros em moeda estrangeira, especialmente o Dólar, mitigando o risco de oscilações cambiais em suas operações financeiras.
Gabarito: D.

(Escriturário – BB – CESGRANRIO – 2021) Dentre as escolhas mais populares de investimentos, a caderneta de poupança é uma das opções mais utilizadas pelos brasileiros, sendo considerada um investimento de renda fixa.

São também investimentos de renda fixa

(A) as Ações
(B) as Opções
(C) as Commodities
(D) os CDB
(E) os ETF de Ações

A questão aborda a diferença entre investimentos de renda fixa e renda variável, destacando a popularidade da caderneta de poupança no Brasil. Nesse sentido, consideram-se investimentos de renda fixa aqueles investimentos cuja característica principal é a previsibilidade da rentabilidade. O investidor sabe, no momento da aplicação, como será calculado o retorno, que pode ser prefixado (juros definidos no momento do investimento) ou pós-fixado (indexado a algum indicador, como o CDI ou IPCA). Já os investimentos de renda variável são aqueles em que os retornos dependem das oscilações do mercado. Nessa toada, as ações e ETF de ações são investimentos de renda variável, pois o valor do investimento depende do desempenho das empresas na bolsa de valores, as opções são derivativos de renda variável com alta volatilidade e as commodities tem seus preços sujeitos às mudanças do mercado global, como a variável do petróleo, ouro etc. Dessa forma, a alternativa correta é a letra D, que como o Tesouro Direto, Letras de Crédito Imobiliário (LCI) e Letras de Crédito do Agronegócio (LCA), é um investimento de renda fixa, com previsibilidade de rentabilidade no momento da aplicação.
Gabarito: D.

(Escriturário – BB – CESGRANRIO – 2021) O Banco do Brasil (BB) oferece diversas linhas de crédito destinadas a custear os dispêndios realizados pelos produtores rurais.

A modalidade de crédito rural, oferecida pelo BB, destinada ao beneficiamento, custeio e industrialização da produção é denominada

(A) Funcafé Custeio
(B) Custeio Agropecuário
(C) Pronamp Custeio
(D) Pronaf Agroindústria
(E) Crédito Rural Pronaf Custeio

A modalidade de crédito rural oferecida pelo Banco do Brasil, destinada ao beneficiamento, custeio e industrialização da produção é denominada Pronaf Agroindústria. Nesse sentido, o próprio site do Banco do Brasil define o Pronaf Agroindústria como uma linha de crédito para financiamento de investimentos, inclusive em infraestrutura, que visem ao beneficiamento, à armazenagem, ao processamento e à comercialização da produção agropecuária e à exploração de turismo rural, incluindo implantação de pequenas e médias agroindústrias, implantação de unidades centrais de apoio gerencial, ampliação, recuperação ou modernização de unidades agroindustriais de agricultores familiares e o uso de tecnologias de energia renovável.
Gabarito: D.

(Escriturário – BB – CESGRANRIO – 2021) H é correntista da instituição financeira XYZ e mantém com esta instituição relação estável, com movimentação de recursos monetários correspondente a cem salários mínimos por ano. A partir de 2019, sua movimentação anual passou a ser de mil e duzentos salários mínimos, com aportes mensais de cem salários mínimos.

A partir das regras apresentadas na Carta-Circular nº 4001/2020 do Banco Central do Brasil, nesse caso, as operações devem ser monitoradas como situações relacionadas com operações em espécie, em moeda nacional, com a utilização de contas de

(A) aplicações
(B) depósitos
(C) fundos
(D) garantia
(E) preferência

O Art. 1º da Carta-Circular nº 4001/2020 do BCB determina operações/situações que exemplificam a ocorrência de indícios de suspeita para fins de procedimento de monitoramento de operações financeiras. Dentre elas, o inciso I indica a necessidade de monitoramento de operações em espécie em moeda nacional com a utilização de contas de depósito ou de contas de pagamento, ressaltando, no item a, os depósitos, aportes, saques, entre outros instrumentos de transferência de recursos em espécie, que apresentem atipicidade em relação à atividade econômica do cliente ou incompatibilidade com a sua capacidade financeira.
Gabarito: B.

(Escriturário – BB – CESGRANRIO – 2021) B é gerente de determinada instituição financeira e recebe, como tarefa laboral, a responsabilidade de convencer os clientes a investirem na aquisição de ações de sociedade empresária que busca abrir seu capital em bolsa de valores. Após vários contatos, B consegue bater a sua meta pessoal, no sentido de ter conquistado um número significativo de novos clientes, decorrentes do desempenho da aludida tarefa, bem como auxiliar seus colegas de setor para que alcancem o mesmo objetivo.

A esse respeito, e de acordo com o Código de Ética do Banco do Brasil, o oferecimento de serviços e produtos deve ocorrer com

(A) individualidade
(B) comedimento
(C) parcialidade
(D) limitação
(E) diligência

O Código de Ética do Banco do Brasil estabelece que os serviços e produtos oferecidos devem observar os princípios da diligência, responsabilidade ética e transparência. Logo, a alternativa correta é a letra E. Gabarito: E.

(Técnico Bancário – CEF – CESGRANRIO – 2021) Uma administradora de empresas é responsável por organizar os formulários utilizados pela instituição financeira onde atua. Ao criar novo formulário para seguir comandos legais, depara-se com novos conceitos de dados pessoais que devem ser aplicados.

Sendo assim, ela precisa saber que, nos termos da Lei nº 13.709/2018, dados pessoais sensíveis estão relacionados a

(A) opção desportiva
(B) convicção religiosa
(C) escolha de lazer
(D) método de trabalho
(E) hábito alimentar

De acordo com a Lei, dados sensíveis são aqueles envolvem: Dado pessoal sensível: dado pessoal sobre origem racial ou étnica, convicção religiosa, opinião política, filiação a sindicato ou a organização de caráter religioso, filosófico ou político, dado referente à saúde ou à vida sexual, dado genético ou biométrico. Gabarito: B.

(Técnico Bancário – CEF – CESGRANRIO – 2021) P foi diretor de sociedade empresária que foi acusada de praticar atos de corrupção, com geração de prejuízos superiores a cem milhões de reais. Após longo período de negociação, P e a sociedade resolvem compor os prejuízos causados.

Nos termos da Lei nº 12.846/2013, caso preenchidos os requisitos exigidos, poderá ser realizado(a)

(A) compromisso de honestidade
(B) acordo de leniência
(C) negócio jurídico
(D) transação legal
(E) promessa de restauração

O acordo de leniência é uma ferramenta de combate à corrupção estabelecida pela Lei Anticorrupção (12.846/2013), que prevê punições menores a companhias que confessam participação em atos ilícitos contra a Administração pública — seria como se fosse uma delação premiada, mas para pessoas jurídicas. A CGU cita quatro requisitos fundamentais para celebrar um acordo de leniência. São eles: a) Ser a primeira a apresentar proposta de acordo sobre o ato de corrupção de que tem ciência, quando tal circunstância for relevante; b) Cessar a prática da irregularidade investigada; c) Admitir sua participação na infração; d) Cooperar plena e permanentemente com as investigações. Gabarito: B.

(Técnico Bancário – CEF – CESGRANRIO – 2021) O texto seguinte diz respeito à generalização das políticas monetárias consideradas não convencionais por parte dos bancos centrais do mundo inteiro.

Os bancos centrais globais agora percebem que políticas monetárias antes consideradas não convencionais e temporárias agora se revelam convencionais e duradouras. Obrigados a encontrar novas soluções devido à crise financeira de 2008 e novamente neste ano por causa da pandemia de coronavírus, o Federal Reserve (Fed, na sigla em inglês), o Banco Central Europeu e a maioria dos bancos centrais internacionais se tornaram mais agressivos e inovadores do que nunca na defesa das economias contra a recessão e ameaça de deflação.

KENNEDY, S; DODGE, S. Política monetária não convencional agora é ferramenta duradoura. Exame, São Paulo, 15 set. 2020. Adaptado. Disponível em: https://exame.com/. Acesso em: 29 ago. 2021.

Um exemplo de política monetária não convencional é a

(A) redução da taxa básica de juros
(B) compra de títulos públicos e privados por parte dos bancos centrais
(C) redução das taxas de redesconto
(D) expansão da base monetária
(E) venda de títulos com o compromisso de recompra pela autoridade monetária

Existem alguns tipos de instrumentos utilizados pelo Banco Central para realizar ajustes que consideram necessários para a economia, por meio da política monetária, e entre esses instrumentos os principais são o Redesconto (empréstimo que o Banco Central faz a instituições financeiras, e tem como objetivo resolver problemas relacionados à liquidez); o Open Market (é caracterizado pela compra e venda de títulos públicos, dessa forma o Banco Central consegue impactar de forma imediata na nossa economia) e o Depósito Compulsório (recolhimento obrigatório de uma porcentagem dos depósitos que os bancos recebem de seus clientes. Essa porcentagem varia de acordo com as políticas adotadas pelo Banco Central). A Política Monetária Não Convencional é um conjunto de medidas adotadas por certo país, para conter alguma crise ou reduzir danos econômicos, em uma determinada conjuntura, que inclui compra de títulos privados além dos públicos. Gabarito: B.

(Escriturário – BB – CESGRANRIO – 2018) Para um investidor interessado em aplicar seus recursos financeiros no mercado de ações, sua rentabilidade será positivamente afetada pela tendência de valorização das ações na bolsa de valores. O Ibovespa, índice que acompanha a variação média das cotações das ações negociadas na BM&F Bovespa é um dos mais importantes indicadores do comportamento do mercado acionário brasileiro, sendo utilizado como indicador do comportamento médio do mercado.

Considerando-se que o Ibovespa venha mostrando tendência média de alta nos últimos meses, o evento que, supondo tudo o mais constante, poderia representar uma reversão abrupta dessa tendência e desencadear resultados negativos no índice nos movimentos seguintes é a(o)

(A) aumento da lucratividade média das companhias brasileiras de capital aberto
(B) aumento das taxas de juros nos Estados Unidos, para níveis superiores aos esperados pelo mercado

(C) continuidade do processo de recuperação econômica brasileira
(D) redução das taxas de desemprego no Brasil
(E) redução das taxas de juros reais no Brasil

A: Incorreta. O aumento da lucratividade média das companhias brasileiras de capital aberto tende a valorizar as ações, o que reforçaria a tendência de alta do Ibovespa, e não causaria uma reversão negativa. **B:** Correta. O aumento das taxas de juros nos Estados Unidos pode fazer com que os investidores internacionais migrem seu capital para o mercado norte-americano, considerado mais seguro que o brasileiro, e diante das taxas de juros elevadas, mais atrativos, uma vez que esses títulos oferecem retornos mais altos e são considerados menos arriscados. **C:** Incorreta. A recuperação econômica geralmente favorece o mercado de ações, contribuindo para a manutenção ou aumento dos índices, não para uma reversão. **D:** Incorreta. A redução das taxas de desemprego no Brasil indica melhoria na economia, o que pode incentivar o consumo e os investimentos, levando a uma alta do Ibovespa. **E:** Incorreta. A queda dos juros no Brasil geralmente estimula o mercado de ações, uma vez que torna a renda fixa menos atrativa, impulsionando o Ibovespa.

Gabarito: B.

7. Vendas e Negociação

Murilo Abacherli

(Técnico Bancário – BANESTES – FGV – 2023) Uma preocupação das empresas é com a perda de clientes. Por isso, além de prospectar novos clientes para repor as eventuais perdas e fazer de tudo para manter os clientes ativos, as empresas também fazem esforços para reativar clientes perdidos ao longo do tempo, o que significa não os deixar sem contato frequente.

Entretanto, para que isso ocorra a contento, as empresas devem

(A) fazer ações de marketing na mídia.
(B) enviar felicitações em datas comemorativas.
(C) manter atualizados os cadastros de clientes.
(D) contratar empresas de ativação de clientes.
(E) fazer promoções.

O mesmo comentário vale para todas as opções incorretas: todos são bons exemplos de ações de Marketing, porém, são apresentados de modo genérico. Desse modo, é impossível relacionar algum deles especificamente à reativação de clientes perdidos. **A:** Incorreta. Para reativar clientes perdidos ao longo do tempo é necessário considerar que esse público já teve um relacionamento com a instituição. Ações de marketing podem sim contribuir para essa reativação, mas não diretamente. **B:** Incorreta. Mais um exemplo de uma ação importante, mas ainda assim, não específica. É uma ação de marketing que funciona para qualquer tipo de cliente, até mesmo pessoas ainda não clientes. **C:** Correta. Essa resposta nos ensina muito sobre o marketing: muitas vezes o óbvio é a melhor resposta. Se eu quero reativar clientes perdidos, e observem a questão novamente – o que significa não os deixar sem contato frequente – preciso ter sempre em mãos o melhor meio de contatá-los. É uma prática recorrente em todos os bancos, desde os tradicionais até as fintechs, ações frequentes relacionadas à atualização de cadastros dos clientes. **D:** Incorreta. Embora esteja incorreta pelo que já comentamos anteriormente – genérica e não vinculada ao problema indicado na questão – a título de informação, compartilho que a "ativação de clientes" é um termo técnico do marketing que está relacionado à oferta de algo possa despertar o interesse do cliente para que ele retome sua jornada de compra ou decisão. Imagine, por exemplo, que você fez uma simulação de consórcio em um banco, seja com seu gerente ou mesmo via aplicativo. O banco registra essa sua consulta e direciona a você anúncios sobre as vantagens da contratação do consórcio, com condições especiais, como brindes ou taxas reduzidas. Esse é um exemplo de ativação através de anúncios e tráfego pago. **E:** Incorreta. Genérica e não vinculada ao problema indicado na questão.

Gabarito C

(Técnico Bancário – BANESTES – FGV – 2023) Um conhecido provérbio diz que tudo o que se faz bem é objeto de trabalho prévio e de agir de forma metodológica, com foco nos resultados.

Um bom exemplo em vendas é entender como a interação com os clientes mudou ao longo do tempo, passando do contato presencial a outras opções, inclusive digitais, usadas atualmente.

Em relação ao tema, avalie se, tanto no passado quanto hoje em dia, as boas práticas incluem:

I. concentrar a atenção em clientes indecisos. X
II. dar mais atenção aos clientes com maior potencial de compra. X
III. ter um projeto bem estruturado de atendimento aos clientes.

Está correto o que se afirma em

(A) I, apenas.
(B) II, apenas.
(C) III, apenas.
(D) I e II, apenas.
(E) II e III, apenas.

Se aprendemos com o enunciado que tudo que i) o que é feito de forma planejada, com foco em resultados, é sinônimo de "fazer bem" e que ii) os clientes têm utilizado novas formas de se relacionar com os bancos, logo: **I:** Incorreta. Não há nenhuma relação dessa afirmativa com o enunciado. **II:** Incorreta. Essa afirmativa pode confundir porque, ao menos, se relaciona com o enunciado no que se refere ao foco em resultados. Porém, não há nenhuma indicação de como isso seria conduzido e, por isso, não se conecta com "trabalho prévio" e "agir de forma metodológica" que foram apresentados. **III:** Mais uma vez a FGV reforçando que, em relação ao marketing, o óbvio fala mais alto. Nada seria mais útil como uma boa prática para a área de vendas do que um projeto bem estruturado de atendimento ao cliente. Seja presencial ou virtualmente, ter um ecossistema de atendimento que respeite os hábitos do consumidor é fundamental para bons resultados. Portanto, essa é a única afirmativa correta.

Gabarito C

(Técnico Bancário – BANESTES – FGV – 2023) Nas empresas de referência do mercado, as ações comerciais são planejadas, coordenadas e controladas. Por exemplo, os bancos de dados de clientes têm registros dos contatos realizados, dos assuntos tratados, do histórico de transações etc. Estes dados são convertidos em informações que permitem um planejamento comercial voltado a cada cliente, o que facilita, sobretudo, a estruturação das estratégias de

(A) oferta de benefícios.
(B) contatos do call-center.
(C) seleção de pessoas na área comercial.
(D) produção de brindes.
(E) marketing de relacionamento.

Nesta questão temos um ponto importante relacionado a terminologias técnicas do marketing. Veja que estamos falando de "estruturação" e "estratégias", esses termos estão relacionados a atividades macro, ligadas ao corpo diretivo. Logo, é pouco provável que você as encontre conectados a atividades táticas, como oferta de benefícios, contatos do call-center ou produção de brindes. Todas essas atividades estão dentro de um plano de marketing. **A:** Incorreta. Embora seja sim um elemento importante para a conquista de novos clientes e até mesmo fidelização, os benefícios que serão ofertados fazem parte de um plano maior, sendo uma ação comercial específica. **B:** Incorreta. Pode auxiliar, mas é uma atividade dentro de um planejamento. **C:** Incorreta. De todas as alternativas, essa é a que mais destoa porque é possível relacioná-la diretamente à Recrutamento e Seleção ou a Recursos Humanos, invalidando-a. **D:** Incorreta. Pode auxiliar, mas é uma atividade dentro de um planejamento. **E:** Correta. Essa questão exige uma compreensão um pouco mais aprofundada de marketing porque, de fato, as alternativas A, B e D podem sim ser mais bem estruturadas a partir do que foi coletado de informações dos contatos e atendimentos dos clientes, porém elas são sugestões de atividades específicas. Como a questão está relacionada a planejamento e estruturação de estratégias, são esses elementos que tornam essa a alternativa correta. MAC

Gabarito "E".

(Técnico Bancário – BANESTES – FGV – 2023) As empresas modernas tratam com muito cuidado de suas normas éticas e das normas de conduta de seus funcionários nos ambientes interno e externo, com especial atenção ao relacionamento com os pares e a sociedade e ao trato comercial, o que invariavelmente é registrado em códigos específicos, como os Códigos de Ética e de Conduta.

Essas regras compõem o que chamamos de

(A) atributos morais.
(B) liberdade de expressão.
(C) visão empresarial.
(D) designação comercial.
(E) etiqueta empresarial.

A: Incorreta. Atributos morais podem variar de acordo com, por exemplo, etnia, região e religiosidade. De modo que, em uma mesma instituição, pessoas com diferentes atributos morais devem conviver sob uma mesma regra alheia à sua pessoalidade. Portanto, esta alternativa está incorreta. **B:** Incorreta. A partir do momento que passamos a representar uma empresa, devemos nos preocupar em transmitir aos públicos com os quais nos relacionamos, enquanto somos porta-vozes, seus valores. Inclusive, o exercício da liberdade de expressão não está desvinculado da obrigação de responder legalmente sobre o que foi expresso. Note que o enunciado deixa claro que as condutas de seus funcionários são observadas até mesmo no ambiente externo. **C:** Incorreta. A visão empresarial está relacionada a como a empresa se projeta em um futuro de médio e longo prazo. Então, sim, os Códigos de Ética e de Conduta são ferramentas para que essa visão se materialize, mas é mais amplo do que esses elementos. **D:** Incorreta. A relação comercial estará sempre associada a vendas e a clientes especificamente. Essa questão não tem esse foco, pois aborda outros tipos de relações. **E:** Correta. A ABERJE (Associação Brasileira de Comunicação Empresarial), em um de seus artigos, explica que a etiqueta empresarial é "um conjunto de regras que não devem ser quebradas" e elas, geralmente, incluem atitudes comportamentais. Por exemplo: fazer contato visual, ser extremamente pontual, respeitar como as pessoas gostariam de ser tratadas, entre outros. Por isso, como o enunciado fala sobre comportamentos e atitudes, o melhor sinônimo para Códigos de Ética e de Conduta é "etiqueta empresarial". MAC

Gabarito "E".

(Técnico Bancário – BANESTES – FGV – 2023) Produto é, no entendimento contemporâneo, a composição de um bem mais um serviço. Bem é uma coisa material e tangível, ou seja, algo que podemos ter, tocar e vender; já os serviços são imateriais e intangíveis, ou seja, não conseguimos pegar ou ter, mas podemos medi-los, atribuir valor. Por esse motivo, serviços também podem ser vendidos, o que comumente faz com que sejam chamados popularmente de produtos.

Um exemplo de um serviço (coisa intangível e imaterial) que pode ser medido e vendido é

(A) uma nota de dinheiro.
(B) um talão de cheques.
(C) um equipamento.
(D) um produto financeiro.
(E) uma nota fiscal.

A: Incorreta. É um bem tangível, você pode ter, tocar e vender. **B:** Incorreta. Embora o cheque precise ser preenchido para ter um valor e isso possa gerar uma confusão, o talão de cheques ainda é um bem tangível. **C:** Incorreta. Um equipamento geralmente é comprado com o intuito de facilitar um serviço: contar, embalar, pintar etc. por ele, ele em si é também um bem tangível. **D:** Correta. Essa opção é a única que não representa um bem. Um título de capitalização, um seguro de vida ou mesmo um empréstimo, embora tenham um documento que os represente, eles não podem ser materializados, o que os caracteriza como um serviço; porém, em todos esses exemplos, podemos medir sua qualidade, eficiência, interesse do público e, por isso, podemos atribuir valores a eles e vendê-los. São exemplos de serviços comumente chamados de produtos. **E:** Incorreta. Além de ser algo tangível, não é necessariamente um bem e, sim, um documento que registra informações da venda ou compra de um produto ou serviço.

Gabarito "D".

(Técnico Bancário – BANESTES – FGV – 2023) Instituições financeiras têm estratégias distintas para atrair e manter os seus clientes. Em comum, todas desenvolvem ações para satisfazer os seus clientes nos chamados Momentos da Verdade, que são todas as oportunidades de contato e interação da empresa com os clientes, inclusive quando há ações comerciais, dúvidas, reclamações etc.

Nestes momentos, os clientes

(A) apresentam sugestões de melhorias e registram suas queixas.
(B) julgam a qualidade dos produtos e serviços da empresa.
(C) verificam os preços cobrados e os comparam com os da concorrência.
(D) respondem a pesquisas de satisfação e a inquéritos estatísticos.
(E) buscam novas oportunidades de relacionamento.

A: Incorreta. Esta interação, também muito importante, acontece nas pesquisas de satisfação, por exemplo. **B:** Correta. São nesses momentos que o cliente irá decidir o quanto ele está satisfeito, se ele voltaria a fazer negócios e até mesmo se recomendaria a empresa. Por isso, chamamos esses momentos de Momentos da Verdade. **C:** Incorreta. Hoje em dia é muito fácil comparar preços online, é importante a empresa ter uma boa presença online, mas não é um momento necessariamente de julgamento por parte do cliente. **D:** Incorreta. Nessa etapa, o julgamento já ocorreu, o cliente está apenas reportando. **E:** Incorreta. Neste caso, geralmente significa que o julgamento foi positivo. MAC

Gabarito "B".

(Técnico Bancário – BANESTES – FGV – 2023) Equipes comerciais são formadas por pessoas. Um dos grandes desafios é motivá-las. Com tal objetivo, a despeito das individualidades, é fundamental que os gestores criem o ambiente e o clima necessários à motivação, permitindo, por exemplo, que se estabeleçam

(A) competições, menos com os concorrentes.
(B) as bases para melhorar as remunerações.
(C) metas comerciais mais fáceis de atingir.
(D) relatórios de vendas mais compreensíveis.
(E) alianças sinceras e produtivas entre colaboradores e seus líderes.

A: Incorreta. Embora em certa medida as competições possam ser motivadoras, o excesso de comparações pode ter um efeito devastador no time. **B:** Incorreta. Uma política clara de remuneração é fundamental, mas isso está acima do gestor que, nesse processo, é apenas um dos responsáveis. **C:** Incorreta. Assim como na alternativa B, o gestor também não é quem define as metas comerciais. Embora ele seja responsável por acompanhá-las, ele precisa respeitar decisões acima de seu cargo, institucionais. **D:** Incorreta. Geralmente os relatórios são documentos importantes, porque tornam os processos mais compreensíveis e auxiliam na tomada de decisões, mas não estão diretamente ligados à motivação. **E:** Correta. Veja, todas as alternativas anteriores apresentam situações ou ferramentas que, se bem trabalhadas, podem auxiliar os gestores a desenvolverem o que essa alternativa apresenta: alianças sinceras e produtivas.

Gabarito: E.

(Técnico Bancário – BANESTES – FGV – 2023) A gestão de carteiras de clientes exige análise, coerência e competência profissional, para que se perceba o que fazer com cada grupo de clientes, já que as demandas, as estratégias e as oportunidades de negócios podem ser bem diferentes.

Uma ação que os gestores comerciais de sucesso fazem para ampliar os resultados das suas carteiras é

(A) enviar aos clientes, várias vezes por ano, ofertas de descontos.
(B) entender quem pode ser um cliente fiel ou infiel para dosar os esforços comerciais com cada um.
(C) mostrar que os produtos têm valor agregado e preços competitivos.
(D) segmentar a base de clientes, entendendo características comuns ou aproximadas (econômicas, sociais etc.)
(E) estabelecer metas desafiadoras.

A: Incorreta. A questão enuncia que as estratégias podem ser bem diferentes, logo, enviar aos clientes (de modo geral), várias vezes por ano, ofertas de descontos, pode ter um efeito negativo, tanto em relação a um incômodo quanto à percepção de valor dos produtos da instituição. **B:** Incorreta. Essa é uma análise muito subjetiva que depende de informações que, por regra, não serão obtidas pelas vias de atendimento normais. **C:** Incorreta. Essa opção também é importante para que os gestores tenham bons resultados, mas perceba que há uma sutileza aqui: essa é uma ação de venda, no atendimento individual. A opção correta, D, apresenta uma ação anterior, de organização. **D:** correta. Quanto melhor for a segmentação, mais eficazes serão as ofertas. Os clientes precisam se relacionar com a oferta de acordo com suas necessidades específicas. **E:** Incorreta. Não é uma ação para ampliar resultados relacionada à gestão de clientes.

Gabarito: D.

(Técnico Bancário – BANESTES – FGV – 2023) As técnicas de vendas de produtos financeiros podem ser definidas como um conjunto de metodologias e práticas aplicadas em todas as etapas do processo de vendas.

Elas têm como objetivos potencializar as chances de vendas e aumentar o número de fechamentos; nesse processo, há também etapas posteriores, como as que visam a

(A) reter e fidelizar os clientes.
(B) converter clientes.
(C) prospectar vendas.
(D) nutrir vendas.
(E) captar novos clientes.

Todas as alternativas estão relacionadas às técnicas de vendas, mas perceba que o enunciado só revela a verdadeira pergunta ao final: depois de fechar a venda, o que mais precisa ser feito? As alternativas **B**, **C** e **D** são etapas prévias ao fechamento. A que poderia gerar uma confusão seria a **E**, porém, antes de captar novos clientes, precisamos garantir que as vendas que já foram feitas gerem satisfação, portanto, um bom atendimento pós-venda é essencial para que um bancário construa sua carteira de clientes.

Gabarito: A.

(Técnico Bancário – BANESTES – FGV – 2023) O mix de marketing, também chamado de 4 P's do marketing, é um conceito explorado desde a década de 1960, definindo estratégias comerciais das empresas. Ao longo do tempo, o P que representava a "praça" (ou o "ponto de venda") evoluiu para um conceito mais amplo que engloba o local onde as vendas ocorrem e a logística. O P que representa o Preço continua muito importante, assim como o P do produto.

O último P representa

(A) a Promoção.
(B) o Perfil do Cliente.
(C) a Percepção.
(D) a Promessa.
(E) o Planejamento.

Por curiosidade, esse conceito foi apresentado pela pessoa que consideramos o pai do Marketing, Philip Kotler, embora alguns autores digam que ainda antes dele, Jerome Mc Carthy, seria o seu preconizador. Agora, pensando na questão, se você sabe onde vai vender (Praça ou Ponto de venda), se já tem o que vai vender (Produto) e já sabe o valor de mercado dele (Preço), o que mais falta? Divulgar! Se ninguém souber do seu produto, ninguém irá comprá-lo. Portanto, o último P representa a Promoção. Não necessariamente no sentido de oferecer descontos, mas sim de se desenvolver uma estratégia de divulgação que atinja o seu público-alvo.

Gabarito: A.

(Escriturário – BB – CESGRANRIO – 2023) D é um deficiente visual e necessita realizar atendimento presencial em determinada agência bancária. Dirige-se ao local onde possui conta-corrente e vários investimentos com seu acompanhante vidente, que também necessita do mesmo serviço. Ao ingressar no estabelecimento bancário, verifica a existência de longa fila para obtenção de idêntico serviço. O gerente da agência, constatando a necessidade do correntista, pessoalmente disponibiliza um caixa, que presta os serviços a D, bem como ao seu acompanhante.

Nos termos da Lei nº 13.146, de 06 de julho de 2015, a providência do gerente

(A) confronta com o princípio da igualdade entre os correntistas.
(B) caracteriza um privilégio que deve ser reprimido.
(C) está em dissonância com o posto na norma por privilegiar o acompanhante.
(D) realiza o direito a receber atendimento prioritário.
(E) é medida sem proteção pelo estatuto legal.

A: Incorreta. Pertinente observar que a legislação está acima das normas estabelecidas por uma empresa privada. Tanto ética quanto legalmente, um banco não pode exigir que seus funcionários tratem seus correntistas com igualdade, e sim com equidade. **B**, **C** e **E:** Incorretas. Todas elas, infelizmente, são proferidas diariamente por pessoas que ou ignoram a legislação ou têm pouca habilidade de convivência social. **D:** Correta. O conhecimento acerca desse direito do cidadão com deficiência, durante a gravidez ou puerpério e da pessoa idosa ter prioridade é amplamente

(Escriturário – BB – CESGRANRIO – 2023) Um indivíduo é correntista de determinada instituição financeira que lhe apresenta, através dos responsáveis internos, proposta para investimento no mercado de renda variável, apresentando o mercado de capitais como capaz de superar o rendimento fixo de várias aplicações financeiras, sem apresentar as desvantagens e perigos desse setor da economia.

Nesse contexto, nos termos da Lei nº 8.078/1990, a atuação dos prepostos da instituição financeira estaria violando a regra da

(A) lucratividade planejada
(B) informação adequada
(C) menor onerosidade
(D) capacidade econômica
(E) conservação de valores

Essa está fácil, mas caso reste alguma dúvida, podemos resolver pelo método da eliminação: **A:** Incorreta. Esse termo não se aplica à situação. A lucratividade planejada diz respeito à capacidade da empresa de gerar lucro, não à informação fornecida ao cliente. **B:** Correta. A instituição pode ser gravemente punida em casos em que há omissão de informação ao cliente. **C:** Incorreta. A omissão de informações pode levar a um prejuízo financeiro, mas ela não se relaciona diretamente com a menor onerosidade. **D:** Incorreta. Essa alternativa está relacionada à possibilidade do cliente de arcar com suas obrigações financeiras. **E:** Incorreta. A perda de lucratividade em um investimento pode afetar essa conservação, mas a questão central é a falta de informação. Gabarito "B".

(Escriturário – BB – CESGRANRIO – 2023) Um cliente da instituição financeira M.O. apresenta reclamação sobre lançamentos indevidos na sua conta-corrente sobre os quais solicitou esclarecimento. A instituição quedou-se inerte, tendo o cliente renovado seu pleito por vinte outras vezes. Sem esmorecer, procurou saber quais seriam as alternativas previstas na legislação para amparar sua pretensão, uma vez que foram esgotados os meios normais de acesso ao cliente previstos.

Nos termos da Resolução CMN nº 4.860, de 23 de outubro de 2020, o caso deve merecer a intervenção da

(A) Presidência da instituição
(B) Auditoria da instituição
(C) Diretoria da instituição
(D) Ouvidoria da instituição
(E) Corregedoria da instituição

Nem é necessário que o pleito seja renovado tantas vezes no canal de atendimento comum. A primeira vez que a resposta dada – ou a falta dela – não sejam satisfatórias, o cliente já pode acionar a ouvidoria da instituição. Em seguida, caso a questão ainda permaneça não resolvida, outros meios poderão ser utilizados, como um registro do caso no BACEN. Nesse caso, é necessário um número de protocolo da ouvidoria da instituição sobre a qual se irá registrar uma reclamação. Gabarito "D".

(Escriturário – BB – CESGRANRIO – 2023) Um vendedor do departamento de seguros de um banco foi chamado para atender um cliente que desejava informações a respeito de renovação de apólice de seguro de vida. Antes de encontrá-lo, o vendedor foi orientado pelo supervisor a acessar uma base de dados com informações pessoais dos clientes que o banco mantinha ilicitamente. Ao explorar essa base de dados, o vendedor descobriu que o cliente era acometido de uma enfermidade crônica que comprometia em muito a sua saúde. De posse dessa informação, o vendedor alterou sua estratégia de negociação e impôs condições para renovação que eram bem mais desfavoráveis ao cliente.

O problema ético observado nesse caso é caracterizado como

(A) propina
(B) aliciamento
(C) espionagem
(D) desafio tácito
(E) conflito de interesses

Para os concurseiros que possuem um vocabulário mais extenso, essa também não está difícil e pode ser resolvida por eliminação. Vejamos, propina é um pagamento realizado fora das vias legais com o intuito de se obter alguma vantagem. Aliciamento é o ato de formar grupos para uma determinada atividade ou agremiação, geralmente para fins ilícitos. Desafio tácito se refere a algo implícito, subjetivo e sutil, algo muito comum no processo de vendas quando estamos tentando ler a necessidade do nosso cliente. E um conflito de interesses se estabelece quando uma pessoa se encontra em uma situação em que seus interesses pessoais podem influenciar de forma indevida o desempenho de suas funções ou responsabilidades. Nada se aproxima da situação, certo? Portanto, a opção correta é espionagem: obter, de forma clandestina, informações sigilosas ou sensíveis de uma pessoa, organização ou governo, geralmente para benefício de um adversário ou concorrente. A questão deixa claro que o banco utiliza essa lista de forma ilícita, logo, ela é produto de um ato de espionagem. Gabarito "C".

(Escriturário – BB – CESGRANRIO – 2023) Um consultor levantou o desempenho dos canais de vendas remotos de cinco empresas ao longo de uma semana e montou a Tabela apresentada a seguir.

Empresa	Compras iniciadas na semana	Compras finalizadas na semana
V	480	400
W	600	380
X	800	450
Y	450	330
Z	580	430

Com base nessa Tabela, a menor taxa de abandono foi registrada pela empresa

(A) V
(B) W
(C) X
(D) Y
(E) Z

Embora tenha um jeito de termo técnico, ele é bem óbvio: taxa de abandono é a proporção de clientes que abandonam um serviço, um produto ou uma plataforma. Então, quanto menor for a taxa de abandono, maior será a quantidade de vendas finalizadas. Pense, por exemplo, nas vezes

que você coloca um produto no carrinho para simular o valor do frete ou de algum cupom de desconto, mas não esvazia o carrinho. Quando você faz isso e não volta para finalizar a compra, você está aumentando a taxa de abandono dessa empresa.
Por isso, a menor taxa é da empresa A, seguindo raciocínio (Compras iniciadas na semana) - (Compra finalizadas na semana) = x (Taxa de abandono). MAC

Gabarito: A

(Escriturário – BB – CESGRANRIO – 2023) A gerência de uma agência bancária analisou os padrões de qualidade no atendimento aos clientes ao longo de um mês, e, como resultado, iniciou uma série de treinamentos focados na execução dos serviços prometidos aos clientes de forma segura e precisa.

Dessa forma, a gerência está propondo tratar da dimensão da qualidade denominada

(A) entrega
(B) empatia
(C) resposta
(D) tangibilidade
(E) confiabilidade

Mais uma vez, todas as alternativas estão relacionadas a vendas. Porém, a expressão chave aqui é: execução dos serviços prometidos. Ou seja, já foi entregue, a venda já foi feita, o que resta agora é prestar o melhor serviço possível para que o consumidor passe a confiar em você e nas soluções da instituição que você representa.

Gabarito: E

(Escriturário – BB – CESGRANRIO – 2023) O diretor de um banco está preocupado com a jornada do cliente e tem concentrado atenção na fase da assimilação, a qual considera a mais importante.

Levando-se em conta o caminho dos 5As do cliente, na fase de assimilação, o consumidor

(A) processa as mensagens das marcas e é atraído por algumas dessas mensagens.
(B) pesquisa mais informações a respeito das marcas ofertadas no mercado.
(C) decide qual marca e onde comprar o produto ou serviço desejado.
(D) é exposto às marcas a partir de experiências, anúncios e recomendações.
(E) passa a dar preferência por uma marca específica e torna-se leal a essa marca.

A jornada do cliente é um conceito que vale muito a pena ser estudado: como seu cliente soube de você? O que ele sabe sobre seu produto ao ter contato com ele? Quais as informações que ele considera cruciais para finalizar o pedido ou contratar o serviço? Um exercício interessante é pensar na sua última compra: quando você faz o processo de forma automática, significa que a sua jornada com esse produto é a melhor possível até o momento. Agora, caso você se incomode com algo, sinta falta de um processo, de mais agilidade, isso significa que essa jornada pode melhorar. Estudar os 5As é importante porque, embora possa parecer mais uma sigla difícil de decorar, você irá perceber que assim como os 4Ps, é fácil lembrar delas porque é fácil relacionar com a realidade. Sobre a questão, essa é uma das mais complicadas porque o termo em inglês é Awareness, então a tradução pode não ser tão precisa. Ora vamos encontrar "assimilação", ora 'associação', mas na 5As elas têm o mesmo sentido, que é a capacidade de nos relacionarmos com a marca pelas experiências que elas nos causam: anúncios de datas comemorativas mais imersivos no contexto cultural sem uma oferta escancarada (como O Boticário que retrata casais homoafetivos sem falar de um produto em si) ou o famoso caminhão de Natal da Coca-Cola, por exemplo. Ou mesmo quando um artista ou influencer fazem um anúncio em que a situação exposta é exatamente a que nós vivemos, então nos soa como uma recomendação. Nesse sentido, estamos "assimilando" a marca com o nosso cotidiano. É um dos As nos quais as empresas mais investem!

Gabarito: D

(Escriturário – BB – CESGRANRIO – 2023) A empresa X fabrica bijuterias de prata há mais de dez anos e conseguiu um empréstimo bancário que será usado em ações para ampliar as suas vendas. A diretora de marketing decidiu que parte dos recursos será gasto em novas estratégias de comunicação da empresa e solicitou que a equipe de marketing desenvolvesse uma proposta de inbound marketing.

A proposta que atende à solicitação da diretora e corresponde a uma ação de inbound marketing é a seguinte:

(A) Contratar consultores para a avaliação de todo o processo produtivo, visando à redução dos custos de produção e, consequentemente, à redução dos preços.
(B) Reunir os revendedores espalhados por todo o país via videoconferência e promover um treinamento focado em argumentos de persuasão.
(C) Produzir vídeos que ensinam como manter e customizar bijuterias de prata e disponibilizar esse material para livre acesso em redes sociais.
(D) Solicitar aos engenheiros de produto que eles desenvolvam ligas de prata mais resistentes e apresentar essa nova característica do produto em propagandas.
(E) Montar uma rede própria de lojas e tratar internamente de todo o processo de comercialização das bijuterias para fortalecer o marketing de relacionamento.

Inbound marketing, traduzido ao pé da letra, seria "marketing de entrada", mas é muito comum ouvirmos também como "marketing de conteúdo". As estratégias de inbound se relacionam com a criação de conteúdos que não irão fazer uma propaganda muito evidente da marca, mas sim fazer com que o cliente adentre o universo de produtos e serviços pela solução que eles oferecem. Um banco que vende seguro de vida, por exemplo, pode ter uma estratégia voltada para a organização financeira de uma família, outro exemplo: um conteúdo não sobre cartões de crédito, mas sim sobre a necessidade de autocontrole para que haja um equilíbrio entre satisfazer desejos e o orçamento mensal, até mesmo uma live com algum expert em finanças dando dicas de como utilizar o cartão para acumular milhas. Ou seja, inbound marketing é como as empresas falam de si mesmas e de suas soluções sem falar diretamente de seus produtos.

Gabarito: C

(Escriturário – BB – CESGRANRIO – 2023) Uma característica do atendimento bancário, que interfere decisivamente na percepção dos clientes, é a inseparabilidade – cuja importância se manifesta no fato de que o prestador de serviço é o serviço.

Sendo assim, para administrar corretamente essa característica, o agente comercial deve estar preparado para

(A) assumir totalmente os fatos que ocorrem em sua agência.
(B) completar o estoque pleno dos serviços prestados.
(C) compreender seus próprios benefícios e anseios.
(D) orientar os clientes na escolha de produtos adequados.

(E) tornar tangíveis os serviços ofertados aos clientes.

A: Incorreta. Esse não é o papel do agente comercial. **B:** Incorreta. A frase, em si, nem faz sentido. **C:** Incorreta. Importantes itens, porém, não estão relacionados à inseparabilidade. **D:** Correta. Caso você, como agente, ofereça um produto errado, na cabeça do cliente a informação será: "A Instituição X é péssima!", possivelmente ele não se lembrará nem de você e nem do produto, mas dificilmente confiará na instituição novamente. **E:** Incorreta. É um ponto importante tentar encontrar maneiras de mensurar o quão útil um serviço foi, mas isso também não está relacionado à inseparabilidade.

Gabarito "D".

(Técnico Bancário – BANESTES – FGV – 2023) Os clientes compram produtos e serviços que tenham valor. Valor é um conceito que pode variar de pessoa para pessoa, mas quando as empresas compreendem o que ele significa para os clientes e passam a direcionar suas estratégias para cada vez mais criar valor, estabelecem os diferenciais que a fazem ser por eles preferidas. Esses diferenciais são chamados de

(A) vantagem competitiva.
(B) independência comercial.
(C) excelência em serviços.
(D) foco no processo.
(E) marketing de oportunidades.

Imagine só você ter a oportunidade de ouvir do seu cliente o que ele gostou, o que ele mudaria, se ele recomendaria ou não seu produto, como foi o processo de compra; isso é ouro. A taxa de resposta desse tipo de pesquisa é baixíssima – se os clientes soubessem que muitas das suas reclamações seriam resolvidas caso respondessem, acredito que a adesão aumentaria. Bom, o ponto é que ao ter acesso a essas informações, tudo relacionado ao produto ou serviço pode ser melhorado, desde um simples e-mail de confirmação de compra, até o tom de voz do atendimento eletrônico. Lembre-se: a opinião do cliente é ouro!

Gabarito "A".